Romance Espírita

CUANDO ES NECESARIO REGRESAR

Psicografía de
Zibia Gasparetto
Por el Espíritu
Lucius

Traducción al Español:
J.Thomas Saldias, MSc.
Trujillo, Perú, Enero 2021

Título Original en Portugués:
"QUANDO É PRECISO VOLTAR"
© Zibia Gasparetto, 2001

Revisión:
Kaori Fiestas Brocca

World Spiritist Institute

Houston, Texas, USA
E-mail: contact@worldspiritistinstitute.org

De la Médium

Zibia Gasparetto, escritora espírita brasileña, nació en Campinas, se casó con Aldo Luis Gasparetto con quien tuvo cuatro hijos. Según su propio relato, una noche de 1950 se despertó y empezó a caminar por la casa hablando alemán, un idioma que no conocía. Al día siguiente, su esposo salió y compró un libro sobre Espiritismo que luego comenzaron a estudiar juntos.

Su esposo asistió a las reuniones de la asociación espiritual Federação Espírita do Estado de São Paulo, pero Gasparetto tuvo que quedarse en casa para cuidar a los niños. Una vez a la semana estudiaban juntos en casa. En una ocasión, Gasparetto sintió un dolor agudo en el brazo que se movía de un lado a otro sin control. Después que Aldo le dio lápiz y papel, comenzó a escribir rápidamente, redactando lo que se convertiría en su primera novela "*El Amor Venció*" firmada por un espíritu llamado Lucius. Mecanografiado el manuscrito, Gasparetto se lo mostró a un profesor de historia de la Universidad de São Paulo que también estaba interesado en el Espiritismo. Dos semanas después recibió la confirmación que el libro sería publicado por Editora LAKE. En sus últimos años Gasparetto usaba su computadora cuatro veces por semana para escribir los textos dictados por sus espíritus.

Por lo general, escribía por la noche durante una o dos horas. "Ellos [los espíritus] no están disponibles para trabajar muchos días a la semana", explica. "No sé por qué, pero cada uno de ellos solo aparece una vez a la semana. Traté que cambiar pero no pude." Como resultado, solía tener una noche a la semana libre para cada uno de los cuatro espíritus con los que se comunicaban con ella.

Vea al final de este libro los títulos de Zibia Gasparetto disponibles en Español, todos traducidos gracias al **World Spiritist Institute**.

Del Traductor

Jesus Thomas Saldias, MSc., nació en Trujillo, Perú.

Desde los años 80's conoció la doctrina espírita gracias a su estadía en Brasil donde tuvo oportunidad de interactuar a través de médiums con el Dr. Napoleón Rodriguez Laureano, quien se convirtió en su mentor y guía espiritual.

Posteriormente se mudó al Estado de Texas, en los Estados Unidos y se graduó en la carrera de Zootecnia en la Universidad de Texas A&M. Obtuvo también su Maestría en Ciencias de Fauna Silvestre siguiendo sus estudios de Doctorado en la misma universidad.

Terminada su carrera académica, estableció la empresa *Global Specialized Consultants LLC* a través de la cual promovió el Uso Sostenible de Recursos Naturales a través de Latino América y luego fue partícipe de la formación del **World Spiritist Institute**, registrada en el Estado de Texas como una ONG sin fines de lucro con la finalidad de promover la divulgación de la doctrina espírita.

Actualmente se encuentra trabajando desde Perú en la traducción de libros de varios médiums y espíritus del portugués al español, habiendo traducido más de 160 títulos, así como conduciendo el programa "La Hora de los Espíritus."

CAPÍTULO 1

Mientras miraba por la ventanilla del tren, sus pensamientos se perdían en amargas reflexiones, sus ojos no percibían los paisajes que seguían y sus oídos ignoraban el rítmico ruido que movía su cuerpo sobre el duro y frío asiento.

No quería mirar atrás. Prefería seguir adelante, empezar de nuevo. Sin embargo, estaba siendo difícil. El pasado lo abrumaba y no sabía cómo salir de él, cómo olvidar, cómo borrar de la memoria esos momentos de decepción y agonía.

Todo pasa en este mundo...

Alguien, a modo de consuelo, le había dicho eso, y pensó:

"Quizás porque está mirando desde afuera y no está involucrado. Todo es fácil cuando no se trata de nosotros. Todos tenemos siempre un remedio para el dolor ajeno, una solución infalible, en la punta de la lengua. Este recurso no tiene ningún valor para mí."

Infeliz, había dejado su casa caminando sin rumbo fijo, atrapado en sus angustiados pensamientos. Lo que realmente quería era salir de allí, dejarlo todo, como si, al irse, se llevara la herida que lo consumía.

Había ido a la estación, había tomado un tren, sin importarle adónde lo llevaba. Quería fingir, olvidar. Sin embargo, aunque el tren se alejaba, el dolor seguía con él, no lo dejaba.

¡Ah, el dolor de la traición! ¡Vergüenza, decepción! Diez años de matrimonio, dos hijos, una relación que parecía bien establecida. Nada de esto era cierto. Nada estaba bien. Todo estaba mal. ¿Cuándo ella habría comenzado a traicionarlo? ¿Desde cuándo se burlaba de sus sentimientos?

Ante ese pensamiento, la angustia volvió más fuerte que nunca y la impactante escena de los dos besándose reapareció ante sus ojos.

Su miedo al darse cuenta de su presencia, el intento de explicar, como si eso fuera posible. El miedo a que los matara.

Lo habría hecho, pero ¿cómo podría hacerlo? No creía que la muerte fuera una solución. Algunos de sus parientes cercanos esperaban eso. Permaneció apegado al hilo de sus pensamientos:

"Sé que lo esperaban. Incluso me dijeron que la ley estaría de mi lado si decidía tomar la justicia por mis propias manos. El adulterio es una justificación más que aceptada por la justicia. Pero ¿qué hay de mí? ¿Cómo sería? No soy un asesino. No tengo derecho a quitarle la vida a nadie, sin importar la razón."

La idea que Clara ya no lo amaba le dolía profundamente. Sabía que había cumplido su parte del compromiso matrimonial de la mejor manera. Ella nunca se había mostrado aburrida o sin interés.

¡Habían pasado tantos buenos momentos juntos! ¡Tantas alegrías y esperanzas! Ciertamente esperaba más. ¿Por qué nunca había dicho nada? ¿Por qué no había expresado su insatisfacción para que pudieran mejorar su relación?

Estaba seguro de ser comprensivo. La gente solía señalarlos como un ejemplo de felicidad conyugal. ¡Qué ilusión! ¡Ella no estaba feliz! Había fallado. Por mucho que tratara de olvidar, la idea del fracaso lo abrumaba. Él tenía la culpa de todo. No se atrevió a alimentar la felicidad de su hogar.

Después de eso, ¿habría un lugar para él en el mundo? ¿No sería mejor dejar de vivir? Quizás este viaje no pueda borrar el dolor. Olvidar era difícil. Dondequiera que fuera, la herida iría con él, estaba dentro de él.

Morir. Para borrar todos los recuerdos. Eso sería lo mejor. Para nunca más recordar nada, para descansar. Ya no volver a ver la odiosa escena, ni contemplar la propia impotencia, el propio fracaso. Sí. Quizás esa fuese la solución.

Nadie diría que era un debilucho, un cobarde o un insensible. Era mejor acabar con su vida que matar. Podría saltar del tren y acabar de una vez.

Osvaldo se levantó del banco y se dirigió a la puerta trasera del tren. La abrió y salió, cerrándola de nuevo. Se sostuvo de la barandilla, sintiendo el viento agitar su cabello y su cuerpo sacudirse por los movimientos.

El tren atravesaba un barranco. Estaba en el último vagón. Mirando los carriles que se iba quedando atrás, pensó:

"Si me tirase al barranco abajo, sería el fin. El olvido, la paz."

Pensó en sus dos hijos pequeños. Algún día entenderían su gesto. Decidido, cerró los ojos y se arrojó.

Su cuerpo rodó por la pendiente y se desplomó. El tren avanzó y nadie vio lo que sucedió.

Muchas horas después, dos hombres en un carro que pasaba por la carretera vieron el cuerpo. Se detuvieron de inmediato, se apearon y se acercaron.

– Papá, creo que está muerto – dijo el joven poniendo su mano sobre el pecho de Osvaldo.

– Puede que solo esté desmayado. Vamos a ponerlo en el carro. Con cuidado, porque puede que se haya roto algo.

– Eso podría complicar las cosas. ¿Y si está muerto?

– Si está muerto, le daremos una sepultura decente. No tenemos nada que ver con eso y no debemos temer. Lo que debemos hacer es ayudar. Vamos.

Con mucho cuidado, levantaron a Osvaldo y lo metieron en el carro, sobre el material que habían ido a comprar en la ciudad.

– Padre, no lo sé, no. Está pálido como la cera. No sé si hicimos bien en traerlo.

– Era nuestro deber. Dios lo puso en nuestro camino para que pudiéramos ayudar. Aprende eso, Diocleciano.

– Sí, padre.

Al llegar a la pequeña finca donde vivían, se detuvieron frente a la casa sencilla pero limpia e inmediatamente llegaron dos perros ladrando alegremente, seguidos de dos niñas y una señora. Al ver el cuerpo dentro del carro, miraron con curiosidad.

– ¿Qué pasó, Juan? – Preguntó la mujer.

– Encontramos a este hombre tirado en el bosque. Se ve mal.

La señora se acercó a Osvaldo y puso una mano sobre su pecho.

– No hay señales de vida – dijo Diocleciano –. Creo que está muerto.

– No, no lo está – respondió ella –. Pero está mal.

– No podía dejarlo allí sin ayudarlo.

– Lo hiciste bien, Juan, tráelo a la habitación de Juvêncio. Él ya no regresará. Veamos qué podemos hacer.

Las dos chicas miraban curiosas. La madre les dijo:

– Ustedes dos, pongan agua en la tetera y háganla hervir. Intentaremos despertarlo. Si no mejora, podemos llamar al Sr. Antônio del valle.

– Ustedes dos, llévenlo con cuidado. Puede que se haya roto algo.

Los dos tomaron a Osvaldo y lo llevaron a la pequeña habitación que había pertenecido al sobrino de Juan y que se había mudado a la ciudad hacía unos días.

– Será mejor que lo pongas en el tapete primero. Está cubierto de polvo.

Rápidamente, la esposa de Juan tomó una palangana y luego regresó con agua caliente y jabón.

– Diocleciano, puedes irte mientras Juan me ayuda a lavarlo. Cuando vaya a acostarlo, te llamaré.

El muchacho obedeció y pronto fue rodeado por las dos hermanas, quienes querían conocer todos los detalles. Aunque no tenía mucho que decir, sospechaba y fantaseaba tanto como podía. Cuando llamó su madre, él respondió y ayudó a su padre a acostar a Osvaldo.

– Y ahora, ¿qué vamos a hacer? No da señales de vida. Realmente parece muerto.

– No está muerto. Pon tu mano aquí. El corazón late. Pondré una bolsa de agua caliente en sus pies, están fríos.

Ella hizo todo lo que estuvo a su alcance, pero Osvaldo no recuperó la conciencia. María tocó su cuerpo con cuidado y le dijo a su esposo:

– Parece que no se rompió nada. No hay señales de ello, incluso en los lugares donde golpeó que son de color púrpura. Mira tú.

Juan palpó y estuvo de acuerdo:

– No parece haberse roto nada. Pero tal vez se golpeó la cabeza, se hirió por dentro.

– Sí, puede ser. En ese caso es mejor llamar al Sr. Antônio. Es un buen sanador.

– Ahora está casi oscuro. Vive muy lejos. Mañana temprano, Diocleciano irá a buscarlo.

– Voy a matar una gallina y hacer un caldo. El sr. Antônio se quedará a almorzar. A él le gusta mucho la gallina.

– Dile a Anita que haga un pastel de maíz para el café –. María estuvo de acuerdo y dijo:

– Voy a hacer una infusión de árnica. Quizás pueda beber un poco. También haré compresas en los lugares hinchados.

– Eso, mujer. Quizás se despierte antes de mañana. Llamaré al Juguetito para que lo cuide.

Salió al patio llamando:

– Vamos, Juguetito. Te quedarás aquí cuidándolo. Si se despierta, avíseme.

María se rio mientras decía:

– ¿Cómo un perro va a avisar?

– Él siempre habla conmigo. Ladra y sé lo que quiere decir –. Ella negó con la cabeza.

– Tú y tus ideas...

– Es tan inteligente como una persona. Verás.

Mientras preparaba el té en la cocina, Juan, mirando el rostro rasguñado y levemente hinchado de Osvaldo, pensó: ¿Cómo este chico fuera a parar allí? Llevaba buena ropa, parecía ser una persona de la ciudad y un buen hombre, ¿qué estaría haciendo por esos lares? ¿Había tenido un accidente? No había ningún indicio en el lugar. Quizás había algunos documentos en su ropa.

María las había cambiado por unas limpias. Fue a buscarla.

– María, ¿dónde está la ropa del hombre?

– En la tina de lavado. ¿Por qué?

– Quiero ver si hay algo, algún documento. ¿Has buscado?

– Todavía no. Será mejor que veas.

Juan se fue y regresó con una billetera y algunos documentos en la mano.

– Mira aquí. Su nombre es Osvaldo de Oliveira. Nació en São Paulo. Anita me leyó todo. Hay dinero en tu billetera.

– Guardaremos todo correctamente.

– Así es. Parece gente de bien.

– No necesito un documento para ver esto. Lo sé, con solo verlo. Es buena gente.

– ¿Cómo se habrá metido en esta aventura? ¿Qué estaría haciendo por aquí? – María se encogió de hombros:

– Lo sabremos todo cuando se despierte.

- ¿Y si no se despierta?

- No digas eso. Si no se despierta para mañana, el Sr. Antônio verá qué hacer.

CAPÍTULO 2

El sr. Antônio llegó a la finca después del mediodía. Diocleciano se había ido al amanecer, pero la casa del curador estaba muy lejos. Cuando llegó, los perros y toda la familia salieron a recibirlo.

Después de abrazarlos, Antônio, un mulato fuerte de labios gruesos siempre abiertos en una sonrisa generosa, el cabello ya medio blanco, rizado y hasta el cuello, entró a la casa. Era muy estimado. Para Maria y Juan, que vivían lejos de la ciudad, él siempre fue no solo un recurso para las enfermedades de la familia, sino también un consejero en tiempos difíciles. Era Dios en el cielo y el sr. Antônio en la Tierra.

Después de los abrazos y las noticias, María lo llevó a ver a Osvaldo. El muchacho aun estaba inconsciente. Por su rostro pálido parecía muerto, muchas veces María le había puesto la mano en el pecho para ver si su corazón seguía latiendo.

Antônio se acercó y puso su mano sobre la frente de Osvaldo, cerrando los ojos en oración. Todos los otros hicieron lo mismo en respetuoso silencio.

Después de unos momentos Antônio abrió los ojos.

– ¿Y entonces? – Preguntó Juan – ¿Qué tiene?

– Tristeza. Ya no quiere vivir – respondió Antônio.

– ¡Qué horror! Dijo María –. Tan joven y fuerte... – Antônio meneó la cabeza y dijo:

– Hay momentos en la vida en los que todo parece no tener solución.

– Pero ¿qué pasa con la fe? Dios siempre tiene una buena salida – dijo María.

– Dijiste bien, Dios siempre tiene una buena solución. Pero a veces la gente no puede verlo y se desespera. Este chico está sufriendo mucho. Piensa que, dejando la vida, olvidará su decepción. Cuanto más huya, más la encontrará. Y es enfrentando que se consigue vencer. Él aun no sabe eso.

– Está herido, se golpeó la cabeza. ¿No se rompió nada? – Preguntó Juan.

– Se cayó del tren, se lastimó el cuerpo, pero nada que no pueda sanar. Es la herida del alma la que lo está carcomiendo e impidiendo que despierte.

– ¿Qué podemos hacer al respecto? ¿Cómo curar las heridas del alma? – Preguntó María. Antônio negó pensativo con la cabeza:

– Tenemos la fe. Para nosotros todo es más fácil. Él no tiene nada. Oremos por él, pidamos a Dios que lo despierte a la fe. Vengan todos.

La familia se reunió alrededor de la cama de Osvaldo y se tomaron de las manos. En la cabecera, Antônio pidió a los dos últimos que le pusieran las manos en los hombros mientras él mantenía las manos libres. Luego los colocó sobre el pecho de Osvaldo diciendo en voz baja:

– Vamos a sentir el amor de Dios en nuestro corazón, sintamos que Dios mueve nuestros sentimientos y pensemos en este joven con cariño. Está solo, sin la certeza de la fe, sin la bendición del conocimiento, perdido en la ilusión que el dolor es más fuerte que él. Eso no es verdad. No estás solo. Estamos aquí y ofrecemos nuestra amistad, nuestro cariño, nuestra alegría y nuestra fe en Dios. ¡Puedes vivir! Puedes continuar. ¡Puedes afrontar esta situación!

Un suspiro escapó del pecho de Osvaldo y una lágrima rodó por su pálido rostro. Antônio continuó:

- Vuelve, Osvaldo. Ven a afrontar los problemas de la vida. Tú puedes. Estamos aquí para ayudarte. Ven. Te queremos bien y estamos juntos. Nosotros te apoyamos.

De repente, un sollozo atravesó el pecho de Osvaldo. Su cuerpo fue sacudido por un grito doloroso y agónico mientras continuaban orando.

Luego abrió los ojos, mirando asustado a esas personas desconocidas. ¿Había muerto? ¿Estaba en el cielo?

- No moriste. Estás más vivo que nunca. Llora, apaga ese dolor que te atormenta. Limpia tu corazón. Puedes ser feliz. No te rindas. Dios te está ayudando. Cuando una puerta se cierra, otras se abren en mejores condiciones.

Osvaldo estaba conmovido hasta las lágrimas, que no tuvo fuerzas para contener. Cuando se calmó, se sintió avergonzado.

- Lo siento - dijo -. No sé qué pasó, dónde estoy, pero siento que son mis amigos y me están ayudando. Gracias.

- No te preocupes por eso. Juan y su hijo Diocleciano te encontraron desmayado en el monte, y ellos te trajeron a la casa, estabas fuera de sí, pero gracias a Dios ya volviste.

- ¡Quería morir! - Dijo angustiado.

- Incluso si lo hubieses conseguido, tu dolor iría contigo. ¿No sabes que la muerte no cura las heridas del alma? La vida continúa y el alma nunca muere - tornó Antônio tranquilo.

Osvaldo lo miró asombrado.

- ¿Tendré que cargar con este dolor para siempre?

- No. Puedes enfrentarlo y vencer.

Osvaldo sacudió la cabeza, desanimado.

- ¿Cómo? ¡Es más fuerte que yo!

- No digas eso. Nada es más fuerte que tú. Nunca subestimes tu fuerza. Aun no has aprendido a usarla, pero está ahí, esperando que decidas.

Osvaldo miró a Antônio sin comprender.

- No entiendo lo que dices. Me siento débil y sin fuerzas.

- Descansa por ahora. Estás entre amigos que te desean lo mejor.

- Antes tomarás un poco de caldo de gallina - dijo María -. Él no comió nada. El vientre vacío desanima.

Añadiendo el gesto a la palabra, se fue a la cocina y luego regresó con un plato humeante y un trozo de pan, colocándolos encima de la mesita de noche.

- ¿Puedes sentarte? - Preguntó ella.

Lo intentó, pero le dolía el cuerpo. Ella lo obligó a apoyarse sobre sus codos y colocó dos almohadas en su espalda, haciéndolo recostarse en ella. Luego le colocó una toalla en el pecho, tomó su plato y su cuchara, llamó a su hija y le dijo:

- Dalva, ven aquí y dale la sopa -. Osvaldo hizo un gesto de protesta:

- No hay necesidad de molestarse. Más tarde yo como -. María negó con la cabeza:

- Nada de eso. Eres de la ciudad, pero desde ya quiero decirte que aquí no tenemos nada de eso. Estás necesitando y Dalva te alimentará. Mejor dejar el orgullo a un lado. Daré de comer a los demás.

La joven se acercó y puso una silla a su lado, tomó el plato y la cuchara, se sentó y con calma comenzó a remover la sopa para enfriarla.

Osvaldo se sintió inhibido. Sus padres vivían en una pequeña ciudad del interior. Cuando tenía cinco años, su padre murió y su madre lo envió a casa de su tía, la hermana de su padre, una mujer rica, fina y educada, pero muy ocupada con su propia vida. Ella lo había acogido, se había ocupado de su educación, de sus estudios. Fue severa, distante y no se permitió ninguna muestra de afecto.

Lejos de su familia, Osvaldo al principio sufrió mucho, se vio obligado a tragarse sus sentimientos. Pero aun así respetaba a su tía y estaba agradecido que ella estuviera interesada en darle cobijo y cuidar que no faltara nada.

Ella no tenía hijos y él nunca supo si era porque no le gustaban los niños o porque no podía tenerlos. Su marido, un hombre rico y guapo, era más cariñoso. Sin embargo, como estaba muy ocupado con su negocio, casi no se detenía en casa.

Cuando conoció a Clara, hermosa, cariñosa, educada, Osvaldo se enamoró perdidamente. Después de la boda, se sintió realizado. Ella lo rodeó de atención y afecto. Con el nacimiento de sus hijos, se consideró el hombre más feliz del mundo.

- ¡Abra la boca, señor Osvaldo, vamos!

Arrancado de sus pensamientos íntimos, obedeció. La sopa estaba deliciosa. Miró a la chica sentada frente a él. Todavía era joven, tal vez diecisiete o dieciocho años, su rostro enrojecido y quemado por el sol, cabello castaño en una trenza que le caía por la espalda con el extremo atado con una cinta azul que había notado cuando ella se levantó para abrir las ventanas. Después de unas cucharadas, Osvaldo estaba sudando.

- Voy a abrir solo un lado para que el viento no te haga daño - dijo, sentándose de nuevo con el plato en la mano.

- Estoy muy caliente. Creo que es suficiente sopa.

- Es porque tu estómago está vacío. Vayamos más despacio. Creo que voy demasiado rápido. ¿Quieres un pedazo de pan? Es hecho en casa.

Sin esperar respuesta, Dalva tomó un trozo y se lo dio.

- Pruébalo - dijo, sonriendo -. Fue Anita quien amasó este pan. Cuando ella hace eso, él crece más que conmigo o mamá.

Al ver que ella lo miraba con ojos brillantes, esperando que lo probara, Osvaldo se llevó el pan a la boca y se comió un trozo. Estaba delicioso.

- ¡Es realmente bueno! ¿Quién es Anita?

- Mi hermanita. Ella tiene una mano de oro. Todo lo que hace es bueno. Tomemos más sopa.

Dalva logró que se tragara toda la sopa y sonrió con satisfacción.

- Ahora voy a cerrar la ventana para que duermas. Te garantizo que cuando despierte estarás renovado. ¡El caldo de gallina de mamá resucita a los muertos!

- Gracias - dijo Osvaldo.

Después que ella se fue, se preguntó.

¡Qué buena gente! No lo conocían y; sin embargo, lo trataba como si fuera de la familia. ¡Mejor que su tía, que nunca le daba sopa en la boca cuando se enfermaba!

Recordó a Clara y sintió una opresión en el pecho. Ella era cariñosa... ¡Todo era fingido! ¿Cómo estarían los chicos? Marcos tenía ocho años. Él era un hombrecito. Carlitos tenía cinco años. Clara les diría la verdad. ¿Qué pensarían de su desaparición?

De cierta forma, se arrepintió de haberse ido sin hablar con nadie. ¿Fue justo dejar a sus hijos con alguien como ella? ¿Habría sido egoísta pensando solo en su dolor y olvidándose del bienestar de los niños?

Se movió inquieto. ¿Fue por eso que Dios le había salvado la vida? Antônio entró a la habitación y se sentó en la silla junto a la cama.

- ¿Cómo te sientes?

- Mejor, gracias.

- Voy a preparar una medicina y la tomarás enseguida. Ayudará a curar las heridas del corazón.

Osvaldo suspiró:

- Estas no tienen cura -. Antônio sonrió:

- Sí las tiene, lo verás. No dudes del poder de Dios, Él te perdonó la vida porque necesitas cumplir tu destino en el mundo.

Osvaldo se sorprendió:

- ¿Cómo sabes que estaba pensando en eso?

- Yo sé.

- ¿Qué sabes?

- Primero, que no estabas en tu sano juicio cuando decidiste saltar del tren. Por eso él te ayudó. Pero ahora tienes tu parte. Seguir adelante y no pensar más en tonterías.

- Sé lo que quieres decir. No creo que lo vuelva a intentar, tengo dos hijos. Fui egoísta pensando solo en mí mismo. Los abandoné. Ahora siento que no puedo hacer esto.

- Tu cabeza todavía está confundida. No debes decidir nada hasta que estés bien.

- Nunca volveré a estar bien. Así que tan pronto como mejore, volveré por mis hijos.

- Ahora no es el momento de pensar en los demás. Necesitas recuperar tu salud, enfriar la cabeza. Cualquier decisión que tome ahora te traerá arrepentimiento.

El rostro de Osvaldo se tensó dolorosamente.

- Mi esposa no es digna de quedarse con ellos.

- No pienses en eso ahora. La ira y el dolor distorsionan los hechos. Prepararé la medicina y vuelvo enseguida.

Salió y regresó poco después con un vaso en el que había dos dedos de líquido verdoso, que le tendió a Osvaldo.

- Bebe - dijo.

Osvaldo obedeció. Era amargo y fuerte, y sintió que se le quemaba la garganta al tragarlo.

- Ahora acuéstate - continuó Antônio, quitándole las almohadas de la espalda, dejando solo una.

Osvaldo obedeció. Antônio le tomó la mano y dijo:

- Vamos a rezar. No tenemos ningún poder sin Dios. Él es quien controla todo en el universo. Tienes que entender esto y recurrir a Él cada vez que hacemos algo, no solo en momentos de dolor, como ahora. Después que llegue la ayuda, quiero que recuerdes eso y seas agradecido. La vida está llena de gracias y cosas buenas. El sol, la lluvia, la salud, el cuerpo, la comida, los amigos, la familia, todo es Dios quien da. Él sabe lo que necesitamos. Reúne a las personas según sea necesario para nuestra felicidad.

Osvaldo pensó en Clara y se inquietó. Antônio continuó:

– Dios no comete errores. Por más que las cosas estén mal, que no podamos entender lo que quiere, todo está bien, de la manera correcta.

Osvaldo no pudo evitarlo:

– ¿Cómo puede ser correcto que mi esposa me traicione? ¿Cómo puede ser bueno un matrimonio con una persona falsa y malvada?

– Ella apareció en tu vida por tu necesidad. Si no tuviera que pasar por esta experiencia, te habrías casado con otra, o tu esposa no te habría hecho eso. La vida nunca falla.

– No entiendo lo que estás diciendo. No estoy de acuerdo

– No importa. Ahora necesitas descansar. Otro día hablaremos de ello.

– Pídele a Dios que me haga olvidar. Eso es lo que más quiero.

– Mientras mantengas el dolor dentro de ti, no podrás olvidar. Pidamos a Dios que te ayude a perdonar. Es lo que hay que hacer.

– ¿Perdonar? ¿Crees que puedo?

– Creo que puedes y debes. Es la única forma de liberarse del peso que lleva.

– En ese caso será difícil. No puedo hacerlo.

– Cierra los ojos. Piensa en tus hijos, en el bien que les deseas, en el amor que sientes por ellos.

El rostro de Osvaldo se relajó. Sus rasgos se suavizaron y Antônio murmuró una sentida oración pidiendo a Dios que bendijera a Osvaldo, a su familia, a los habitantes de esa casa.

Cuando terminó, Osvaldo estaba dormido. Antônio soltó la mano que tenía en la suya, se levantó y se fue sin hacer ruido.

– Entonces, ¿cómo está? – Preguntó Juan.

– Dormido. Debe tomar el medicamento tres veces al día. Si está muy triste o inquieto, puede dar más a menudo. Ahora debo irme.

– Diocleciano te lleva de regreso – dijo Juan.

– Envolví unas rosquitas y pan para que lleves – dijo María –. La canasta ya está en el carrito.

– Gracias. No había necesidad de molestarse.

– Qué, esto no es nada.

– Regresaré el domingo para verlo – dijo Antônio, despidiéndose de todos con un abrazo.

– Diocleciano te recogerá para almorzar. Haré un postre especial.

– Doña María me está ablandando con tanto cariño, ¡Cuidado, puedo acostumbrarme!

Se rieron contentos, agitando una mano en señal de despedida cuando el carro tomó una curva en la carretera. Juan abrazó a María y juntos regresaron a la casa.

En los días siguientes, Osvaldo mejoró. Los dolores y molestias en el cuerpo pasaron, pero las marcas moradas y el brazo magullado cuando se detuvo en las rocas mientras rodaba por la pendiente aun eran visibles. A pesar de eso, dos días después ya no quería quedarse en la cama.

– Creo que debería descansar un poco más – dijo María, viéndolo aparecer en la cocina.

– Estoy bien. Ya no soporto estar ahí, pensando en la vida, mientras todos aquí trabajan todo el día. Has sido tan amable conmigo, tratándome como si fuera de la familia. Me gustaría retribuir de alguna manera, haciendo algo.

Ella dejó de remover la comida en la olla que humeaba en el fuego, puso la tapa, se volvió hacia él y respondió:

- No tienes que hacer nada.

- Sepan que les estoy muy agradecido a todos por el cariño. Tienes una familia maravillosa –. Ella sonrió.

- Lo sé. Todos los días doy gracias a Dios por eso. ¿Quieres una taza de café?

- Acepto.

Ella puso el café en la taza, lo endulzó y se lo entregó.

- Te estoy dando problemas.

- Vivimos lejos de la ciudad. Tenemos muchos amigos, pero recibimos pocas visitas. Viven lejos y están ocupados con la plantación. A veces los domingos vienen algunos, y para nosotros es una fiesta. A pesar de lo que te ha pasado, tu presencia aquí es bienvenida.

- Es mucha bondad de tu parte. Pero de momento no soy una buena compañía para nadie.

- ¡Nada! Mi difunta madre dijo que todo sucede en este mundo. Yo lo creo. Tu tristeza pasará y la vida te seguirá trayendo muchas alegrías.

Aunque no estuvo de acuerdo, Osvaldo sonrió y no la contradijo. ¿Para qué? No quería entristecerla con sus problemas.

- En cualquier caso, siento que necesito hacer algo. Ocuparme. Trabajar. Quedarme en esa cama pensando no me ayuda mucho.

- Bueno, tienes razón en eso. El trabajo es un remedio sagrado. Pero creo que todavía estás muy herido. Mejor esperar un poco más.

Juan iba a entrar, y María, al verlo, continuó:

- Quiere trabajar, Juan, creo que es temprano para eso.

- Necesito hacer algo, estar ocupado.

- María tiene razón. Eres un chico de ciudad. No está acostumbrado al trabajo de la granja. Es todo lo que tenemos para ofrecer.

- Me gustaría que no me llamaran señor. Ustedes son mis amigos. Siento que necesito moverme. Nunca trabajé en el campo, pero puedo aprender. No le tengo miedo al trabajo. Quiero hacer algo. Acostado en esa cama, los recuerdos no me dejan descansar. Trabajar será bueno.

- Eso es verdad. Solo que es demasiado pronto para empezar. Pero puedes ir conmigo después del almuerzo a la plantación y ver cómo va. Es hermoso. El algodón está comenzando a abrirse y pronto comenzaremos a cosechar.

Hasta entonces, creo que estarás bien para ayudarnos. Hablaremos con Antônio el domingo y averiguaremos qué opina.

- Confían mucho en él -. Fue María quien respondió:

- Es un hombre santo. Nos ha ayudado mucho. Tiene gran sabiduría. Mucha gente aquí y la ciudad lo busca para pedir consejo. Donde pone su mano, todo mejora.

- Te hizo volver a la vida. Parecías muerto. Estaba pensando que ibas a morir de todos modos. Todo lo que él hizo fue rezar, poniéndote las manos sobre la cabeza y listo: te despertaste. ¡Llevabas durmiendo dos días! Ayudó mucho - concluyó Juan

- Fue una locura. En ese momento ni siquiera pensé en mis hijos

- Afortunadamente, se acabó - dijo María.

- Ya pasó.

- Ahora, estás mejorando. El tiempo es un remedio sagrado - dijo María.

- Necesito pensar en qué hacer con mi vida. Recuperar a mis hijos, alejarlos de su madre, que no tiene condiciones morales para cuidar de ellos

– Tienes tiempo para pensar qué hacer. Antes necesitas cuidarte y estar bien. No se puede resolver nada con la cabeza caliente. Fue lo que el sr. Antônio aconsejó – concluyó Juan.

– Sí. Todas las ideas se mezclan en mi cabeza. He estado pensando una cosa durante horas, luego otra. No sé qué hacer.

– No tienes que hacer nada ahora – dijo María –. Espere a que se asiente el polvo.

– Lo intentaré, doña María.

– Si me tratas de doña, te trataré de señor –. Osvaldo sonrió.

– Eso es correcto. Dejemos las formalidades a un lado. Pero hiciste mucho por mí. Necesito buscar un lugar donde quedarme. Llevo allí casi una semana.

– ¿Alguien te está pidiendo que te vayas? – Preguntó Juan.

– No, pero...

– Te quedarás aquí todo el tiempo que quieras. La habitación de Juvencio está vacía – dijo María.

– Así es – dijo Juan –, puedes quedarte todo el tiempo que quieras. La casa es tuya.

– Gracias.

Osvaldo se sintió avergonzado. No quiso abusar de ellos, pero la mirada feliz de sus nuevos amigos, en la que percibió sinceridad y cariño, le hizo sentirse libre para quedarse un poco más.

– Me encantaría quedarme aquí un tiempo. Pero estoy sin ropa. No pensé que la necesitaría más. ¿Hay alguna tienda por aquí donde pueda comprar una?

– De vez en cuando aparece el sr. Jorge vendiendo. Pero no sé cuándo vendrá – dijo Juan.

– El sr. Jorge puede tardar un poco. Es mejor ir a Varguitas. Diocleciano te llevará. Allí encontrarás qué comprar – sugirió María.

– ¿Está lejos?

- No. Poco más de una hora - aclaró Juan.

- Si me enseñas, puedo ir solo. Diocleciano trabaja y no puede faltar un día al trabajo.

María sonrió:

- Te perderás y tendremos más trabajo para buscarte. Después, Diocleciano siempre está buscando la forma de ir a la ciudad. No sé qué hay, pero siempre quiere ir. Estará feliz de poder llevarte.

Osvaldo esbozó una sonrisa.

- Si es así, acepto. ¿Cuándo podemos ir?

- Mañana mismo.

Osvaldo estuvo de acuerdo. Después del almuerzo, quería ir con Juan a visitar la plantación. Se subió los pantalones y se puso el sombrero de paja que María le prestó en la cabeza, provocando hilaridad entre las chicas y las bromas de Diocleciano:

- ¿Vas a caminar por el campo con estos zapatos?

- ¿Qué tienen mis zapatos? Son de muy buena calidad.

- Lo sé - respondió el niño sonriendo - pero son para pasear por la ciudad. ¿Qué pasa si pisas una serpiente?

- ¿Serpiente? - Osvaldo se sobresaltó.

No le hagas caso - dijo María -. Las serpientes temen más a las personas que nosotros de ellas.

- Hay serpientes ahí, y ustedes van así, ¿sin nada? - Osvaldo se admiró.

- Hay algunas cerca del río o en el denso bosque. En el camino no aparecen. Pero, si aparecen, sé cómo tratar con ellas - garantizó Juan - ¿Aun quieres visitar la plantación?

- Por supuesto. Si no tienes miedo, yo tampoco.

- Así es como se habla. Si vas a la ciudad, es bueno comprarse un par de botas - concluyó Juan.

Al verlos irse, Dalva se acercó a su madre y le dijo:

- ¿No se asustará? La gente de la ciudad es bien quisquillosa.

- Pero no lo parece. Diocleciano no necesitaba asustarlo.

- Solo quiero verlo cuando regresen - dijo Anita.

- Es bueno que él quiera trabajar - dijo María -. Es una señal que quiere seguir viviendo.

- ¿Por qué quería suicidarse? - Preguntó Dalva.

- Por la mujer. La encontró con otro hombre.

- ¡Debe haberla querido mucho! - consideró Anita, suspirando.

- Bueno, no creo que mereciera suicidarse. Debes ser una mujer frívola. ¡Más aun teniendo hijos! - argumentó Dalva.

- No juzgues mal a alguien que ni siquiera conoces. No sabemos cómo sucedieron las cosas. Al fin y al cabo, no tenemos nada que ver con eso y no deberíamos estar hablando mal de la vida de otras personas.

- ¡Es solo que parece estar sufriendo tanto! ¿No pensó en el dolor que le causaría?

- Estas cosas son complicadas y no somos quienes parea jugar a los otros. Es mejor orar por todos los miembros de esta familia. Dios hace todo bien. Puede hacer cualquier cosa. Funcionará y no sirve de nada tratar de explicar lo que no podemos entender.

- No rezaré por ella, no.

- ¿Por qué, Dalva? No olvides que son los que más errores cometen los que más necesitan oración. ¿Puede haber más infelicidad que cometer errores, arrepentirse y no poder volver atrás?

- ¿Se arrepintió? - Preguntó Anita pensativa

- Es posible. Puede ser que en este momento esté llorando de arrepentimiento, incapaz de compensar lo que perdió. Hay personas que solo valoran a la familia cuando la pierden. Ella puede ser una de ellas. En este momento puede estar sufriendo tanto como él.

- Es cierto, mamá. No había pensado en eso. Incluso estaba enojada con ella - dijo Dalva.

- Espero que haya pasado y que reces por ella. Puedes estar seguro que debe estar necesitada.

- Voy a orar.

- Ahora intenta recoger la ropa del tendedero. Está seca.

- Vamos, Anita - invitó Dalva.

Al mirar a las dos que se abrazaron y se dirigieron al patio, María se rio con satisfacción. Eran dóciles y obedecieron voluntariamente.

Fue a la cocina a batir un bizcocho de harina de maíz, que era el favorito de Juan, mientras separaba los ingredientes se acordó de una vieja canción y se puso a cantar. Estaba feliz.

CAPÍTULO 3

Cara se levantó, inquieta. Apenas había dormido en toda la noche. Quería huir, desaparecer, para no tener que tolerar los insultos de la familia de Osvaldo, que no estaban satisfechos con lo sucedido. La llamaron, amenazando con denunciarla a la policía si Osvaldo hacía alguna estupidez. ¡Si tan solo tuviera alguna idea de dónde estaba!

Su actitud era de esperar. Nunca había sido capaz de afrontar ninguna dificultad. Cuando surgía algún problema, inmediatamente intentaba escapar, dejándolo para más tarde. Lo peor era que siempre culpaba a los demás. Nunca reconoció las tonterías que hacía.

Por supuesto, encontrarla besando a Walter había sido un shock. ¿Por qué había caído en la tentación? Se había sentido atraída por él desde que lo vio por primera vez en la casa de su cuñado Antônio.

Además de ser guapo, inteligente, alegre, Walter tenía un fuerte magnetismo, lo que hizo que su corazón se acelerara cuando la miraba. Clara luchó contra esa atracción. Nunca había traicionado a su marido en esos diez años de matrimonio.

Reconoció que Osvaldo, a pesar de no ser el hombre de sus sueños, estaba dedicado a su familia, era trabajador y lo amaba mucho.

Walter era el jefe de Antônio y lo había ayudado mucho a establecerse en la empresa y mejorar su salario. Se hicieron amigos y, como ambos estaban solteros, empezaron a salir juntos, uno visitando a la familia del otro. Así que cada vez que Clara iba a la casa de su suegra los domingos o en cualquier reunión familiar, encontraba a Walter.

Con el tiempo, conociéndolo mejor, comenzó a admirar su forma de ser. Siempre estaba feliz, todo era fácil para él. Vivía bien la vida, tenía sus propias ideas, no se dejaba llevar por nadie.

Antônio vivió contando cómo Walter afrontaba los retos de la empresa con coraje, determinación y terminaba llevando lo mejor.

Este era el tipo de hombre con el que Clara había soñado casarse. No pudo evitar compararlo con Osvaldo, que cada día perdía más. Nunca le había parecido tan inexpresivo, siempre evitando problemas, pasando por alto situaciones, asustado de enfrentarlos.

– ¡Walter no haría eso! – Pensó.

Un día sucedió lo inevitable. En un momento en que estaban solos en casa de su suegra, la tomó en sus brazos, besándola rápidamente en los labios. El corazón de Clara se aceleró, le temblaron las piernas y se quedó sin aliento.

Pero el ruido de doña Neusa volviendo a la sala los separó de inmediato sin que intercambiaran una palabra.

A partir de ese día, Walter comenzó a llamar a su casa diciendo que estaba enamorado. Quería concertar un encuentro en algún lugar, pero Clara, a pesar que lo deseaba, se negó. Tenía miedo del fuerte sentimiento que comenzaba a abrumar sus pensamientos, no la dejaba en paz.

Finalmente, estuvo de acuerdo. Una tarde, mientras los niños estaban en la escuela, salió discretamente, tomó un taxi y se encontró con Walter en un departamento en las afueras.

Cuando él abrió la puerta, ella sintió deseos de retroceder. Pero él la tiró del brazo, cerró la puerta y la abrazó con fuerza, besando sus labios repetidamente.

Clara estaba abrumada por la emoción. Se rindió a sus caricias con pasión, descubriendo emociones de las que nunca se había creído capaz. Fue un encuentro embriagador.

De repente miró su reloj y dijo sorprendida:

– Tengo que irme. Necesito recoger a los niños de la escuela.

– Quiero verte mañana.

– No lo sé. Todo esto es una locura. Tenemos que parar. Estoy casada, tengo hijos, no puedo seguir con esto.

Walter la abrazó con fuerza, besándola largamente en los labios.

– Fuimos hechos el uno para el otro, Clara. No podemos negar eso.

– Llegaste a mi vida un poco tarde.

– Nunca es tarde para el amor.

– No puedo hacerle esto a Osvaldo. No se lo merece.

– Sé que no. Pero yo te amo y tú me amas. No merecemos sufrir. Mañana por la tarde quiero tenerte en mis brazos de nuevo.

– No lo sé. Tienes que trabajar.

– Puedo salir sin problemas. Tú también puedes.

– Ahora tengo que irme. No puedo quedarme ni un minuto más.

Salió, tomó un taxi y trató de calmar sus emociones conflictivas en el camino. No podía seguir con esto. No iba a encontrarse con él ni al día siguiente ni después.

Sin embargo, al día siguiente, a medida que pasaba el tiempo y se acercaba la hora fijada, la decisión de Clara de no ir a la reunión se fue debilitando.

Cuando se encontró a sí misma, estaba en el taxi, bien vestida, perfumada y su corazón latía con ansiedad por el nuevo encuentro.

Durante una semana se vieron todas las tardes. Entonces Clara logró dominarse. Él necesitaba trabajar y ella no quería perjudicarlo. Terminaron acordando reunirse dos veces por semana en ese lugar.

Sin embargo, continuaron encontrándose en reuniones familiares y Clara hizo un esfuerzo enorme por no mostrar lo que sentía. Cada día se sentía más enamorada y Walter correspondía.

Un día sucedió lo inevitable. De repente, Osvaldo notó un intercambio de miradas, un gesto de intimidad. Comenzó a sospechar. Sintió que la sangre se helaba en sus venas ante la mera posibilidad de ser traicionado. Cada día sentía crecer sus sospechas.

Decidió investigar. Contrató a un detective y pronto descubrió a dónde iba Clara dos veces por semana y con quién se reunía. Él preparó el acto y esa tarde, cuando ella tomó el taxi, la siguió. Se quedó allí, frente a la puerta del apartamento, esperando a que ella saliera.

Cuando se abrió la puerta, pudo ver a Walter abrazando y besando a Clara con pasión. No pudo contenerse. Se arrojó sobre ellos gritando:

– ¡Traidores! ¡Los acabaré!

Los dos, paralizados por la sorpresa, se separaron de inmediato. Osvaldo agarró a Clara por los brazos, sacudiéndola vigorosamente:

– ¿Por qué hiciste esto? ¿Por qué? ¡Los mataré a los dos! Nunca pensé que pudieran ser tan viles.

Walter trató de ponerse entre los dos mientras el detective y su asistente que había fotografiado la escena intervenían, logrando separarlos.

– ¿Qué pasa, Sr. Osvaldo? – Dijo el detective –. Prometiste no usar la violencia. Tenemos la ley de nuestro lado. No permitiré que ataque a nadie. Cálmese. Somos civilizados. Hablemos y ajustemos todo dentro de la ley.

Osvaldo, pálido, se contuvo con dificultad. El dolor era tan grande que no supo qué decir. Clara estaba llorando, asustada, pidiéndole que no la matara.

Incluso ahora, casi un mes después, no podía olvidar el terror de aquel momento.

A partir de entonces, su vida se convirtió en una pesadilla. Su suegra había venido a pedir cuentas y había amenazado con llevarse a sus hijos.

– No eres digna de cuidarlos. Cualquier juez nos dará la custodia. No creas que recibirás ningún bien de Osvaldo con la separación. Tiene pruebas de tu infidelidad. Saldrás del matrimonio sin nada. Tendrás que trabajar para comer. De esa manera, no tendrás tiempo para hacer lo que no debes. Quiero ver si ese sinvergüenza de Walter, que solía comer en nuestra casa, te da dinero y hace por ti lo que hizo Osvaldo. Por tu culpa, Antônio dejó su trabajo. Me dijo que no quiere trabajar más con ese conquistador barato.

Clara, con mucho esfuerzo, había logrado sacarla de su casa. Se había marchado hablando en voz alta, interesada en que todos los vecinos la escucharan:

– ¡Me voy! Nunca volveré a poner un pie en esta casa mientras tú estés aquí. La casa pertenece a mi hijo. Haga el favor de ir y vaya a prostituirse en otro lugar. Dios es justo. Pagarás por todo el daño que nos estás haciendo.

Clara cerró la puerta y se tapó los oídos con las manos. ¿Cómo pudo soportar a esa mujer durante tantos años? Antipática, dueña de la verdad, manipuladora, quería que todo en la familia girara en torno a ella. Al menos, ahora ya no tenía que aguantarla.

La noche en que fuera sorprendida, Clara le tenía miedo a Osvaldo. Pudo haber ido a buscar un arma y volver para matarla. Escuchó sus amenazas. Estaba muy enojado y en ese estado podía hacer cualquier locura.

Pero no regresó esa noche, ni la siguiente. Ya no salía de casa ni dejaba que los niños fueran a la escuela. Por la noche, se encerraba en la habitación con ellos, temiendo a Osvaldo.

Walter la había llamado para pedirle que se calmara, diciendo que Osvaldo no haría nada contra ellos. Cuando los ánimos se calmaran, se acercaría para hablar.

Como estaban las cosas, Clara le pidió que no la buscara, para no empeorar la situación.

Fue en la tercera noche que escuchó el sonido de la llave en la cerradura, Osvaldo volvía a casa. Sorprendida, llamó a los niños y se encerró en la habitación.

Osvaldo entró, subió las escaleras y llamó a la puerta del dormitorio.

– Vete, Osvaldo. No abriré – dijo temblorosa.

Los niños, asustados, empezaron a llorar. Osvaldo respondió:

– No tengas miedo. No voy a hacer nada. Solo quiero recoger mis cosas.

– ¡Quiero a papi! – Gritó Carlitos.

– Ábrele, mamá – pidió Marcos.

– No quiero verlo. Me voy a encerrar en el baño y ustedes abren la puerta – decidió.

Después que se encerró, Marcos abrió la puerta. Los dos muchachos se lanzaron a los brazos de su padre, quien los abrazó con emoción:

– ¡Tengo miedo, papá! – Dijo Marcos.

– Cálmate, hijo. No pelearé con tu madre. Solo vine a buscar algunas cosas.

– ¿Te vas? – Preguntó Marcos.

– No quiero que papá se vaya – dijo Carlitos, llorando.

Osvaldo, sintiendo un nudo en la garganta, colocó a los dos muchachos sentados en la cama frente a él y mirándolos fijamente dijo:

– Han pasado algunas cosas que me obligan a salir de casa. Quiero que siempre sean buenos chicos y obedezcan a su madre.

– ¿A dónde vas? – Preguntó Marcos.

– Aun no lo sé.

– Quédate, papá – dijo Carlitos –. No te vayas.

– Tengo que irme, hijo. Será solo por un tiempo.

– ¿Volverás pronto? – Preguntó Marcos.

– Aun no lo sé. Pero donde sea que esté, los extrañaré mucho. Los amo mucho. Nunca olviden eso.

Sintiendo las lágrimas correr por sus mejillas, Osvaldo disimuló y abrió el armario en busca de una maleta. Luego metió algunas pertenencias adentro mientras los niños lo miraban con tristeza.

– Ahora tengo que irme.

Los abrazó y los besó con amor mientras lloraban. Luchó por contener su emoción. Luego, temiendo arrepentirse, los dejó y casi echó a correr, cargando la pequeña maleta.

Al escuchar el ruido de la puerta de entrada, Clara abrió la puerta del baño y preguntó:

– ¿Se ha ido?

– Sí. Mamá, ¿por qué tuvo que irse?

– Porque es mejor así.

– No, no lo es – respondió Carlitos –. ¡Estaba llorando!

Clara los abrazó sin saber qué decir. Ella también se sintió afectada. ¿Por qué no había resistido esa tentación? ¿Por qué se había entregado a ese amor y destruido la felicidad de toda su familia?

Ella era la culpable de todo. ¿Cómo podría vivir a partir de entonces cargando con el peso de su culpa?

Cuando sus hijos crecieran y pudieran entender, seguirían amándola de todos modos

Estaba segura que tanto la familia como los vecinos y conocidos de Osvaldo se apresurarían a contarles a sus hijos toda la historia, a su manera. En ese momento, Clara lamentó mucho haberlo traicionado. Pero ¿qué hacer? Era demasiado tarde para retroceder. Tenía que seguir adelante, afrontar lo que venía con valentía y dignidad.

De una cosa estaba segura: no permitiría que nadie se llevara a sus hijos. Lucharía con uñas y dientes para tenerlos de su lado, para educarlos. Pase lo que pase, no renunciaría a ese derecho.

Durante dos días más esperó a que Osvaldo apareciera o diera noticias. Pero desapareció. Tanto Antônio como doña Neusa llamaron varias veces para enterarse de Osvaldo, no querían hablar con ella, solo Marcos. Llamaban varias veces al día, siempre pidiéndoles que se comunicaran con ellos si Osvaldo les daba noticias.

Clara supo por ellos que Osvaldo había desaparecido. Habían buscado ayuda de la policía, registrado hospitales, en tantos lugares como les fue posible, temiendo que hubiera atentado con su vida. No obtuvieron ninguna información.

Después que él se fue, Clara siguió sin salir de la casa durante unos días más. Los suministros se estaban acabando. Tenía algo de dinero en el banco que, si se administraba bien, podía pagar los gastos por dos o tres meses. Tendría que trabajar. Pero ¿dónde?

Como mujer soltera, había sido empleada en una tienda por departamentos en el centro de la ciudad. Le gustaba su trabajo, principalmente porque se sentía útil al tener su propio dinero. Pero Osvaldo no le permitió continuar después de la boda.

– Gano bien y puedo mantener a la familia. No necesitarás trabajar. Ella trató de convencerlo, pero él se mantuvo firme:

– Mi esposa no trabaja afuera. En mi familia, todas las mujeres solo trabajan en casa.

Ahora, Clara lamentó haber aceptado. Si tan solo hubiera estudiado, si se hubiera graduado de algo. Pero nada. Durante todos esos años, se ocupó de sus hijos, de su marido y de vivir del dinero que él le daba.

¿Qué sería de ellos ahora? Ella podía arreglárselas, pero los niños necesitaban consuelo y ayuda. Osvaldo era muy cariñoso con los niños. Ciertamente no se negaría a apoyarlos. Sin embargo, desapareció y nadie supo dónde estaba.

¿Y si hubiera muerto? ¿Y si nunca regresaba? Tendría que satisfacer todas las necesidades de los niños sola. La familia de su marido vivía bien, tenía consuelo y nada le faltaba, aunque no eran ricos, pero ella nunca pediría nada. Sabía que su suegra haría cualquier cosa para llevarse a sus hijos y nunca lo permitiría.

Llevó a los niños a la escuela. Habían faltado diez días. Para Carlitos, que estaba en el jardín de infancia, no importaba, pero Marcos ya estaba en su segundo año y podía ser reprobado.

Trató de justificar sus ausencias por motivos de mala salud, pero por la mirada de la directora notó de inmediato que ella conocía la verdadera razón. Clara se hizo la tonta y prometió que Marcos no se perdería más y que ella lo ayudaría a recuperar el tiempo perdido.

Compró el periódico dispuesta a encontrar trabajo. No estaba segura de qué buscar. Pronto se dio cuenta que no sería fácil. No tenía formación profesional y las empresas requerían dos años de experiencia. Además, el salario de un empleado era tan bajo que no podía mantener a su familia.

Llamó a Walter y después de los saludos dijo:

– Quiero hablar contigo. Estoy angustiada.

– ¿Alguna noticia de Osvaldo?

– Nada hasta ahora. Eso también me preocupa. Su familia sigue atormentándome, llamando aquí, hablando con los niños.

– Espera un poco más. Las cosas para mí aquí en la empresa también están mal. Antônio hizo un gran escándalo. Se dirigió a la dirección, contó la historia de su propia manera, pidió mi despido y fui llamado, regañado, amenazado con perder mi trabajo. No puedo perder este trabajo en absoluto. Me costó mucho llegar a donde estoy ahora.

- Solo quiero hablar, pedir consejo.

- Será mejor que no llames a la oficina.

- Llamaré a tu casa.

- Ni siquiera lo pienses. Toda la familia está en armas. No aceptan lo que hemos hecho.

- Deben estar enojados conmigo...

- Lo están. Ya sabes, en estos casos la mujer siempre tiene la peor parte.

- Entonces llámame y nos encontraremos en algún lugar para hablar. Tengo que conseguir un trabajo y no sé cómo hacerlo. Me gustaría que me guiaras. Ha pasado tanto tiempo desde que dejé de trabajar...

- ¿Necesitas dinero?

- Todavía no. Pero lo que tengo no durará mucho. Si Osvaldo no se presenta, no les da una pensión a los niños, ¿qué haré?

- Cálmate. Si eso sucede, veré qué puedo hacer.

- ¿Me vas a buscar pronto?

- Tan pronto como pueda. Cálmate. Tenemos que dejar que el polvo se asiente. Espero que comprendas. No llames aquí ni a mi casa. En cuanto vera que se han calmado, te buscaré.

Clara colgó el teléfono, sintiendo que su corazón se hundía. ¿Por qué se dejó llevar por la pasión? ¿Por qué no pensó mejor en sí misma antes de entregarse a ese amor prohibido? ¿Por qué no supo apreciar el amor sincero de Osvaldo?

Angustiada, no encontró respuesta a estas preguntas. Las lágrimas corrían por sus mejillas sin que ella hiciera nada para detenerlas. Si pudiera volver atrás, lucharía con todas sus fuerzas para superar esa pasión. Pero ya era demasiado tarde. Ahora todo lo que tenía que hacer era seguir adelante, sufrir las consecuencias de sus acciones, pagar el precio de sus debilidades.

Pero si estaba bien que ella sufriera, no podría soportar ver el sufrimiento de sus hijos. Amaban a su padre y sufrían la separación. ¿Por qué no pensó en eso antes? Cuanto más pensaba en ello, más se reprochaba a sí misma, más agudo se volvía su sentimiento de culpa.

¿Dónde buscar consuelo? Recordó la iglesia. Su madre era católica y siempre la llevaba a misa. Miró su reloj y notó que todavía tenía una hora para recoger a los niños de la escuela. Decidió acudir a un sacerdote para confesarse. Él le daría penitencia y la perdonaría, para que ese sentimiento de culpa desapareciera.

La pequeña iglesia cercana a la escuela estaba vacía a esa hora de la tarde. Fue al cura y pidió que la escuchara en confesión. Él la aceptó y Clara se arrodilló en el confesionario esperando que él la escuchara.

Llena de remordimientos, oró pidiendo ayuda a Dios y perdón por su error. Quería ser liberada de ese pecado.

El cura abrió la ventana del confesionario y Clara empezó a hablar. Contó su historia, al final de la cual consideró:

– Hija, pecaste contra Dios. Tu pecado es muy grave. No puedo darte la absolución por ahora.

– Estoy arrepentida, pidiendo perdón. Quiero comulgar, limpiar mi corazón.

– El adulterio es pecado mortal. Tienes que evaluar mejor tu error.

No puedo permitir tu comunión. Te daré como penitencia para rezar un tercio todos los días y pedir perdón a Dios, repitiendo al final: "Mi culpa, mi culpa, mi máxima culpa." Después de un año, vuelve aquí para comprobar cómo estás.

Haciendo la señal de la cruz en bendición, el cura cerró la ventana del confesionario y Clara se quedó quieta unos instantes sin saber qué hacer. Luego se levantó y salió de la iglesia, con la cabeza gacha, inclinada por el peso de su culpa.

– Ni siquiera Dios quiere perdonarme – pensó desesperada.

Si no fuera por los niños, habría terminado con su vida allí mismo. Sería fácil: los autos pasaban a gran velocidad y en un instante todo se resolvería.

Pero le vinieron a la mente los rostros de Carlitos y Marcos. Ella no podía pensar solo en ella. La necesitaban, ahora más que nunca. Mal o bien, triste o desolada, tendría que cuidarlos.

Caminó hasta la escuela y tuvo que esperar un tiempo para que los niños salieran.

Sintió que otras madres la miraban de manera diferente. ¿Sabían lo que había hecho? Se acurrucó en un rincón tratando de pasar desapercibida, fingiendo no ver a las otras madres, algunas que solían saludarla cada vez que iba a la escuela. Sentía vergüenza.

Tan pronto como los dos salieron, los recogió y regresó a casa en silencio.

- ¿Cómo te fue en la escuela?

- Bien - dijo Marcos -. Mis amigos querían saber por qué falté.

- ¿Qué dijiste?

- Les dije que estaba enfermo. ¿No es eso lo que le dijiste a doña Laurinda?

Clara estuvo de acuerdo. Siempre les había enseñado a sus hijos que era mejor decir la verdad, pero ¿cómo exigirlo después de haberles mentido?

Ella suspiró de agonía.

Una vez en casa, mientras se duchaban, organizó la cena. El timbre sonó y la hizo temblar. ¿Sería Osvaldo?

Fue hacia la puerta y miró por el visor. Era Rita, y abrió de inmediato:

- Pasa, Rita.

- ¿Cómo está doña Clara? ¿Está mejor?

- Más o menos.

- Bueno, vine varias veces, pero nadie abrió la puerta. Tuve vergüenza de aparecer. Ya sabes cómo es: la gente dice tantas cosas que nos da vergüenza.

- Osvaldo y yo nos separamos. Se fue y no sé dónde está.

- Ya veo. No quiero ser entrometida, doña Clara, pero la estimo mucho. Llevo más de cuatro años trabajando aquí y aprendí a querer a los niños, todo. Realmente extraño a Carlitos. Vine a ver si todavía quiere que trabaje aquí.

- Querer, yo quiero Rita. Has sido muy amable y los niños te quieren. No sé si podré pagarte. Estoy buscando trabajo y todavía no sé cómo conseguirlo.

- La casa es suya. ¿Seguirá viviendo aquí?

- Yo lo haré. No tenemos otro lugar a donde ir.

- En este caso, el gasto no es muy elevado. Luego, los niños necesitan a alguien que los cuide cuando usted vaya a trabajar.

- Es cierto.

- Hasta ahora vivía con mi hermana y solo trabajaba durante el día. Pero ella se va con su esposo y yo me quedé sin un lugar donde vivir. No puedo pagar el alquiler de la casa sola. Entonces, si me permite venir a vivir aquí, haremos un trato que no será demasiado pesado para nadie. Si su situación mejora, la mía también mejora. ¿Está bien así?

Clara la abrazó conmovida. En su situación actual, la compañía de Rita era una bendición para ella. Alegre, de buen humor, positiva, cariñosa y cumplidora de sus deberes, solo tenía una pasión: el baile. Todos los sábados salía a bailar y solo regresaba al amanecer.

- Será maravilloso tenerte aquí con nosotros. Caramba, llegué a casa tan devastada, incluso pensando en tonterías, pero me trajiste un aliento.

- Todo pasa, doña Clara. Aun tienes tu mayor tesoro, que son los chicos.

Carlitos entró a la cocina abrazado a las piernas de Rita, diciendo alegremente:

- ¡Rita! ¡Regresaste! Ya no te vas, ¿verdad? - Ella lo levantó, besando su mejilla sonrosada.

- Por supuesto que no. Voy a buscar mi maleta y mañana volveré a vivir aquí.

- ¡Sí! ¿Eso es verdad? - Preguntó Marcos, quien acababa de entrar y la abrazó también.

- Vamos a arreglar todo después de la cena para que pueda mudarse mañana temprano.

- Hoy va a dormir aquí - dijo Carlitos -. Quiero que me cuentes la historia del gato que tuvo siete vidas.

- No es un gato con siete vidas, es un gato con botas, tonto - corrigió Marcos.

- El gato con botas tenía siete vidas - dijo el hermano.

- ¡No son siete vidas, son siete leguas!

- Arreglemos todo y cuento la historia antes de acostarse - intervino Rita.

Mientras les hablaba, Clara, al verlos entretenidos, respiró más aliviada. Quizás no todo estaba perdido y las cosas podrían mejorar.

Trató de ocultar su tristeza y cooperar. Los chicos merecían disfrutar de un entorno más feliz y ella haría cualquier cosa para proporcionarlo.

CAPÍTULO 4

El gallo cantó y Osvaldo se removió en la cama. Le dolía el cuerpo, porque no había podido pegar un ojo en toda la noche.

Habían pasado más de dos meses desde que saltó del tren, y aunque las heridas de su cuerpo se habían curado, todavía sentía que la herida interior seguía abierta, como si no hubiera pasado el tiempo. Era difícil de olvidar.

En esa casa, todos lo trataban con respeto y consideración. Había bondad en cada gesto y él los apreciaba mucho. El ambiente era agradable, ligero, se trataban con educación y cariño.

Hubo armonía, y los niños hablaron de igual a igual con sus padres, sin traspasar los límites del respeto, y sus preguntas fueron escuchadas.

Para Osvaldo, acostumbrado a vivir con su tía, siempre muy cerrada a cualquier intimidad, esta era una condición nueva, y se sentía muy bien en su compañía.

Pero a pesar de eso, la herida del corazón seguía sangrando. La escena de Clara abrazada con Walter volvió a su mente, y en esos momentos, la angustia lo asfixiaba.

¿Cuánto tiempo llevaría esa herida en tu pecho? ¿Cuánto tiempo lo atormentaría el recuerdo de sus seres queridos y la nostalgia? En esos momentos, se preguntó por qué Dios le había perdonado la vida. ¿Debería continuar en este tormento?

Cuando se sentía triste, salía y se sentaba bajo el árbol de aguacate junto a la orilla del arroyo y meditaba, mirando sin ver, perdido en sus pensamientos.

Cuando se dio cuenta, había alguien sentado a su lado, ahora Diocleciano, ahora una de las chicas e incluso Juan, sin decir nada, y Osvaldo sintió que estaban siendo solidarios, ofreciendo apoyo, amistad.

Luego la angustia pasó. Y, cuando estaba dispuesto a hablar, cada uno a su manera trataba de llamar la atención sobre las bellezas de la vida, de la naturaleza, que, perfecta en su ritmo, pone todo en su lugar.

Osvaldo acabó sintiéndose mejor, entre la risa de Anita, las diatribas bondadosas de Dalva, la insaciable curiosidad de Diocleciano, la paciencia de Juan y hasta las queridas frases de María.

Durante el día trabajó duro en el campo. Se sintió bien por devolverle el cariño recibido y también porque, ocupado, sudando la camisa, se olvidó un poco de su tristeza. Con un cuerpo cansado, a menudo se quedaba dormido sin tener tiempo para pensar en el pasado.

Esa noche; sin embargo, eso no sucedió. Y ese día Carlitos cumplía seis años. Había estado pensando en él todo el día, ¿qué estaría haciendo? ¿Cómo llevarían la vida?

Hubo momentos en los que se arrepintió de haber desaparecido y estuvo tentado de llamar a su madre para averiguar qué estaba pasando allí. Pero no quería que supieran dónde estaba. Sabía cómo pensaban. Pensaron que era un cobarde porque se escapó y no terminó con Clara ni se llevó a sus hijos.

A veces pensaba en volver. Pero estaba sin trabajo, sin ropa, con poco dinero. ¿Qué haría en la ciudad? La madre contaba con el apoyo de su otro hijo, Antônio, que había dejado su trabajo. ¿Cómo estarían viviendo?

No. Nunca volvería si tenía que pedir su ayuda, aunque fuera solo para los primeros tiempos. ¿Y Clara? ¿Se habría quedado con Walter de una vez?

Ante ese pensamiento, sintió que su ira aumentaba. Le molestaba la idea de ver a sus hijos viviendo al lado de su rival, teniéndolo como padre. En esos momentos sintió ganas de regresar y cuidar a sus hijos. ¿Pero cómo hacer eso? No estaba en condiciones de reclamar su custodia ante el tribunal. Ni siquiera tenía una casa para albergarlos.

A pesar de lo que había hecho, Clara era muy cariñosa con los niños.

No se los entregaría a él a menos que la justicia la obligara. Reconocía que esto sería difícil. En estos casos, la preferencia es por la madre.

Si tan solo hubiera tenido el coraje de tomar la evidencia de su comportamiento para tratar de obtener el derecho a los niños... Sin embargo, incluso si lograba asegurar su tutela, ¿cómo los cuidaría si no tuviera los recursos para montar una casa digna? ¿Una niñera para cuidarlos?

Después, eran muy apegados a la madre. Sufrirían mucho al tener que separarse de ella.

Osvaldo se pasó una mano por el cabello, inquieto. No había salida. El camino era quedarse allí, en ese páramo, tragándose la angustia, el anhelo, la revuelta, intentando sobrevivir a pesar de todo.

Pensó en su tía Esther. Ciertamente, su madre no habría ocultado su drama a su cuñada. ¿Cómo habría reaccionado? Aunque educada y afable, nunca había estado muy cerca de la tía Esther.

Mantuvieron una buena relación. Mientras vivió en su casa, nunca le dio motivos de preocupación, siempre había tratado de ser correcto y obediente. A pesar de esto, sentía que había una barrera entre ellos. Siempre fue discreta y equilibrada. Nunca la vio dejar esa postura o perder los estribos.

Cuando hablaban nunca mencionaban problemas personales, por eso Osvaldo sintió que, a pesar de haber vivido con ella en la misma casa durante años, no la conocía más de cerca. Respetaba esta forma de vivir, pero al mismo tiempo no se animaba a cruzar esa barrera que ella colocaba y tácitamente evitaba mostrar sus sentimientos frente a ella, manteniendo una postura indiferente y equilibrada, aunque por dentro estuviera inquieto.

Después de graduarse, comenzó a trabajar y cuando decidió casarse ya tenía suficientes ahorros para montar la casa sin tener que pedirle ayuda. Aun así, ella se había empeñado en darle la casa a la que se fue a vivir después de la boda. Era una casa bonita y la decoraron muy bien.

Pensando en ello, se estremeció. Habían sido felices durante tantos años. ¿Fue todo una mentira? ¿Clara habría tenido otros amantes? ¿Desde cuándo lo engañaba?

¿Qué pensaría la tía Esther de él? Era difícil saberlo. Si intentaba pedir ayuda, ¿qué haría ella? A pesar de la falta de intimidad entre ellos, ella siempre lo ayudó. Hubo momentos en los que pensó que ella podría ser la única persona que lo ayudaría sin recriminaciones.

Tanto su madre como su hermano eran egoístas e interesados. Siempre deificaban a su tía porque era rica, pero detrás de eso criticaban su vida con su marido, que siempre lo indignaba y terminaba en una discusión.

A Osvaldo no le gustaba la calumnia. Cuando su madre y su hermano se mudaron a São Paulo y él comenzó a vivir más con ellos, pronto descubrió cómo vivían y trató de espaciar sus visitas.

Él ya estaba casado y a Clara tampoco le gustaba vivir con ellos. Fue él, Osvaldo, quien insistió en que su esposa lo acompañara en las visitas dominicales a la casa de su madre.

Lo lamentó. Pero, ¿cómo podía saber que ella haría lo que hizo? Valoraba la vida familiar y, a menudo, se culpaba a sí mismo por no disfrutar de vivir con su madre y su hermano, obligándose a ir a verlos incluso sin placer.

Pensaba que un buen hijo tenía que ser considerado con sus padres, incluso si dejaban algo que desear como personas. ¿Qué había ganado con eso? Lo llamaron débil, dictaron reglas de comportamiento, se rieron al obligarlo a tomar acciones que no quería.

Pensándolo bien, tal vez se había escapado no solo para olvidar su drama amoroso, sino también para escapar del acoso y las críticas de ellos que lo confundían y lo hacían cada vez más infeliz.

El gallo cantó y Osvaldo se puso de pie, sin haber dormido en toda la noche. Era hora de trabajar. Mejor que estar inquieto en la cama luchando con pensamientos dolorosos.

Cuando María entró a la cocina para encender el fuego, Osvaldo ya estaba sentado en el banco junto a la ventana.

– Buenos días, Osvaldo – dijo.

– Buenos días.

Encendió el fuego y puso a hervir el café. Osvaldo se puso de pie:

– Voy a poner las tazas sobre la mesa.

– Coge también el pan, el que hizo ayer Anita –. María pasó el café mientras él ponía las cosas en la mesa sobre el mantel a cuadros. Llenó una taza, la endulzó y se la entregó a Osvaldo, diciendo:

– Bebe. Te sentirás mejor.

Cogió la taza y no respondió. Ella continuó:

– Hoy viene a almorzar el sr. Antônio. Dijo que tiene que hablar contigo. Envió un mensaje con Tónico de la tienda. – Es demasiado bueno. No sé si vale tanto trabajo por tan poco.

– Si viene es porque cree que vale la pena.

– Debería haberme dejado morir. Habría sido mejor.

– No seas ingrato. A Dios no le gusta.

– Lo siento, María. Todos ustedes son muy buena gente. Están perdiendo mucho tiempo conmigo. No vale la pena.

– Toma tu café y come el pan, que es mejor. Pasa mucha mantequilla, sabe bien.

El café está muy azucarado, para calmarte –. Osvaldo suspiró y no respondió. Ella continuó:

- Quieres huir de los problemas, pero no puedes. Puede que sea el momento de enfrentarlos.

- No veo ninguna solución.

- No tienes fe. No cree en la vida ni en ti, te debilitas. ¿Por qué? ¿Para que todos sientan pena?

Osvaldo se sonrojó.

- No quiero que nadie sienta pena por mí.

- No lo parece. Vives en los rincones, pensativo, ceñudo, pero no haces nada para solucionar tu caso.

- No hay nada que yo pueda hacer. Lo que pasó no tiene remedio.

- Todo tiene remedio cuando lo quieres. Resulta que cuando está amargado nadie quiere tomarlo.

- Bueno, tomaría cualquier remedio, por muy malo que fuera, si pudiera regresar y evitar lo que pasó.

- Querer lo imposible no lo resuelve. Si crees que no puedes hacer nada para resolver los problemas que te entristecen, ¿por qué sigues atormentándote con ellos? Lo que no tiene remedio no tiene remedio y punto.

- Es fácil hablar. Me gustaría olvidar, dejar de pensar en lo que pasó. Pero no puedo. Hay cosas que no abandonan mi memoria.

María lo miró seriamente y respondió:

- Enojarse, pelear con la vida, no servirá de nada. Del mismo modo que no servía de nada huir. Mi difunta abuela siempre decía que cuando hay un lugar frecuentado, no tiene sentido cerrar los ojos o esconder la cara, porque él sigue ahí y lo seguimos viendo. Es mejor enfrentarlo y saber lo que quiere, por qué nos persigue. Entonces descubriremos que era solo un humo, que pronto desaparece y no tenía poder para dañarnos.

- ¿Qué quieres decir con eso?

– Que las cosas a menudo parecen ser más grandes de lo que son. Cuando superamos el miedo, este pierde fuerza y acaba desapareciendo.

Osvaldo bajó la cabeza, pensativo. Necesitaba arreglar su vida, decidir qué hacer. No podía quedarse ahí, así, molestando a sus amigos con su tristeza.

Se levantó y fue a la plantación. Lo mejor era trabajar, cansar el cuerpo. De esa manera, terminaría olvidándose un poco del dolor en su corazón.

Cuando regresó con Diocleciano y Juan para almorzar, Antônio estaba sentado hablando con María frente a la casa. Los tres los saludaron con alegría, se detuvieron en el pozo donde ya había llevado un balde de agua, se lavaron en la tina, se secaron y se apresuraron a abrazarlo con cariño.

– ¿Hace mucho que llegaste? – Preguntó Juan sonriendo.

– Media hora, más o menos. Es muy bueno estar aquí en esta sombrita.

– Quería enviar a Dalva para decirle que ya estaba aquí, pero no me dejó.

– No quería perturbar tu trabajo. Después, supe que no tardarían mucho.

– ¿En qué viniste?

– Tónico iba a pasar por aquí, vine con él.

– No lo hagas más. Cuando quieras, envía un mensaje y Diocleciano te recogerá en casa.

Cuando María fue a la cocina para preparar el almuerzo, estaban hablando afuera. Poco después, anunció que la mesa estaba puesta y entraron. El delicioso olor de la comida era agradable y Antônio dijo con una amplia sonrisa:

– Si viviera aquí, me acostumbraría. Nadie hace frijoles como doña María.

— Así es. Y la gallina también es genial — asintió Juan, alegremente.

María sonrió con satisfacción, colocando la jarra de limonada sobre la mesa. El almuerzo fue alegre. Después del café, Antônio sacó del bolso la hoja de tabaco, hizo un cigarro, lo encendió, dio algunas caladas y se puso de pie diciendo:

— Gracias, doña María. Ahora necesito caminar un poco. Es bueno para la digestión. Osvaldo, ¿quieres acompañarme?

Se levantó y los dos salieron lentamente. Nadie se ofreció a acompañarlos. Todos sabían que el sanador quería hablar a solas con Osvaldo.

En silencio, caminaron unos metros, y Antônio invitó:

— Vamos, sentémonos aquí, en este tronco. ¡Este lugar es bueno para la meditación!

Junto al tronco había un frondoso árbol cuyas ramas se balanceaban, tocadas por la ligera brisa que circulaba, proyectando sombras que se movían en el suelo, formando diseños caprichosos y variados.

— ¡Qué hermosa es la naturaleza! ¡Qué buena y generosa es la vida! — Ellos se sentaron. Osvaldo; sin embargo, inmerso en sus pensamientos internos, no respondió. Antônio continuó:

— Necesitas deshacerte de los tormentos, no dejarse envolver por ilusiones.

— ¿Ilusiones? ¿De qué estás hablando? No hay nadie en el mundo más realista que yo. Después de la que me hicieron, he perdido la confianza en las personas. Cada uno es lo que es, y punto.

— Eso es correcto. Cada uno es lo que es. ¿Lo has pensado, hijo mío?

— No he pensado en nada más desde el día que descubrí la verdad.

— ¿Y qué hiciste con ella?

- ¿Qué puedo hacer? La traición de Clara me destruyó, destruyó todas mis ilusiones, acabó con nuestra familia.

- Fuiste tú quien se fue de casa, quien atentó contra tu vida.

- ¿Qué más podía hacer después de todo? ¿Cómo soportar el dolor, la vergüenza, la infelicidad?

- No tiene sentido querer reemplazar una ilusión por otra. Esto no es lo que la vida quiere de ti.

- No lo entiendo. Yo no hice nada. Durante años le fui fiel, viví solo para la familia, respetaba nuestro hogar, nuestros hijos. Fui un iluso: Clara no se merecía esta dedicación. Estoy decepcionado.

- No, no lo estás. Sigues engañándote a sí mismo, imaginando cosas, lastimándote con ellas. ¿No crees que es suficiente?

- Ahora sé quién es ella. No me estoy imaginando nada. La Vi.

- Viste a tu esposa con otro.

- Eso es correcto. No puedo olvidar ese momento.

- Duele. En el corazón y en la vanidad. Te escapaste para no ser señalado como un marido traicionado.

- Me escapé para olvidar. Para no volver a ver esa odiosa escena ante mis ojos.

- Si no te deshaces de ella, no sirve de nada huir. Ella te segurá.

- Eso ya lo descubrí. Pero ¿qué puedo hacer? A veces tengo ganas de volver, ver a los niños, hacerme cargo de mi vida y de mis hijos. Pero ¿cómo? Si no tengo recursos. ¿No será más doloroso alejar a los hijos de la madre?

- Pero si te atormentas, sufres, luchas con la vida, rebelarse no servirá de nada. Lo que necesitas es una solución.

- No hay ninguna. No veo nada que pueda ayudarme.

- ¿Ni siquiera Dios?

Osvaldo se encogió de hombros y respondió:

- Nunca lastimé a nadie, siempre fui justo y amable. ¿Por qué me ha ocurrido esto a mí? Es difícil tener fe después de lo que he pasado.

- No seas ingrato. Podrías haber muerto si Dios no hubiera puesto a Juan y Diocleciano en tu camino. Son buenas personas, de la mejor calidad.

- Eso lo sé. Les estoy agradecido por lo que han hecho por mí. Pero me siento culpable por molestar a mis amigos con mi tristeza.

He estado pensando en irme, pero no sé adónde ir.

- Deberías quedarte por ahora. Aun no estás listo para regresar a la ciudad. Hay algunas cosas que me gustaría enseñarte. Vine aquí para decirte que, a pesar de lo que está pasando, tienes amigos espirituales que están interesados en tu felicidad. Están dispuestos a ayudarte, pero primero quieren que salgas de tus ilusiones.

- No lo entiendo. Ya no me hago ilusiones. Sé que esta vida está llena de gente falsa y traidora, de quienes no se puede esperar nada bueno. ¿Quieres que sea más realista que eso?

- Pasaste del exceso de confianza a la negación de todas las cualidades humanas. Los extremos son ilusorios. Y necesitas darte cuenta no de cómo se ve o de lo que imaginas, sino de qué es.

- ¿Cómo entender lo que pasa en el corazón de las personas? ¿Cómo descubrir la verdad? - Para no engañarme, no volver a sufrir, prefiero creer lo peor.

- Y seguir amargado, sin encontrar remedio a las heridas de tu alma -. Osvaldo bajó la cabeza, pensativo por unos momentos, luego dijo:

- ¿Qué necesito hacer?

- Primero, para comprender lo que pasa en tu corazón, necesitas conocerte mejor, entender cómo es la vida, aceptar lo que te ofrece en este momento.

– Por el momento solo me está dando dolor, tristeza, decepción.

– Muestra un poco de verdad. Esto significa que ya estás maduro para superar el desafío que te trae.

– Al contrario. Estoy perdido. No puedo superar este tormento que se ha apoderado de mí.

– Sí, lo haces. No subestimes tu fuerza. Ella está ahí, dentro de ti. Simplemente no sabes cómo usarla todavía. Por eso necesitas conocerte a ti mismo y conocer los mecanismos de la vida. Cuando pone un desafío en su camino, es porque ya tienes los medios para superarlo. Con el tiempo, te darás cuenta que es justo y siempre funciona a tu favor. Nunca te traería un problema que no fueras capaza de enfrentar y ganar.

– Eso no es lo que siento. No puedo encontrar una salida.

– Crees que estás sintiendo, pero solo estás reaccionando a los pensamientos que aprendiste de los demás, las reglas de la sociedad, los dictados de lo que parecía correcto o incorrecto, según los conceptos de los hombres. Para llegar a tu corazón, a lo que siente tu alma y anhela, primero debes romper con las reglas convencionales, cuestionar tus creencias, evaluar los valores que son verdaderos e importantes para ti. Sin eso, nunca dejarás la inquietud, los tormentos de las ilusiones.

– Lo que me dices es nuevo. No sé si podría hacer eso.

– Estaría feliz de enseñarte lo poco que aprendí de mis guías espirituales. Quiero invitarte a pasar un tiempo en mi casa.

– Me encantaría. A tu lado me siento más tranquilo. Seguía desorientado. Me quedé despierto toda la noche, presionando mis pensamientos. Con esta conversación me siento bien ¿Crees que no te molestaré?

– No será gratis, por supuesto. Necesito un ayudante, como no soy orgulloso, aceptaré tu cooperación. Te enseño algunas cosas y me ayudarás en mis tareas.

Osvaldo sonrió. Sabía que Antônio le decía eso para que se sintiera a gusto.

– ¿Cuándo puedo ir?

– Si quieres, hoy. Si no te gusta allí, puedes volver aquí.

Regresaron a casa y Osvaldo les dijo a sus amigos que aceptó la invitación de Antônio para quedarse en su casa, a lo que María comentó:

– Te extrañaremos, Osvaldo. Pero tal invitación es imposible rechazar. Sé lo que digo.

– Tienes razón, María – coincidió Juan –, has sido elegido para asegurarte que tienes mucha suerte.

Osvaldo recogió sus pocas cosas y Diocleciano trajo la carreta para llevarlos a la casa de Antônio. Se despidieron con cariño.

María envolvió un pan que Anita había horneado esa mañana y un pan que ella misma había hecho. Abrazando a sus amigos, Osvaldo se acomodó en la carreta mientras Antônio se sentaba al lado de Diocleciano en el asiento.

Con el cuerpo temblando al ritmo de la carreta, Osvaldo pensó en su destino. Antônio saludaba con esperanza.

Osvaldo, aunque estaba convencido que sería muy difícil, si no imposible, olvidar, se dejó llevar, dispuesto a intentarlo.

CAPÍTULO 5

La casa de Antônio era de madera y constaba de una gran cocina donde había una estufa de leña, una alacena, a un lado la mesa donde estaban los bebederos y el lavabo, al otro una mesa con algunos bancos, utilizados para las comidas.

Había otras habitaciones conectadas a esta dependencia de la casa, que Antônio mostraba a Osvaldo.

– Duermo en esta habitación. En este otro duerme mi hermana Zefa y Nequinho, el niño que está criando. Esta habitación es tuya, puedes dejar tus cosas ahí.

Osvaldo colocó su bulto de ropa en la modesta cama y Antônio prosiguió:

– Aquí al lado está mi lugar de trabajo.

Osvaldo miró con curiosidad la pequeña habitación donde había unos estantes de madera con botellas, una mesa tosca y varios utensilios de cocina, entre ellos una pequeña estufa de leña. Una cama individual y una silla completaban el mobiliario.

– Estos son los medicamentos que hago – explicó, señalando los frascos –. A veces necesito dejar a un paciente aquí para recibir tratamiento. Ahora vayamos a la cocina. Quiero presentarte a Zefa. Olí el café, creo que ya volvió del campo.

Zefa era una mulata fuerte, muy parecida a su hermano. Tan pronto como le presentaron a Osvaldo, abrió sus gruesos labios en una alegre sonrisa.

– Colé el café. Ya vi el pan de Anita que envió María. Solo voy a poner un mantel sobre la mesa –. Se acercó a la puerta de la cocina y gritó:

– ¡Nequinho! ¡Nequinho! ¡Onde está este niño! ¿No te dije que pusieras la mesa para el desayuno?

Antônio ya había puesto el mantel y estaba poniendo las tazas cuando finalmente entró el niño.

Osvaldo pronto vio que no era pariente, ya que tenía la piel muy clara, cabello casi rubio y era muy delgado. Sus grandes ojos marrones se veían aun más grandes gracias a la delgadez de su rostro.

– ¿Dónde estabas? ¿No escuchaste que te llamaba?

– Fui a ver si había agua en el gallinero. Cuando pasamos, las gallinas tenían el pico abierto. ¿No lo viste?

Zefa miró al niño y no preguntó. Ella solo dijo:

– Saluda a Osvaldo y luego ve a lavarte las manos para tomar un café.

– Sí, señora. ¿Cómo está señor?

– Bien.

– Con permiso – dijo, agachándose y saliendo a lavarse las manos en el agua de la bañera. Osvaldo lo miró con admiración y comentó a Antônio:

– Chico educado. ¿Qué edad tiene?

– Once. Estaba muy enfermo, pero ahora, con la gracia de Dios, está mejor. Hemos estado tratando a este niño durante dos años.

Se sentaron a la mesa, donde Zefa había colocado, además del pan de Anita, un pastel de harina de maíz y un plato de yuca cocida.

Antônio dijo que su padre había comprado esa pequeña finca cuando se casó con su madre y construyó la casa, ampliándola a medida que nacían los niños.

Plantaron maíz, mandioca, algunos frijoles, criaron pollos y cerdos pequeños para uso familiar únicamente. Cuando murió su padre, los dos hermanos de Antônio se fueron a la ciudad. Él y Zefa se quedaron con su madre, ocupándose de todo.

Después de su muerte, continuaron viviendo allí. Les gustaba el lugar.

- Mañana te llevaré a verlo todo - dijo Antônio -, para que conozcas cada planta en este terreno.

Después de comer, Antônio lo llevó a la sala de medicinas y cerró la puerta diciendo:

- Siéntate, tenemos que hablar -. Obedeció. Antônio continuó:

- Mi guía me dijo que te trajera aquí. Me pidió que te enseñara. ¿Tú quieres aprender?

- ¿Crees que puedo? Nunca entendí nada sobre enfermedades.

- Bueno, si lo dijo es porque puedes. Ahora, necesitas quererlo, gustar. Pues, necesito que alguien me ayude.

- Necesito estar ocupado para olvidar. Si puedo ser útil, estoy dispuesto a intentarlo.

- La vida es muy rica. Tiene sus ciclos y su forma de funcionar. Trabajar a su favor facilita, ayuda a curar enfermedades y a ver mejor. La Tierra produce todo lo que los hombres necesitan para vivir muchos años con salud, alegría y paz.

- Lástima que lo arruinen todo.

- Sí. Pocos logran mantener el equilibrio.

- Por culpa de gente sin carácter. Yo mismo vivía bien, con buena salud, con una hermosa familia. Tenía todo para ser feliz. Pero mi esposa lo echó a perder. Terminó con nuestra familia.

- La responsabilidad no es solo de ella.

- Mi hermano y ese sinvergüenza de su amigo, contribuyeron, pero si ella fuera una mujer honesta, no hubiera pasado nada. Los hombres lo intentan, pero solo pueden ganarse a una mujer cuando ella da su consentimiento.

- Mantienes mucha rabia dentro de tu corazón. Este veneno puede acabar perjudicando tu salud.

- No puedo olvidar. Amaba a esa mujer. Siempre he sido un esposo fiel, interesado en el bienestar de mi familia.

- Te haces pasar por una víctima. Pero la vida es justa y responde a las actitudes y creencias de cada uno. De alguna manera has atraído estos hechos.

- No estoy de acuerdo. Como dije, siempre he sido fiel.

- La fidelidad no se trata solo de resistir las tentaciones, de no encontrar un amante. También se trata de ser sincero, de vivir de acuerdo con tus necesidades espirituales.

- No sé cuáles son esas necesidades. ¿Cómo podría estar a la altura de ellos?

- Es una pena que nadie enseñe a los niños a conservar su sinceridad. La educación diseñada para enseñar a mentir, a aparentar lo que no es. Esta es la causa de tanto sufrimiento en el mundo. El alma es la esencia divina dentro de cada persona y actúa solo para bien. Pero desde muy pequeño se le enseña al niño a sumergirse en el mundo de los intereses y comodidades personales, agitando como premio el amor de todos, la aceptación de la sociedad. Ésta es la gran ilusión. Porque se acepta verdaderamente quien es fuerte, tiene carisma, siente amor. Y solo puedes ser fuerte cuando expresas tu esencia divina, cuando obedeces la voz de tu alma.

- Si nos educan mal, no tenemos la culpa de nada.

- No me gusta la palabra culpa. No expresa la verdad y es un arma de doble filo.

- Pero los que cometen errores son culpables. Quien mata, quien traiciona, quien hiere es culpable. No se puede negar eso.

- No. Quien mata, quien traiciona, quien hiere es un debilucho que cultiva varias ilusiones que la vida le va a quitar una a una. Es candidato al sufrimiento porque la verdad es más fuerte y la felicidad está ahí.

— La verdad es cruel. La ilusión ayuda a soportar las cosas al menos por un tiempo. Es difícil vivir sin ilusiones.

Antônio sonrió levemente y dijo con calma:

— Esta es la mayor ilusión de todas. ¡Mira la naturaleza! Observa el milagro de la vida sucediendo en cada momento, el equilibrio del cielo, los ríos, los mares, las estrellas. Todo va de forma natural, todo a su ritmo y en su lugar. Esa es la verdad. La vida es perfecta, lo sabe todo, al igual que nuestra alma, que forma parte de la naturaleza.

— El universo es perfecto en equilibrio, pero nuestra alma no, está llena de debilidades y limitaciones.

— El alma fue creada a semejanza de Dios, ¡es perfecta! Pero no eres consciente de esa perfección. Este es un trabajo que todos deben hacer con su propio esfuerzo. Para ello, existe un cierto período que llamamos evolución y en el que la persona aprende a usar su libre albedrío, experimentando experiencias y cosechando los resultados derivados de sus actitudes y creencias.

— Si eso fuera cierto, yo no estaría pasando por nada de esto y los que hacen daño serían castigados. Sin embargo, mientras mi vida fue destruida, el hombre que causó la ruina de nuestra casa sigue allí, sin sufrir nada.

— Eso es lo que te parece, pero la verdad es diferente. La justicia divina es perfecta e imparcial. La impunidad de los malos es momentánea, dependiendo de su grado de conocimiento espiritual, la vida determina los resultados de sus actitudes. Cuanto más primitiva es, cuanto más tiempo se tardará para recibir estos resultados. Cuanto más sensible y evolucionado sea, más rápido lo será.

Pero todos, sin excepción, atraerán personas y experiencias según lo que hayan hecho.

— No creo que sea justo. Si es una persona primitiva es más atrasada, la persona evolucionada es más avanzada espiritualmente. ¿Por qué, entonces, los que están más atrasados tardan más en cosechar los resultados del mal que hacen? ¿No sería más justo, porque era una persona peor, por lo tanto, una persona más viciosa, que cosechara más rápido los resultados de sus errores más rápidamente?

Antônio negó con la cabeza.

— La justicia divina responde al nivel de conocimiento de cada persona. ¿Castigarías a un niño de dos años por no saber leer? La vida solo enseña a quienes ya pueden aprender, y cosechar los resultados de sus actitudes siempre es una lección. ¿De qué sirve enseñar a los que no pueden entender?

Osvaldo se rascó la cabeza y no respondió. Antônio continuó:

— En definitiva, la vida es más tolerante con los ignorantes y más ágil con los que más saben. El ignorante puede hacer el mal pensando que se está defendiendo, cuidando su bien. Pero la persona sabia comprende mejor lo que es el bien, y cuando practica el mal, tiene mayor responsabilidad, cosecha rápidamente los resultados de sus acciones. Si hace el bien, su vida se vuelve verdaderamente bendecida y feliz.

— Pero he visto sufrir a mucha gente buena. Si eso fuera cierto, estarían bien.

— Suponiendo que Dios no se equivoque, nos daremos cuenta que, si alguien está sufriendo, si está atrayendo problemas y dolor, es porque ya podría actuar mejor y no lo hace. La visión humana de la bondad está equivocada en muchos sentidos. Las personas adecuadas, que actúan de acuerdo con las reglas de la sociedad, no siempre están haciendo el bien. El mundo está lleno de personas que, con el pretexto de ayudar a los demás, invaden la vida de los demás, entran por donde no deberían y acaban haciendo daño. El concepto de ayuda se comprende muy poco. Donde muchos creen que ven bondad, solo hay vanidad, manipulación, interés.

– Pero eso es todo lo que hay en el mundo: maldad y un juego de intereses.

– Por eso hay tanto dolor y sufrimiento. Pero podrían evitarse si cada uno aprendiera y valorara la esencia divina que está en su alma.

– ¡Este es un sueño imposible! Muchos ni siquiera creen en la existencia del alma, ¿cómo podrían encontrar esta esencia divina?

– Dejemos a un lado a los que no creen en el alma. ¿Eres uno de esos?

– No. Yo creo que tenemos alma.

– Somos un alma en desarrollo de conciencia.

– Pero saber cómo llegar es difícil. Todo es muy vago, lleno de misterios y creencias religiosas.

– Dejemos a un lado las religiones. Son interpretaciones que los hombres han hecho de las revelaciones divinas. Hablemos del alma. Está vinculado directamente con Dios.

Aunque no te des cuenta, es a través de él que da mensajes, mostrando si estás siendo real o no. Ya sea que estés actuando para ayudar a este desarrollo o si te estás perdiendo en ilusiones y atrayendo el dolor.

– Es difícil. Nunca recibí ningún mensaje de Dios.

– Te equivocas. Siempre lo has recibido. A cada actitud, a cada pensamiento, tu alma responde a través de las emociones, tratando de ayudarlo a discernir.

– ¿De qué manera?

– Por placer, alegría u opresión en el pecho, tristeza. Estos son los medios que utiliza para transmitir sus mensajes. Si prestas atención, con el tiempo comprenderás claramente lo que quiere decirte. La intuición, esa inexplicable certeza que algo funcionará o no, nos garantiza protección siempre que necesitemos elegir algo, por simple que sea.

Osvaldo se quedó pensativo unos instantes. Entonces dijo:

- Piensas diferente. ¿De dónde sacaste estas ideas?

- Viendo la vida. Aprendiendo cómo funciona.

- ¿No te estaban enseñando tus guías espirituales?

- Me han ayudado mucho. Pero no interfieren con mis decisiones. Dicen que necesito experimentar y saber qué funciona y qué no. Cuando algo que hago no da el resultado que esperaba, insisten en que analice mis actitudes. Garantizan que fueron ellos los que atrajeron este resultado. Sé que tienen razón. Si planto naranjas, cosecharé naranjas.

- No es tan simple...

- ¿Sabes? Si sabes lo que quieres, encuentra el camino correcto, obtendrás lo que esperas.

- Quería ser feliz, valoraba a mi familia. Siempre hice todo bien, ¿por qué salió tan mal?

- La vida no se equivoca. Si hubieras plantado felicidad, habrías cosechado felicidad.

- Nunca he hecho daño a nadie, y lo repito: siempre he sido un buen esposo, un buen padre.

- No estoy criticando ni diciendo lo contrario. Pero lo que está claro es que atrajiste la traición, el dolor, la decepción. Estás herido, te sientes agraviado, culpas a los demás. Pero ese dolor ha abierto una herida en tu corazón que dificulta tu recuperación. Podría decir que el perdón te liberará, que tienes que tirar ese dolor. Pero nadie puede perdonar hasta que descubra la verdad detrás de lo que parece, escondida en las profundidades de su mundo interior.

- Ojalá pudiera olvidar, empezar mi vida de nuevo, poder perdonar. ¡Pero eso es imposible!

- Mientras persistas en ponerte como víctima, no tendrás éxito.

- Pero fui una víctima. Como dije: fue ella quien me traicionó.

- De hecho. Ella fue débil. No resistió la tentación. No hizo lo que esperabas.

Osvaldo notó que la voz de Antônio estaba ligeramente modificada, así como su lenguaje. Las palabras salieron con fluidez, en un portugués elegante y perfecto, diferente al que solía usar. Él continuó:

- ¿Y tú, siempre hiciste lo que ella esperaba? ¿Actuaste como ella soñó que serías?

- ¡¿Yo?! ¿Cómo puedo yo saber? Traté de hacer lo que pensé que era mejor.

- ¿Ella nunca se quejó de nada?

- Bueno, a veces decía que le gustaría que yo fuera más feliz, que disfrutara bailando, cantando. Pero nunca me gustó nada de eso. Cuando Clara se casó conmigo, sabía cómo era yo.

- Y tú, cuando te casaste con ella, sabías que era una mujer romántica, ardiente y soñadora

- Todas las mujeres son así. Pero luego para hacer lo que ella hizo...

- Me gustaría que pensaras en eso. Estuviste casado sin una buena base. Le gustaba otro tipo de persona. Ella se sintió atraída por ti, pero se casó pensando que con el tiempo conseguiría que cambiaras y te convirtieras en lo que ella quería. Te diste cuenta que se estaba engañando a sí misma en un sueño de amor y te casaste de todos modos, creyendo que ese estado era común a todas las mujeres. De hecho, se casaron, pero ni siquiera se conocían. Nunca se vieron a sí mismos como realmente son. Hoy nos vamos a detener aquí. Quiero que pienses en todo lo que dije.

Antes que Osvaldo respondiera, Antônio respiró hondo, se pasó una mano por el cabello y lo miró a los ojos. Luego se levantó diciendo

- Caminemos afuera por un rato. Quiero mostrarte algunas plantas.

Salieron por la puerta trasera. Detrás de esa habitación había una plantación diversificada. Antônio caminaba despacio, deteniéndose de vez en cuando para mostrar cada planta que consideraba importante como medicina.

Osvaldo lo siguió con atención mientras le explicaba para qué servía cada uno.

- Por lo que he oído de ti, has ayudado a mucha gente con estos remedios.

Antônio se encogió de hombros y respondió alegremente:

- Me gusta ayudar a la gente, pero no me engaño. Solo soy un instrumento de bondad divina. He recibido más de lo que doy.

- Eres modesto.

- Nada de eso. Estoy más cuidando mis intereses, aprendiendo mucho. Si no lo hiciera, alguien más lo haría. Puedes estar seguro de eso. La vida obra por el bien de todos. Luego, en la curación, si el paciente se lo merece, viene la cura. Solo aquellos que cambian las actitudes causales pueden sanar.

- Es difícil creer que una enfermedad sea causada por una actitud. ¿Y los casos de contagio? ¿Y los accidentes? ¿Y los que sufren la violencia de los impíos?

- ¿Por qué, en igualdad de circunstancias, unos están contaminados y otros no? Ya he tratado a pacientes con enfermedades muy contagiosas y nunca me he contagiado nada.

- ¿No estás exagerando? La gripe, la diarrea tienen causas físicas: un cambio de temperatura, alimentos no digeribles. La actitud de la persona no tiene nada que ver con eso.

- Estás equivocado. Simplemente lo tiene. ¿Has notado que hay días en los que puedes comer de todo y nada te hace mal y hay días en los que una comida ligera te provoca cólicos e incluso diarreas? ¿Días en los que te expones al mal tiempo y no pasa nada mientras que en tiempo normal aparece dolor de garganta, los ojos llorosos, la nariz se hincha, tu cuerpo se debilita y te acuestas con la gripe?

– Sí, pasa.

– En ese momento, si prestas atención, notarás detrás del hecho una actitud causal.

– ¿Qué actitud podría provocar una indigestión?

– Algún hecho que no te gustó y que no quieres aceptar, que tu estómago no digiera, es tu cuerpo el que te está enviando un mensaje recomendándote que, para que tu vida fluya naturalmente, necesitas estudiar tu molestia hasta digerirla. Entonces tu estómago volverá a la normalidad.

– ¿De verdad crees eso?

– Por supuesto. ¿Alguna vez ha notado que, cuando está molesto, su estómago pronto se revuelve? Es el primer síntoma.

– Interesante. Y la gripe, ¿qué mensaje sería?

– Hay varios. Depende del tipo de gripe y cómo aparece. Generalmente, la congestión de las vías respiratorias significa que se está asfixiando, con ganas de hacer muchas cosas al mismo tiempo, más allá de sus posibilidades reales. Los dolores de pecho pueden ser causados por su falta de amor por usted mismo, por culparse por algo que hizo. La fiebre revela ira; bronquitis, irritación.

– ¿Y los medicamentos no sirven de nada?

– Por supuesto que ayudan. ¿Nunca has notado que sus efectos son diferentes en cada persona? Algunos se curan con ellos; otros no.

– ¿Cuál sería el tratamiento ideal?

– Iluminación, sabiduría. Mientras tomas el medicamento para aliviar la dolencia del cuerpo, trata de descubrir la actitud causal. Modificándola conseguirás un mayor efecto del remedio y una verdadera cura. Ésa es la fórmula.

- Entonces, además de dar la medicina, ¿guías y enseñas a la gente?

- Así es. Es en este trabajo que ayudan mis maestros espirituales. Me inspiran y lo hago. Como ves, yo soy solo una parte de ese trabajo. Todo lo que sé lo aprendí de ellos.

Osvaldo estuvo pensativo por unos segundos, luego consideró:

- ¿Es este el trabajo que quieren que aprenda?

- Sí. Aunque no lo sepas, tienes la energía para ello. Esta vez aquí conmigo será para que sepas de qué se trata. Entonces tienes que decidir si lo aceptas o no.

- ¿Cuánto tiempo tendremos?

- Aun no lo sé. Depende de ti. Si no quieres, lo entienden; pero si acepta, tendrá que dedicarse de todo corazón.

Osvaldo no respondió de inmediato. Necesitaba pensar. Estaba confundido. Ni siquiera sabía en qué dirección iba a ir su vida desde allí.

- Entremos - invitó Antônio -. Es suficiente por hoy. Tienes tiempo libre para hacer lo que quieras.

Entraron y Osvaldo se dirigió a su habitación. Se estiró en la cama pensando en todo lo que escuchó. Lo que dijo Antônio era lógico, pero ¿era realmente cierto? Fue una teoría interesante. ¿Por qué nunca había visto ni escuchado nada al respecto? Reconoció que Antônio tenía poderes que nunca había visto en nadie. Era un hombre amable y sincero. Creía que realmente tenía mucha ayuda espiritual, pero luego creía que todo lo que decía iba muy lejos. Era un hombre sin cultura, perdido en un pueblo del interior.

Le estaba muy agradecido por el bien que le había hecho, pero necesitaba pensar mejor en esas ideas para descubrir hasta qué punto podían ser ciertas. Se quedaría allí con él todo el tiempo que fuera necesario para aclarar sus dudas. Entonces decidiría qué hacer con su vida.

El anhelo por sus hijos, la falta de noticias, lo angustiaba. Por eso, a veces había pensado en volver a la ciudad y afrontar de una vez por todas la situación con Clara.

Pero cuando lo pensaba, sentía una opresión en el pecho y se daba por vencido. Todavía no se sentía listo. Necesitaba dedicarse más tiempo y ese trabajo podría ser una bendición para él, ayudándolo a restaurar su equilibrio interior.

El cariño de aquella gente sencilla y acogedora era como un bálsamo en la herida que aun sangraba en su corazón.

Ya sea por la caminata, el calor o incluso porque se despertó muy temprano, Osvaldo se quedó dormido. Soñó que estaba en un bosque frondoso, lleno de árboles y flores fragantes, caminando alegremente, respirando gratamente en la brisa ligera y agradable, sintió que alguien lo acompañaba, pero no vio quién. Solo escuchó su voz invitándolo a observar la perfección de la naturaleza.

Esa voz se hizo más clara cuando dijo:

– La sabiduría es el camino a la felicidad. La vida quiere que seas feliz, por eso pone cada oportunidad frente a ti, para que puedas seguir ese camino. Presta atención a las posibilidades que tienes para entregarte con alma. Esto es lo que se ofrece ahora, y la vida siempre hace todo lo posible. Deja el futuro en manos de Dios sin preocupaciones, porque cuando llegue el momento del cambio, la vida se encargará de eso.

Osvaldo se despertó al escuchar estas palabras y se sintió mejor, más sereno, más lúcido. Su angustia, su inseguridad de momentos antes, se había ido. Dio un suspiro de alivio y pensó: era una tontería aburrirse del futuro. Como no tuvo el valor para tomar ninguna decisión, lo mejor era no pensar, era dejar correr el tiempo y disfrutar de la calma y la calidez de aquellas personas que lo recibieron y trataron con tanto cariño.

En los días siguientes, Osvaldo se dedicó en cuerpo y alma a trabajar con Antônio. Se levantó muy temprano oliendo el delicioso café que salía de la cocina. Se lavó poniendo agua del grifo en la palangana que estaba en el fregadero, se vistió y fue a tomar un café.

Allí ya encontró a Antônio y a los dos peones que cuidaban la plantación. Mientras comían, Zefa intentó sacar a Nequinho de la cama, lo que siempre requería algo de trabajo.

No era perezoso, pero no le gustaba levantarse temprano.

A Osvaldo le gustaba empezar el día así porque, después de sacar a Nequinho de la cama, Zefa les hacía compañía y pasaba un rato entre sorbos de café y buena conversación, el tema siempre era agradable y Osvaldo se sentía muy cómodo ante la amabilidad que expresaban, a partir de sus relatos sencillos y de muy buen humor.

Le pusieron nombre al gallo que los despertaba al amanecer, al loro que cantaba alegremente saludándolos cuando pasaban su percha en la pared exterior de la cocina, a los caballos, y hablaba de ellos como si fueran personas y tuvieran razonamiento. Por no hablar de los perros, que, en sus palabras, eran tan inteligentes que solo necesitaban hablar.

En estas conversaciones, también hubo casos de aparición de espíritus y sus acciones con personas que acudieron allí en busca de ayuda. Al referirse a los casos dolorosos, fueron discretos y comentaron solo cuánto se habían beneficiado, pero dieron preferencia a hablar de los más pintorescos, lo que hacían con muy buen humor y alegría, recordando las innumerables lecciones que habían recibido de los espíritus.

Cada mañana tenían un nuevo hecho para comentar que había sucedido con los animales, narrado con gusto, revelando el cariño que tenían por ellos.

Luego, mientras Nequinho ayudaba a Zefa con las tareas del hogar, Antônio se fue con Osvaldo a trabajar con las plantas.

A pedido de Antônio, Osvaldo había comprado dos cuadernos en el pueblo en los que tomaba notas. En uno, escribió sobre cada hierba estudiada, para qué se debe usar y cómo preparar la medicina y usarla. En otro, escribió sobre enfermedades, con las posibles emociones que las provocaban.

Osvaldo, que en un principio aceptó este trabajo como una forma de olvidar un poco sus problemas, comenzó a interesarse e involucrarse más. Se absorbió de tal manera que no sintió el paso del tiempo. Se olvidó de comer y, si no fuera por la insistencia de Antônio, ni siquiera almorzaría.

Poco a poco, se dio cuenta, en todo lo que Antônio le enseñó, la sabiduría de la naturaleza. Frente a ciertos fenómenos naturales, surgieron las preguntas y Antônio explicó, revelando un conocimiento profundo de los elementos y fuerzas naturales del universo, que mostraban en sus manifestaciones una perfecta cadena y equilibrio.

Osvaldo quedó tan absorto que al final de la tarde, cuando se sentaron en el modesto porche a conversar después de la cena, reveló todo su interés, sin dejar de indagar, con ganas de saber más.

Antônio sonrió feliz, respondió, pero pronto trató de llevar la conversación a otros temas, a menudo contando viejas historias sobre la gente de esa región, escuchando con interés a los demás hablar de sus vidas también.

CAPÍTULO 6

Clara miró con desánimo el periódico que acababa de hojear. Como había estado haciendo durante las últimas semanas, cortó todos los anuncios que le parecían interesantes y preparó un guion para el día siguiente.

Luego los metió en un sobre y los guardó en la bolsa. Estaba cansada. Incluso ahorrando, ¿qué haría cuando se acabase el dinero?

Osvaldo se había hacía tres meses. Ni una noticia, nada. ¿A dónde habría ido? Al principio había pensado en la posibilidad que hubiera sufrido un accidente y estuviera en un hospital, pero si eso hubiera sucedido, seguramente su familia habría sido informada.

Incluso si no quisiera darle noticias, al menos buscaría a su madre o hermanos. Pero la insistencia de su suegra en el teléfono pidiendo noticias sobre su hijo demostró que tampoco sabían dónde estaba Osvaldo.

A pesar de la culpa que sentía, hubo ocasiones en las que se enojó con él por dejar a los niños en esa situación tan desesperada. Incluso si la odiaba y no quería ayudarla, al menos debería preocuparse por el bienestar de los niños.

Pero no. Nunca volvió a dar noticias. Todos los días Clara se levantaba temprano y salía de casa con el sobre del anuncio en su bolso. Estaba buscando un trabajo con un salario que al menos le permitiera mantener los gastos domésticos mínimos. Pronto se dio cuenta que esto no sería posible. Estos trabajos generaban demandas que ella no podía satisfacer.

A medida que pasaban los días, se estaba conformando con salarios más bajos, pero seguía sin ser contratada. Necesitaba práctica, referencias, que no tenía.

Insistió en hablar con Walter, quien accedió a concertar una cita. Apareció con aire preocupado, temeroso de ser seguido, lo que hizo que Clara dijera:

– No te preocupes. Osvaldo se ha ido y nadie está interesado en seguirnos.

– No lo sé. Para mí, él se esconde en algún lugar esperando que demos un paso en falso para caer sobre nosotros. No me malinterpretes, pero por el momento creo que debemos tomarnos un descanso de nuestro caso.

– Te busqué no para reiniciar nada. Si quieres saberlo, lamento mucho haber traicionado a mi marido. No te culpo de nada. Debería haber resistido la tentación.

– Me alegra que entiendas. He enfrentado situaciones desagradables en la empresa, con mis padres y la familia de Antônio. Creo que cometimos errores y lo mejor que podemos hacer ahora es no volver a vernos.

– Estoy en una situación difícil. Se me acabó el dinero y todavía no consigo trabajo. Estoy desesperada, no sé qué hacer. Pensé que tal vez podrías aconsejarme. Conoces a tanta gente, podrías hablar con un amigo y conseguirme un trabajo.

– De ninguna manera. No puedo mezclar las cosas. El escándalo fue grande, y si les pido un trabajo, pensarán que todavía nos vemos. Para decirte la verdad, quiero olvidar esta parte de mi vida.

Sus ojos se iluminaron extrañamente cuando dijo:

– ¿Quieres decir que no me ayudarás?

– Mira, te doy un cheque. Es lo que puedo hacer por ahora. Mis finanzas tampoco van bien. Sabes, el reflejo del escándalo me ha perjudicado en los negocios.

El rubor vivo se elevó en las mejillas de Clara. No respondió. Cuando él escribió el cheque y se lo entregó, ella sintió ganas de romperlo y tirarle los pedazos a la cara. Se contuvo. En la situación en la que se encontraba, no podía permitirse el lujo de ser orgullosa.

Rápidamente lo recogió y lo puso en su bolso. Simplemente dijo:

- Me doy cuenta que, para ti, nuestra relación fue solo una aventura. Piensas que con este cheque borrarás tu responsabilidad. Acepto. Me siento como una prostituta, que debe ser tu forma de verme.

Hizo un gesto de sorpresa. Reaccionó:

- Te di dinero para arreglar tu situación. Nunca pensé en pagar por los momentos de amor que vivimos juntos.

- De todos modos, muchas gracias. Puede estar seguro que nunca más volveré a molestarte.

- ¿Qué es eso? No tomes las cosas de esa manera. Estoy seguro que encontrarás un trabajo y seguirás con tu vida. Entonces, quién sabe, aparece tu marido y acaba perdonándote. Después de todo, debe amar a los niños.

- No hay necesidad de justificarse. Si el arrepentimiento mata, yo estaría muerta. Pero ya es demasiado tarde. No tengo más remedio que seguir adelante con mi vida.

Se despidieron con frialdad y Clara juró íntimamente no volver a verlo nunca más. El dinero que Walter le había dado permitiría a la familia vivir un mes más. ¿Y después?

En casa, recogió sus zapatos y los lustró, tratando de mejorar su apariencia. Eran viejos, pero no podía comprar otros. ¿Quién le daría trabajo a una persona mal arreglada?

Rita apareció en la puerta del dormitorio, diciendo:

- No comiste nada en la cena. No puedes seguir sin comer. Te estás volviendo más delgada. Si te enfermas, ¿qué será de los niños? Solo te tienen a ti ahora. Ven, toma al menos una taza de café con leche, come una rebanada de ese pan dulce que traje esta tarde. ¡Se siente tan bien! A los niños les encantó.

- No tengo hambre, pero tienes razón: necesito alimentarme.

Rita sonrió satisfecha y, al notar el abatimiento de Clara, intentó animarla:

- Me alegra que lo sepas. Esta situación es temporal. Pronto encontrarás trabajo y todo irá bien. No puedes desanimarte.

- Estoy cansada, Rita. He buscado y nada. Desafortunadamente, no tengo la formación suficiente para conseguir un buen trabajo.

- En ese caso, es mejor intentar hacer algo por su cuenta. Clara se sentó en la mesa y se sirvió de café con leche, endulzándolo, pensativa.

- No tengo dinero para abrir un negocio. Incluso si lo hiciera, no sé qué haría.

- Mi madre siempre decía que lo mejor es hacer comida. La gente puede dejar de comprar ropa, un objeto para usar, pero nunca dejará de comer.

- Si pudiera abrir un restaurante o una pensión, tal vez funcionaría. ¿Pero cómo conseguir dinero para eso? Además, sé cocinar lo trivial pero nunca algo que la gente esté interesada en comprar. No funcionaría.

- Todo sale bien cuando creemos y nos esforzamos. Hay muchos cursos sobre dulces, bocadillos, cosas para fiestas. ¡Especialmente tú, que tienes tan buen gusto! No lo sé, pero creo que, si hicieras eso, ganarías mucho dinero.

Clara sonrió y respondió:

- Esa eres tú, a quien le gusto y cree que podría tener éxito en esto. Mañana tengo algunos lugares para visitar, tal vez pueda conseguir algo. Veamos.

- Lo que no puedes hacer es desanimarte. Has estado triste y eso no resuelve nada. Al contrario: simplemente estorba.

- Sé que tienes razón, pero no puedo conformarme con lo que pasó. Lo siento, pero ahora es demasiado tarde. Si pudiera regresar, no haría lo que hice.

- Solo valoramos lo que tenemos cuando lo perdemos. Pero, por otro lado, ahora no sirve de nada culparse y arrepentirse. Lo que pasó, pasó y nunca volverá. Tienes que seguir adelante con alegría y coraje. Todo esto pasará y pronto las cosas mejorarán, ya verás.

Clara puso su mano sobre el brazo de Rita, diciendo con emoción:

- Eres el ángel bueno que Dios puso en mi vida para ayudarme en este momento difícil, no sé qué haría sin ti.

- No sé qué haría sin esos dos angelitos que están durmiendo. Por ellos haré todo lo que pueda.

- Gracias, Rita. Dios te bendiga.

- Hablando de Dios, doña Clara, rezar es bueno, cura las heridas del alma

- Lo intenté, Rita, pero Dios no aceptó mis oraciones y no quiso perdonarme.

- ¡No digas eso! Dios es amor y siempre perdona. Estoy segura que te está ayudando y pronto todo mejorará.

- Ojalá tuviera tu fe. Pero no me apetece tener el valor de volver a la iglesia. No me aceptan allí.

- Tampoco voy a ninguna iglesia, pero hablo con Dios todos los días. Estoy segura que me escucha. No tienes que ir a la iglesia para encontrar a Dios. Está en todas partes. Siento que está dentro de mi corazón y ahí es donde hablo con él. Ya sabes, en esos momentos siento un aire agradable, como una suave brisa que me da mucha paz y alegría. Sé que es Dios respondiendo a mi oración, diciendo: "Quédate en paz porque yo estoy aquí, protegiéndote."

Clara suspiró profundamente. Le gustaría encontrar la paz. Dijo simplemente:

- Me gustaría aprender a rezar como tú y sentir paz.

– Es fácil. Cuando te vayas a la cama, presta atención a los sentimientos de tu corazón y trata de deshacerte de toda tristeza, resentimiento, arrepentimiento, desánimo. Luego piense en algo hermoso, ligero, agradable. Pienso en una rosa abierta en un hermoso rosal. Ella me habla de la bondad de Dios y la belleza de la vida. Entonces empiezo a hablar con Dios, le cuento todos mis secretos y le pido que me aclare, que me haga sentir cuál es el mejor camino , y le pido que éste se abra frente a mí. Después de eso, agradezco la ayuda que me brinda y ya está. Haz esto, doña Clara, y verás que tu vida pronto comenzará a mejorar.

La sencillez de Rita la conmovió. Ella era una mujer de fe. Clara respondió con respeto:

– Lo intentaré, Rita.

Ella sonrió feliz.

– Puedes estar segura, doña Clara, que cuando nosotros no podemos hacer nada, Dios puede. Así que hacemos nuestra parte y le pedimos que haga la suya. Así, el bien y la luz nos rodean y nuestra vida mejora.

Clara sonrió y se despidió. Una vez en la habitación, pensó en las palabras que había escuchado.

"La gente sencilla puede llevar una vida mejor que la que cree que tiene más educación", pensó. "Me encantaría tener la serenidad de Rita y poder mirar la vida sin complicaciones."

Se preparó para dormir. Se sentó en el borde de la cama. Había pasado mucho tiempo desde la última vez que rezó. Estaba disgustada consigo misma por lo que había hecho y creía que Dios no escucharía sus oraciones. Necesitaba ser castigada por su error.

Recordó a los niños. Ellos no tenían la culpa de nada. ¿Sería justo que pagaran por el crimen que había cometido? No era justo, pero de una forma u otra, también estaban sufriendo. Reconoció que cuando se entregó a esa pasión, ni siquiera se había acordado de sus hijos. Se había metido en su propia vida y se había sumergido profundamente en la aventura. Sin embargo, sus hijos aun eran pequeños y dependientes. Extrañaban a su padre, se vieron obligados a vivir en un ambiente tenso y doloroso. Su nivel de vida y alegría había disminuido.

Le guste o no, sus actitudes causaron sufrimiento a varias personas, incluidas las que más amaba.

Había sido frívola, intrascendente. Lo lamentaba, pero eso no le regresará la tranquilidad que tenía antes.

El daño estaba hecho y no había vuelta atrás.

Esa importancia la deprimió, aumentando su culpa. Pero, por otro lado, sintió que, si no podía volver a la situación anterior o contar con el apoyo de su familia, necesitaba dedicarse a sus hijos, haciendo todo lo posible para devolverles algo de lo que habían perdido.

Pensó en Dios. ¿Habría perdón para ella? Se arrodilló junto a la cama y pidió ayuda. Las lágrimas corrían por sus mejillas y sintió la fuerza de su arrepentimiento por lo que había sucedido.

Desesperada, dijo en voz alta:

- ¡Dios mío! Necesito tu ayuda. Sé que cometí muchos errores, pero lo siento. Pido perdón por mis pecados, pero no puedo perdonarme a mí misma. Sin embargo, eres compasión y bondad, ten piedad de mí. Prometo que nunca más me dejaré engañar. A partir de ahora, solo me ocuparé de la felicidad de mis hijos. Permítame, señor, que pueda compensar parte del daño que les he hecho. Se me acabó el dinero. Ayúdame a encontrar trabajo para que no les falte su sustento. Estoy dispuesta a trabajar tan duro como pueda en lo que surja. Gracias por escucharme.

Murmuró un Padre Nuestro y se puso de pie. La oración le hizo bien.

Ella se sintió más tranquila. Se acostó y, como el sueño tardaba en aparecer, trató de imaginar qué podía hacer para ganar dinero. No se le ocurrió ninguna buena idea.

Finalmente sintió sueño. Se enderezó, respiró hondo y pensó:

- Rita tiene razón. No puedo desanimarme. Dios escuchará mis oraciones. Mañana es otro día.

Se despertó y miró su reloj. Eran las siete en punto. Se levantó oliendo el delicioso café que salía de la cocina. Rita ya se había levantado.

Se lavó y vistió mientras bajaba a desayunar. Los niños todavía dormían. Rita estaba en la despensa sentada en el suelo entre la montaña de periódicos y revistas.

- Te levantaste temprano hoy. Estás limpiando la despensa.

- Sí. Tuve una idea y, si estás de acuerdo, podríamos conseguir algo de dinero.

- ¿Qué es?

- Vende estas revistas y periódicos viejos. Pagan un cruceiro el kilo.

- ¿Está segura?

- Sí. ¿Puedo venderlas?

- Por supuesto.

- Sin mencionar que hicimos espacio en la despensa para almacenar más comida.

- Sí, pero el dinero que pagarán por él no podrá comprar mucho. Tenemos mucho espacio.

- Sabes, mi abuela solía enseñarme que a la vida no le gusta ver espacios vacíos en casa. Inmediatamente intenta enviar cosas para ocuparlos.

- No entiendo a qué te refieres.

- Normalmente guardamos muchas cosas inútiles que no necesitamos o que nunca volveremos a utilizar. Ocupan mucho espacio y permanecen inmóviles abarrotando la casa. Nuestra vida se atasca y no prospera. Entonces, de vez en cuando tenemos que reevaluar todo, tirar lo que no sirve y dar a los demás lo que ya no nos sirve, pero que todavía se puede usar. Al hacerlo, movemos bienes y recursos y nuestras vidas prosperan.

– Es lógico... Pero ¿funciona?

– Por supuesto. Mi abuela no era rica, pero nunca le faltó nada.

– Muy bien. Ella debe ser tan sabia como tú.

Rita se rio con satisfacción y siguió juntando la pila de periódicos. Clara se quedó pensativa. En otras ocasiones no le importaba el dinero. Osvaldo ganaba bien, era generoso, le gustaba la comodidad y ver bien a su familia.

Recordó que su guardarropa estaba repleto de cosas que había guardado y que ya no usaba: vestidos que pasaron de moda, recuerdos de momentos especiales, hermosos zapatos que le apretaban los pies y por eso estaban tirados en el suelo.

También había algunos obsequios que había recibido y estaban sin usar, guardados, algunos porque no encajaban con el estilo de la casa, otros porque no le gustaban.

Terminó su café y comentó:

– Rita, necesito hacer esto en los gabinetes de la casa. Tengo muchas cosas de las que puedo deshacerme.

– Es una buena idea. Puedo sacar todo, pero tienes que estar tú también para decidir qué botar.

– Voy a salir ahora a ver si puedo conseguir un trabajo. Recorté varios anuncios. Cuando vuelva, lo veremos.

Fue a tres lugares y no consiguió nada. Abrió el sobre y sacó uno de los recortes. Era de un atelier de alta costura en la Rua Barão de Itapetininga. No era muy buena cosiendo, pero dijo que necesitaban una recepcionista. El salario era muy bajo, pero decidió intentarlo. No estaba lejos del lugar. Era posible caminar, lo que ahorraría dinero del autobús.

El atelier estaba ubicado en el primer piso de un hermoso edificio, ya Clara le gustó el ambiente lujoso que se respiraba en el pasillo. Tocó el timbre de la puerta y abrió un chico. Clara mostró el anuncio y él la envió a una hermosa habitación, decorada con mucho gusto.

- Ven conmigo.

La condujo a una lujosa oficina e indicó una silla, diciendo:

- Siéntese, por favor. El jefe atiende a un cliente muy especial. Tan pronto como termine, vendrá y hablará contigo.

Clara le dio las gracias y mientras esperaba se entretuvo mirando cada detalle de esa oficina original y muy diferente a la que estaba acostumbrada a ver.

Al cabo de media hora se abrió la puerta y entró un joven, alto, fuerte y elegante, muy bien vestido. Cabello castaño peinado hacia atrás que, a pesar del brillo y el esfuerzo que había hecho para alisarlo, aun mostraba señales de ondas. Ojos penetrantes. Algo altivo, piel clara, gestos finos, pero firmes.

Clara se levantó. La miró, examinándola atentamente cerca.

- Vine por el anuncio.

- Lo sé. ¿Tienes alguna experiencia como recepcionista?

La miró fijamente, como si quisiera penetrar incluso en sus pensamientos. Ella sostuvo su mirada y respondió:

- No. Para ser honesta, nunca trabajé. Pero ahora tengo un problema familiar y realmente necesito trabajar. Tengo buena voluntad y si me enseñas, estoy segura que haré todo bien.

- Viste el salario. ¿Crees que puedes vivir con él?

- No es lo que necesito para mantener mi nivel de vida, pero es mejor que nada.

- ¿Puedes darme referencias?

- No de trabajo. Nunca trabajé.

- ¿Tienes tiempo disponible? Aquí a menudo necesitamos atender a los clientes más allá del horario comercial. ¿Eres casada?

- Lo soy, pero estoy separada de mi esposo. Tengo dos hijos pequeños que criar.

- En ese caso...

- Pero puedo usar mi tiempo según sea necesario. Tengo una señora que se ocupa de mi casa y de los niños.

La miró de nuevo, le dijo que caminara por la habitación y luego dijo.

- Muy bien: intentémoslo. Tendrás que cambiar de postura, tu peinado un poco, vestirte mejor. Pero lo arreglaremos. Hablarás con los clientes por teléfono, concertarás citas, los recibirás aquí, cuidarás de su bienestar mientras esperan si estoy ocupado, entretenerlos. Y, cuando salgan, asegúrese que se sientan bien, revisando lo que necesitan. ¿Entendido?

- Sí. ¿Cuándo puedo empezar?

- Mañana por la mañana comenzaremos tu entrenamiento. Puedes venir a las ocho y buscar a Domênico. Ya lo conoces: fue él quien la trajo. Él te dará el resto de las instrucciones.

- Estaré aquí mañana.

Después que ella se fue, llamó a Domênico, le dio algunas instrucciones y concluyó:

- Ella nunca trabajó. Necesita un baño de tienda, pero creo que te sorprenderá. Por ese salario, fue lo mejor que salió. Tiene nivel. Es lo que nos importa.

El otro aceptó satisfecho:

- Déjamelo a mí. Yo sé cómo hacer eso.

Clara se fue de allí pensativa. Se alegraba de haber encontrado trabajo finalmente. El salario era insuficiente, pero no podían darse el lujo de rechazarla. Ahorraría dinero y al menos no faltarían alimentos en casa. Entonces podría encontrar algo mejor.

Cuando llegó a casa, le contó a Rita la noticia:

- Decidí aceptar. El salario es bajo, pero es mejor que nada.

- Lo hiciste muy bien. Así es como empieza. Mira, Clara, ya saqué todo de los armarios, y si ahora tienes tiempo para ver qué vamos a vender, estaría bien.

- Vamos. Es muy bueno hacerlo ahora, porque mañana empiezo a trabajar y no tendré tiempo. Veamos.

Después de cenar, empezaron a trabajar. Clara evaluó y separó lo que ya no quería. Los niños se divirtieron ayudándola. Cuando terminó, era pasada la medianoche y había algunas cajas llenas de cosas que Rita llevó a la despensa.

Clara se sintió cansada pero aliviada. Esa limpieza le había hecho bien. Estaba a punto de comenzar una nueva vida y se despidió de unos objetos que le recordaban el pasado. Se dio una ducha, se acostó y durmió plácidamente.

A la mañana siguiente, cuando Domênico llegó al atelier, la condujo a una habitación y le dijo:

– Mi nombre es Domênico. Soy el asistente de Gino. Me encargó que la preparara para su trabajo.

Clara asintió y él continuó:

– Este es un muy buen lugar para trabajar. Entorno de clase A, esto es fundamental. Así que aquí te voy a enseñar cómo proceder, hablar con los clientes, cuidar tu apariencia personal. Cuando alguien viene a encargar una prenda, fíjate en los detalles más pequeños. Nada puede estar fuera de lugar, incluidas las personas.

Clara se había puesto uno de sus mejores vestidos, pero él la veía como un trapo.

– Tendrás que ser parte del entorno, de forma natural y con mucha clase.

Abrió uno de los armarios en el que había varios vestidos, tomó un traje beige y se lo dio a Clara.

– Prueba este. Debería quedarte. Puedes entrar en ese probador.

Clara entró sosteniendo la percha con la ropa. Se lo puso y le cayó como un guante. Era una seda de dos piezas pesada, elegante y recta.

Salió del camerino y Domênico la miró detenidamente, luego ajustó las costuras para que el ajuste fuera impecable.

- Tenemos que elegir al menos dos más. Luego pasaremos a los accesorios y finalmente al maquillaje.

Una hora después, Clara se miró al espejo con asombro, se había convertido en otra mujer. Parecía más alta y delgada, elegante y hermosa.

Domênico le ordenó que saliera a caminar, luego dijo:

- Mucho mejor. Ahora necesitas aprender a caminar y hablar. Tu voz es un poco aguda. Tendrás que probar con un tono más bajo. Te daré unos buenos ejercicios para practicar en casa.

¿Quieres preguntar algo?

- Sí. ¿Estos vestidos se guardarán aquí o en mi casa?

- Debo aclarar que se trata de una prenda cara de alta costura, de calidad. Serás responsable de ellas. Si los daña, tendrá que pagar por el daño. Pero, por supuesto, deberías llevarlas. Trabajando para nosotros, se harás conocida y no se te puede ver mal vestida. Con el tiempo, puedes comprar un guardarropa mejor. Gino es muy generoso y tiende a vestir a sus empleados por un precio reducido.

- Me siento muy elegante. Después de llevar un atuendo como este, será difícil conformarse con los viejos.

- Muy bien. Veo que sabes valorar los artículos de calidad. Es un buen comienzo.

Creo que nos entenderemos muy bien. Tomemos un descanso para almorzar. Puedes irte si quieres. Pero a la una deberías estar de vuelta. Hay clientes programados para la una y media. Tendrás que estar aquí.

- Sí, señor.

Clara salió, buscó un lugar para comer, pidió un bocadillo, un refresco. Notó que estaba llamando la atención dondequiera que fuera. Levantó la cabeza con satisfacción. Sabía que era hermosa y elegante. Se sentía rica, y esa sensación era tan agradable que olvidó su falta de dinero y le dio al camarero una generosa propina.

Diez minutos antes de la hora, estaba de vuelta en el atelier. Buscó a Domênico.

– Cuando llegue el cliente, ¿qué debo hacer?

– Quédate a mi lado y mira. Yo lo atenderé y te lo presentaré. Yo me encargaré de todo y tú estarás a mi lado, mirando y demostrándote que eres atenta y amable sin exagerar. Sé natural. Veamos cómo va. No olvide bajar la voz, pero no susurre. Habla con voz firme y clara. Es horrible no poder oír ni entender lo que dice la gente.

– Está bien. Yo sé cómo hacer eso.

Ella había aceptado ese trabajo porque no tenía uno mejor, pero a medida que avanzaba el día cambió de opinión. El salario era bajo, pero lo que estaba aprendiendo, el contacto con gente de clase alta, la posibilidad de vestirse bien, estar en medio del lujo y las cosas bonitas, todo era sumamente placentero.

Era este mundo al que quería pertenecer. Nunca había sido ambiciosa. La habían educado para contraer matrimonio. Había alimentado la creencia que encontraría el amor verdadero para el resto de su vida. Pero su sueño de amor había fracasado.

Ella no había cumplido con su parte del compromiso. Se había enamorado de Osvaldo y había puesto todos sus sueños en ese matrimonio. Sin embargo, la rutina la desafió y apareció Walter. Incluso en ese momento creyó haber encontrado el amor verdadero. Por ello lo arriesgó todo y perdió. Destruyó a su familia, hizo infelices a su marido, a sus hijos, estaba en la pobreza, solo para descubrir que su amor por Walter, por el que había desechado su cómoda situación familiar, no era más que una ilusión peligrosa y destructiva que desapareció en cuanto surgieron los problemas.

¡Qué ilusión! El amor era solo un juego de intereses. Ahora lo sabía, y nunca volvería a ser herida por él. A partir de ese momento, se ocuparía de su felicidad de otra forma. Pondría todas sus fuerzas en ganar dinero, cuidando el futuro de sus hijos.

Nunca había asistido a la alta sociedad. Trabajando en ese atelier, vio la posibilidad de adquirir el barniz y la clase que le faltaba. Conociendo y relacionándose con gente rica y famosa, estaba seguro que encontraría la oportunidad de mejorar en la vida.

Mientras se preparaba para ayudar a atender a los clientes en su primer día de trabajo, Clara reflexionó sobre todo esto y tomó decisiones.

Cuando se paró junto a Domênico para recibir a esa dama elegante y altiva que entró a elegir algunos modelos, no perdió el tiempo. Tomó una postura firme como si supiera lo que estaba haciendo y sonrió delicadamente cuando Domênico la presentó.

Puso tanta atención en observar a esa mujer que inmediatamente se dio cuenta de qué tipo de persona estaba frente a ella. Sintió que no podía ser subordinada o insegura. Este era el tipo de mujer que solo respetaba o prestaba atención a sus iguales, ignorando a los subordinados.

Por tanto, Clara estaba segura y firme. Le sostuvo la mirada cuando le habló, y luego Domênico se sorprendió al darse cuenta que el cliente se estaba dirigiendo a Clara, intercambiando ideas y pidiéndole sugerencias.

Cuando se fue, luego de elegir algunos modelos, Domênico buscó a Gino satisfecho.

- Creo que hicimos una gran adquisición. Necesitabas verla asistiendo a Madame Georgina. Yo estaba preocupado. Sabes lo exigente que es esta cliente. Cuando ella no le gusta una persona, es como si él no existiera. ¿Recuerdas lo que hizo con la pobre Adalgisa?

- Adalgisa era hermosa pero muy insegura, no tenía agallas. También me gustó lo que le hiciste. Se puso mucho mejor.

- Madame Georgina le habló como si fuera una amiga. Por eso se sintió más cómoda.

- Lo hiciste bien. Me di cuenta que se llevaban bien.

Cuando Clara llegó a casa esa noche, Rita se sorprendió:

- ¡Doña Clara! ¡Qué diferente estás! Apenas te reconocí.

- ¿Crees que estoy mejor que antes?

– ¡Te ves hermosa!

– De ahora en adelante, me vestiré así. Es un requisito del trabajo. Trabajo en un lugar de lujo, donde los clientes son ricos y elegantes. Tengo dos vestidos más, zapatos y accesorios. Tendré que ir impecable todos los días.

– ¿Ves? Solo estaba haciendo espacio en los armarios que la vida te enviaba ropa nueva.

Clara se detuvo pensativa y sonrió. Fue una coincidencia, pensó, pero no dijo nada para cortar la alegría de Rita.

Después de cenar y acostar a los niños, Clara tomó un cuaderno y se sentó en la sala. Allí se registraron las impresiones de su primer día de trabajo, así como los datos del cliente que tuvo el cuidado de anotar. Nombre, apellidos, dirección, teléfono, etc.

Si pretendía hacer un buen trabajo, tener una mejor relación con los clientes, tenía que conocerlos, saber cosas sobre sus vidas y cómo convertirse en una persona amable y agradable para ellos.

Esa noche, mientras se acostaba, Clara no pensó en el sufrimiento de su marido ni en la falta de carácter de Walter. Sus sueños eran diferentes ahora. Eran de subir en la vida teniendo como escalera al éxito ese modesto trabajo como recepcionista en un atelier de alta costura.

CAPÍTULO 7

Clara fue al atelier y colocó su bolso en el armario de su sala. Luego se miró en el espejo, acomodándose el pelo y su elegante vestido.

Ella sonrió con satisfacción. Estaba impecable, hermosa y elegante. Se sentía muy cómoda en medio del lujo del lugar y había logrado llevarse muy bien con los clientes que la buscaban y que pedían sugerencias incluso para asuntos personales.

En esos seis meses que Clara trabajó allí, había inspirado confianza en sus clientes, por su clase envidiable, su elegante belleza o la seguridad que mostraba, sabiendo siempre lo que estaba de moda, lo que era adecuado para cada uno, en cada ocasión.

Los indecisos colgaban de ella, eligiendo solo cuando ella estaba presente y daba su opinión. Domênico estaba fascinado y le comenta a Gino:

– Necesitabas ver qué consiguió Clara hoy. Madame Mota vino a elegir un vestido para una fiesta y terminó comprándose cuatro, se fue de aquí tan contenta que repartió propinas hasta al portero.

– Esta chica llegará lejos. Espero que no aparezca un hombre para interferir. Ya sabes cómo es: a las mujeres les va bien hasta que se enamoran. Luego dejan todo lo que han logrado y se aferran al hombre. Es una calamidad. Espero que no le pase a ella.

– Yo también.

Clara se preparó para recibir al próximo cliente, una señora muy rica cuyos ojos tristes la habían impresionado. Supo por Domênico, que la conocía desde hacía tiempo, que estaba casada con un empresario, pero que su marido la dejó a un lado, mostrándose públicamente con su amante, a quien presentó como secretaria, pero cuyas actitudes dejaban lugar a dudas sobre su verdadero papel. Como resultado, Consuelo se había vuelto triste y retraída, rechazando invitaciones de amigos donde tendría que aparecer junto a su esposo.

Sus hijos, dos jóvenes, pasaban poco tiempo en casa y ella se sentía muy sola.

Clara se sintió incómoda al mirarla. ¿Por qué una mujer, aun joven, bella, rica, se sometió a vivir así sin reaccionar? Si fuera con ella, ya habría roto ese matrimonio que solo la humillaba y la hacía sufrir.

Consuelo iba al atelier con regularidad, escogiendo ropa sobria como si fuera una obligación, mirando con indiferencia los detalles de cada una. Clara intentó acercarse a ella desde el primer encuentro.

- Este tono de azul le queda muy bien. Realza el color de su piel.

- Es un poco llamativo. Prefiero el gris. Es más discreto.

- De hecho, el gris es hermoso también. ¿Por qué no se los lleva los dos? Este azul parece que fue creado para usted.

Colocó el vestido en su cuerpo frente al espejo.

- Mire, con él usted cobra vida, es irresistible.

Los ojos de Consuelo pasaron un brillo emocional.

- ¿De verdad lo crees?

- De hecho. ¿Puedo hacer una sugerencia?

- Diga.

- Con este vestido, aclarando un poco el tono de su cabello, usted quedaría maravillosa.

- Me estás tentando. Si esperara algo de la vida, lo haría. Pero no vale la pena. A toda alegría, la vida responde con tristeza; a toda ilusión, con decepción.

Prefiero la calma y la comodidad de no esperar nada. Así que me quedaré con el gris, que es neutral.

Clara no dio por sentado.

- Habla como si su vida hubiese llegado a su fin, ¡Y tan joven y hermosa! Su piel parece porcelana, su porte es el de una reina, sus ojos tienen un brillo especial.

Consuelo puso su mano sobre el brazo de Clara mientras decía:

- Eres muy amable.

- Lo siento si fui inconveniente. Pero aprecio la belleza, si pudiera, transformaría a todas las clientas que vienen aquí en mujeres maravillosas. Desafortunadamente no tengo ese poder. Pero cuando veo a una mujer como usted, que tiene todo para brillar y se conforma con ser neutral, no puedo evitarlo.

- Sé lo que quieres decir. La belleza es parte de tu profesión.

- También. Pero sé por experiencia lo malo que es sentirse menos, estar en un segundo plano, dejarse de lado. Y lo bien que se siente ser bella, elegante, encantadora, atractiva.

Da seguridad, confianza en la vida, alegría de vivir -. Consuelo estuvo pensativa por unos momentos, luego dijo:

- Quizás tengas razón. ¿Sabes de una cosa? También tomaré el azul. En tu homenaje -. Clara sonrió con satisfacción.

- Si aclara un poco su cabello, el homenaje estaría completo -. Ambas rieron. A partir de ese día Consuelo empezó a ir al atelier con más frecuencia e insistió en hablar con Clara. En una de esas visitas al atelier, Consuelo le dijo:

- Me has sugerido cosas que han cambiado mi gusto. Me volví más exigente. Mis armarios están abarrotados, pero algunos de los que tengo ahí ya no me gustan.

- Necesitamos renovar. Porque está en contra de la prosperidad conservar las cosas que no se usan. Debe deshacerse de todo lo que ya no usará, así crea espacio para las cosas nuevas que vendrán.

- No sé qué hacer con la ropa. Son finas, en buen estado. Algunas están pasadas de moda.

- Podría venderlos y hacer espacio.

- ¿Vender? ¿Quién compraría ropa usada? Además, no necesito dinero, me daría vergüenza.

- Vendería muy barato, solo para dar dignidad a quienes los compraron y que normalmente no tendrían dinero para venir a un lugar como este.

- Nunca pensé en eso. Me gusta dar, pero siempre siento que humilla un poco al destinatario. Esta idea de vender es buena, pero no tengo a nadie a quien venderle. No conozco a nadie así.

- Bueno, yo sí. Hay personas que estarían muy felices si pudieran usar uno de sus vestidos.

- En ese caso, ya sé qué hacer. Elegiré todo lo que ya no usaré y lo enviaré a tu casa. Haz lo que quieras con ellos. ¿Harías eso por mí?

- Sí, claro.

- Estoy segura que sabrías a quién venderle. No quiero dinero. Puede quedarte con él y hacer lo que quieras.

Al principio, Clara se sorprendió. Luego, pensándolo bien, decidió aceptar. Aunque ya le habían aumentado el sueldo, seguía siendo poco. Vender esa ropa podría mejorar sus ingresos.

Dos días después, al llegar a casa, Rita le contó la noticia:

- Hoy llegó un auto y el conductor descargó una maleta llena de ropa y algunos paquetes más.

Dijo que doña Consuelo lo envió.

- Dijo que iba a mandar.

- Deje todo en el cuarto de atrás. ¿Son para doña Consuelo?

– No. Ella me pidió que se lo diera a alguien que lo necesite. Veamos.

Subieron y abrieron los paquetes, la maleta. Además de la ropa, había bolsos, zapatos e incluso una caja con joyas.

– Son de buena calidad – dijo Rita.

– Por supuesto. Doña Consuelo es muy rica y exigente. Todo es alta costura.

– ¿Por qué dio todo esto? Son nuevos.

– A estas personas no les gusta aparecer con la misma ropa. Usan un poco y luego los reemplazan. Dijo que puedo venderlos y quedarme con el dinero. ¿Conoce a alguien que compre y venda ropa usada? Escuché que hay personas que se dedican a esto.

– No conozco a nadie. ¿Por qué no vendemos a nuestros amigos? Conozco a algunos aquí en nuestra calle que sin duda estarían interesados.

– Son gente de clase media. No querrán comprar cosas usadas.

– Bueno, el pobre no lo compraría. No sabría valorar la ropa fina. Los tiempos son duros, doña Clara. Sé de personas que luchan por comprar buena ropa.

Les encantaría usar alta costura. Entonces, ¿quién sabría que compraste usado?

– Puede que tengas razón.

– Pongamos todo bien en esta habitación. Nadie duerme aquí. Vaciemos el armario y lo arreglamos como una tienda. Tiene un gran espejo y todo. Luego, simplemente hable con la gente en la feria, la panadería o el mercado. Les encantará.

– No lo sé. ¿Crees que funcione?

– Estoy segura. Primero tenemos que fijar los precios.

Rita inmediatamente comenzó a limpiar y Clara estuvo de acuerdo. Necesitaba dinero. Los niños estaban sin ropa y había una lista de cosas que necesitaba comprar pero que seguía posponiendo.

Como había predicho Rita, algunas mujeres del barrio se interesaron y la noticia se difundió rápidamente. Aunque no eran amigos de Clara, conocían su vida. Fue con admiración que la vieron pasar, hermosa, elegante, vestida con ropa cara. Sabían que trabajaba en el atelier.

Vendieron todo rápidamente y el resultado los emocionó. Clara empezó a pensar en la posibilidad de hablar con otros clientes, comprar todo lo que ya no usarían y revender.

Estaría ganando dinero y ayudándoles a renovar su guardarropa.

Antes de tomar cualquier iniciativa, buscó a Gino para hablar. No le gustaba hacer nada a escondidas.

Sentada frente a él, le contó lo sucedido y terminó:

– Vendimos todo rápidamente y los compradores estaban tan contentos de poder usar ropa de calidad que me pidieron que trajera más.

Gino la miró con atención. Ella continuó:

– Son prendas de calidad, que duran mucho tiempo, y a nuestros clientes les gusta renovarse y estar a la moda. Lo que gano aquí ha sido poco para los gastos de mi familia. Este dinero fue muy bienvenido. Por otro lado, me encanta trabajar aquí y no me gustaría irme. Entonces pensé que podía hablar con los clientes y comprarles su ropa, a un precio razonable, por supuesto, lo que quisieran vender. Entonces, podría vender esta ropa en mi casa, sin cargo. Quisiera pedir su permiso, creo que todos nos beneficiaremos. Podré dar más comodidad a mis hijos, los clientes se desharán de todo lo que ya no quieren y dejarán espacio para nuevas adquisiciones, y el atelier venderá más.

Doña Consuelo se compró un vestido y llamó para decir que vendrá a comprar dos más porque cree que tiene poca ropa.

Gino sonrió y negó con la cabeza, diciendo:

- Casi me estás convenciendo. Solo quiero saber cómo planeas hacer eso. No podemos acosar a los clientes con pedidos. Soy estricto con eso, sabes.

- Lo sé. No creo que le haya dado ningún motivo de preocupación hasta ahora. Me he conectado muy bien con todos. Por supuesto que haré esto discretamente.

- ¿De qué manera?

- Les diré que estoy montando una tienda de ropa usada en mi casa. Si tienen algo que vender, lo compraré.

- Bueno, si lo haces discretamente, puedes hacerlo. Incluso tengo algunas piezas que son un poco anticuadas. Si te interesa puedes llevarlo.

- Las personas que lo compraron no tienen los medios para pagar la ropa nueva de su atelier. No creo que pueda venderlos.

- No estás entendiendo. Estas prendas están ocupando espacio y nadie querrá comprarlas. Puedes llevarlas.

- Me gustaría pagar por ellos. Si me hacen un precio muy razonable, haremos negocios.

- Ve a ver las piezas y haz el precio.

Clara empezó a hablar con los clientes y el resultado la sorprendió. En poco más de un mes, su habitación estaba llena y estaba ganando dinero.

Algunos clientes que remodelaron la casa gentilmente le ofrecieron los más variados objetos decorativos, satisfechos de estar libres de lo que no les gustaba.

Clara aceptó todo, luego eligió los mejores, algunos con pequeños problemas, pero que por su calidad y buen gusto pretendía restaurarlo. Lo que quedaba, separado para dárselo a quien apareciera.

- Muchas gracias, señora. Cuando tengas más cosas que quieras dar, espérame. No se lo des a nadie. Venderé y compraré comida para mis hijos.

Clara asintió felizmente. Comentó con Rita:

— Me asombra ver que hay gente que aprovecha todo.

— Y eso empezó cuando decidiste dar lo que ya no te servía. ¿Recuerdas? Mi abuela tenía razón. Si quieres tener de sobra en tu casa, no guardes cosas inútiles, porque la mercadería necesita circular. Si lo haces, siempre tendrás lo suficiente.

Clara aun no estaba convencida de ello, pero sonrió feliz. Puede ser una coincidencia, pero notó que su vida estaba cambiando radicalmente. Había perdido el miedo al futuro, se sentía segura, tranquila, contenta. Incluso los problemas familiares que tanto la atormentaban habían disminuido

De vez en cuando se preguntaba qué había sido de Osvaldo. ¿Dónde estaría? ¿Por qué no dio noticias? – Pensó que estaba siendo egoísta, resentido, hasta el punto de no interesarse por la suerte de los niños.

Esto ella no toleró. Se equivocó, se arrepintió, se sintió culpable, reconoció que él no se lo merecía, pero cuando pensó que había desaparecido sin preocuparse por sus hijos, ignorando cómo estaban, sabiendo que ella nunca había trabajado y que tendría dificultades para mantenerlo, una ola de rencor la golpeó.

Pronto se dio cuenta que también había compradores para esto. Un hombre que pasaba una vez a la semana con un carro de madera recogiendo lo que podía utilizar de la basura de los vecinos se alegró mucho cuando Clara le entregó los diversos objetos que consideraba basura.

Se ponía nerviosa cuando los niños preguntaban por su padre diciendo que lo extrañaban, ella le comentó a Rita:

— Osvaldo parecía un buen padre. Pero no lo es. Estaba equivocada. ¿Cómo puede permanecer alejado tanto tiempo sin saber cómo están los niños?

— Es una buena persona, doña Clara, pero lo desconcertó lo que pasó. Parecía otro hombre. Pasó junto a mí y ni siquiera me vio. Estaba fuera de sí. Cuando desapareció, pensé lo peor.

- Yo también tenía miedo. Pero si no hemos escuchado nada hasta ahora, no creo que lo haya hecho. Sabes, las malas noticias llegan rápidamente.

- Verás que tal vez se ha comunicado con su madre y ella le ha dado noticias de los niños.

- ¿Cómo podría? Doña Neusa nunca vino a vernos después de lo ocurrido -. Rita vaciló un poco, luego dijo:

- Ella llama de vez en cuando para saber cómo están.

- ¿Por qué no me lo dijiste?

- Me suplicó que no lo dijera.

- Menos mal que no vino aquí. Me temo que hablará mal de mí a los niños. Sé que ella hace eso con todos nuestros conocidos. En ese caso, es posible que ella sepa dónde está Osvaldo y le haya dado noticias.

- Dijo que llama a escondidas, que nadie de la familia sabe. No creo que sepa nada del señor Osvaldo. Siempre pregunta si se ha comunicado contigo o con los niños.

- Si hubiera hablado con él, sabría que no ha llamado. De todos modos, quiero olvidar esa parte de mi vida. Estaba equivocada, pero ahora no hay forma de solucionarlo. Lo mejor que puedo hacer es trabajar para criar a mis hijos, educarlos bien, actuar como padre y madre. Eso es todo lo que quiero. Quizás sea mejor para los niños que ya no aparezca. Son pequeños detalles que olvidarán con el tiempo. Sigamos adelante con nuestras vidas. Tengo una propuesta que hacerte.

- ¿Propuesta? ¿Cuál es?

- No tengo tiempo para quedarme en casa y ocuparme de nuestro negocio. Tú eres quien ha hecho todo. No sé cómo hubiera sido mi vida sin ti. Te estoy muy agradecida por ello. Por tanto, de todo lo que vendemos en nuestra tienda te daré una comisión.

- No es necesario, Clara.

- Sí lo es. Quiero que seas mi socia. Entonces, ¿aceptas?

- ¡Caramba! Me siento importante. Pero el dinero que entra es para la manutención de la casa y para el futuro de los niños. No creo que sea justo. No necesito nada...

- Sí lo es. Como van las cosas, estoy seguro que pronto ganaremos mucho dinero. Nos alcanzará para todos. Otra cosa: si eres mi socia, ya no deberías llamarme doña.

- No sé si me acostumbraré.

- Solías hacerlo, sí. Ahora fijemos los precios de esos vestidos que llegaron ayer -. Sonó el teléfono, respondió Rita. Es para ti.

Clara cogió el teléfono:

- ¡Aló!

- ¿Clara? Este es Walter. ¿Cómo estás?

- Bien, ¿qué quieres?

- Saber de ti, de los niños. Me gustaría verte para hablar.

- No tenemos nada qué hablar.

- ¿Estás enojada conmigo? El otro día te vi en la calle. Traté de llegar a ti, pero no me viste. Entraste en un edificio en Barão de Itapetininga.

- Yo trabajo ahí.

- Debe ser un muy buen trabajo. Estabas muy bien vestida, elegante.

- Es un requisito de mi trabajo.

- Te extraño. Nunca olvidé los momentos que pasamos juntos.

- Bueno, yo no extraño nada. Si pudiera volver atrás, no volvería a hacerlo.

- ¿Ya no me amas?

- Para ser honesta, creo que nunca te amé. Fue una pasión que terminó cuando Osvaldo lo descubrió todo. Si fuera amor hubiera sido diferente.

- No puedo creerlo. Ha pasado el tiempo, ahora eres libre. Podemos empezar de nuevo. Estoy haciendo lo que te prometí, ¿recuerdas?

- Lo recuerdo. Pero no quiero verte más. Decidí pasar esta página en mi vida, criar a mis hijos y vivir en paz.

- No creo que una mujer ardiente como tú se conforme con vivir sola. ¿Por qué no abres el juego? ¿Quién es el hombre que se puso en mi lugar?

- Estás delirando. Déjame en paz. En este momento no quiero saber de ningún hombre en mi vida.

- ¿Piensas que te voy a creer? Cuando te vi tan bien vestida, maquillada, elegante, pronto supe que había otro en la plaza. No me creo eso del trabajo. Nunca trabajaste en tu vida, no sabes hacer nada, no puedes engañarme.

- Cada palabra que dices muestra lo equivocada que estaba contigo. No eres más que un conquistador malicioso y barato. Lo que piensas de mí no me interesa. Nunca más me vuelvas a llamar ni te aparezcas frente a mí.

Clara colgó el teléfono irritada. Rita la miró asombrada.

- ¡Vaya, doña Clara, rompiste con él!

- Por este mal carácter traicioné a Osvaldo. Si el arrepentimiento matase...

- Aun te gusta el señor Osvaldo.

- Pensándolo bien, era un buen marido. Siempre me trató con honor y respeto. Pero no me gusta pensar en él. Siento vergüenza, miedo y me deprimo. No sé dónde está, ni cómo está. No me gusta sentirme así. Necesito ser fuerte para cuidar de mi familia y nuestro negocio De hecho, no me llames más doña, por favor.

- Voy a intentarlo. Doña... es decir, estabas roja de ira por lo que Walter te dijo.

- ¿Y no se suponía que debía ponerme? Me llamó incapaz. Él cree que si estoy bien vestida es porque tengo un amante. ¡Para él, una mujer obtiene dinero de esa manera! No sé cómo me involucré con este sinvergüenza.

— Aun le gustas —. Clara se encogió de hombros:

— No creo. Después de lo que le dije, nunca volverá a aparecer.

Pero Clara estaba equivocada. Cuando llegaba a casa por la noche, la llamaba insistiendo en una cita. Dijo que estaba sufriendo porque la amaba, que necesitaba verla. Al principio ella había intentado explicarlo, convencerlo que nada más era posible entre ellos, pero Walter no se rendiría.

Habiendo agotado todos los argumentos, cansada de su insistencia, ya no contestaba el teléfono. Luego comenzó a esperarla cerca de su trabajo, acosándola en todos los sentidos. Clara se irritaba cada día más y él se apasionaba más. Ella escapó tanto como pudo. En casa, le comentó a Rita:

— Parece multiplicarse. Aparece dondequiera que vaya. Él insiste, es horrible. Incluso algunos clientes ya han preguntado quién es este tipo que me espera en la puerta del edificio.

— Te dará problemas.

— En algún momento tendrá que rendirse. No quiero tener nada que ver con él. Es curioso... Tan pronto como Osvaldo se fue, estaba desesperada, preocupada por nuestra situación. Pensé que Walter se haría cargo, cuidaría de mí y de los niños, diría que nos ayudaría económicamente. Después de todo, él también tenía la culpa de lo sucedido. Pero no: me dio algo de dinero, estaba aterrorizado. Me pidió que no lo buscara ni lo llamara a su trabajo. Estaba loco por deshacerse de mí y de cualquier compromiso. Ahora, como no lo quiero, sigue insistiendo. ¡Es imposible de entender!

— Es solo que le diste vuelta a la situación, estás hermosa, no lo necesitas, demostraste tu valor. Tocaste su orgullo.

— El caso es que esta insistencia me está cansando. Si no fuera por el miedo al escándalo, lo denunciaría a la policía.

- La gente habla mucho. Muchos todavía recuerdan tu aventura con él. Es mejor dejar que se rinda.

- Sí. Tienes razón.

Pero no se rindió. Continuó acosándola, llegando al colmo de querer acercarse a ella los fines de semana cuando salía con los niños. Clara estaba cada vez más indignada. ¿A quién apelar?

Una tarde, Domênico preguntó:

- He notado que has estado nerviosa últimamente. ¿Qué es? ¿Hay algo aquí que te molesta?

- Absolutamente. Aquí todo mejora cada día. Es un asunto privado.

- Las cosas no siempre son como deseamos.

- Es cierto. Sabes que estoy separada de mi marido. La culpa fue mía. Se fue, no sé dónde está, nunca dio la noticia. Gracias a este trabajo he podido cuidar de mi familia y no hay nada que quiera más que vivir en paz con mis hijos. Pero no lo entiendo.

- ¿Por qué?

Clara suspiró profundamente, vaciló y luego respondió:

- Nunca te dije cómo arruiné mi matrimonio. Me enamoré de otro y mi esposo se enteró. Me arrepentí sinceramente. Entonces descubrí que el hombre al que me estaba engañando no era el que había imaginado y la pasión desapareció. Solo había un sentimiento de tristeza, de frustración. Pero ahora este hombre me persigue constantemente. Quiere retomar la relación, jura que me ama. Pero no me gusta. Quiero que me deje en paz, pero él no se rinde.

- Por eso estás tan enojada.

- Lo siento. No me di cuenta que se estaba demostrando. Me controlaré. No perjudicará mi trabajo.

- Sé que no. Eres muy profesional y sabes separar las cosas. Pero yo, que te conozco bien y soy tu amigo, no me gusta verte alterada.

– Gracias por el apoyo, Domênico. ¡Si tan solo pudiera hacer algo para que Walter me dejara en paz!

– Puedes. Conozco a alguien que puede ayudarte.

–¿Quién?

– Es un médium muy bueno, que es mi amigo. Si quieres puedo concertar una cita para ti.

Clara se asustó:

– No gracias. A mi suegra le gustaba ir tras los médiums. Nunca acepté eso. No creo que pueda ayudarme ¿Cómo crees tú, una persona culta e inteligente, en estas cosas?

– Por experiencia, querida. He pasado por muchas cosas y ya no tengo dudas: sé que la vida continúa después de la muerte, que los espíritus de los que han muerto a veces se quedan a nuestro alrededor, interfiriendo en nuestras vidas.

– Bueno, no lo creo. Es una ilusión de los que no se conforman con la separación de los que mueren. Una forma de engañarse y sufrir menos.

Domênico la miró y sonrió. Él solo dijo:

– Un día descubrirás la verdad. Dejemo que pase el tiempo.

– Está bien. El tiempo es siempre un remedio sagrado.

Sonó el timbre y luego entró una clienta y Clara se apresuró a atenderla. Margarita era una señorita exuberante, guapa. Hija de padres muy adinerados, se casó muy joven con un estudiante de derecho, de quien se enamoró, de quien tuvo dos hijos, luego de graduarse se fue a trabajar a las empresas de la esposa. La vida de Margarita se resumía en cuidar el bienestar de la familia con el esposo por la mejor sociedad, participando en todos los eventos importantes.

La joven pareja era conocida por su filantropía, al estar al frente de varios proyectos sociales, razón por la cual fue eran constantemente citados en los medios, apareciendo en importantes revistas.

Margarita era uno de los mejores clientes del atelier. Compraba mucho y pagaba sin regatear.

- ¿Cómo te puedo servir? - Preguntó Clara después de los saludos iniciales.

- Necesito dos vestidos: uno sport, otro *habillé*.

- Les mostraré algunas telas que acabamos de recibir de Italia. Los colores son maravillosos. Mientras espera, ¿acepta un café, agua o refresco?

- Un agua, gracias. No creo que haya visto ninguno de estos figurines todavía. ¿Son nuevos?

- Llegaron la semana pasada. Siéntase como en casa.

Se sentó y empezó a hojear los figurines. De repente se detuvo. Su rostro tomó una expresión diferente y dijo:

- Ese hombre ya te ha hecho mucho daño. Cuidado. Tienes que deshacerte de él. Si continúa, te perjudicará aun más.

Clara se asustó. Miró a su alrededor, estaban solas. Sorprendida, preguntó:

- ¿A quién le estás diciendo eso?

- Ten cuidado. Él no sirve. Tienes que deshacerte de él. Ya ha lastimado a su familia, puede perturbar mucho más. Aléjalo de tu vida.

Clara notó que Margarita estaba pálida, los ojos perdidos en un punto lejano, su voz cambió.

Clara estaba aterrorizada. Inmediatamente fue a la habitación vecina y llamó a Domênico:

- Vamos, doña Margarita está rara, está diciendo tonterías. Creo que está teniendo una crisis...

Domênico la acompañó. Margarita se mantuvo en la misma postura. Se acercó, diciendo con voz tranquila:

- ¿Qué quieres?

- Quiero avisarle que está en peligro. Este hombre necesita apartarse de su camino.

- De acuerdo. Pero él insiste, ella no sabe qué hacer. ¿Puedes sugerirnos algo?

- Que rece. Intentaremos ayudar, pero ella necesita cooperar. Tú le hablaste y ella no escuchó. Veamos si ahora entiende.

- Haré mi mejor esfuerzo. Gracias por la ayuda

Margarita respiró hondo, luego miró a Domênico preguntando:

- ¡Pasó de nuevo!

- Sucedió, Margarita.

- ¿Qué dije?

- Clara tiene un problema y trataste de guiar.

Se pasó una mano por la frente como si quisiera alejar la preocupación.

- No sé por qué me pasa eso. Estoy inquieta. Nunca sé cuándo sucederá. ¿Has pensado alguna vez si sucede cuando estoy en una ceremonia?

- No se preocupe. Por las palabras que dijiste, quien esté haciendo esto sabe cómo actuar. No te expondrá al ridículo.

- Si tan solo lo recordara... - Clara no pudo evitarlo:

- ¿No recuerdas lo que dijiste hace un rato?

- Ni una palabra. Cuando era niña, de vez en cuando tuve algunas ausencias. En estos momentos, algunas veces hablaba cosas de las que después no me recuerdo. Mis padres preocupados me llevaron a los más grandes especialistas no solo en Brasil sino también en el extranjero. Como no encontraron ninguna enfermedad. Como no sabían cómo explicarlo, algunos dijeron que con el tiempo pasaría. Y, de hecho, mejoró tanto que incluso lo había olvidado. No había sucedido en mucho tiempo. Ahora no sé qué pensar. ¿Comenzará todo de nuevo?

- No. Lo que tienes es mediumnidad.

- No puede ser.

- Es cierto. Créelo. Sería muy bueno si intentara estudiar estos fenómenos. Hay libros muy serios sobre este tema, lo que te ayudarían a comprender mejor lo que te está sucediendo. Además, te guiarán sobre cómo proceder.

- Tengo miedo, Domênico.

- No deberías. Ser médium significa tener más sensibilidad, percibir lo que la mayoría de la gente no puede ver. Percibir lo que está más allá de nuestro mundo material, conocer la vida en otras dimensiones, conocer mucho más sobre el ser humano. La mediumnidad es una bendición, Margarita. En lugar de tener miedo, intenta aprender cómo funciona. Estoy seguro que encontrarás la manera de vivir con ello y disfrutar de todos los beneficios de este estado. La espiritualidad es alegría, protección y luz.

- Empiezo a pensar que tienes razón. ¿Podría indicarme algunos de estos libros?

- Ciertamente. Los escribiré y te daré una buena lista. Te traeré café. Creo que te hará bien.

- Acepto, gracias.

Mientras iba a pedir café, Clara preguntó:

- ¿Te sientes bien?

- Sí, gracias. De hecho, nunca me siento mal cuando suceden estas cosas.

Margarita estaba sonrojada y de buen humor, muy diferente a como se había visto en esos momentos. Clara sonrió. Menos mal.

Le respondió a Margarita, pero a pesar de hablar de otros asuntos, ella no pudo olvidar esas palabras. Margarita no sabía nada de su vida personal. Clara nunca le había hablado.

Margarita se refirió a Walter, seguro. Debido a que estaba involucrada con él, la vida de Clara había sido dañada. En cualquier caso, no tenía la intención de prestarle atención. Ya no sentía ninguna atracción por él. Al contrario, su presencia la molestaba, la inquietaba.

No se sentía con derecho a echarle toda la culpa a él, también era su responsabilidad. Si no lo hubiera escuchado, no habría pasado nada.

Después de todo lo que había pasado, se dio cuenta que Walter no era lo que ella pensaba. Era un hombre frívolo, arrogante, débil, preocupado por lo que la gente pensaba de él, incapaz de un sentimiento real. Le sorprendió haber sido engañada por él.

Al final de la tarde, antes del final del día, Domênico se acercó:

- Estabas pensativa después de lo que te dijo Margarita.

- Así es. Sus palabras fueron algo intrigantes.

- ¿Simplemente intrigante? Se molestaron en enviarte un mensaje y parece que aun no te has dado cuenta del alcance de lo que está sucediendo aquí hoy.

- ¿Quiénes?

- Amigos espirituales, espíritus desencarnados que velan por tu bienestar -. Clara lo miró seriamente:

- Es difícil creer que existen -. Domênico sonrió y respondió:

- No tanto. Después de la prueba que recibiste hoy, ya deberías creer.

- Sí. De hecho. Margarita no sabía nada de mi vida. Habló de un hombre que me persigue y sé a quién se refería. Eso me sorprendió bastante. En cuanto al resto, no creo que esté en peligro. No pretendo nada con Walter.

- Pero tiene intenciones contigo. Está insistiendo. El mensaje está justificado, sí. Sería bueno que creyeras y tomaras algunas medidas más serias para mantenerlo alejado.

- Puede que Walter no sea como me gustaría que fuera, pero es un hombre civilizado, que lo entenderá. Además, siempre tuvo mucha suerte con las mujeres. Pronto aparecerá otra y me dejará en paz. Ya verás.

- Quizás el hecho que tenga suerte con las mujeres es la razón por la que insiste en ti. Para él, tu negativa está hiriendo su orgullo, y el orgullo herido siempre es peligroso.

- No puede hacer nada.

- Sería bueno que no caminaras sola.

- No te exageres, Domênico. Sé cómo cuidarme.

- De acuerdo. Pero prométeme que tendrás cuidado. Yo soy tu amigo. No quiero que te pase nada malo.

- De esa forma me asustas. Estás más impresionado que yo con ese mensaje.

- Porque sé que, para transmitirlo, tuvieron que quitar varias barreras, y nunca lo harían si no fuera realmente necesario.

Clara se fue pensando en las últimas palabras de Domênico. Miró alrededor de la calle, pero Walter no estaba allí. Ella se sintió aliviada, probablemente que él ya se había rendido.

CAPÍTULO 8

Clara se levantó irritada.

- ¿Estás seguro que dijo eso?

- Sí, Clara. Si no le damos el dinero, nos multará y prohibirá la venta en nuestro bazar.

- Domênico me dijo que debería registrar nuestra tienda. Pero hice los cálculos y vi que tendríamos que gastar mucho. Quería esperar un poco más hasta que reuniéramos el dinero.

- Cuando tocó el timbre diciendo que quería ir de compras, sospeché. Le respondí que no teníamos nada que vender. Luego mostró su identificación, dijo que era fiscal y había recibido una denuncia. No pude evitar que entrara.

- ¿Denuncia? ¿Quién habría hecho eso? Las personas que compran aquí son nuestros amigos.

- No sé. El hecho es que lo sabía todo. Incluso el lugar donde está la mercadería, el tiempo que los niños están en la escuela, todo. Fue un horror.

- ¿Que más dijo?

- Que tuvo que multarnos y confiscar toda la mercadería. De nada sirvió afirmar que se trataba de objetos y ropa usados, que era una propina para sostener la casa, que la rotación era pequeña. Quiso colocar todo en el carro. Le pedí que no lo hiciera. Al final, nos pidió que le diéramos doscientos mil cruzeiros en efectivo. Le respondí que íbamos a intentar conseguir el dinero y pedí una fecha límite. Nos dio tres días.

- ¡Pero es mucho dinero! No tenemos esa cantidad.

– Lo sé, pero fue todo lo que pude conseguir: ganar tiempo.

Clara se sentó, pasándose una mano por el cabello, como para quitarse la preocupación.

– ¿Qué vamos a hacer? Ahora que lo estábamos haciendo tan bien...

– Lo mejor es registrar la empresa. Tenemos algo de dinero, ahorraremos dinero en casa, lo lograremos. No podemos rendirnos ahora.

– Pero ¿qué pasa si no conseguimos el dinero y se llevan toda nuestra mercadería?

– Tengo fe en Dios que no lo lograrán. Hoy voy al centro de doña Lídia a pedir ayuda espiritual.

Clara la miró y no dijo nada. Por mucha ayuda que recibieran, la verdad es que no tenían tanto dinero. Si solo tuviera a alguien a quien acudir... No iba a pedirle ayuda a su jefe. Él ya le había dado muchos bienes y no tuvo el valor de pedir más. Entonces Domênico había insistido en que registrara su empresa correctamente. Ella no había seguido su consejo y ahora se avergonzaba de pedirle ayuda.

Tenía tres días para pensar, pero sabía de antemano que no tenía de dónde conseguir ese dinero.

Se fue a trabajar y todo el día estuvo dándole vuelta en la cabeza al tema, buscando una solución. Eran más de las seis cuando salió del atelier. Walter estaba esperándola en la puerta del edificio.

Durante unos días él no se había presentado y ella pensó que ya se había rendido. Trató de esquivar. No tenía ganas de hablar. Pero no había manera, porque estaba en la puerta.

– ¿Cómo estás, Clara?

– Bien, gracias.

Ella se fue y la tomó del brazo

– Espera un minuto. Quiero hablar contigo

- No tenemos nada de qué hablar. Lo siento mucho. Estoy cansada y quiero irme a casa.

- Tengo una propuesta que hacer. Cosa seria.

- No me interesa.

- Tomemos un café allá en la esquina. Quiero que me escuches.

- No puedo. Necesito llegar a casa pronto.

- Cinco minutos. Vamos, al menos un poco de atención en nombre de los viejos tiempos.

- Eso es lo que no quiero recordar.

- Entremos. Solo cinco minutos, lo prometo.

Clara se dejó convencer. Se sentó y esperó. Pidió café y algunos bocadillos.

- Hoy cerré un buen trato y recibí una excelente comisión. Estaba feliz. Pensé en comprarme una buena casa, arreglar mi vida, casarme.

Ella no respondió, continuó:

- Nunca dejé de amarte Clara. Eres la mujer de mi vida. Traté de olvidarlo, pero fue inútil. Además, me siento culpable por tu infelicidad. Destruí tu paz, tu familia. Tus hijos no tienen padre. He tardado mucho, pero solo ahora tengo los medios para ofrecerte a ti y a tus hijos una vida cómoda. Entonces te pido que te cases conmigo.

- No puedo. Todavía estoy casada.

- Osvaldo desapareció. Nadie sabe dónde está. Puede declararse muerto. Si tarda demasiado, podemos casarnos en Uruguay.

- Pensaste en todo, ¿no? Excepto que no quiero casarme. Estoy bien como estoy. Ahora necesito irme. Déjame sola.

- Te estoy haciendo una propuesta honesta, poniendo mi vida en tus manos. ¿Por qué estás siendo tan duro conmigo? ¿Prefieres pasar todo el día trabajando fuera, lejos de sus hijos, cuando podrías quedarte en casa, en la comodidad? Hoy puedo cuidar de tu futuro.

- No quiero nada contigo ni con nadie. Ahora solo quiero trabajar, criar a mis hijos y vivir en paz.

- Me amabas. No puedes haberlo olvidado.

- Nunca te amé. Fue una gran ilusión que lamenté amargamente. Comprende de una vez por todas que se acabó. Déjame sola.

Él la miró a los ojos, apretó los dientes con ira y la tomó del brazo con fuerza, diciendo:

- Piénsalo bien. Si no aceptas mi propuesta, ¡te arrepentirás te lo garantizo!

- No necesito pensar. No quiero tener nada que ver contigo. Ahora me voy. Buenas noches.

Clara se levantó y se fue. Walter la siguió con los ojos brillantes de despecho. Tendría que reconsiderarlo. Cuando esté en la miseria y pierda su trabajo, no tendría más remedio que aceptar.

Cada día deseaba más a esa mujer. Los momentos de intimidad que habían vivido no abandonaron su mente. Nunca había sido derrotado por ninguna mujer. Ella no sería la primera.

Clara llegó a casa nerviosa. Walter la miró con enojo cuando fue rechazado. Sintió una opresión en el pecho. ¿Y si lo que había dicho Margarita fuera cierto? ¿Y si representaba un peligro?

Se encogió de hombros como si eso pudiera alejar esos pensamientos. Estaba abrumada por lo que había sucedido esa tarde. Walter no podía hacerle daño. Luchó por olvidar y recuperar la compostura.

Pero el problema del dinero seguía sin resolverse. ¿Qué podía hacer?

Cuando expiró el plazo del inspector, Clara estaba devastada. No habían conseguido el dinero.

Por la mañana, Rita preguntó angustiada:

- Hoy expira el plazo. Si el inspector regresa, ¿qué haremos? Clara suspiró resignada.

- No podemos hacer nada.

- Se llevará nuestra mercadería, lo perderemos todo.

- Estamos en sus manos, Rita. Hoy no puedo dejar de ir al atelier, podrán ir algunos clientes que solo compran conmigo.

- Después de haber trabajado tan duro, no es justo darles todo. Sería mejor dárselo a los pobres.

- Estoy de acuerdo contigo. Al menos serían útiles. Pero para ellos no vale nada.

- Porque tengo fe en que Dios nos ayudará. Doña Lídia dijo que iba a rezar por nosotros.

Clara no respondió. Le gustaría tener la fe de Rita para sentirse más animada, pero no creía que eso la pudiese ayudar.

- Me voy a trabajar. Si pasa algo, llámame.

Después que se fue, Rita decidió buscar a doña Lídia. Dejó a los niños en la escuela y fue allí.

Tan pronto como abrió la puerta, inmediatamente dijo:

- No obtuvimos el dinero. No sabemos qué hacer. Lo perderemos todo.

- Cálmate. Veamos si podemos encontrar una solución. Entra. Siéntate.

- Sabes lo mucho que hemos luchado para mantener la casa. Has acompañado nuestras dificultades.

- Es cierto. Pero no te desesperes. Dios nos ayudará -. De repente, Rita se puso de pie:

- Doña Lídia, ayudas mucho a los pobres, ¿podrías usar esa mercadería?

- Tenemos la camioneta, pero ¿estás segura que quieres hacer eso?

- Sí.

- Y Clara, ¿estará de acuerdo?

- Hablamos y ella también lo prefiere. Tenemos que ir antes que aparezcan.

- Está bien, llamaré a Alípio.

El edificio del Centro Espírita estaba al lado de la casa de Lídia. Alípio vivía en la parte trasera y conducía la camioneta.

Apareció y fue a buscar la mercadería, rápidamente pusieron todo en la camioneta.

- Me quedaré y limpiaré todo. No encontrarán nada más.

- Rita, por la noche, cuando llegue Clara, vendrás a mi casa. Tenemos que hablar.

Se fueron y Rita se sintió aliviada. Había encontrado una buena solución. Eran más de las tres cuando el inspector finalmente tocó el timbre.

- Entonces se acabó el plazo. ¿Cómo quedamos?

- Creemos que tenías razón. Créame, no sabíamos que para vender ropa usada a los vecinos tendríamos que tener una licencia.

- ¿Vas a arreglarlo todo?

- No. Decidimos terminar con esto. Donamos todo al Centro Espírita de doña Lídia, que está cerca. Lo repartirá a los pobres.

El inspector abrió la boca, la volvió a cerrar y luego decidió:

- Había muchas cosas. No creo que lo hayan dado todo. Haremos una inspección.

- Entra, por favor.

Llamó al otro que se había quedado en el carro y entraron. Mientras se dirigían a la habitación donde se encontraba el bazar, Rita dijo amablemente:

- ¿Aceptas un café? Lo colé ahora.

Ellos no respondieron. Registraron todos los compartimentos de la casa. Al salir, el inspector dijo:

- Mira, esto no se quedará así. No creas que puedes engañarnos. De ahora en adelante te estaré vigilando.

- Perderás el tiempo. Ya no venderemos nada.

Después que se fueron, Rita se sentó en la silla y, satisfecha, puso café en la taza. Habían perdido la mercadería, pero hicieron una caridad y al mismo tiempo no le dieron dinero a ese bribón.

Después de tomar su café, Rita llamó a Clara para contarle todo. Y terminó:

- ¿Sabes que a pesar de todo me siento aliviada? No puedes imaginar la alegría que sentí al ver sus rostros decepcionados.

- ¡Rita, eres imposible! Aunque lo perdimos todo, también estoy satisfecha. Dadas las circunstancias, era la mejor solución.

Clara colgó feliz el teléfono.

- ¿Buenas noticias? - Preguntó Domênico, quien la estaba mirando.

- En cierto modo, sí.

- Noté tu nerviosismo en los últimos días.

- Ahora puedo contarte lo que pasó.

En pocas palabras, lo puso al día y concluyó:

- Haz hecho bien en aconsejarnos regularizar nuestro bazar. Como yo no seguí tu consejo, estaba avergonzada de contarte lo que sucedió. Ahora tendré que empezar de cero.

- La experiencia vale más que muchos consejos. Espero que esta vez empiece por abrir una tienda.

- Eso es lo que haremos.

Por la noche, Clara y Rita recogieron a los niños y fueron a hablar con Lídia, quien les dio la bienvenida y los condujo a la sala.

Clara no la conocía personalmente, pero al verla, se dio cuenta de por qué le gustaba tanto a Rita. Era una mujer sencilla, amistosa y educada.

- Les pedí que vinieran para proponerles un trato. Donaste a nuestro centro el producto de meses de tu trabajo y de donde sacaban el sustento para su propia familia. Les agradezco sinceramente por recordarnos para hacer esta donación. Durante más de quince años algunos amigos y yo abrimos este Centro Espírita para ayudar a las personas a estudiar la vida espiritual, y con la gracia de Dios hemos podido hacer un buen trabajo. Todo lo que hacemos aquí es gratis. Nadie paga nada por la ayuda que recibe en el Centro, pero, como puedes imaginar, tenemos algunos gastos naturales: agua, luz, teléfono, limpieza y alguna ayuda a los pobres, ya que mantenemos la asistencia social. Durante algún tiempo había estado pensando en conseguir una forma de cubrir los gastos sin tener que apelar para cenas, almuerzos o tés benéficos. Había pensado en abrir un bazar en el que la gente pudiera comprar cosas a un precio razonable y al mismo tiempo ofrecer una pequeña ganancia para mantener el Centro. Cuando Rita apareció hoy, acababa de orar pidiendo orientación a mis amigos espirituales para empezar. Sé que debe haber sido triste para ti, pero para nosotros significa que fue la forma que Dios encontró para ayudarnos. Sé que trabajaste durante meses para ponerlo todo junto y no es justo que lo pierdas todo. Así que encontré una forma que nos beneficiará a todos. Decidí montar este bazar y compartir el dinero contigo. De todo lo que trajeron, la mitad para el Centro y la mitad para ti.

Clara la miró sorprendida y no encontró palabras para responder.

– Entonces – continuó Lídia –, ¿estás de acuerdo?

– No sé si deberíamos aceptar... –. dijo finalmente Clara.

– Sí, deberían. Nos ayudaste y estaremos encantados de ayudarte.

– Bueno, no puedo negar que echaremos mucho de menos el dinero de nuestras ventas. Mi salario es insuficiente para pagar todos nuestros gastos.

– Así que está decidido. Mañana arreglaremos todo y abriremos nuestro bazar.

– ¿Y la licencia? – Preguntó Rita preocupada.

– Nuestro Centro está debidamente registrado y puede mantener un bazar benéfico.

– Hagamos esto, doña Lídia – propuso Clara –. Tenemos la intención de continuar con nuestro negocio. Empezar una empresa, regularizar todo. Para eso necesitaremos dinero y no tenemos forma de obtenerlo. Aceptamos su propuesta solo mientras la necesitemos.

Una vez que tengamos todo resuelto, no recibiremos nada más.

– Está bien – asintió Rita con satisfacción.

– Que así sea. Estamos de acuerdo. Ahora llamemos a los niños que están jugando con mis nietos en el jardín y tomemos café y pastel.

A partir de ese día, Clara empezó a relacionarse con Lídia. Le gustaba conversar con ella, hablar sobre la educación de los niños. Al darse cuenta de su buen sentido común, poco a poco comenzó a hablar de su vida, abriendo su corazón como nunca lo había hecho con nadie.

Era un domingo por la tarde y estaban en el salón de la casa de Lídia tomando café mientras los niños jugaban en el patio. Marcos y Carlitos se habían hecho amigos de los dos nietos de Lídia. Tenían casi la misma edad.

Ya sea por la agradable tarde, el momento tranquilo, el delicioso café o porque el cariño de Lídia le recordaba el calor familiar que había perdido, Clara empezó a hablar de su vida, contando todo lo que le había pasado.

Lídia escuchó con atención y, aunque Clara no mitigó sus errores asumiendo toda la culpa de lo que le había sucedido, no tuvo una palabra de desaprobación. Al final, simplemente dijo:

– Lo importante es que con todo esto has crecido en experiencia. Eso es lo que cuenta.

– Es cierto. Si fuera hoy, no me habría involucrado. Aunque sintiera pasión por otro hombre, habría respetado a mi marido.

Se quedó en silencio durante unos segundos y luego continuó:

- No sé qué le pasó. A veces me molesta. Siempre fue un buen hombre, un marido ejemplar. Nos casamos por amor.

- Cuando lo recuerdes, no te culpes. Cometiste un error, pero recordar el pasado empeora el problema.

- Es difícil no sentirme mal, el arrepentimiento duele principalmente porque sé que no hay forma de curarlo. Por mucho que lo intente, nunca podré borrar de mi memoria lo que pasó. Esta herida siempre dolerá.

- La vida continúa y todavía eres muy joven. Además, tiene dos hijos que criar. Por haber cometido un error, no estás equivocada. No seas radical. Esto es tan cierto que lograste mantener tu dignidad. Créeme que te admiro mucho por asumir tu responsabilidad y esforzarte por rehacer honestamente tu vida. Hubiera sido mucho más fácil aceptar lo que Walter te propone, mudarte con él y dejar que te mantenga a ti, así como a tus hijos.

- Si lo amase, tal vez lo haría. Pero ahora, mirándolo, no siento nada de lo que sentía antes. No sé cómo pude cambiar a Osvaldo por él.

- La pasión ciega engaña, pero un día se acaba. No es amor.

- Tienes razón.

- Un día, cuando menos lo esperes, volverá el amor y volverás a ser feliz.

- No, Lídia. No quiero involucrarme más con nadie. Basta de herirme. No estoy preparada para empezar de nuevo. Además, no quiero darles un padrastro a los chicos.

Lídia sonrió y le brillaron los ojos cuando dijo:

- El mundo da vueltas y vueltas, Clara. Todo pasa y se renueva.

- Para mí, esa fase ha pasado. Tengo la intención de ganar dinero para dar una buena educación a los niños y poder ser independiente por el resto de mi vida. Ahora he descubierto que soy capaz de hacer esto y me siento muy bien. Pero, no sé qué le hicieron a Osvaldo.

Todavía estoy casada con él. A veces pienso que puede haber muerto.

– ¿Por qué dices eso?

– Era un padre muy cariñoso. No le gustaba estar lejos de sus hijos. Nunca volvió a vernos, su familia tampoco sabe nada de él.

Pudo haber muerto.

– Está vivo, Clara. Puedes estar segura.

– ¿Por qué dices eso?

– Si hubiera muerto, lo sabría.

Lo dijo con tanta confianza que Clara la miró asombrada. Aunque son amigas, y ella conduce un Centro Espírita, nunca habían hablado al respecto. Rita frecuentaba las reuniones del Centro y la invitó varias veces, pero Clara nunca aceptó. No le gustaba involucrarse con ninguna religión. Su experiencia en la iglesia la había dejado incrédula. Curiosa, preguntó:

– ¿De qué manera?

– Mis amigos espirituales me habrían advertido. Mientras contabas tu historia, vi a tu esposo. Está lejos, en un lugar lleno de plantas, en compañía de varias personas.

– ¿Cómo sabes que es él? Nunca te mostré una foto y nunca lo conociste.

– Lo vi y sé que es él. Es un chico alto, muy delgado, cabello castaño claro, ligeramente ondulado, raya a un lado, que a veces le cae sobre la frente, y suele pasar la mano poniéndola hacia atrás. Este es un gesto que siempre hace. Frente alta, ojos grandes color miel, labios carnosos y bien definidos, mentón ancho con leves hoyuelos en el centro.

Clara se levantó sorprendida.

- ¡Es él! A menudo usaba brillantina para sujetar su cabello peinado. Pero prefería que los dejara sueltos. Parecía un niño.

Los ojos de Clara brillaron de emoción y no pudo contener las lágrimas. Se pasó la mano por los ojos y dijo con voz temblorosa:

- Lo siento. No pensé que al recordarlo aun me conmoviera. Pero es que no me lo esperaba y lo describiste perfectamente.

- No hay necesidad de justificarse. Tu emoción es natural. Por estar, hablando de ello, nos conectamos energéticamente con él y capturamos su energía. Por eso te aconsejé que, cuando recuerdes a tu marido, trates de pensar solo en los buenos momentos. Evita dramatizar el pasado. Así como sentiste su energía y te conmovió, él debe haber sentido la tuya, te recordó. El pensamiento es un correo directo y hay que tener cuidado de no enviar energías pesadas y tristes a la gente.

- Debe estar enojado conmigo. Debes estar herido, triste.

- Está delgado, sufriendo, quemado por el sol.

- ¿Dónde estará? ¿Por qué no viene a nosotros al menos para averiguar sobre los niños?

- No lo sé. Quizás la herida todavía duele mucho.

Clara guardó silencio unos momentos y luego preguntó:

- Si pienso cosas buenas, ¿se sentirá mejor?

- Sí, va a ayudar.

- Intentaré hacerlo a partir de ahora.

- También te sentirás mejor. Es muy malo estar pensando en lo que ha pasado y que y no tiene remedio. Es inútil y dañino. Despójate de tu pasado, ya pasó y no volverá más.

- No vuelve, pero todavía me pesa. Nunca fui muy religiosa, pero tengo miedo de ser castigada por mi pecado. Mi madre solía decir eso cuando era niña.

- No lo creas. Dios no castiga a nadie. Cada error tiene un precio que la gente paga para aprender. Cuando aprenden, maduran y cometen menos errores. Esto es progreso, y el progreso es la ley de la vida. Sácate esas ideas de crimen y castigo de tu cabeza para no castigarte inconscientemente, para maltratarte a ti misma. Muchas personas terminan castigándose a sí mismas, pensando en "pagar" por sus errores. Crean sufrimiento inútil y evitable.

– ¿Qué debo hacer entonces?

– Si algo no funcionó, no se culpe. Hiciste lo que te pareció mejor en ese momento. El resultado no fue bueno, no te gustó, trata de actuar de otra manera. Es lo que estás haciendo en el presente lo que determinará tu futuro.

– Tienes razón. Hoy no me dejaría tentar.

– Pagaste el precio y aprendiste. Así enseña la vida.

Clara guardó silencio unos segundos perdida en sus pensamientos. Finalmente dijo:

– Si pudiera volver, ¡qué bueno sería! – Lídia sonrió y respondió:

– Tenías que perder para apreciar.

– Amaba a mi esposo.

– Si estuvieras más consciente de tus sentimientos, no te habrías involucrado con otro.

– Me habría dado cuenta que la realidad era mejor que el sueño. Vivía con la cabeza llena de sueños, creía en el "alma gemela", el amor abrumador. Osvaldo, a pesar de sus cualidades, no era un príncipe azul.

– Es una peligrosa inversión de valores. No querías dejar ir el sueño y quedarte con la realidad. Preferiste la ilusión. Hoy sabes que elegiste mal.

– Me arrepiento.

– Intenta olvidar. La próxima vez elegirás mejor.

– ¿La próxima vez? No quiero saber más de nadie. Cuidaré de mi vida, criaré a mis hijos y nada más.

Lídia sonrió y no respondió. Sabía que la conexión de Clara con Osvaldo se había roto, pero no había terminado. La sabiduría de la vida un día los pondría cara a cara y luego tendrían que decidir a dónde irían en sus vidas.

CAPÍTULO 9

La tarde estaba muriendo, los últimos rayos de sol ya tiñeron el cielo. Osvaldo entró a la casa con una canasta de hierbas.

Estaba delgado, se había dejado la barba, vestía de granjero, pero había un nuevo brillo en sus ojos que lo hacía muy diferente de lo que era cuando llegó a la casa de Antônio tres años atrás.

El hombre herido, maltratado, desilusionado y triste había dado paso a otro, más introspectivo, más maduro, más fuerte. Se había ido para quedarse un mes, pero en las actividades espirituales que Antônio estaba desarrollando con tal entrega había descubierto con sorpresa una manera de sentirse útil, cooperando para aliviar el sufrimiento de las personas.

Sensibilizado por la forma sencilla y amorosa en que Antônio asumía sus tareas, identificándose con ellas, se entregó a trabajar con alma, sintiéndose feliz con las curas que lograban. Su mediumnidad se abrió y empezó a ver escenas y personas de otras dimensiones, así como los problemas de cada paciente.

Al principio se desequilibró, pero Antônio le enseñó a lidiar con estas energías y poco a poco se fue adaptando. Pronto la fama se extendió por el vecindario y muchos lo buscaron en busca de ayuda.

Su dolor por la traición de Clara se había ido. Solo le molestaba la nostalgia.

Habían pasado seis meses desde que vivía en la casa de Antônio, necesitaban ver a un paciente en el pueblo. Entonces Osvaldo buscó un teléfono y llamó a su tía Esther.

A pesar de su temperamento retraído, en ese momento Osvaldo sintió que era la única persona con la que podía mantenerse en contacto sin problemas.

Ella respondió con asombro:

- Osvaldo, ¿eres tú?

- Sí, tía. ¿Cómo estás?

- Bueno, justo hoy estaba pensando en ti.

- ¿Por qué? ¿Ha pasado algo?

- No. Desapareciste y tu familia incluso cree que estás muerto -. Osvaldo guardó silencio unos instantes y luego dijo:

- Es mejor así. No tengo ganas de hablar con ellos. Me gustaría que no les dijeras que llamé.

-¿Estás seguro?

- Sí, tía.

- ¿Cómo estás? Sabes que, si necesitas algo, haré lo que pueda para ayudarte.

- Gracias tía, no necesito nada. Estoy bien.

- ¿Y todavía te duele el corazón?

- Se acabó. Lo único que me molesta es la añoranza por los chicos. ¿Sabes cómo están?

- Sí. Están bien.

Osvaldo vaciló un poco, luego dijo:

- Qué pasa con la situación financiera; es decir, ¿cómo va Clara con los gastos?

- Mejor de lo que imaginas. Está trabajando en un atelier de alta costura y parece que le va bien. Rita se queda con ella.

- Quieres decir que ella...

- Ella está sola. Después que te fuiste, no quiso tener nada que ver con Walter. Pensé en ofrecerle ayuda, pero ella nunca vino a mí y no quise entrometerme. He estado hablando con Rita, quien me da noticias de los niños.

– Me siento aliviado.

– Me gustaría saber dónde estás. Podría escribirte de vez en cuando y enviarte noticias.

– ¿Harías eso por mí?

– Claro, hijo. Me alegro que hayas llamado. Sabes que puedes contar conmigo.

Osvaldo dio la dirección del buzón para la correspondencia. Así se enteró de la muerte de su tío y le escribió a su tía sobre sus actividades espirituales, sobre su certeza que la vida continúa después de la muerte.

Comenzó a mantener correspondencia regular con ella. Al menos una vez al mes le escribía. Si antes era para hablar de los niños, después de la muerte de su esposo y la conmovida carta que le envió Osvaldo, ella comenzó a abrirse más, contándole sus problemas.

Incluso a distancia, la amistad entre los dos se estrechó. Con gusto Osvaldo recibió esas cartas y las respondió con cariño. Así, acompañó a sus hijos desde la distancia, sabiendo que Clara había abierto una tienda y se ocupaba de la educación de los chicos con dedicación.

Siempre fue una madre buena, cariñosa y dedicada. Como esposa, ella lo cuidó con cariño y, al recordar eso, todavía sintió cierta revuelta, preguntándose si todo había sido una farsa.

En esos momentos, se internaba en el bosque, cerca del río, y se entregaba a la meditación, tratando de liberarse de todas las emociones desagradables, rezando, en busca de consuelo y olvido.

Luego, rehecho y sereno, volvía a sus actividades con Antônio.

Fue con él que aprendió a controlar sus emociones, restableciendo su equilibrio interior.

– Hijo mío, cuando llega la tormenta, nos asusta su violencia. Un rayo corta el aire, arrancando las ramas de los árboles. Las plantas heridas, sin hojas, resisten como pueden. Cuando pasa, algunos se doblan por el fuerte viento; otros, desarraigados, muestran sus heridas. Pero su paso deja todo limpio, el aire es más ligero y algún tiempo después las heridas cicatrizan, las plantas se vuelven a cubrir de verde. Entonces entendemos que todo sucedió de la mejor manera.

- La tormenta que me golpeó ha pasado, pero las heridas aun no han sanado.

- Ves solo un lado. De esa forma no puedes ver.

- Para mí solo hay uno. Soy consciente que fui buen esposo, fiel, trabajador, sincero, buen padre. Es difícil justificar la traición.

- No tienes que justificarla. Solo mira los otros lados.

- Solo puedo ver el mío. Cuando trato de ponerme en el lugar de Clara para descubrir por qué me traicionó, es aun peor. Ella no tenía ninguna razón.

- Nadie actúa sin razón.

- Ella nunca mostró insatisfacción. Nunca dejó ver que le gustaba otro.

- No esperabas que ella sucumbiera a la tentación.

- Para mí era una santa, llena de virtudes.

- Ella es solo un ser humano. Sus errores revelan sus debilidades, pero no anulan sus cualidades, aun permanecen.

Entonces, el error cuando se aprovecha lo fortalece e inmuniza para el futuro. ¿Nunca escuchaste que el gato escaldado tiene miedo al agua fría?

- Para mí fue como si un rayo me destruyera.

- Fue un desafío difícil.

- Destruyó mi vida.

- Casi te destruyes con la situación. En ese momento pones tu felicidad en manos de tu esposa. Esta es una ilusión que te hace infeliz y te debilita.

– Pero el matrimonio es un intercambio. Necesitabas hacerla feliz y ella debía hacer lo mismo. Es lo mínimo que esperamos en el matrimonio. ¿No lo juramos en el altar?

– Prometen lo que no saben si cumplirán y se pasarán la vida recogiéndose, insatisfechos e infelices. Pasa mucho, tanto en la ciudad con gente educada como aquí, con gente sencilla.

– Clara era una chica correcta. Nunca pensé que terminaría engañándome.

– Ella tampoco lo pensó. Pero surgen las tentaciones y en ese momento solo resisten los fuertes.

– También tuve tentaciones. Algunas mujeres me han provocado, y mira que la sociedad es mucho más tolerante con el hombre que engaña. Pero no me rendí. Fui un esposo fiel. Esto es lo que más me repugna. Si pude resistirme, ¿por qué no lo hizo ella?

– Porque las personas no son iguales. Fuiste más fuerte. Pero mientras puedas controlarte a ti mismo, porque usas tu fuerza interior, no pudiste hacer nada para evitar que ella sucumbiese. Créeme: en la vida solo puedes contar contigo mismo. Tu poder solo trabaja contigo. Es ley universal. Dios tampoco moverá una pajita si no haces tu parte, si no estás listo.

– En ese caso, no podemos confiar en nadie. ¿Cómo viviré en paz de esa manera?

– Es necesario usar el sentido común. "Sed astutos como serpientes, pero dóciles como palomas." La gente dice eso, pero no lo hace.

– No veo cómo cumplir con ese dicho.

– Porque para lograr la paz interior es necesario practicarla.

– Es difícil.

– Si sigues pensando como la mayoría de la gente, no podrás. Primero tienes que aprender cómo es la vida. Saber cómo funciona.

– Ya no quiero tener una relación con nadie. Nunca más me gustará ninguna mujer.

- Eso va en contra de tu naturaleza.

- No podría vivir con alguien que en todo momento me pueda traicionar.

- Las personas no son iguales. El sentido común nos enseña que cada uno es como es. Esto es lo que debemos aprender al tratar con los demás. Querer a una persona no impide que nos demos cuenta de sus debilidades. No será difícil para el buen observador ver a través de las apariencias. El peligro es que cuando alguien se enamora, no ve los lados negativos que tiene el otro. Se ciegan, como lo hiciste tú. Cuando una persona comete un error, comete una tragedia. Pero tu esposa ciertamente te dio muchas advertencias sobre sus debilidades y no quisiste verlas.

Osvaldo estaba pensativo. Recordó que en los últimos tiempos Clara se había vuelto más exigente con él, exigiendo más atención, comprando ropa más moderna, vistiéndose mejor e insistiendo en que él hiciera lo mismo. ¿Era una señal que estaba en crisis?

- Siento que te diste cuenta y sabes a qué me refiero.

- Sí, puede ser.

- Estos signos son un grito inconsciente de auxilio. En el momento de la tentación, cuando la persona quiere resistir, aparecen. Cuando el otro percibe y actúa positivamente, fortalece la resistencia.

- ¿Quieres decir que, si hubiera prestado atención, comprendido sus actitudes, cooperado, Clara no me habría traicionado?

- Es difícil decirlo, pero es lo que pudo haber pasado -. Osvaldo se removió inquieto en su silla.

- Lograste hacerme empezar a sentirme culpable por haber fallado.

- Eso no es lo que quiero. No puedes culparte por tu falta de habilidad para manejar una situación. En ese momento actuaste como sabías. Pero ahora has madurado. Quiero que aprendas a usar tu fuerza para mantener la paz, pase lo que pase. La serenidad es el logro de quienes conocen la verdad de las cosas y no quedan impresionados por lo que hacen los demás.

– Ojalá tuviera esa elevación.

– La serenidad es el resultado de un trabajo interior constante. Es necesario confiar en la vida, para conocer la espiritualidad. La observación sin prejuicios, el esfuerzo por mantener un diálogo positivo contigo mismo, la conexión con la fuente del amor divino, son todos logros que solo tú puedes hacer. Pero cuando lo hagas, habrás encontrado la verdadera paz y felicidad.

Osvaldo miró a Antônio conmovido. Era un hombre sencillo, sin cultura académica, pero sabio. Lo abrazó con cariño, diciendo:

– Gracias, maestro. Haré todo lo posible para lograrlo.

A partir de ese día, Osvaldo perdió su amargura y poco a poco su dolor fue desapareciendo. Ya podía pensar en Clara sin rencor. A menudo recordaba escenas de su convivencia, y cuanto más lo hacía, más claro era que ella realmente le había dado señales que estaba en crisis. No es que la justificara, pero cuestionó la fragilidad de las relaciones. Nadie les había enseñado a lidiar con los problemas humanos o sus emociones. Ninguna escuela trata este tema; sin embargo, es con él que cada uno se encuentra a diario, ya sea en familia o en sociedad.

Empezaba a vislumbrar que la vida tenía otros lados para quienes están dispuestos a observarla, lo que puede ayudar a vivir mejor.

Dejó la canasta sobre la mesa, se sentó a descansar un rato antes de preparar las hierbas para hacer las medicinas. A pesar del tiempo transcurrido y sentirse resignado a la situación, esa tarde lo entristeció el anhelo por sus hijos.

Antônio entró invitándolo a tomar un café. Sentado alrededor de la tosca mesa, mientras disfrutaba del delicioso pastel de harina de maíz de Zefa, Antônio preguntó:

- ¿No te gustó el pastel?

Arrancado de sus pensamientos internos, Osvaldo respondió:

- Está bien, como siempre.

- No lo parece. Estabas comiendo con una cara... - Zefa intervino:

Él creció bien, ¿será que no se veía bien?

- No es eso, Zefa. El pastel está delicioso. Es que no estoy muy bien.

- La nostalgia duele - dijo Antônio -, pero solo hay una manera de curarla.

Al ver que Osvaldo lo miraba con atención, concluyó:

- Tienes que volver con tu familia -. Osvaldo colocó la taza de café sobre la mesa y dijo:

- No tengo la intención de volver nunca más. Aquí encontré la paz, si no puedo quedarme contigo, buscaré en otra parte, pero no volveré.

- Puedes quedarte aquí por el resto de tu vida. Me has ayudado mucho y estoy agradecido. Pero, si no quieres volver, debes aceptar la nostalgia y estar triste.

- Es difícil. Pero esto es lo que quiero. He estado siguiendo la vida de mis hijos y todo está bien. No me lo estoy perdiendo. Clara se ocupa de todo.

- Algún día tendrás que volver.

- No quiero. La vida en la ciudad ya no es para mí. Allí todo es falso, la gente va tras las apariencias, solo piensa en el dinero. Aquí la gente es sencilla, cariñosa, acogedora. Tengo muchos amigos. Me enseñaste a ver la vida de otra manera. Quiero quedarme. Ayudar a los demás es una bendición y no perderé esta oportunidad.

Antônio lo miró con seriedad durante unos segundos y luego dijo:

– La vida te trajo aquí y nos dio la alegría de estar juntos. Pero siento que algún día ella te llevará de regreso. Luego, tendrás que enfrentarte a todos los desafíos de los que estás tratando de escapar.

– Nada me hará volver.

Antônio sonrió, tomó la taza y tomó un sorbo de café y no respondió. Pero había un brillo malicioso en sus ojos que Osvaldo no vio.

Pasaron los años y Osvaldo siguió trabajando y viviendo en la casa de Antônio. Era muy conocido por las personas que acudían a él en ocasiones en busca de ayuda espiritual, a veces llevándole algunas golosinas caseras en agradecimiento por la ayuda obtenida.

Osvaldo siguió manteniendo correspondencia regular con su tía.

Habían pasado diez años desde que dejó a su familia y, aunque la nostalgia continuaba, no pensó en regresar.

Una tarde, cuando pasó por el correo, había un sobre diferente. Lo abrió y leyó:

"Señor. Osvaldo de Oliveira, Saludos Cumplo con el doloroso deber de comunicar que doña Esther dos Santos Freire falleció el dieciocho de octubre pasado, sufriendo una enfermedad repentina. Como usted es su único familiar, le pedimos que venga a nuestra oficina lo antes posible para atender las disposiciones legales.

Firmado: Dr. Felisberto Antunes, abogado."

Osvaldo sintió que su corazón se hundía. La tía Esther nunca te dijo que estaba enferma. Conmocionado, habló con Antônio:

– No me gustaría ir allí.

– ¿No tiene otros parientes?

– No. Ella era viuda y no tenía hijos. Vivía sola.

– En ese caso, será mejor que vayas.

- Eso pasó hace diez días. Ella ya ha sido enterrada.

- Pero es bueno ir allí, cuidar sus cosas.

- Tienes razón. Iré, me encargaré de todo y estaré de vuelta en una semana. La tía Esther siempre ha sido muy buena conmigo. Ella me crio. ¿Y mis pacientes?

- Puedes dejar que me ocupe de ellos. Quédate todo el tiempo que necesites.

- Conseguiré un caballo e iré al pueblo. Tengo que comprar un pasaje y algo de ropa.

- ¿Necesitas dinero?

- No. Todavía tengo algo. Debería alcanzar para todo. No gasto nada aquí -. En cuanto se fue en busca del caballo, Zefa apareció en la puerta y preguntó:

- ¿A dónde va Osvaldo con tanta prisa?

- Vuelve a la ciudad.

- ¿Va a volver?

- Dice que sí.

Ella negó con la cabeza y dijo:

- No lo sé. Algo me dice que se quedará allí.

- Podría ser. El futuro está en manos de Dios.

Osvaldo fue al pueblo y compró un boleto de segunda clase. Tenía poco dinero. Luego fue a comprar ropa. Al menos necesitaba pantalones, camisa, calcetines y zapatos. Traje, de ninguna manera. Además del dinero que no alcanzaba, la calidad era tan mala que prefirió no comprar.

Su tía tenía clase y no podía acudir a ese abogado con la ropa gastada que vestía, no tenía suficiente dinero y no alcanzaba para comprar todo. Tuvo que regatear y terminó consiguiéndolo. Gastó todo lo que tenía, no le quedó nada para el viaje.

Antônio le dio unos ahorros que finalmente aceptó, prometiendo pagar todo cuando regresara, y Zefa le preparó algunos bocadillos para comer en el viaje. Serían cinco horas en tren.

Osvaldo no quería viajar sin despedirse de la familia de Juan, que lo había salvado y de quien se había hecho amigo. Antônio lo acompañó allí. Dalva se había casado con un granjero y vivía en su propia casa. Diocleciano y Anita vivían con sus padres.

Osvaldo se despidió de sus amigos, diciendo que volvería pronto. Diocleciano se ofreció a llevarlo a la estación. Fue con emoción que Osvaldo se despidió de sus amigos, prometiendo visitarlos en el camino de regreso para contarle la noticia.

Osvaldo tuvo que llevar no solo pollo con la *farofa* de Zefa, sino también el pan que Anita había hecho especialmente para él. Con lágrimas en los ojos se despidió de sus amigos y se fue.

Se sentó junto a la ventana y, cuando el tren partió, saludó con la mano hasta que desapareció en una curva. Luego se sentó pensativo.

¡Volver! Él regresaba. Diez años era mucho tiempo, pero aun el ruido del tren, el vaivén del vagón le recordaba el día en que, desorientado, loco, desesperado, se embarcó sin rumbo, con ganas de desaparecer, de acabar con ese sufrimiento.

Ahora, más sereno, habiendo aprendido a ver otros lados de la vida, era otro hombre, bastante diferente de lo que había sido. Sabía que era mejor afrontar una situación desagradable que huir. Estaba dispuesto a hacer eso. Mirando el paisaje por la ventana, se preguntó qué pasaría cuando llegara.

Estaba decidido a no buscar a su familia. Sus hijos estaban grandes, no quería molestarlos después de tanto tiempo de ausencia. En cuanto a su madre, sería mejor no buscarla. ¿Para qué? Su hermano Antônio había perdido su trabajo por lo que le pasó a Clara y tuvo problemas para encontrar otro. Vivía en rebelión y su madre lo apoyaba. Verlos sería revivir el rencor sin poder hacer nada para ayudarlos.

El tren corría sobre las vías y Osvaldo seguía pensando, pensando.

Una vez más la vida lo llamaba a nuevos eventos. Esta vez, ¿qué quería enseñarle? Había aprendido a confiar en la sabiduría divina, que lo dispone todo para mejor. Sabía que, aunque el poder de elección es de cada uno, las oportunidades están sujetas a la fuerza de las cosas y es mejor no luchar contra ellas.

Antônio le enseñó a observar los mensajes que la vida le enviaba a través de los hechos de la vida diaria, tratando de hacer lo mejor y aceptando aquello que no se podía cambiar. Esta forma de ver la vida le había dado serenidad y desarrollado su lucidez.

Reconoció que había aprendido mucho y que este conocimiento había aliviado su corazón inquieto, haciéndole un gran bien.

Al dedicarse con Antônio a la iluminación y ayuda de las personas que los buscaban, notó que, como él, se sentían aliviados y más serenos, más satisfechos.

Ahora que estaba atento tratando de entender cómo funciona la vida, se dio cuenta de lo infeliz que era la gente cargando durante años algunas creencias aprendidas, cobrándose, sumergiéndose en la ilusión y el sufrimiento por descubrir lo lejos que estaban de la verdad.

Tenía la intención de arreglar los asuntos de su tía y volver a su vida pacífica en la granja de Antônio. Cuando llegó a São Paulo, el ruido de la ciudad lo molestaba y con más razón que nunca estableció el propósito de quedarse por poco tiempo.

Tomó un taxi y se dirigió a la casa de su tía, donde lo esperaba el abogado. La hermosa casa de la Avenida Angélica era como los años de su infancia. Al entrar olió el mismo olor a flores mezcladas con canela que usaba Esther para perfumar cada habitación, y le pareció que en cualquier momento aparecería para abrazarlo.

El Dr. Felisberto lo esperaba en la habitación. Al verlo, se puso de pie tratando de disimular su sorpresa por los cambios que había experimentado Osvaldo. ¿Dónde había estado todos esos años? Recordó que era un joven elegante y bien vestido, muy diferente al hombre al que saludaba, que parecía más un campesino.

En pocas palabras, el abogado le contó la enfermedad de Esther, que se la había llevado en menos de una semana. Y terminó:

– Éramos muy amigos y la visitaba siempre. Una tarde me llamó y me dijo que quería hacer un testamento. Pensé que era un capricho, pero ahora sé que ella sabía que le quedaba poco tiempo.

– En sus cartas nunca me dijo que estaba enferma.

– Yo tampoco lo noté. Se veía bien. Pero insistió que era de urgencia y yo hice lo que quiso. Soy su albacea y, como me ocupé de su negocio desde la época del Dr. Freire, tengo todos los documentos en mis manos para rendir cuentas. Pero debes estar cansado del viaje. Vine para darle la bienvenida y concertar una cita para esto y leer su testamento.

– No estoy cansado. Puede programar con otras personas hoy.

– No hay otras personas. Solo tú. Como sabes, ella no tuvo hijos. Dejó todo para –. Osvaldo se puso de pie asombrado:

– ¿Para mí? Tenía otros sobrinos.

– Según sus propias palabras, nunca la visitaron o tuvieron algún tipo de amistad hacia ella. Te quería como un hijo. Le encantaban tus cartas, que guardaba cuidadosamente en una caja, releyéndolas de vez en cuando.

La sorprendí varias veces haciendo eso. Ella sonreía y me contaba sobre tu sabiduría y tu progreso.

Los ojos de Osvaldo brillaron de emoción. Lástima que no descubrió antes cuánto estaban afinados.

– No sé qué decir. No esperaba esto.

– Heredaste todo lo que ella poseía. Te hiciste rico.

Osvaldo volvió a sentarse, pasándose una mano por el pelo. El abogado continuó:

– Hagamos esto: descansa hoy, y mañana volveremos a hablar. Me encargué que la casa permaneciera como siempre. Por supuesto, vivirás aquí. Aquí están las llaves. En la oficina, en el cajón del escritorio, hay una billetera con dinero. Es un anticipo para tus gastos. Regresaré mañana a la una en punto para nuestra reunión. Los sirvientes también participarán, porque ella los incluyó en el testamento.

Osvaldo estuvo de acuerdo y el abogado se fue. José apareció en la habitación preguntando si quería algo. Era un antiguo empleado, aun desde la época que vivía su tío, que se quedó en la casa ocupándose de todo con dedicación incluso después de la muerte del patrón. Osvaldo lo recordaba.

– ¿Cómo estás, José?

– Triste por la muerte de doña Esther.

– Todos lo estamos.

Se movió un poco incómodo, luego preguntó:

– ¿No quiere un café, un bocadillo, agua?

– Voy a darme una ducha y luego tomaré un café.

– ¿Los demás empleados son los mismos que antes?

– No. Solo mi esposa y yo continuamos. Los otros no los conoce. Ya que lo mencionó, señor, Rosa está triste. Además de extrañar a la amiga de tantos años, a quien adoraba, tiene miedo de nuestro futuro. Somos demasiado mayores para encontrar trabajo. Si nos despide, no tendremos a dónde ir.

Osvaldo lo miró con seriedad. Esta era una realidad a la que tendría que enfrentarse.

– No te preocupes, José, haré lo que pueda por ti.

– Gracias, señor. Ven conmigo. Ya he ordenado la habitación y su equipaje está allí.

Observando el lujo de la casa, Osvaldo recordó que en la ciudad la gente vestía diferente. Tendría que comprar algo de ropa para representar a su tía con dignidad.

- Doña Neusa llamó preguntando si ya había llegado -. Osvaldo se estremeció:

- ¿Ella sabe que vendría?

- Lo sabe. Cuando murió Doña Esther, vino y habló con el Dr. Felisberto. Se enteró que vendría para la lectura del testamento.

Osvaldo cambió de tema. Prefería no encontrarse con su madre y su hermano.

- Quiero salir y hacer algunas compras.

- Haré que saquen el carro.

Osvaldo recordó que su tía siempre tuvo un chofer a su disposición.

- De acuerdo.

Después que José se marchó, fue a la oficina, abrió el cajón del escritorio y encontró la billetera con el dinero. La abrió y encontró más de lo que necesitaba. Estaba pensando en comprar poco, lo suficiente para unos días. Tan pronto como todo estuviera resuelto, volvería al campo.

Al salir, José lo acompañó al garaje, preguntando:

- ¿A qué hora quiere cenar?

- A la hora que solía hacerlo mi tía. No quiero romper la rutina de la casa.

- Doña Esther cenaba a las siete.

- Me parece bien.

Al verlo acomodarse en el auto e irse, José fue a la cocina, Rosa lo estaba esperando.

- ¿Y entonces? - Preguntó curiosa.

- Puedes servir a las siete.

- Eso no es lo que pregunté. Quiero saber cómo le va.

- Cambiado. Ni siquiera parece ser el mismo. Mayor y parece decidido.

- ¿Confirmaste si nos quedamos aquí?

- Dijo que nos iba a ayudar.

Rosa suspiró tristemente. Entonces él dijo:

- Espero que no piense en vender la casa e irse, aquí no tiene buenos recuerdos. Si doña Esther no hubiera muerto, no habría regresado.

- No pensemos en lo peor. Salió a comprar ropa. Realmente la necesita. Este es un síntoma que está regresando a la ciudad. Haremos todo lo posible para que se sienta bien aquí y quiera quedarse.

- Eso es verdad. Osvaldo siempre me gustó. Siempre fue muy educado y nos trató con respeto. Es un buen tipo y no se merecía lo que su esposa le hizo.

- No vamos a juzgar. No sabemos cómo sucedió. Entonces, no tenemos nada que ver con eso. No es ético entrometerse en los asuntos de los patrones.

- ¿Verá a los niños? Doña Esther me dijo que Clara nunca se volvió a casar. Ciertamente se arrepiente de lo que hizo.

- Ya dije que no tenemos nada que ver con eso y mejor no andes hablando de eso.

- Ni siquiera tienes que recomendármelo. Conozco mi lugar. Pero rezaré por él. Es un buen tipo y merece ser feliz.

José negó con la cabeza y no respondió. Salió a comprobar la correspondencia. Necesitaba encargarse de todo para que Osvaldo se sintiera cómodo y bien atendido.

CAPÍTULO 10

Cuando llegó el abogado, poco antes de la una del día siguiente, encontró a Osvaldo bien vestido y afeitado.

Luego de los saludos, informó:

– No sé si ya se comunicó con su madre y su hermano. Vendrán para la apertura del testamento.

Osvaldo hizo un gesto de molestia:

– Me dijiste que solo estaríamos los sirvientes y yo.

– Por voluntad, sí. Pero doña Neusa insistió, diciendo que quería estar allí porque se consideraba pariente de doña Esther y esperaba estar incluida en el testamento. Aunque sabiendo que no heredó nada, no podía negarle ese derecho.

Osvaldo hizo un gesto de contrariedad.

– En realidad, no pensé en volver a encontrarme con mi familia. Siempre he vivido lejos de ellos. Me basta con saber que están bien.

José se acercó diciendo que habían llegado doña Neusa y Antônio. Osvaldo suspiró resignado y decidió:

– Acomódalos en la sala. Iremos enseguida.

– Puede irse, sr. Osvaldo. Estaré en la oficina esperando la reunión.

Cuando Osvaldo entró en la habitación, Neusa se levantó de la silla llorando y diciendo:

- ¡Hijo mío! ¡Finalmente! ¿Dónde has estado todos estos años? ¿Por qué no diste noticias? ¿No pensaste en nuestro sufrimiento?

- Preferí alejarme. Así era mejor.

- ¿Cómo pudiste ser tan ingrato? ¡Soy tu madre! Me hablas si no existiese o no te importara. Casi muero de disgusto por lo que pasó. Sin mencionar que esa desafortunada mujer nos quitó a los niños. No nos permite visitarlos.

Osvaldo hizo un enérgico gesto:

- El pasado está muerto y no quiero hablar de eso. Solo regresé porque el abogado me lo pidió. Espero que entiendas.

- ¿Ves, Antônio? Dijiste que no deberíamos venir. Fuiste el más perjudicado. Después de todo lo que has sufrido, ni siquiera dijo hola.

- Te habría saludado si me hubieras dado tiempo. ¿Cómo estás, Antônio?

- Mal. Después de lo que pasó, nunca volví a conseguir un buen trabajo. Destruyeron mi vida.

Osvaldo los miró con seriedad y dijo con calma:

- Nos estás dando un poder que no tenemos. Sería bueno prestar más atención e intentar descubrir por qué no estás logrando el éxito profesional. Estoy seguro que encontrará otras razones más verdaderas.

Tomado por sorpresa, Antônio no respondió de inmediato. Había una chispa diferente en los ojos de Osvaldo que lo hizo callar.

Él continuó:

- En cuanto a ti, madre, deberías estar acostumbrado a mi ausencia. Desde niño viví lejos de casa. No es cosa de ahora, después de viejo, que te gustaría a estar a mi lado.

De todas maneras, pensamos de manera diferente. Por eso es mejor seguir viviendo separados unos de otros. Ahora vamos a la oficina, el Dr. Felisberto está esperando para leer el testamento.

Los dos se miraron, no dijeron nada y lo acompañaron.

En la oficina ya estaban, además del abogado, los empleados de la casa.

Después que todos se acomodaron, el abogado abrió el testamento. Esther había dejado una buena suma de dinero para el conductor y las dos sirvientes. En cuanto a la pareja, José y Rosa, además de la suma de dinero, ella les dejó una casa en Vila Mariana. Todos los demás bienes los dejó a Osvaldo.

Cuando Felisberto terminó de leer, Neusa no ocultó su decepción.

- ¡Qué ingratitud! - comentó con amargura -. Pensé que sería reconocida por todo lo que hice por ella.

El abogado tuvo ganas de preguntarle qué había hecho ella por Esther, pero se contuvo. No podía expresar su opinión. Sabía que Neusa nunca se preocupó por su cuñada.

- Estoy a su disposición para arreglos legales. ¿Cuándo quieres programar nuestra reunión? - Preguntó Felisberto.

- ¿Podemos hacerlo ahora?

- Sí. Tengo todos los documentos a la mano.

- En ese caso, tomemos un café y luego continuemos. Fueron al salón y Neusa se acercó a Osvaldo, diciendo conciliadoramente:

- Ahora eres un hombre rico. Estoy seguro que no olvidarás a tu familia. Es necesario reparar el daño que le hicieron a Antônio.

Osvaldo respondió con total naturalidad:

- En los últimos diez años he vivido sin dinero y puedo garantizar que fue una experiencia enriquecedora.

Antônio intervino:

- No sé cómo. He sufrido penurias, he vivido humillado. Osvaldo lo miró con seriedad:

- Solo los orgullosos son humillados. El orgullo es una ilusión que cierra muchas puertas.

- No entiendo a qué te refieres. Soy una persona humilde. Si no fuera humilde, no me habría rebajado para venir aquí hoy a pedir ayuda.

- Si fueras humilde, no te sentirías humillado -. Neusa intervino:

- No necesitas ofender a tu hermano. Pensé que lamentabas el daño que nos hiciste.

Osvaldo se puso de pie y dijo con voz tranquila:

- Nunca los lastimé. Estoy en paz Mi conciencia no me acusa de nada. En cuanto a la suerte que le daré al dinero que la tía Esther generosamente me dejó, todavía no sé qué haré. Ahora, si nos disculpa, tengo que hablar con el Dr. Felisberto.

Neusa se puso de pie:

- ¿Nos estás despidiendo?

- Por supuesto que no. Puedes quedarte si quieres.

- Seguro que ahora vas a vivir aquí - dijo Neusa -. ¿Tienes la intención de ver a tus hijos?

- Ese es mi problema. No pretendo quedarme aquí.

- ¿Vas a desaparecer de nuevo?

- No, mamá.

- Al menos ve a vernos en casa y dinos adónde vas.

- Antes de irme hablaré contigo.

Osvaldo fue a la oficina con el abogado. Neusa, con el pretexto de hablar con Rosa, se fue a la cocina, mirando todo con ojos codiciosos. ¡Tanta riqueza!

La conversación con Rosa no aclaró nada. ¿Dónde se habría quedado Osvaldo todos esos años?

Solo decidió irse después de haber recorrido toda la casa y haber sido informado en los más mínimos detalles de lo que había allí, desde ropa hasta objetos de arte. En cuanto a las joyas, no pudo encontrar nada. Sabía que Esther poseía muchas joyas familiares. ¿Dónde estarían?

Cuando se fueron, ella le comentó a Antônio:

— Osvaldo está cambiado. Parece otra persona: en silencio, serio.

— No le gustó nada vernos. No tenía la intención de buscarnos. Se fue sin vernos.

— No creo en esta historia de irse. Siempre le gustó el lujo. No tendrá el valor de abandonar una casa tan rica. Dijo eso para engañar.

— Para mí hay una cola en la falda. Nadie me saca de la cabeza que tiene una relación con otra persona y no quiere que nadie lo sepa.

— ¿Lo crees? Después del accidente que sufrió, ¿todavía habrá buscado a alguien más?

— ¿Por qué no? Osvaldo no es un hombre para estar solo. Incluso cuando estaba soltero, vivía lleno de novias. Siempre ha tenido suerte con las mujeres.

— Tú no.

— No quiero. Las mujeres solo sirven para estorbar. Igual, no estoy dispuesto a trabajar para mantener a nadie.

Neusa suspiró con resignación:

— Para vivir contigo, solo una Amelia.

— Estaba bien. Si no fuera por lo que pasó...

— No volvamos a hablar de eso. Ahora tenemos que estar atentos. Esa sinvergüenza sigue sola. ¿Has pensado alguna vez si decide volver con ella?

— ¡No sería tan idiota!

— Es lo que crees. Osvaldo siempre ha estado loco por ella. Verá a los niños, se encontrarán, y entonces solo Dios sabe lo que puede suceder.

Si vuelve a caer en sus manos, no nos dará nada. Ella no lo dejará.

– Eso no puede pasar. Tienes que hablar con él. Clara está sola, pero eso no significa que haya llevado una vida honesta.

– Increíblemente, hay quienes dicen eso.

– Tenemos que hacerle creer lo contrario. Entonces no irá a buscarla.

– Sí. Puedo intentarlo. Pero ya sabes cómo es: nunca me escucha. Necesitamos sembrar. El resto depende de su imaginación. Después de todo, debes recordar el pasado. ¿Sabes lo que voy a hacer? Voy a hablar con Walter.

– ¿Para qué? – Prometió ayudarnos, pero no cumplió.

– Puede cooperar. Hasta donde yo sé, no se ha olvidado de Clara. Después que ella no quisiera más, él se estaba muriendo de amor.

– ¡Después de tanto tiempo!

– De vez en cuando todavía la persigue. Si Osvaldo los ve juntos, pensará que todavía se aman.

– ¿Sabes que es una buena idea? – Puede funcionar.

– Hoy lo voy a buscar.

Clara llegó a casa cansada. Había tenido un día agotador atendiendo a una cliente muy exigente preocupada por el ajuar de su hija. A pesar de eso, estaba satisfecha. El negocio había prosperado.

Después de entregar toda la mercadería al Centro Espírita, ella y Rita decidieron abrir una tienda. Los clientes de Gino, cuando se enteraron de lo sucedido, decidieron colaborar. Pronto empezaron a llegar nuevos productos, no solo ropa sino también muchos objetos antiguos que restauraron para vender.

Abrieron una empresa, alquilaron una casa antigua en un lugar concurrido por un precio razonable y se mudaron allí. En la planta baja montaron la tienda y se instalaron arriba, para que Rita se hiciera cargo de la tienda y de los niños. Alquilar la casa de Clara ayudó con los gastos.

Con creatividad, disposición y poco dinero restauraron la casa y abrieron la tienda con artículos usados. Fue un éxito. Los clientes del atelier los refirieron a sus amigos y ellos mismos les compraron.

El movimiento aumentó tanto que Clara pensó en dejar el estudio. Gino; sin embargo, no estuvo de acuerdo. Reconoció cuánto había contribuido al crecimiento de su negocio al ofrecerle una participación en las ganancias igual a la que recibía Domênico.

Satisfecha, puso un ama de llaves en casa y un empleado en la tienda.

Cuando la vio entrar, Rita comentó:

– No deberías quedarte en el atelier hasta esta hora. Te ves cansada.

– Nada que un buen baño no solucione. Hay momentos en los que no puedes dejar al cliente. Sabes como es.

– Ve a darte una ducha mientras Diva prepara la cena.

Cuando Clara, más renovada, se sentó a la mesa, Rita también se sentó.

– Tengo algo nuevo que contar –. Mientras servía, Clara respondió:

– Dime. ¿Qué es?

Rita vaciló un poco, luego dijo:

– Sabes que doña Neusa llama de vez en cuando para preguntar por los niños, ¿no?

– Lo que quiere es fisgonear en nuestras vidas. Nunca me lo dijiste, pero siempre sospeché.

– Bueno, después de todo, ella es la abuela de los chicos y no vi nada malo en darle noticias sobre ellos.

– No estoy reprochándote. Ella nunca aceptó mi matrimonio con Osvaldo. De hecho, él tampoco estaba de acuerdo con ella. Nunca fuimos muy unidas antes y no veo ninguna razón para acercarnos ahora, después que nos separamos.

- Llamó la semana pasada. Preguntó si Osvaldo había venido a vernos.

- Cree que sabe dónde está.

- Fue diferente esta vez. Dijo que doña Esther murió y que lo buscaba el abogado.

Clara miró a Rita con seriedad. Luego comentó:

- Doña Esther fue quien crio a Osvaldo. Fuimos a su casa varias veces. Pero a pesar del respeto que le tenía, nunca fuimos muy unidas. Ella era muy rica y no se llevaba bien con su familia. ¿Qué quiere este abogado?

- Ella no lo dijo. Solo comentó que si sabemos dónde está y no lo decimos, estamos perjudicando la justicia.

- Ella está averiguando.

- Dijo que vio el nombre de Marcos en la lista de estudiantes aprobados. Ella sabe que entró a la universidad.

Clara suspiró profundamente, luego se encogió de hombros y comentó:

- Menos mal que los chicos se resignaron a la ausencia de la familia de su padre. Nunca mostraron ningún deseo de buscarlos.

- Pero al padre aun no lo han olvidado. De vez en cuando vuelven al tema.

- No comentan sobre mí. ¿Ellos dicen algo?

- Hablan de lo mucho que le extrañan. Estaban muy unidos a Osvaldo. Les preocupa la falta de noticias.

- Es natural. A veces creo que me culpan por lo sucedido. Nunca lo mencionaron, pero por supuesto saben por qué desapareció su padre. Cuando me doy cuenta de esto, muero de vergüenza y arrepentimiento. Es doloroso reconocer que tienen motivos para culparme y avergonzarse de mí.

- No lo creo. Te quieren mucho. Saben cómo has estado trabajando para criarlos. Después, has llevado una vida impecable.

Aunque creo que todavía eres demasiado joven para estar sola. Deberías rehacer tu vida.

- Estoy bien. Soy libre y vivimos en paz. Es justo lo que quiero ahora.

- ¿Este abogado encontrará a Osvaldo?

- No lo sé. Después de tantos años...

- Deben haberlo anunciado en el periódico. Eso es lo que hacen si el asunto es urgente -. Clara estuvo pensativa por unos momentos, luego dijo:

- Me gustaría saberlo.

- ¿Por qué no llamas a casa de doña Esther y preguntas?

- No.

- ¿Por qué? Después de todo, eres su esposa y necesitas saber si está vivo. A los chicos les gustaría recibir noticias.

- De hecho, esta incertidumbre es preocupante. En cualquier caso, si hubiera estado vivo, al menos le habría interesado saber sobre sus hijos. ¡Estaba tan apegado a ellos! No puedo creer que los haya olvidado.

- ¿Vas a llamar allí?

- No sabría qué decir.

- En ese caso, yo llamaré. Estoy segura que doña Neusa no nos avisará si vuelve. No le gustaría que volvieran a verse.

- Estoy segura de eso. Por otro lado, solo hablar de eso me pone ansiosa. Parece que el tiempo no ha pasado y que de repente Osvaldo entrará por esa puerta para acusarme. No sé qué haría si eso sucediera.

- Si no lo ha hecho todos estos años, no lo hará ahora.

El tiempo borra muchas cosas.

- Bueno, para mí no fue así. El trabajo me ocupa, tengo una responsabilidad con los niños, me motiva a reaccionar. Pero cuando recuerdo lo que hice, la conciencia de mi culpa me atormenta. Me gustaría olvidar, pero reconozco que no es posible.

- Estás siendo muy estricta. Cometiste un error, te arrepentiste, asumiste la responsabilidad de la familia con dignidad. No puedes castigarte por el resto de tu vida por haber sucumbido a una pasión. Tú eres un ser humano. Si cometiste un error, no estás equivocada por ello. Estoy segura que aprendiste y no lo volverías a hacer.

- Eso puede ser cierto. Si pudiera volver atrás, borrar el pasado y empezar de nuevo, nunca haría lo que hice.

- Doña Lídia siempre dice que aprendemos más de nuestros errores que de nuestros aciertos.

- Ella tiene razón. A menudo me ha ayudado con sus sabios consejos. Ella es una amiga dedicada.

- Ella se alegra cuando vas al centro para asistir a sus conferencias.

- Los chicos la aman. Marcos siempre está ahí. A veces tengo miedo que abuse de ellos. Lídia está muy ocupada.

- ¡Nada! Él la ha ayudado. ¿Sabes lo que estaba haciendo el sábado pasado? Ayudando a preparar bolsas de comida para los pobres.

- ¿Marcos?

- Sí. También se llevó a Carlitos y a otros dos compañeros de escuela. Necesitabas ver su alegría separando la comida. Yo los estaba viendo. Al final, doña Lídia dijo una oración y sirvió un refrigerio. ¿Sabes lo que era? Galletas de esas que son más baratas, refresco y torta de harina de maíz.

- A ellos no les gustan estas cosas.

- Aquí en casa. Allí comieron con ganas y alegría. Si no estuviera viéndolos, no lo creería.

- Es sorprendente. Me alegro que estén ayudando a Lídia. Es muy bueno hacer algo por los necesitados.

Clara fue al dormitorio. Rita buscó en la lista el teléfono de la casa de Esther y llamó. Respondió una voz de hombre y ella preguntó:

- Por favor, ¿está aquí el señor Osvaldo?

- ¿Quién habla?

Rita vaciló un poco, luego dijo:

- Es la criada de Doña Neusa, su madre.

- Este es José, ya se ha retirado, pidió que no lo molesten. ¿Es urgente?

- No. Puedes irte. Fue quería saber cómo está.

- Está muy bien.

- Gracias.

Colgó sintiendo que su corazón se aceleraba. Inmediatamente subió a la habitación de Clara.

- Acabo de llamar.

- ¿Y entonces? - Parece que has visto fantasmas.

- ¡Está vivo, Clara, y ha vuelto!

Clara sintió que las piernas le temblaban y se sentó en la cama.

- ¿Estás segura?

- Sí. Pregunté por él, y un José dijo que ya se había retirado y pidió que no lo molestaran.

- ¿Dijiste que era de aquí?

- Por supuesto que no. Dije que era de la casa de Doña Neusa.

- ¡Entonces está vivo! ¡Dios mío! No sé qué decir

- ¿Aparecerá? Querrá ver a los niños.

- ¡Ni siquiera digas tal cosa! Siento escalofríos de solo pensar en eso. Espero que no venga...

- Será mejor que te prepares. Puede aparecer en cualquier momento.

- No sabe nuestra dirección.

- No será difícil averiguarlo.

Clara se pasó una mano por el cabello tratando de controlar su nerviosismo.

– Tienes razón. Si regresó, es posible que busque a sus hijos. Necesitamos estar preparadas.

– Será mejor que se lo digas a los chicos.

– No. Eso no. Querrán buscarlo. Es mejor esperar. Puede ser que se vaya de nuevo sin buscarnos.

– No lo creo.

– Quizás haya olvidado el pasado, rehízo su vida y no quiera saber nada más de su antigua familia. Llegó y no nos buscó.

– Puede que no haya tenido tiempo.

– Parece que quieres que venga.

– Sería bueno. Al menos se aclararía su desaparición y todos estarían en paz.

– Lídia dijo que estaba vivo. Ella tenía razón. Es verdad. Lo recuerdo.

– Si aparece, no sé qué hacer.

– Mañana hablaré con Lídia y pediré ayuda espiritual. Al menos estarás más tranquila.

– Hazlo.

Osvaldo miró su reloj: eran más de las ocho de la noche. Su pensamiento estaba en los niños. ¿Cómo estarían? Llevaba una semana de regreso y cuanto más pensaba en ellos, más ganas tenía de buscar un acercamiento.

Su apariencia había cambiado. Estaba vestido pulcramente, se cortó el pelo, modernizado. Cuando tomó posesión de los bienes que le había dejado Esther, descubrió con asombro que se había hecho rico.

Sentado en un sillón de la sala, Osvaldo analizó los últimos acontecimientos y se preguntó por qué Dios lo había llamado de nuevo y había puesto esa fortuna en sus manos.

Presionado por el dolor, lo había abandonado todo y asentado en el ambiente sencillo del campo, entre amigos sinceros, fascinado por el descubrimiento de la espiritualidad, dispuesto a dedicarse a ayudar a la gente sencilla de esa región por el resto de su vida.

De repente, cuando menos lo esperaba, todo cambió, devolviéndolo al enfrentamiento con un pasado que creía enterrado.

Al principio, había pensado en terminar allí su tarea y regresar a la finca de Antônio. Pero, ¿cuál es el destino de regalar la casa, los artículos de estima de Esther, las joyas y los recuerdos? Y el dinero, ¿qué hacer con él?

A pesar de la vida sencilla que llevaban sus amigos en la finca, no les faltaba nada. Vivían felices, dando gracias a Dios por todo lo que tenían. Osvaldo pensó que no necesitaban nada. Al contrario. Eran ricos en valores espirituales que están muy por encima de lo que se puede comprar con dinero.

Quizás sería mejor para él quedarse un tiempo en la ciudad. Creía que los recursos que llegaban a sus manos tenían un propósito. Necesitaba averiguar cuál.

Recordó que cuando conoció a Antônio, le dijo que necesitaba recuperarse por el bien de sus hijos. ¿Fue por ellos que la vida lo trajo de regreso? ¿Lo necesitaban?

Necesitaba averiguarlo. Por otro lado, al saber que estaban tan cerca, el deseo de verlos se había intensificado. Reconoció que había descuidado su responsabilidad como padre y los abandonó. Pero no se culpó a sí mismo. Hacía mucho tiempo que había aprendido que la culpa solo agrava el problema e impide la solución.

Se había sentido débil por haberse encerrado en su dolor, dejando atrás a sus hijos. La vida le estaba dando ahora la oportunidad de retomar esa responsabilidad.

Pero ¿cómo hacer eso? Había pasado mucho tiempo. Quizás ni siquiera lo recordaban. Tampoco quería volver a ver a Clara. Solo de pensar que estaban en la misma ciudad, que de repente podrían cruzarse en la calle, lo estremecía de angustia.

Por supuesto, ya no la amaba. Después de lo que hizo, el único sentimiento que tenía hacia ella era de pena, era consciente que había sido un esposo amoroso, fiel y sincero.

Angustiado, se pasó una mano por el cabello como si tratara de ahuyentar pensamientos desagradables.

¿Por qué después de tantos años la herida seguía abierta? Creyó que había olvidado, pero ahora, ya sea por su cercanía o porque sabía que el enfrentamiento con el pasado sería inevitable, le parecía que el tiempo no había pasado.

Quizás sería mejor enviar al abogado a buscarlos. Estaba dispuesto a compartir la fortuna que había heredado con ellos. Era lo mínimo que podía hacer.

Pero, al mismo tiempo, el anhelo, la curiosidad por saber cómo estaban, qué pensaban de la vida, las ganas de retomar su papel de padre eran muy fuertes en su corazón.

Le gustaría verlos, decirles que durante todos esos años nunca dejó de pensar en ellos, que los amaba mucho. Para pedirles que lo perdonen por la omisión y que comprendan que no había tenido fuerzas para actuar de otra manera.

Pero, ¿hasta qué punto conocían la verdad? ¿Qué les habría dicho Clara para explicar su ausencia? Ciertamente ocultó su traición. Era probable que sus hijos lo odiaran, creyendo que se había embarcado en una aventura.

Inquieto, Osvaldo comenzó a caminar angustiado por la habitación de un lado a otro. Entonces decidió. No podía seguir cultivando esos pensamientos. Necesitaba encontrar la paz. Solo en la paz aparecen las soluciones a los problemas.

Se fue al dormitorio, se sentó en un sillón, cerró los ojos y comenzó a meditar, tratando de deshacerse de todos los pensamientos negativos. Poco a poco se fue sintiendo mejor. Luego, invocó la presencia de los espíritus que siempre lo ayudaban.

Se sentía como si todavía estuviera en la modesta habitación de la finca de Antônio, realizando sus actividades de ayuda. Una suave y ligera brisa lo envolvió y oró pidiendo guía, claridad y equilibrio.

Vio aparecer una luz ante él, y de dentro de ella apareció una hermosa mujer, cuyos ojos brillantes y muy lúcidos lo fijaban con amor. Emocionado, Osvaldo sintió que las lágrimas corrían por sus mejillas.

Ella se acercó diciendo:

- El momento es de calma y gratitud. Todo pasa y la gente madura. No permitas que el dolor encubra la lucidez de tu espíritu, dificultando tu andar. Del pasado, solo queda el progreso realizado en la experiencia vivida. Todo el mundo ha cambiado. Hoy todo es diferente.

No mires atrás ni juzgues a nadie. Deja que tu corazón hable con amor incondicional y seguramente encontrará la paz y la felicidad que busca. Que Dios los bendiga.

La visión desapareció y Osvaldo se emocionó y le agradeció. Se sintió tranquilo y rehecho. No iba a decidir nada en ese momento. Trabajaría su corazón para mantener el equilibrio y la paz, cultivando pensamientos optimistas y generosos. Estaba seguro que encontraría una buena manera de hacer lo que debería haber hecho.

CAPÍTULO 11

Clara se despertó y, aunque todavía era muy temprano, se levantó. Había tenido una mala noche, llena de pesadillas, donde Osvaldo aparecía nervioso, reclamando el pasado. Por más que ella intentaba escapar cerrando puertas y ventanas, él siempre lograba entrar, mirándola con ojos a veces llenos de odio, a veces llenos de sufrimiento.

En agonía, intentó en vano escapar, pero una voz la acusó diciendo:

- ¡Traidora! ¿Qué hiciste con tu vida? ¿Por qué desperdiciaste el amor de un hombre bueno y honesto que te amaba tanto?

Ella lloró y repitió:

- ¡Lo siento, fue una ilusión! ¡No sabía lo que estaba haciendo! ¡Déjame en paz!

Se despertó empapada de sudor y trató de salir de esa angustia diciendo que era solo una pesadilla, como tantas otras que había tenido. Trató de relajarse y dormir de nuevo, pero escenas del pasado reaparecieron en su memoria y se movió nerviosamente en la cama, luchando por deshacerse de esos pensamientos.

Permaneció en esa lucha interior hasta que, cuando casi amanecía, se durmió.

Se despertó y miró su reloj. Seis de la mañana. Demasiado temprano para trabajar. A pesar de eso, fue a darse una ducha y prepararse. Cualquier cosa era preferible a ese tormento.

Angustiada, reconoció que, a pesar del tiempo, el pasado seguía vivo en su corazón, como una herida dolorosa. ¿Por qué no podía olvidar? Y Osvaldo, ¿cómo estaría? ¿Había olvidado, rehecho su vida y perdonado? Ciertamente no. Nunca buscó a los niños. Clara no tuvo el valor de decirles la verdad. Solo dijo que se habían peleado y que Osvaldo se había ido para siempre.

Sin embargo, sospechó que lo sabían todo porque, después de las preguntas de los primeros días, nunca volvieron a preguntar por su padre. Pero ella sabía que lo extrañaban. Trató de recompensarlos de alguna manera, interesándose por sus problemas, hablando y siempre apoyándolos.

La amaban y la respetaban mucho, de eso estaba segura. Pero ahora, ¿qué hacer si aparecía Osvaldo? ¿Y si les dijera a sus hijos el motivo de su prolongada ausencia?

El pensamiento la estremeció. Había pasado todos esos años cultivando el arrepentimiento, llevando una vida intachable, como si quisiera demostrarse a sí misma que no era tan frívola como pensaba. El sentimiento de culpa la castigó y para aliviarlo decidió convertirse en una mujer cerrada, dedicándose exclusivamente al trabajo y la familia.

No podía estar tan perturbada por la proximidad de Osvaldo, necesitaba reaccionar, ser natural. Pero, ¿cómo, si la sola idea de su proximidad la estremecía tanto?

Cuando ella bajó a la hora del café, Rita ya estaba en la cocina. Al verla, dijo:

– Hum... ¡Tienes una cara! Al parecer, no dormiste bien.

– ¿Se nota tanto?

– Se puede ver, pero aun es muy temprano. ¿Por qué no te quedaste en la cama un rato?

– Pensé que era mejor levantarme. No pude dormir en absoluto.

Marcos entró a la cocina diciendo alegremente:

- ¡Buenos días! ¿Qué están haciendo tan temprano? Clara besó a su hijo y respondió:

- Nada importante.

- Ve a sentarte en la despensa donde te serviré el café. No puedes llegar tarde hoy. ¿No dijiste que tenías pruebas?

- Lo dije. Pero aun es temprano. Es bueno encontrarlas a las dos juntos para tomar un café.

- Vamos, Clara, pondré más tazas en la mesa.

Clara siguió a su hijo, mirándolo extasiada. Marcos tenía dieciocho años y se había convertido en un chico guapo. Debilitada por los recuerdos del pasado, se percató del gran parecido que existía entre él y Osvaldo. El mismo cabello castaño ondulado que caía sobre su amplia frente, aunque trataba de mantenerlo en su lugar, su piel morena, su cuerpo alto y elegante y su cautivadora sonrisa mostrando unos dientes blancos bien distribuidos.

Marcos tenía un encanto especial. Era sensible, cariñoso, honesto.

Estaba en el primer año de la universidad. Había elegido Letras porque soñaba con ser escritor. Al principio Clara se había opuesto. Mujer práctica, se había acostumbrado a luchar por el sustento y deseaba que él hubiera elegido otra carrera. Marcos; sin embargo, sabía lo que quería e insistió. Entonces Clara terminó accediendo.

Carlos era diferente a su hermano. Más claro, con el pelo castaño y lacio, era alegre, lleno de entusiasmo. Dondequiera que estuviera, había risas, bromas, música, movimiento. Mientras Marcos era introvertido, Carlos era todo lo contrario, no le gustaba estar solo, vivía rodeado de amigos. Había aprendido a tocar la guitarra y a cantar con facilidad. Por eso, a menudo lo invitaban a fiestas, a lo que Clara solía decir:

- Con estos chicos estoy bien arreglada. Uno es un soñador, el otro es un bohemio.

Pero lo dijo con los ojos llenos de orgullo, feliz por la alegría que ambos traían a su vida.

Después que Marcos se fue, Clara comentó:

- No es justo, Rita.

- ¿Sobre?

- No es justo que, después de haber luchado tanto para educar a los chicos, para darles una vida digna, Osvaldo aparezca para perturbar nuestra paz.

- Aun no ha venido a nosotros.

- Pero siento que es solo cuestión de tiempo. Buscará a los niños. Y cuando eso suceda, no sabré qué decirles.

- No digas nada. Es natural que un padre quiera ver a sus hijos.

- ¿A última hora, después de diez años sin noticias?

- Es difícil responder, porque no sabemos qué le pasó en todo este tiempo.

- Lo más probable es que rehízo su vida y nos olvidó.

- ¿Puedo preguntarte algo?

- ¿Qué?

- A veces creo que nunca dejaste de amar a tu marido.

- ¿Por qué dices eso?

- Porque cuando estuviste libre para seguir tu romance con Walter, no quisiste. Y mira que él insistió.

- Nunca amé a Walter. Sabes eso.

- Lo sé. Pero tuviste otras oportunidades. Sé de varios hombres que estaban interesados y te negaste.

- Me vacuné. Esta historia de amor solo sirve para meternos en líos.

- Aun te gusta Osvaldo. Reconócelo.

- De ninguna manera. Me aterroriza saber que puede aparecer en cualquier momento. Si lo amara, sería feliz.

Rita negó con la cabeza pensativamente. Entonces dijo:

- Lo que tienes es miedo a lo que te pueda decir. Pero si lo hubieras olvidado, podrías haber pensado de otra manera.

- Estás equivocada. Claro que lamento lo que hice, pero es por los chicos, por el dolor que le causé a Osvaldo, que no se lo merecía. Es remordimiento, eso es todo.

Rita sonrió y no respondió. Sabía que Clara había cerrado su corazón por miedo al sufrimiento y bloqueado sus sentimientos. Pero creía que algún día ella ya no podría aguantar más y la verdad saldría a la luz con todas sus fuerzas.

Clara se fue a trabajar. Al llegar al atelier, fue a revisar la agenda. Margarita estaba prevista para las diez. Diez minutos antes ella llegó. Tenía una boda y quería sugerencias sobre qué usar.

Clara la recibió con alegría. Era una persona agradable y de buen gusto. Al principio quería que me atendiera solo Domênico, pero con el tiempo acabó disfrutando que la atendiera Clara.

Las dos se sumergieron en el mundo de la moda, los tejidos, los diseños que Gino había creado en exclusivamente para ella. Estaban entretenidas y Clara había olvidado las preocupaciones de momentos antes. Cuando ella se detuvo, la miró con seriedad, diciendo:

- No sirve de nada huir, Clara. La vida te está apoderando de todo lo que quedó inconcluso. Es tiempo de un cambio. Mantén la calma y acepta lo que no puedes evitar.

Clara palideció. Margarita era diferente a la habitual, su voz había cambiado, sus ojos estaban quietos y perdidos en un punto lejano.

- ¿Por qué dices eso? ¿Qué sabes?

- Todo.

- ¿Todo? ¿Lo que sucederá? Dime lo que estás viendo.

- Veo el pasado. Hay varias posibilidades para el futuro. Lo que sucederá depende del libre albedrío de cada persona. Recuerde que la calma facilita el sentido común. No fantasees, prefiere la verdad. El dolor es el resultado de la ilusión, no entres en él. No juzgues a nadie. Conéctate con Dios, ten fe. Te estamos ayudando.

Antes que Clara respondiera, Margarita negó con la cabeza, se pasó la mano por la frente y, mirándola asustada, preguntó:

– ¿Pasó de nuevo, Clara?

– Sí. Dijiste cosas como la otra vez.

– Espero no haberte asustado.

Domênico apareció en la puerta y Margarita corrió hacia él diciendo:

– Ocurrió de nuevo, Domênico. Pensé que estaba equilibrada y que no volvería a suceder.

– ¿Cómo te sientes? – Preguntó.

– Bien, ya sabes: ahora estoy en un grupo de estudio y entreno mi mediumnidad. Después que comencé a ir allí, nunca me volvió a pasar. ¿Estoy teniendo una recaída?

– No, Margarita. Cálmese. Creo que te usaron para ayudar a Clara. Era una necesidad del momento. De hecho, en los últimos días he observado que Clara no se encuentra bien. La veo preocupada, nerviosa, ajena.

– Tienes razón, Domênico – intervino Clara –. Pasaron algunas cosas que me pusieron nerviosa.

– Lo que me molesta – dijo Margarita –, es que cuando eso pasa, salgo del aire. No recuerdo nada. Me siento insegura.

– Me diste buenos consejos que intentaré seguir. Gracias.

– ¿Ves? – Comentó Domênico –. Eso es lo que dije. Los espíritus utilizaron tu mediumnidad para ayudar a Clara. Esta es tu misión: ser un canal para los espíritus. Sigue estudiando y no temas. Estás bien protegida.

Después que Margarita se fue, Clara habló con Domênico contándole lo que la molestaba y las palabras que Margarita le había dicho. Y terminó:

- Estoy aterrorizada. Si aparece, no sé qué decirles a mis hijos. Nunca hablamos del pasado. Temo que me desprecien.

- ¿Por qué te atormentas si aun no ha pasado nada? Si aparece Osvaldo, di la verdad, sé honesta. Tus hijos son adultos, habla con ellos con sinceridad. No te anticipes preguntándote qué pensarán o dirán. No te culpes más a ti misma. Cometiste un error, pero te diste cuenta y te has comportado con dignidad. Piensa en ti como una excelente madre y una mujer que asumió sus responsabilidades familiares con valentía y honestidad.

Clara sintió sus ojos húmedos y consideró:

- Gracias, Domênico. Eres un gran amigo

- Estoy siendo honesto, Clara. No te preocupes por lo que ya pasó. Eres fuerte, lúcida y solucionarás muy bien esta situación.

Las palabras de Domênico tenían el don de calmar la ansiedad de Clara. Sin embargo, a última hora de la tarde, la llamaron por teléfono.

- ¿Doña Clara de Oliveira? Aquí habla el Dr. Felisberto Antunes, abogado. Represento a su esposo Osvaldo de Oliveira y quiero programar una entrevista con usted para discutir asuntos de interés para su familia. ¿Cuándo podría recibirme?

Clara se estremeció y su corazón comenzó a latir con fuerza. Ella luchó por mantener la calma. Respiró hondo y respondió:

- Cuando quiera.

- ¿Quieres que la busque en su casa o prefiere venir a mi oficina?"

- Preferiría ir a la oficina. No quisiera que los niños lo supieran -. Necesitaba saber qué es lo que quería Osvaldo antes de hablar con ellos. Hicieron una cita para la tarde siguiente.

Cuando colgó el teléfono, Clara estaba temblando. Al verla, Domênico consideró:

- ¡Estás pálida! ¿Fue tu marido?

– Fue su abogado. Traté de mantener la calma, pero no pude. Domênico tomó una taza de té y se la ofreció diciendo:

– Bebe. Te sentará bien.

Le temblaban las manos y la hizo sentarse, ayudándola a sostener el platillo. Tomó algunos sorbos y trató de sonreír.

– Realmente soy una tonta. Quedarme así solo porque su abogado me llamó. Verás que quiere que la separación legal para verse libre. Estoy aquí reprochándome el pasado y puede ser que él ya lo haya olvidado y esté viviendo con otra.

– Se te advirtió que no debes entrar en la ilusión. ¿Cómo puedes pensar eso si aun no sabes lo que pasó? Contrólate. Busca al abogado, averigua y entonces, solo entonces tarde, toma tu decisión.

– Tienes razón. Y es que este tema me pone nerviosa. ¡Nunca dio noticias! ¡Ahora, después de diez años, está de vuelta!

– No sirve de nada atormentarse. Sería bueno ir al Centro de doña Lídia y buscar ayuda espiritual. El pase la calmará.

– Eso es lo que haré. Dormí mal anoche, necesito descansar para la entrevista de mañana.

Fue al centro y habló con Lídia, quien repitió las mismas palabras que Margarita. Se sintió aliviada y más tranquila. Se fue a casa, se acostó y durmió. Sin embargo, se despertó a las dos de la mañana y no pudo dormir. Se quedó dando vueltas en la cama, pensando en su vida.

Las dolorosas escenas del pasado le vinieron a la memoria y volvió a sufrir las emociones disparejas ya vividas, como si esos hechos hubieran sucedido el día anterior.

Se dio cuenta que el tiempo que había pasado no la había hecho olvidar. ¿Y pudo Osvaldo haberlo hecho? ¿Cómo sería su vida? ¿Seguía sufriendo tanto como ella?

La ansiedad reapareció con fuerza y Clara no pudo quedarse en la cama. Fue a la cocina, se hizo un café y se sentó, tomando unos sorbos y mirando por la ventana las primeras luces del amanecer.

A pesar de la culpa y del arrepentimiento que sentía, pensó que de alguna manera Osvaldo, al haber abandonado a la familia sin preocuparse por el bienestar de los niños, ya no tenía derecho a recriminarla por su error.

Ella falló en sus deberes, pero él también. ¿Qué habría sido de los chicos si ella no hubiera podido mantenerlos? Este pensamiento le dio el valor para afrontar la cita con el abogado y evitar que Osvaldo buscara a sus hijos. No tenía ese derecho después de no haberse preocupado por ellos durante diez años. ¿Por qué volver a acercarse a ellos ahora? Ya estaban acostumbrados a vivir lejos de su padre. ¿No les molestaría ahora un acercamiento?

Cuando ingresó al despacho del abogado horas después, Clara estaba decidida a arreglarlo todo con él y evitar que Osvaldo viera a sus hijos. Si aceptaba mantenerse alejado de los chicos, ella firmaría el divorcio en los términos que él quería.

Felisberto la recibió cortésmente. La invitó a sentarse en el sillón frente a su escritorio, a continuación se sentó y fue directo al grano:

– Su marido me pidió que la buscara para ponerla al día sobre algunos hechos que son de interés para los dos.

– Me parece extraño que después de habernos abandonado sin noticias durante diez años, reaparezca y desee comunicarse con nosotros. A menudo creí que había muerto, lo que explicaría esta prolongada ausencia. Reconozco que cometí un error y causé nuestra separación, pero nuestros hijos no tuvieron la culpa. Durante todos estos años nunca se molestó en saber cómo estaban, si estaban bien alimentados, sanos, en la escuela. No puedo entender por qué ahora aparece de la nada y piensa que tiene derecho a buscarnos.

– Debo decirles que vivía en el interior de Minas Gerais, en el campo, llevando una vida sencilla. La única persona con la que mantuvo correspondencia fue su tía Esther, quien, como saben, lo crio.

— Me sorprende. Sus relaciones con su tía siempre han sido formales.

— Es cierto. Fui abogado de doña Esther y fui su abogado incluso después de la muerte del Dr. Freire. Viví con ella durante años.

Ella se sintió muy feliz cuando recibió una carta del señor Osvaldo. Varias veces comentó que había cambiado mucho y que su relación con él se había vuelto profunda y amigable. Puedo decirte que doña Esther lo amaba como a un hijo. Así, lo hizo heredero de todos sus bienes, a excepción de algunas donaciones a empleados.

Clara escuchó con atención y esperó a que continuara:

— Después de la muerte de doña Esther, lo llamé para abrir el testamento. De hecho, no quería volver. Sin embargo, cuando consideré que necesitaba decidir el destino de sus cosas, él decidió.

— ¿Quiere decir que está en São Paulo?

— Está viviendo en su casa, que ahora le pertenece.

— Si vino solo para resolver este asunto, ciertamente no se quedará aquí — dijo con algo de alivio.

— No lo sé. Resulta que doña Esther tenía muchos bienes. Su esposo ahora es un hombre rico. Quizás cambie de opinión.

— ¿Por qué le pidió que me buscara? ¿Quiere divorciarse?

— No habló de eso. Tiene la intención de cuidar el futuro de los niños. Quiere verlos para decidir qué hacer.

Clara se levantó irritada.

— Es exactamente lo que no quiero. Los niños estaban apegados a su padre y sufrieron mucho por la separación. Le costó un poco acostumbrarse a su ausencia. Ahora que están bien, que se han olvidado de todo, vuelve y quiere reabrir una herida que ya ha sanado. No puedo estar de acuerdo. No es justo para ellos.

- Cálmese, señora. Estamos aquí para hablar. ¿Quiere café, agua?

- Agua, por favor.

Se sentó de nuevo, respiró hondo, tratando de controlar su ira.

El abogado llamó a la secretaria y pidió el agua, que luego le fue servida. Clara tomó unos sorbos. Felisberto tomó el paquete de cigarrillos, sacó uno y preguntó con una sonrisa:

- ¿Le importa si fumo?

- No. Siéntase libre.

Encendió el cigarrillo lentamente y después de algunas caladas lo puso en el cenicero.

- Vive en una situación delicada. No es fácil resolver los problemas del corazón -. Ella asintió y él continuó: - Sin embargo, hay momentos en los que tenemos que enfrentarnos a lo inevitable.

Es difícil de juzgar y de ninguna manera me pondría en esa posición. Usted se equivocó, se arrepintió, luchó por criar a sus hijos sola y teme que su esposo traiga viejos problemas sin resolver.

- No tiene derecho a reabrir esa herida.

- Por otro lado, él sufrió todo este tiempo a distancia, sin el valor de afrontar el regreso, quizás con la intención de evitar el dolor que aun le dolía el corazón. Era doña Esther quien llamaba a la casa, preguntaba por los chicos y le escribía contándole. Cuando llegó aquí, tenía la intención de regresar lo antes posible. Quería escapar de los recuerdos que la distancia no había logrado borrar.

Clara sintió que las lágrimas amenazaban con fluir y bajó la cabeza tratando de detenerlas. Felisberto continuó:

- Sin embargo, en posesión de la fortuna, quiso buscarlos para compartir el dinero. Su esposo, doña Clara, es un buen hombre. Rara vez he conocido a alguien tan generoso. No tiene intención de molestar a sus hijos, sino de hacerlos felices. Por otro lado, no puedes tomar una decisión como esta sin que tus hijos lo sepan. No sabemos cómo lidiaron con la ausencia de su padre.

Puede ser que esta carencia los esté haciendo infelices, haciéndolos sentirse rechazados. Les puedo asegurar que el señor Osvaldo los quiere mucho y creo sinceramente que un encuentro con ellos sería bueno para todos, ya que pondría las cosas en su lugar.

Las lágrimas corrían por los ojos de Clara y el abogado le dio una caja de pañuelos. Ella tomó uno, se secó las lágrimas y no respondió. Felisberto consideró:

– ¿No cree que sería más apropiado hablar con sus hijos, que ya son adultos, decirles la verdad y preguntarles si quieren ver a su padre?

– Lo que me está pidiendo va a ser muy difícil para mí.

– No lo creo. Para una mujer que ha logrado levantarse, asumir su propia responsabilidad, educar a sus hijos con respeto y cariño, incluso será fácil. Le garantizo que se sentirá aliviada si hace esto.

– Lo pensaré, doctor.

–Haga eso. Piensa con tranquilidad y llámame cuando decidas.

Le tendió una tarjeta. Ella la guardó y se fue. Felisberto llamó a la secretaria y le dijo:

– Voy a la casa del sr. Osvaldo. No volveré hoy. Si me necesita, llame allí –. Durante el viaje, Felisberto estuvo pensando en el drama de esa familia.

Esther había sido una querida amiga para él. En la estrecha convivencia que habían tenido tras la muerte del Dr. Freire, había aprendido a admirarla por su inteligencia, fuerza y corazón.

Esther solía desahogar sus problemas con él y él la apoyaba haciendo lo que podía para curarla. El drama de Osvaldo la conmovió y muchas veces le había dicho cuánto lo sentía. A pesar de ser distante, siguió con atención la vida de Clara y sus hijos, dispuesta, si era necesario, a ayudarla.

La actitud digna y contundente de Clara rompiendo con su amante, trabajando, entregándose a sus hijos, la impresionó y deshizo la desagradable impresión que tenía de ella. Cuando comenzó a mantener correspondencia con Osvaldo y se hicieron más íntimos, Esther se enteró de cuánto había sufrido y aun sufría.

En las cartas que le escribió a su hijo adoptivo, relataba la actitud digna que había adoptado Clara, con la esperanza que él pudiera perdonar y volver con su familia.

Aunque quería que la pareja se reconciliara, no tenía muchas esperanzas. Sabía que la traición es difícil de superar, especialmente para un hombre.

Felisberto solía ir donde Esther a tomar el té de la tarde una o dos veces por semana. Vivía sola y estas visitas siempre eran agradables. Se sentaron en la sala de estar y, entre una taza de té y otra, intercambiaron ideas sobre todos los temas.

En estas reuniones era común que Esther mencionara a Osvaldo, le contara las noticias que había recibido y comentara cuánto le gustaría que regresara. Felisberto sabía que lo que más deseaba era que Osvaldo y Clara se reconciliaran y que la familia se recuperara.

- "Dejaré esta casa a Osvaldo. Me gustaría mucho que viniera a vivir aquí con su familia", solía decir.

- Después de tanto tiempo será difícil -. Ella sonreía y respondía:

- Puede resultarnos difícil. Pero siempre pongo ese deseo en manos de Dios. Todo es fácil para él.

Pensando en su amiga, estaba dispuesto a hacer todo lo posible para apoyar a Osvaldo en lo que quisiera, aunque no creía que llegaría a reconciliarse con su esposa.

Osvaldo lo recibió en la sala y, a pesar de todo el control que se esforzaba por mantener, Felisberto notó inmediatamente el destello de ansiedad en sus ojos.

Sentado frente a él, fue directo al grano:

- Clara estuvo en mi oficina hoy -. Osvaldo se movió en su silla y preguntó:

– ¿Cómo está?

– Nerviosa, como se esperaba.

– Quiero saberlo todo.

Felisberto informó la conversación y terminó:

– Su reacción es natural. No pudo contener las lágrimas. Desapareciste y durante diez años ella nunca supo nada. Incluso se imaginó que estabas muerto. Dios sabe qué pensamientos han pasado por su mente a lo largo de los años. De repente reapareces y quieres ver a tus hijos.

– Es un justo deseo.

– Ella afirma que los abandonaste y que nunca buscaste saber de ellos. Pero le dije la verdad: estabas distante, pero te mantenían informado sobre ellos. Estoy seguro que, si tuvieran algún problema, los habrías buscado.

– Es cierto. Sé que fui egoísta. Pensé solo en mí. No niego mi cobardía ante la realidad. Confieso que, si fuera hoy, con lo que he aprendido, habría actuado de otra manera. Estaba débil, pero hice lo que pude en ese momento. Reconozco que no tuve la cabeza para actuar de una manera más apropiada. Pero no me culpo.

– Lo haces bien. No sirve de nada atormentarse por algo que ya pasó. Pero nunca dejé de amar a mis hijos y de extrañarlos. Ha sido muy doloroso estar ausente, no seguir el ritmo de su crecimiento o ayudarles a afrontar la vida.

– Aun hay tiempo. Afortunadamente, Clara ha sido una excelente madre. A tus hijos les va muy bien.

Osvaldo no respondió, pero un destello de emoción pasó por sus ojos. Estuvo pensativo por unos momentos, luego dijo:

– ¿Va a hablar con ellos, y decirles que quiero verlos?

– Como dije, al principio ella no quería que los buscaras. No debería ser fácil para ella hablar con ellos al respecto. No sabemos qué les habría dicho todo este tiempo. Pero le dije que tenían derecho a saber que volviste y querías verlos. Espero haberla convencido. Me llamará para darme una respuesta.

Osvaldo se pasó la mano por el cabello inquieto y luego decidió:

– Estoy dispuesto a hablar con ellos, aunque no quieran. Hay muchas cosas que necesitamos aclarar. No quiero dejar una situación equivocada entre nosotros.

– Tienes razón. Clara se sorprendió por tu regreso.

Pero va a calmarse, reflexionar y estará de acuerdo. Me pareció una mujer muy lúcida, que sabe lo que quiere.

– Ésa no es la impresión que guardo de ella.

– Ella era muy joven cuando se casaron. Hoy tiene más experiencia. El tiempo pasa, la vida cambia a las personas. También eres muy diferente del joven que conocí: más maduro, más equilibrado, más seguro.

– Sí, todos hemos crecido. Reconozco que un encuentro entre nosotros es un regreso al pasado, pero la vida nos ha dado diez años para aprender a lidiar mejor con nuestros sentimientos. Si hoy nos pone cara a cara es porque estamos en condiciones de resolver mejor nuestras diferencias.

– De hecho. Cada uno tuvo tiempo para evaluar mejor las actitudes

– A pesar de ello, es un momento doloroso que todos debemos afrontar.

– Quizás no sea tan doloroso como crees – Osvaldo sonrió levemente y concluyó:

– Podría ser. Volver a abrazar a mis hijos me hará muy feliz. No puedo esperar.

– La vida tiene sus compensaciones. Ahora necesito irme. Tan pronto como tenga la respuesta de Clara, llamaré.

Después que el abogado se fue, Osvaldo se sentó pensativo en la sala. Se estremeció solo de pensar que pronto estaría abrazando a sus hijos.

Felisberto había propuesto una reunión con Clara para tratar directamente la separación legal y los asuntos familiares. Al principio se había negado. No quería verla. Felisberto había insistido.

- Necesitan hablar. Son personas civilizadas y pueden decidir cortésmente sus problemas. Cuando se separaron, estaban en shock, bloqueados por emociones descontroladas. El tiempo, como tú mismo dijiste, hace madurar. Si quieres tener una buena relación con tus hijos, no puedes seguir odiando a su madre.

Prometió pensar. A pesar del tiempo, el dolor seguía hiriendo su corazón. Aunque sabía que Clara se había arrepentido y que seguía sola, trabajando para mantener a sus hijos, no podía olvidar su amor traicionado.

Quizás sería mejor no verla. El abogado podía encargarse de todo y decidió no reunirse con ella. Su preocupación era solo por sus hijos y ellos entenderían su punto de vista.

Clara llegó a casa nerviosa. Rita la estaba esperando con impaciencia. Al verla entrar, preguntó:

- ¿Y entonces?

- Regresó y quiere ver a sus hijos.

- Es natural.

- No lo creo. Ahora Osvaldo es rico. La tía Esther le dejó toda tu fortuna. Quiere compartir el dinero con sus hijos.

- Es justo.

- ¿Ahora? Después del arduo trabajo que hemos realizado para apoyar a los niños, ¡aparece de la nada y quiere ocupar su lugar como padre! No puedo estar de acuerdo.

- Tendrás que hablar con Marcos y Carlitos.

- Esto es lo que quiero evitar, ¿qué les diré? ¿Que mi marido me sorprendió besándome con mi amante y nos abandonó? No tengo el coraje para hacer eso.

- No es necesario que te expongas así. Basta decir que se fue porque estuvieron un desacuerdo.

- Marcos tenía ocho años. Aunque nunca hablamos de eso, debe saber la verdad.

- ¿Por qué no tienes una conversación franca con ellos? Di la verdad. Después de ese desliz, llevas una vida decente. No tienes nada de qué avergonzarte.

- Bueno, estoy avergonzada. No sé en qué estaba pensando cuando lo engañé con Walter.

- Eras joven y eso le puede pasar a cualquiera. Pero has sufrido, asumiste tu vida con dignidad.

- A pesar de eso, me estremezco al pensar que tendremos que hablar de eso.

- Bueno, creo que te hará muy bien. Nunca les hablaste sobre el pasado. Ni siquiera sabes lo que piensan al respecto. Es posible que hayan mantenido impresiones erróneas sobre ti. La verdad en cualquier momento es siempre una ventaja. No debes temer esta conversación. Ya son adultos. Sé sincera, expón tus sentimientos, cuéntales cómo sucedió.

Estoy segura que te sentirás aliviada después de eso.

- ¿De verdad lo crees?

- Estoy segura.

- Habla con Lídia. Pídele que diga una oración por mí.

- ¿Por qué no vas allí y hablas con ella? Te garantizo que te sentirás mucho mejor.

- Iré después de cenar. Necesito fuerzas para afrontar esta situación.

Clara subió a tomar una ducha y Rita pensaba en cómo la vida cambia las situaciones, separa o agrupa a las personas en la secuencia interminable del destino, trabajando las emociones de cada uno, tratando de desarrollar conciencia, renovando valores, siempre enseñando.

¿Qué quería la vida cuando trajo a Osvaldo de regreso? La respuesta se mantuvo en los secretos del tiempo, pero sabía que cuando la vida actúa, siempre hace lo mejor.

CAPÍTULO 12

Después de cenar, Clara fue a buscar a Lídia. La recibió con gusto y la llevó a la sala, diciendo alegremente:

- Te estaba esperando.

- ¿Rita dijo que vendría?

- No, pero sé que algo pasó hoy que te puso nerviosa.

- Es cierto. Vine a pedir ayuda. Sé que estás muy ocupada y no me gusta molestarte.

- Regresó, ¿no?

- ¿Cómo lo sabes?

- Me dijeron mis amigos espirituales. Ha llegado el momento de la verdad y tienes miedo de afrontarla.

Clara bajó la cabeza y no pudo contener las lágrimas.

- Tengo miedo, Lídia.

- No hay nada que temer. Tu esposo es un buen hombre, ama a su familia. Solo quiere lo mejor para todos.

- Siempre fue amable y cariñoso. Yo fui quien echó todo a perder. Yo tenía la culpa de nuestra infelicidad. Tendré que hablar con mis hijos al respecto y no tengo valor.

- Nunca te perdonaste a ti misma, ¿verdad?

- No. Ah, si pudiera volver...

- No puedes. Tenemos que seguir adelante. ¿Por qué no puedes verte como eres ahora? ¿Por qué sigues condenándote por un error cometido en el pasado, olvidando todas las cosas buenas que hiciste después? ¿No crees que estás siendo demasiado severa contigo misma?

– Cuanto más pienso en lo bueno que era Osvaldo, cómo me amaba, cómo nos trataba, más me culpo. No puedo olvidar. Me siento sucia, mal, fracasada.

– Te engañaste a ti misma, pero aprendiste. La madurez es lo que importa en la vida. Un error puede enseñar más que muchos aciertos. Provoca dolor, cambios, situaciones, pero desarrolla conciencia, te obliga a reevaluar valores. Nadie evoluciona sin la bendición de la experiencia. Tiene un precio y lo pagaste con intereses en esos diez años de vida digna. Habla con tus hijos, di la verdad. Seguro que te amarán aun más. Ahora vamos a rezar juntas una oración, pedirle a Dios que te dé discernimiento y valentía para superar esta etapa de su vida.

Lídia la tomó de la mano y la condujo al salón del Centro Espírita y le indicó una silla. Ella se paró en frente, puso las manos en su cabeza y murmuró una sentida oración pidiendo luz e iluminación para ella y todos los miembros de su familia.

Clara sintió que una brisa ligera y agradable la envolvía y poco a poco se fue calmando. Cuando Lídia terminó, le tocó el brazo y ella se puso de pie, abrazando a su amiga:

– Gracias, Lídia. Me siento aliviada. Dios te pague por el bien que me hiciste –. Lídia sonrió y respondió:

– Vete en paz, Clara. Ven cuando lo necesites.

Clara llegó a casa sintiéndose mejor. La irritación, la rebelión y el miedo se fueron. Ella hablaría con los niños. Ella se sentía preparada.

Esperó a que volvieran de la escuela y cenaran. Luego los llamó y les dijo:

– Necesito hablar con ustedes. Vamos a la sala.

Después que se acomodaron, Clara dijo con una voz que estaba tratando de hacerla natural:

– Necesitamos hablar de un asunto muy serio. Siento que deberíamos haberlo hablado hace años, pero no tuve el coraje. Se quedaron satisfechos con las explicaciones que di en ese momento y nunca volvimos a hablar de ello.

Hizo una pequeña pausa, respiró hondo y guardó silencio durante unos segundos. Los dos notaron su vergüenza. Marcos dio un paso adelante:

– Si vas a hablar de nuestro padre, no es necesario. Sabemos por qué se fue y nunca regresó.

Tomada por sorpresa, Clara sintió que se le secaba la boca y se le aceleraba el corazón. Luchó por dominar la emoción y respondió:

– ¿Qué saben? ¿Que me engañé, me equivoqué, que eché a la basura el amor de un buen hombre que nos amaba?

A pesar del esfuerzo por controlarse, Clara no pudo contener las lágrimas. Los dos muchachos corrieron a abrazarla, emocionados. Carlitos preguntó con voz temblorosa:

– ¿Por qué estás hablando de eso ahora? ¿Has tenido noticias de papá? ¿Está muerto?

Ella estalló en sollozos abrazando a sus hijos. Marcos le acarició el cabello diciendo:

– Mamá, no te tortures. Sea lo que sea que haya pasado, estamos aquí a tu lado. El pasado no importa, te amamos y no queremos que sufras. ¡Por favor no llores!

Cuando dejó de llorar, se sentó en el sofá con un niño a cada lado, sosteniendo su mano. Finalmente dijo:

– Tu padre ha vuelto. De eso es de lo que tenemos que hablar.

En pocas palabras, Clara les contó la entrevista con el abogado, que finalizó:

– Quiere verlos.

– ¿Quiere volver a casa? – Preguntó Carlitos.

- No. Quiere hablar con ustedes.

Carlitos hizo un gesto nervioso. Se levantó diciendo:

- ¿Decir qué? Después de habernos abandonado todos estos años, ¿qué quiere? ¿Por qué no se quedó allí de una vez?

Marcos abrazó a su hermano y le dijo:

- Cálmate, Carlitos. No vamos adelantemos. ¿Qué más dijo?

- Quiere cuidar tu futuro, ahora que es rico. Heredó la fortuna de la tía Esther. Parece que es mucho dinero.

- No quiero nada de él - dijo Carlitos, irritado -. Nunca echamos de menos su dinero. Te tenemos a ti, que trabajaste duro para mantenernos, mientras que él nunca se preocupó por nosotros.

- No debes juzgar a tu padre tan duramente. No sabemos cómo ha sido su vida todos estos años - dijo Clara.

Hizo una breve pausa y continuó:

- Hasta mañana debía dar una respuesta al abogado. Prometió respetar su decisión. Así que piensen bien. Tienen hasta mañana para decidir.

- Ya lo he decidido - dijo Carlitos enojado -. No quiero verlo.

- Yo si quiero hablar con él. Yo lo extraño. Siempre fue cariñoso y amigo. Quiero escuchar lo que tiene que decirnos. Así como no me atrevo a juzgar lo que pasó entre ustedes dos, no puedo condenarlo sin escucharlo.

Por mí, puedes decir que iré. En cuanto a ti, Carlitos, es mejor que lo pienses bien antes de decidirte. Estabas más apegado a él que yo. No creo que tu decisión venga de tu corazón. Piensa con cuidado para que no te arrepientas más tarde.

- Lo he decidido. No me arrepentiré. Puedes decir que no quiero verlo. Está decidido.

- Tenemos plazo hasta mañana por la noche. No llamaré antes. Si cambias de opinión, dímelo -. Cuando se fueron, Rita entró en la habitación preguntando:

– Entonces, ¿cómo estuvo?

– Doloroso. Pero me siento aliviada. Marcos quiere ver a su padre; Carlitos, no. Está enojado porque nos abandonó.

– Era el más apegado a su padre.

– Así es.

– Debe haber sufrido mucho por la separación –. Clara estaba pensativa.

– Ellos sabían todo – dijo con tristeza.

– Por supuesto. Ya eran grandes. Marcos a veces intentaba hablar conmigo. También extrañaba mucho a su padre.

– Nunca me dijeron nada. Pensé que lo habían olvidado.

– Vieron tu lucha por mantenerlos. Una vez Marcos te vio llegar acompañada de Walter. ¿Recuerdas cuando te seguía a todas partes?

– ¿Él lo vio?

– Vio y estaba muy nervioso. Se acercó a mí para averiguar si tenías la intención de casarte con él y me dijo que, si lo hacías, huirías de casa y nunca volvería.

– ¡Caramba! ¡Nunca me dijiste eso!

– ¿Por qué molestarte? Sabía que no querías tener nada que ver con Walter. Hablé con Marcos, le dije que le gustabas a Walter, pero que no era correspondido.

– Ese Walter solo me trajo problemas. Afortunadamente, ha desaparecido recientemente.

– Le pedí a doña Lídia que intercediera y nos ayudara.

– Quizás por eso se fue. Nunca más supe de él.

– Verás que consiguió otra, se casó.

– Mejor así.

– ¿Nunca pensaste en casarte de nuevo?

– Nunca. Estoy bien, no necesito que nadie me meta en problemas.

- Lo dices porque nunca más te enamoraste.

- Una vez fue suficiente para no volver a entrar en esa.

- ¿Todavía te gusta Osvaldo?

Clara se sobresaltó y la miró con seriedad. Luego respondió:

- No.

- De vez en cuando te veo triste, distante. Pensé que lo extrañabas.

- Hay momentos en los que extraño el pasado. Pasamos un buen rato juntos. Entonces recuerdo lo que pasó y la culpa me molesta.

- ¿Lo extrañas?

- Extraño la seguridad de aquellos tiempos. Hace mucho que acepté lo irreparable. Asumí lo que hice. Desde entonces solo cuento conmigo.

- ¿Tienes la intención de pasar sola toda tu vida?

- ¿Por qué no? Tengo hijos y cuando se casen o se vayan, intentaré vivir el resto de mi vida en paz. Es todo lo que quiero.

Rita miró a Clara y no respondió. Se había preguntado varias veces qué pasaría si un día regresaba Osvaldo. Ahora estaba sucediendo.

Al día siguiente, Clara llamó al abogado y le dijo que Marcos estaba de acuerdo, pero Carlitos no. Continuaba negándose a ver a su padre.

Felisberto llamó a Osvaldo y le comunicó lo que había dicho. Le pidió a Marcos que fuera a su casa al día siguiente. Enviaría el carro a recogerlo cuando quisiera.

Esa noche antes de la cena, Clara llamó a sus hijos y les dijo:

- Tu padre enviará al chofer a recogerte mañana. ¿A qué hora quieres ir?

- No voy - respondió Carlitos, molesto.

- Por la tarde. Por la mañana tengo clase. Puede que sean pasadas las dos -. Mirando a su hermano, Marcos prosiguió: - No seas terco. Estás sacando conclusiones precipitadas. Al menos escucha lo que tiene que decir.

– No quiero. Nos dejó y nunca preguntó qué pensábamos. Ahora es tarde. Que vuelva a donde estaba.

Clara los miró y dijo simplemente:

– Haz lo que quieras. Haré una cita para mañana a las dos. Tú, Carlitos, tienes hasta entonces para pensar.

A la tarde siguiente, cuando llegó el auto, Marcos se fue solo. Carlitos siguió negándose a ver a su padre. En el camino, Marcos se sintió inquieto, emocionado.

Recordó la última vez que vio a su padre y sintió regresar la angustia de ese día. Sus palabras aun resonaban en su memoria:

– "Hubo algunas cosas que me obligaron a irme de casa. Quiero que siempre sean buenos chicos y obedezcan a su madre."

Solo supo el motivo de la partida de su padre cuando su abuela Neusa fue allí y peleó con su madre. Escondido en un rincón de la habitación, escuchó todo lo que ella decía y lloró mucho.

Su madre amaba a otro, por eso su padre se había ido. En ese momento, estaba seguro que nunca regresaría. El temor que ella intentara darle otro padre lo había preocupado durante mucho tiempo.

Si ella decidía quedarse con Walter, él huiría de casa. Él había tenido la culpa de todo. Su madre estaba casada y no tenía derecho a conquistarla.

Por eso, cada vez que Walter llamaba o buscaba a Clara, Marcos estaba nervioso, irritado, escondido tratando de escuchar de qué estaban hablando. Varias veces se había desahogado con Rita, quien le aseguraba que su madre no pensaba en casarse con Walter.

Ahora, después de tantos años, se preguntaba qué había sucedido realmente. Si Clara realmente amaba a Walter, habría hecho todo lo posible por vivir con él. Sabía que estaba muy enamorado, pero ella lo había rechazado. Entonces, ¿por qué se había involucrado?

Recordó que una vez Neusa lo había buscado afuera de la escuela. Después de preguntar insistentemente por la dirección de Osvaldo y dijo que no lo sabía, ella continuó:

– ¿Y cómo están viviendo? ¿Walter le da dinero a tu madre?
– Molesto, Marcos respondió:

– Mi mamá trabaja y gana lo suficiente para mantenernos. No necesita el dinero de nadie.

– Iré a la corte y pediré tu custodia. Quiero que vengas a vivir conmigo.

– No hagas eso, abuela. Nunca abandonaré a mi madre.

– Ella no se lo merece. Tu padre siempre fue un buen marido y ella lo traicionó, encontró un amante. No es posible que desees vivir junto a ella después de lo que hizo.

– ¡Eso no es cierto! Nunca te gustó mi madre. Ella es muy buena. No quiero que hables mal de ella...

En ese momento, Rita se acercó y lo abrazó. Mirando a Neusa, dijo con voz firme:

– ¿Qué le dijiste? Deja al chico en paz.

– Solo dije la verdad. Quiero que vengan a vivir conmigo. Clara no tiene moral para cuidarlos.

Marcos sollozó abrazando a Rita, quien respondió enojada:

– ¿Cómo te atreves a decirle algo así a un niño? ¿No te da vergüenza lastimar a tu propio nieto? Vamos, Marcos, tu abuela no está bien de la cabeza.

Antes que tuviera tiempo de responder, Rita tiró de la mano a Marcos y se fueron. En el camino, Rita le dijo que Neusa estaba diciendo eso porque no le gustaba Clara, solo por molestar. A lo que Marcos respondió:

– Mi papá se fue porque mi mamá estaba saliendo con Walter.

Sorprendida, Rita dijo:

– Es un conquistador barato que se aprovechó de la ingenuidad de tu madre y la involucró. Ella nunca amó a Walter. Si eso fuera cierto, después que tu padre se fuera, ella se habría casado con él.

Después de ese día, Marcos comenzó a quedarse dentro de la escuela esperando que Rita llegara. No quería volver a ver a la abuela.

El auto se detuvo en la entrada de la casa y Marcos saltó del auto con el corazón acelerado. José abrió la puerta y, al verlo, no pudo contenerse:

– ¡Debes ser Marcos! ¡Dios mío, qué guapo eres! Entra. Tu padre te espera en la sala.

Sintiendo que las piernas le temblaban, Marcos acompañó a José a la sala de estar. Osvaldo inmediatamente se levantó y lo abrazó con emoción.

– ¡Hijo mío! ¡Por fin puedo abrazarte! ¡Te extrañé tanto!

Marcos no encontró palabras para responder. Las lágrimas corrieron por sus mejillas y los sollozos brotaron de su pecho, haciendo que sus emociones contenidas durante tantos años se derramaran.

Osvaldo dejó que las lágrimas le lavaran el rostro y siguió sosteniendo a su hijo en sus brazos. Poco a poco ambos se fueron calmando y finalmente Osvaldo dijo con voz temblorosa:

– Vamos, Marcos. Vamos a hablar.

– ¿Por qué nos dejaste sin noticias? ¿Por qué nos abandonaste?

– Tienes derecho a sentirte herido conmigo. Admito que fui egoísta y pensé solo en mí. Pero confieso que no tuve el valor de volver. Estaba muy fuera de control.

Quería desaparecer del mundo. Incluso ahora, después de tantos años, es difícil hablar de eso, reconozco que estaba débil, debí quedarme, enfrentar. Pero no pude. Me gustaría que entendieras eso.

– Pensaste que mamá amaba a otro. Pero no era cierto.

– No hablemos de eso ahora.

– Necesito hablar papá. Mi madre pudo haber sido ingenua, por haberse involucrado, pero no amaba a Walter. Durante mucho tiempo la persiguió, pero ella nunca quiso nada. Todo este tiempo, solo pensó en trabajar para mantenernos.

– No volví para reclamarle nada a nadie, asumo mi debilidad dejándolos sin recursos para mantenerse. Sin embargo, no tenía nada que ofrecer. Sí, ganaba bien, pero era un empleado. Cuando dejé mi trabajo, me quedé sin recursos.

– ¿Cómo has vivido todos estos años?

Osvaldo extendió sus manos callosas y dijo simplemente:

– Como un granjero. A pesar de todo, quiero decir que te quiero mucho. Te extrañé mucho. Varias veces pensé en volver a verlos. La tía Esther me mantuvo informado de todo lo que se refería a ustedes.

Marcos lo miró con ojos húmedos. Durante unos segundos no pudo responder. Su padre no los había olvidado, como pensaba. No los había abandonado.

Al verlo en silencio, Osvaldo continuó:

– Durante estos años, la tía Esther fue mi confidente y amiga.

– Mi madre decía que tú, a pesar de vivir en la misma casa, nunca fueron íntimos.

– Es cierto. Ella era muy reservada y yo era tímido. Sin embargo, después de la muerte del tío, comenzamos a escribirnos y nos conocimos mejor. La tía Esther era una mujer maravillosa.

– Nunca nos visitó. Rita siempre estaba hablando con ella por teléfono. Mamá no lo sabía.

– Después que me fui, la tía Esther llamó a tu madre. Quería hablar con ella, ofrecerle apoyo, pero Rita le informó que Clara no quería recibir a nadie. Entonces la tía Esther dijo que si un día Clara cambiaba de opinión, estaría encantada de recibirla. Como nunca la buscó, la tía Esther se mantuvo alejada. Sin embargo, nunca dejó de interesarse por ustedes y siempre me enviaba noticias.

– No sabía que doña Esther nos había buscado. Mamá siempre nos decía que era una mujer muy rica y muy orgullosa.

– Ella era reservada. Orgullosa, no. Respetaba a la gente y trataba de no inmiscuirse en la vida de nadie. Pero era una mujer sensible, cariñosa y digna.

– La admiras.

– Mucho. Aprendí a apreciarla realmente.

– La abuela Neusa es muy diferente a ella.

– Lo sé. Ella debe haberte hecho pasar un mal rato. Siempre fue muy inquieta, quiere hacer las cosas a su manera.

Carlitos no quiso venir. Debes estar muy herido por mí.

– Sí. Estaba muy apegado a ti. Después que te fuiste, le costó mucho. Lloró a menudo y preguntaba cuándo volverías. No dormía bien. Dormía en la cama de mamá, abrazándola. A medida que pasaba el tiempo olvidando, ya no hablaba. Cuando se enteró de tu regreso, se sintió disgustado.

Fue el turno de Osvaldo de guardar silencio. La emoción ahogó su voz. Con la cabeza gacha, luchó por controlarse. Al darse cuenta de cómo él se sentía, Marcos se puso de pie y colocando sus manos sobre sus hombros, dijo suavemente:

– Sigue sufriendo. Pero pasará.

Osvaldo abrazó a su hijo, apretándolo contra su pecho.

– Gracias, hijo mío. Siempre te he amado mucho. Estoy seguro que algún día entenderás esto.

– Preguntó si regresarías a casa. Cuando mamá dijo que no, se enojó.

Osvaldo acercó a Marcos al sofá y se sentó a su lado.

- Nadie más que yo desearía que todo hubiera sido diferente, que no hubiera pasado nada. Pero no fue así. A pesar de todo, reconozco que aprendí mucho, maduré. Conocí gente sencilla, amable e ilustrada que me enseñó a ver la vida con otros ojos.

- ¿Te volviste a casar?

- No. Me refiero a los amigos con los que he vivido desde que salí de casa. De ellos aprendí que huir no sirve de nada, ya que el dolor, la nostalgia, la infelicidad está dentro de nosotros y nos acompaña a todas partes. Cuando necesité volver, mi primera reacción no fue venir, iba a seguir viviendo en el campo, como lo he hecho hasta ahora, pero entendí que la vida quiere que aprenda a ser fuerte y valiente, que esa es la única manera de solucionar los problemas que nos hieren el corazón. Es por eso que estoy aquí.

- No es lo que piensa mamá. La escuché decirle a Rita que nunca volverías. Quizás te habías casado y formado otra familia.

- Nunca se me pasó por la cabeza.

Marcos guardó silencio unos segundos y luego dijo:

- ¿Estás muy enojado con mi madre?

Tomado por sorpresa, Osvaldo pensó un rato antes de responder. Luego miró a Marcos a los ojos y dijo con seriedad:

- A menudo me preguntaba por qué dejó de amarme, por qué me dejó por otro. Reconozco que sentí frustración, impotencia, rabia. Pero la vida me ha enseñado que cualquier juicio está mal, ya que nuestra visión es engañosa y no estamos dentro de la persona para saber lo que siente. Pasé mucho tiempo muy deprimido, herido, sin ganas de vivir, pero la sabiduría y la fe de un hombre simple y bueno me hizo comprender lo equivocado que estaba.

- ¿Cómo es eso?

- El amor es un sentimiento espontáneo, aparece independientemente de nuestra voluntad y, cuando se acaba, no hay nada que hacer. No tenía derecho a exigir lo que tu madre ya no tenía para dar. Ella dejó de amarme, se enamoró de otro. Lamento que no haya tenido el valor de decírmelo. Aunque sufriendo, hubiera dejado el camino despejado. La traición me dejó infeliz durante mucho tiempo. Hoy; sin embargo, al darme cuenta de lo débil que estaba, huyendo sin el coraje de enfrentar la verdad, reconozco que no tengo derecho a exigirle un comportamiento que yo mismo no puedo tener.

Marcos abrió la boca y la volvió a cerrar sin encontrar palabras para responder. La postura de su padre, su generosidad lo conmovió mucho. Osvaldo se percató y, tratando de darle un tono natural a su voz, consideró:

– Ya basta del pasado. Quiero saber todo sobre ti: qué has estado haciendo, cuáles son tus planes para el futuro.

– ¿Tienes la intención de quedarte en la ciudad?

– Sí. La tía Esther se quedó con el negocio de tu tío y puso todo en mis manos. Me estoy haciendo cargo. Escuché que estás en la universidad.

– Estoy estudiando Letras. Me gusta escribir.

– La tía Esther me dijo que has estado escribiendo para el periódico de la escuela desde los diez años.

– Es cierto. Quiero ser un escritor. Mamá quiere que elija otra carrera porque como escritor no tengo futuro en nuestro país. Puede que tenga razón, pero ya lo decidí. Yo prefiero ser pobre y hacer lo que me da placer que ganar dinero en una profesión que no me gusta.

– Tienes razón. La vocación es fundamental para hacer un buen trabajo. Fue bueno tocar este tema, porque ahora todo ha cambiado. Somos ricos. No tienes que preocuparte por el futuro. Así que tengo la intención de quedarme aquí, hacerme cargo de los bienes que me dejó la tía Esther.

Osvaldo se detuvo un poco, vaciló un poco y luego dijo:

– Háblame de Carlitos. ¿Cómo está?

– Su temperamento es alegre, juguetón. Vive pegado a una guitarra que lleva a donde quiera que va, le gusta cantar y contar chistes.

– No tenía esa idea de él. ¿Ha elegido una carrera?

– Todavía no. Mamá ha estado hablando con él, tratando de guiarlo. Pero no se toma nada en serio.

Los dos continuaron hablando y poco a poco Marcos se sintió feliz y muy a gusto. Osvaldo le dijo que había abierto una cuenta bancaria a su nombre y depositado una gran suma de dinero. Cada mes le daría un subsidio para gastos. Le pidió que firmara los papeles bancarios y pronto recibiría las chequeras

– Carlitos aun no puede abrir una cuenta bancaria. Pero todos los meses mi abogado irá a tu casa y le dará el dinero.

Dile eso.

– Se resistirá a aceptar. Es muy terco.

– Lo enviaré de todos modos. Me gustaría hablar con él, contarle lo que me pasó después que los dejé, explicarle por qué no le di ninguna noticia, quiero pedirle que me comprenda y me perdone. Solo soy un hombre. Si tengo algunas cualidades, todavía tengo muchas debilidades. Pero en todo este tiempo, nunca los he olvidado. Pídele que venga a verme. Haz algo mejor: tráelo aquí.

– Haré todo lo posible para hacerlo entender.

Eran más de las diez de la noche cuando el carro de Osvaldo dejó a Marcos en su casa. Clara había llegado del trabajo nerviosa, preocupada. Sabiendo que Marcos estaba con su padre, ella no pudo trabajar adecuadamente. La tarde pasó muy lento.

Domênico notó su malestar y trató de hablar:

– ¿Qué pasa Clara?

– Marcos fue a ver a su padre. Llamé a casa y hasta ahora no ha vuelto.

– Es natural. Después de tantos años, tienen mucho de qué hablar.

– Eso es lo que me preocupa. Debe estar enojado conmigo. Sin duda, volverá al pasado, dará su versión de los hechos. ¿Qué pensará Marcos?

– No dramatices, Clara. Realmente no sabes lo que está pasando. Si ama a su hijo, no le dirá nada que pueda dañarlo. Me dijiste que Osvaldo era un hombre bueno, educado, muy diferente a la zorra de tu suegra.

– Sí. Así era, pero después de lo que hice, puede que haya cambiado.

– Lo que te molesta es la vieja culpa que nunca te ha dejado en todos estos años. ¿Cuándo te darás cuenta que el pasado ha muerto? Hoy eres una mujer digna que vive de su trabajo y no tiene nada de qué avergonzarse.

– Sí, tienes razón. Pero Osvaldo puede pensar que no.

– Deja de fantasear. Haré un té para calmarte. En tu cabeza creo que ya te has imaginado su conversación, diciendo lo peor. ¿Cuándo vas a aprender a no atormentarte con lo que aun no ha sucedido? Calma. Primero debes conocer la verdad y luego decidir cómo actuar.

– Tienes razón. Intentaré olvidar este asunto.

Pero, a pesar de intentarlo, falló. Cada vez que sonaba el teléfono, sentía que su corazón latía con fuerza, imaginando que sería Marcos. Cuando llegó a casa a las ocho y supo que todavía no había regresado, no pudo controlar su miedo:

– Rita ¿cómo es que Marcos aun no ha vuelto? Verás que intentará quitarme a los niños. Creo que es lo que él quiere. Él esperó a que crezcan y ahora llegó a quitármelos.

Me alegro que Carlos no quisiera ir. No debería haber dejado que Marcos asistiera a esta reunión.

– Cálmate, Clara. Osvaldo no hará nada de eso. Después de tantos años, es natural que hablen, maten la nostalgia.

– Pudo haberse quedado allí donde vivió todos estos años. ¿Por qué volvió? ¿Por qué? ¿Dónde está Carlitos?

– En el dormitorio. Dijo que tenía que estudiar para el examen de mañana. No quería ir a ver a su padre, pero estuvo triste todo el día. Ni siquiera tocó la guitarra. Adalberto vino a pedirle que fuera al club, pero no quiso ir.

– Nuestra vida estaba tranquila, todo en su lugar, y ahora se puso patas arriba. Quiero volver a ver a ese abogado y pedirle que deje en paz a mis hijos.

– Tienes miedo de compartir el amor de tus hijos con Osvaldo. Pero él es el padre. Tiene todo el derecho a estar con ellos.

– Lo sé, Rita. Eso es lo que me asusta. Tiene derecho y no podré hacer nada.

– Es mejor aceptar, dejar que las cosas fluyan normalmente. No hay razón para preocuparse. Él no quiso llevarse a sus hijos todo ese tiempo, no será ahora que lo hará. Después, debe saber que has estado luchando, trabajando, manteniendo a tus hijos con dignidad. No hay ninguna razón para que él haga tal cosa.

– Sí. Creo que tienes razón. Voy a darme una ducha, calmarme.

Cuando Marcos entró en la casa, fue directo al dormitorio para hablar con Carlitos. Clara, que estaba en su habitación, se acercó a ellos.

Carlitos estaba acostado y, al ver que su hermano abría la puerta, cerró los ojos. Marcos encendió la luz y dijo:

– Sé que estás despierto y loco por saberlo todo.

– Apaga la luz. Quiero dormir. Mañana tengo un examen temprano. Clara entró diciendo:

– Vaya, Marcos, tardaste demasiado. ¿Por qué no me llamaste?

– Estuvimos conversando y el tiempo pasó. Cenamos y cuando me di cuenta que eran más de las nueve y media.

– Sabes que no me gusta que camines por las calles de noche.

– Papá envió el auto a traerme.

Marcos guardó silencio unos segundos y notó que, aunque lo disfrazaban, tanto su madre como su hermano esperaban que él lo contara todo. Luego continuó:

- Nuestro encuentro fue muy bueno. No nos ha abandonado. Recibió noticias nuestras de la tía Esther. Ella le escribía con regularidad.

- Dice eso, pero nunca vino a nosotros. No creo nada de lo que dice ahora - dijo Carlitos enojado.

- Estás equivocado. No regresó porque estaba muy triste por la separación. No tuvo el coraje. Pidió perdón por eso.

- ¿Qué más te dijo? - Preguntó Clara.

- Bueno... Dijo que nunca pensó en volver. Sin embargo, cuando la tía Esther murió y le dejó la herencia, sintió que necesitaba hacerse cargo de estos bienes. Lo hizo pensando en nosotros, en nuestro futuro.

- Hemos vivido sin él todos estos años y podemos vivir el resto de nuestras vidas. No lo necesitamos. Mamá siempre fue autosuficiente para mantenernos. Luego, pronto estaremos trabajando y haciéndonos cargo de los gastos. Que vuelva al lugar donde vivió todo este tiempo

- Estás siendo injusto, Carlitos. Papá nunca nos olvidó. Él se preocupa por nuestra felicidad. Ahora que es rico, quiere brindarnos una vida mejor.

- No quiero nada de él.

- Pues abrió una cuenta bancaria a mi nombre y nos dará una mesada todos los meses.

- Lo que quiere es comprar nuestra amistad. Bueno, conmigo no funcionará. No aceptaré nada de él.

- A pesar de esto, enviará el dinero aquí todos los meses.

- Carlitos tiene razón. No necesitamos su dinero. Mañana hablaré con su abogado al respecto. No queremos nada.

– Pues yo acepté – dijo Marcos con voz firme –. Siento que papá nos ama, siempre nos ha amado y se preocupa por nuestro bienestar. Lo quiero. Siempre fue un padre amoroso y un buen hombre. Si se fue, tenía sus razones. No debemos juzgar. Cada uno tiene sus debilidades. No tenía fuerzas para regresar después de lo sucedido. Ahora quiere compensar su ausencia, demostrar que siempre nos ha amado. No veo por qué negarme. Vi sus lágrimas cuando me abrazó, sentí su emoción al hablar de ti, Carlitos. Esta reunión me hizo muy bien. Encontré al padre que había perdido y un hombre muy generoso que inspira respeto y admiración.

Los ojos de Marcos brillaron de emoción y Clara sintió que su corazón se hundía. ¿De qué habrían hablado?

Después de unos momentos de silencio, Clara dijo:

– De hecho, tu padre siempre fue un buen hombre.

Clara quiso preguntarle si había comentado sobre ella, pero no tuvo el coraje. Marcos se dio cuenta de lo que ella quería saber, pero no dijo nada. Le resultaba difícil mencionar el desliz de su madre que había provocado esta separación. Así que solo dijo:

– Ahora me voy a la cama. Me pidió que te convenciera, Carlitos, que fueras a visitarlo. Quería saber cómo estabas, qué te gustaba, todo.

Podemos ir mañana por la tarde.

– No lo haré. No quiero ir

– Lo lamentarás. Estás siendo injusto.

– Cuida tu vida y yo cuidaré la mía. Ahora apaga esa luz. Quiero dormir

Marcos y Clara apagaron la luz y se fueron. Carlitos se removió en la cama, pensando con enojo:

– ¡Él no me ama! Si me amara, no me habría abandonado. No lo perdonaré. ¡No lo haré!

Las lágrimas corrieron por sus mejillas y se las secó con el extremo de la sábana, diciendo con rencor:

- Él verá. Tienes que sufrir mucho para pagar lo que me hiciste -. Clara siguió a Marcos hasta la puerta del dormitorio:

- Hijo - dijo al fin -, ¿tu padre dijo algo sobre el pasado?

- Fui yo quien le preguntó si todavía estaba muy enojado contigo.

Clara se llevó la mano a los labios para reprimir una exclamación de sorpresa:

- No deberías haber preguntado eso.

- Quería saber. Dijo que a menudo se preguntaba por qué había dejado de amarlo.

Sintió enojo, frustración, pero luego reconoció que cuando el amor termina, no se puede hacer nada. Dijo que aprendió de la vida que no podía juzgarte, porque su punto de vista era engañoso. No estaba en tu corazón para saber lo que sentías. Me conmovió, mamá. Mi padre es un hombre de sentimientos nobles. Por eso no quiero que hables mal de él.

Clara sintió que las lágrimas estaban a punto de caer y dijo emocionada:

- Tienes razón. Tu padre siempre ha sido un hombre noble y bueno. El único culpable fui yo. No se merecía lo que hice.

Marcos la abrazó con cariño:

- Pienso como él, mamá. Te involucraste, no pensaste en lo que podría pasar. Pero el pasado ha pasado. Eras demasiado joven. No deberías culparte a ti misma. Te queremos mucho y te respetamos por lo que eres y siempre has sido. Estoy orgulloso de ser tu hijo. Siempre te querré. Puedes estar segura de eso.

Clara, abrazando a su hijo, dejó que las lágrimas le bañen el rostro y alivien su culpa del pasado. Cuando dejó de llorar, se sintió más tranquila.

- Gracias, hijo mío. Yo también te amo mucho.

Ella lo besó con cariño y fue al dormitorio. Se acostó y finalmente logró conciliar el sueño.

CAPÍTULO 13

Al día siguiente, Clara se despertó pensando en la conversación que había tenido con sus hijos. No creía que fuera justo que Osvaldo volviera después de tantos años reclamando sus derechos como padre.

Dejó en claro que había vuelto por el dinero. Si Esther no hubiera dejado la herencia, nunca lo volverían a ver. ¿Era este el amor, el anhelo que decía que sentía por sus hijos?

Ella, abandonada, sin profesión, sin dinero, nunca los abandonó. Luchó por mantenerlos. Después de todo, apareció, usando el poder del dinero para seducirlos.

Carlitos tenía razón: no lo necesitaban, no querían su dinero.

Marcos había sido seducido. Había sido educado con poco dinero, y si no faltaba lo esencial, tampoco podían permitirse ningún lujo. A un joven le fascinan determinadas facilidades que se pueden comprar con dinero. Seguramente ya estaría pensando en lo qué haría con la mesada que le había dado su padre, y que no tenía la intención de rechazarla. Sería difícil convencerlo. Para ella, esto corría mayor peligro. Con el tiempo, es posible que Marcos quisiera vivir con su padre.

Pensando en ello, sintió una opresión en el pecho. Osvaldo no tenía ese derecho. Los niños eran de ella, ya que él los había abandonado durante tantos años.

Hablaría con el abogado y rechazaría su oferta. Bajó a tomar un café y Rita mirándola preguntó:

- ¿Estás bien?

- Más o menos. No estoy satisfecho con todo lo que está sucediendo.

- ¿Cómo fue el encuentro de Marcos con su padre?

- Llegó todo excitado solo porque Osvaldo le va a dar una buena mesada. Ni siquiera me consultó y ya aceptó.

- Es natural. Es su padre.

- Quién nunca se preocupó por ellos. Carlitos fue inflexible: no quiere nada de su padre –. Rita no respondió. Sabía que a Clara le estaba costando aceptar ese cambio. Clara apenas tocó el desayuno. Rita consideró:

- No comiste nada. Hoy vas a trabajar todo el día. Necesitas comer mejor.

- Mi estómago está revuelto. Parece que no digerí la cena de ayer.

- No digeriste el regreso de Osvaldo. ¿Nunca pensaste que algún día sucedería?

- No. Pensé que había muerto, se había casado de nuevo, no lo sé. Cuanto más tiempo pasaba, menos creía que él pudiera regresar.

- Pero ha vuelto. Necesitas aceptar esta realidad.

- Voy a buscar a su abogado y le diré que no queremos su dinero.

- No puedes hacer eso. Tiene derecho. Después de todo, los hijos son sus herederos. No puedes evitarlo.

- Eso es lo que me aterroriza. ¿Por qué volvió? ¿Por qué?

- No tiene sentido cuestionar. Sucedió y no podrás hacer nada. ¿Le habló a Marcos del pasado?

- Se hizo el simpático. Marcos mencionó el asunto y fue comprensivo. No me ha acusado de nada.

- Esto es bueno. No tiene la intención de poner a tus hijos en tu contra.

- Esto es peor. Su generosidad aumenta mi culpa ante ellos.

- Estás exagerando. ¿Preferirías que te acusara? - Clara guardó silencio. La actitud digna de su marido había aumentado su sentimiento de culpa.

Al ver que Clara no respondía, Rita continuó:

- ¿Marcos se mostró herido por el pasado?

- No. Al contrario: fue cariñoso, me dijo cuánto me amaba.

- Tienes dos hijos maravillosos. No deberías preocuparte tanto. Te quieren mucho. No debes tener miedo de su amistad con su padre. Tu lugar siempre estará garantizado en sus corazones. ¿No quieres un trozo de este pastel? Está delicioso.

Cuando Clara llegó al atelier, Domênico pronto se dio cuenta que no se encontraba bien. Intentó hablar con ella y le dijo lo que le preocupaba. Después de escuchar todo, comentó:

- Rita tiene razón. Él es el padre. Tiene derecho a darles lo que quiera a sus hijos. Deja de buscar al abogado. No podrás hacer nada.

- Todavía quiero intentarlo. Es mi derecho.

- Te torturarás en vano.

Clara estuvo nerviosa todo el día. Hizo un gran esfuerzo por controlarse, Gino exigió que sus clientes fueran tratados con cariño y alegría. No podía permitir que sus problemas particulares obstaculizaran su trabajo.

El día tardaba en pasar y Clara luchaba por controlar la inquietud. Al final de la tarde, cuando Domênico se preparaba para irse, se acercó y dijo:

- Necesitas ayuda. ¿Por qué no buscas a esa amiga tuya del Centro Espírita?

- No podrá hacer nada. Estoy nerviosa por la situación con mi exmarido -. Domênico la miró con seriedad y respondió:

- No es solo eso. Hay toda una implicación espiritual que está agravando el problema.

– Si no hubiera aparecido, yo no estaría así.

– Aun así, la ayuda espiritual te calmará. Te sentirás mejor.

– Sí. Puede ser. Doña Lídia es una persona amable y hablar con ella solo puede hacerme bien.

Al salir del trabajo, Clara fue directamente a buscar a Lídia. La encontró rodeada de algunas personas, separando la ropa usada que se suponía debían entregar a algunas familias atendidas por el centro.

Al verla, Lídia fue a abrazarla y le dijo alegremente:

– ¡Qué bueno verte! Entremos.

– Quería hablar un rato, pero no quiero interrumpir tu trabajo. Regresaré otro día.

– Nada de eso. Estamos terminando. Vayamos a mi casa a tomar un café –. Clara la acompañó. Lídia invitó:

– Ven a la cocina.

– No te molestes con el café.

– Pensándolo bien, creo que el té estaría bien. Lo necesitas. Siéntate aquí mientras traigo las tazas.

Clara se sentó, oliendo el delicado aroma del té que había puesto en las tazas y lo estaba llenando de agua hirviendo del termo.

– Estás muy nerviosa, Clara. Prefiero que no digas nada ahora. Aprovecha este momento para armonizar tu espíritu atribulado. Confía en Dios. En la vida todo pasa para bien. No te tortures cuestionando el futuro. No desperdicies tus fuerzas en cosas que aun no han sucedido.

Clara trató de hablar, pero Lídia no le dio tiempo y continuó:

– Hoy quiero que vuelvas a las ocho. No llegues tarde porque la puerta estará cerrada. No faltes.

– De acuerdo. Iré.

- Siento que estás inquieta, angustiada. Ese sentimiento puede aumentar a medida que se acerca el momento. No tengas miedo. Ven de todos modos.

- ¿Qué está pasando? Domênico me dijo que hay una complicación espiritual.

- Es verdad. Es hora que empieces a comprender la espiritualidad. Hemos conversado. Has tenido algunas oportunidades, pero no las has aprovechado.

- Tengo miedo.

- Créeme. La vida hace todo bien. Ahora ve. Estaré esperando. No vengas tarde -. Clara se fue pensativa. Al llegar a casa, se desahogó con Rita:

- No sé por qué la gente es tan fanática. Estoy nerviosa y Domênico me envió a buscar el Centro Espírita. Hablé con Lídia y me envió a la sesión de noche. No tengo ganas de ir.

Rita miró a Clara y comentó:

- Bueno, creo que deberías ir.

- ¿Tú también? Domênico dijo que estoy comprometida espiritualmente. Lídia piensa lo mismo. Estas personas tienen la costumbre de culpar a los espíritus de todo lo que nos sucede. Estoy nerviosa por Osvaldo. No tiene nada que ver con los espíritus.

- En ese caso, ¿por qué te pones tan nerviosa cuando hablas de ello?

- Reconozco que la aparición de Osvaldo me quitó la paz. Pero luego, tengo que ir al Centro...

Rita se encogió de hombros.

- Si eso es lo que sientes, no vayas. Pase lo que pase, podrás arreglártelas sola.

- Por la forma en que lo dices, parece que realmente va a pasar algo malo.

- Estás siendo muy pesimista. No pasó nada malo y ya estás viendo todo negro.

– Ustedes son los que insinúan que, si no voy al centro, todo puede empeorar –. Rita sonrió y consideró:

– Eso no es cierto. Los problemas, los desafíos en nuestra vida surgen porque tenemos la necesidad de aprender y evolucionar. Nadie ni nada puede evitarlos. Resulta que con ayuda espiritual podrás afrontarlos con más valentía. Por eso dije: si crees que puedes hacerlo tú misma, no tienes que ir.

– Sabes que no lo lograré. Estoy muy deprimida, inquieta, asustada.

– En ese caso, deberías buscar ayuda. ¿Por qué estás siendo tan terca?

– Me gusta cuestionar las cosas. Voy a bañarme. No quiero llegar tarde.

Rita sonrió con satisfacción. Hacía mucho tiempo que notaba que Clara estaba sensible, nerviosa, incluso antes que apareciera Osvaldo. Se dio cuenta que su sensibilidad estaba floreciendo. Había hecho algunos intentos de interesarla en el asunto, pero sintió su resistencia. Por experiencia sabía que todo tenía su momento y que debía esperar a que madurase.

Faltaban cinco minutos para las ocho cuando Clara entró en el pasillo del centro, donde Lídia la condujo a una silla alrededor de la enorme mesa donde en la oscuridad ya estaban sentadas algunas personas, meditando en silencio.

Clara sintió su pecho palpitar, una desagradable sensación de opresión, un enorme deseo de correr, de gritar. Un escalofrío recorrió su cuerpo, sus manos estaban frías e inquietas.

Fue difícil controlarse mientras Lídia decía una oración, evocando la protección y la ayuda espiritual de Dios.

Clara lamentó haber ido. Su cuerpo hormigueó y comenzó a levantarse, pero sus piernas no la obedecieron. Sintió un sudor frío mojando su cuerpo y temblaba como una hoja sacudida por el viento.

Sin poder soportar más la presión, golpeó la mesa con fuerza y gritó con voz ronca:

- ¿Qué quieren de mí? ¿No creen que he sufrido bastante? ¿Por qué me atormentan? ¿Cuánto tiempo sufriré por mi crimen? ¿No creen que ya pagué por mis errores?

¿Qué justicia es la que exige cada vez más, sin dolor ni piedad?

Los sollozos estallaron con fuerza y Clara sintió que estaba completamente fuera de control. Aterrada, quiso dejar el cuerpo, pero Lídia le puso la mano en la nuca y le dijo en voz baja:

- Cálmese. Queremos ayudarle.

- ¡Es mentira! Quieren exponerme a la vergüenza de un juicio público. ¡No puedo soportarlo!

- Aquí no hay ningún juez. Todos somos amigos y acompañantes interesados en tu bienestar.

- ¡No puedo creerlo! Mi culpa está más viva. Por mucho que trato de olvidar, los hechos se repiten. No puedo soportarlo más.

- Les pido a los presentes que oren por ella.

Los presentes rezaron y solo se escucharon los sollozos de Clara. Lídia continuó:

- ¿Cuánto tiempo lleva cargando esta herida viva en tu alma? Es hora de deshacerse de ella.

- ¿Cómo?

- Perdonando, dejando ir el pasado, olvidando.

- Imposible. Todavía duele. La traición no se olvida así. ¿Crees que fui dura? La venganza era mi premio. Y pensé que con eso podría borrar mi sufrimiento. Pero fue inútil. La culpa me ha atormentado.

- Queremos ayudarte. Pero necesitamos que coopere con nosotros. Piensa que la venganza solo agravó tu dolor y trata de perdonarte al darte cuenta que cometiste un error porque no tuviste el entendimiento para actuar de otra manera. ¿Qué harías si todo sucediera hoy?

- Haría todo de otra manera. Pero en ese momento, no lo sabía.

- Entiende eso y no te culpes más. La vida te ofrece una nueva oportunidad para progresar. Eres un espíritu eterno destinado a vivir en la luz. La felicidad es el mayor objetivo de la vida. Es hora de dejar el pasado y empezar de nuevo.

- Ah, si pudiera...

- Puedes. A tu lado hay un amigo que te llevará a un lugar de recuperación. Dios te bendiga.

Clara suspiró y se estremeció. Sintió un calor suave invadir su cuerpo. Lídia se acercó colocando un vaso de agua en su mano. Clara bebió y se sintió muy aliviada.

Cuando terminó la sesión, esperó a que la gente se fuera y se acercó a Lídia. Preguntó:

- ¿Podrías explicarme qué me pasó hoy?

- ¿No lo sabes?

- Estuve muy mal. Dije todas esas cosas, pero no tienen ningún sentido para mí. Era como si fuera otra persona.

- Eso es correcto. Era alguien más hablando a través de ti. ¿Cómo te sientes ahora?

- Muy aliviada. Toda mi inquietud desapareció como por arte de magia.

- Tienes mediumnidad.

- ¿Yo? Es difícil de creer. Nunca me involucré con estas cosas.

- ¿Por qué dudas? ¿Pasaste por la experiencia y sigues resistiendo?

- La mediumnidad es un don especial. Una misión. Soy una persona común, nunca fui dada a los asuntos religiosos.

- Estás equivocada. La mediumnidad es un don natural, común a todas las personas. Se manifiesta en determinadas circunstancias.

- Siempre he oído que los médiums tienen una misión especial. Confieso que no me siento preparada para nada de esto.

Lídia sonrió y consideró:

- La apertura de la sensibilidad se produce por varios motivos. Problemas emocionales, debilidad o enfermedad física, para la madurez del espíritu, necesitan atender los problemas del alma desde una perspectiva espiritual. Hablaste de misión. Ten cuidado con eso. La verdadera misión de cada uno es cuidar su propio desarrollo interior, desarrollar la lucidez, aprender cómo funciona la vida.

- Siempre me han dicho que la misión de un médium era dedicar su vida a ayudar a los demás.

- Para hacer esto, debes sentir un amor incondicional, sin el cual nadie está preparado. Para dar es necesario tener. Siempre es muy agradable pensar que somos mejores que los demás porque practicamos lo que ellos llaman caridad. Pero la ayuda real y efectiva, que eleva a las criaturas enseñándoles a caminar sobre sus propias piernas, rara vez se realiza. Al desarrollar la mediumnidad, muchos tienen prisa por fundar obras asistenciales, sin medios ni recursos propios para mantener sus proyectos. Para ello, buscan recaudar dinero, molestando a otros para que compren sus rifas y mantengan su proyecto.

- Pero aquí tienes un trabajo para ayudar a los pobres.

- Pero no le pido nada a nadie. Abrimos nuestra librería, que mantiene los gastos del centro. Así, además de difundir las enseñanzas espirituales, no molestamos a nadie.

- A pesar de lo que dices, sigo pensando que tienes una misión especial. ¡Eres tan dedicada!

- Cuando despertamos a la espiritualidad, la bondad se vuelve natural como el aire que respiramos. Aun así, cometemos muchos errores, porque nuestro concepto de bondad todavía es precario. En el desempeño de mis actividades he aprendido mucho de la vida. Cada día descubro algo nuevo, por eso estoy cuidando mi progreso espiritual, que es lo más importante para mí. Ya sabes, la mediumnidad nos abre las puertas del mundo espiritual, nos revela las infinitas posibilidades que nos esperan en el futuro. La noción de eternidad nos hace mirar el mundo de una manera más serena. Piénsalo, Clara. Gracias a Dios que te ha revelado este camino.

Lídia habló con fluidez. Sus ojos brillaron intensamente y sus vibrantes palabras tocaron el corazón de Clara.

- De hecho, siento que algo ha cambiado en mí. Me gustaría aprender. ¿Qué me aconsejas?

- Estudiar el tema.

- ¿Quién fue la mujer que habló a través de mí? Me sentí como una mujer.

- Un espíritu necesitado que atrajiste.

- ¿Cómo así?

- Se sintió muy culpable por los errores del pasado.

- ¿Pero entonces ella estaba conectada conmigo de alguna manera? ¿Por qué vino a mí?

- No creo que esté vinculado a tu pasado. Aun no se ha perdonado a sí misma por los errores que ha cometido. Últimamente, ese sentimiento se ha vuelto más presente. Ella se acercó por afinidad. Ella te vio y se sintió reconfortada porque pensabas como ella.

- Durante los últimos días he estado muy inquieta, nerviosa. He estado durmiendo mal. ¿Fue por su presencia?

- Cuando un espíritu se conecta con alguien sensible, ambos se influyen mutuamente, intercambian energías. Con su influencia, tu sentimiento de culpa se hizo mucho mayor. ¿Entiendes?

- Sí. Si no me sintiera culpable, ¿no la habría atraído?

- Probablemente no. Pero hay otras emociones que podrían atraerla. Lo que debes comprender es que, de acuerdo con nuestros sentimientos, atraemos la compañía de las personas. Esto también es cierto para las personas encarnadas.

Clara se quedó pensativa unos segundos. Entonces consideró:

- No lo sabía. Pero me resulta difícil progresar espiritualmente.

Si, por un lado, la conciencia del bien nos hace ver mejor nuestros errores; por otro lado, la culpa atrae espíritus desequilibrados.

- No es la conciencia del bien ni el conocimiento de la verdad lo que nos perjudica, sino la forma en que afrontamos estos hechos.

- ¿Cómo es eso?

- ¿Alguna vez quisiste hacer algo malo?

- Por supuesto que no.

- Pero aun así te equivocas.

- Es solo que no tenía experiencia. Hoy hubiera actuado de otra manera.

- Entonces, ¿a qué culpas? La inexperiencia es natural -. Clara la miró asombrada. Lídia continuó:

- Siempre hiciste lo mejor que sabías hacer. Pero, por supuesto, no lo sabías todo.

- Es cierto.

- Es difícil admitir que pretendías ser mejor de lo que eres. La pretensión es una puerta abierta al desequilibrio.

- No creo que sea pretenciosa...

- Estás equivocada. No estás satisfecha con haber cometido errores, por eso sigues castigándote. Te gustaría nunca cometer errores, hacer todo bien para ser una persona maravillosa. Pero resulta que la sabiduría solo se adquiere a través de la experiencia. ¿Cómo experimentar sin cometer errores?

Clara la escuchó con emoción. Al ver que Lídia estaba en silencio, dijo:

– Reconozco que en ese momento no tenía madurez.

– En ese caso, ¿por qué exiges algo que no tenías cómo dar? Reconoce que fuiste lo suficientemente inteligente como para no repetir el error. Supiste recuperar tu dignidad, y tu integridad. Has hecho de un acto frívolo una preciosa lección de vida. Ganaste mucho con eso.

Clara levantó la cabeza y miró a Lídia con seriedad. Había un nuevo brillo en sus ojos.

– Entiendo lo que quieres decir. He estado perdiendo mucho tiempo criticándome por lo que hice, culpándome, preguntándome cómo habría sido mi vida si no hubiera hecho lo que hice. Pero la verdad es que, por mucho que me culpe, por mucho que me condene, no puedo volver atrás. El pasado no tiene remedio. Es mejor olvidar.

– Lo mejor es comprender. Mientras conserves el dolor por lo que hiciste, por lo que ha hecho tu esposo, no podrás liberarte de esa culpa. Se hace necesario profundizar en el asunto. Así como no no fuiste capaza de actuar mejor y resistir la tentación del momento, tu esposo tampoco fue capaz de reaccionar ante los hechos de otra manera. Te preocupas por él, te sientes ofendida porque desapareció dejando toda la responsabilidad de mantener a la familia en tus manos.

Pero entiende que él también hizo lo que creyó mejor para ambos. Bien o mal, ¿quién puede juzgar? No me atrevería a hacerlo. ¿Quién podría entrar en su corazón y sentir lo que sentía?

Las lágrimas corrían por el rostro de Clara, que no encontró palabras para responder. Lídia la abrazó con cariño, diciendo:

– Piénsalo, Clara. "No juzgues para que no seas juzgada." Son palabras de Jesús.

– Tienes razón. Haré eso.

– Tu sensibilidad se abrió. Tienes la facultad de ser médium. Necesitas estudiar este tema para comprender las leyes universales. Recuerda que eres responsable de todo lo que te suceda. Por eso, a pesar de registrar con más intensidad las energías que te rodean y percibas los pensamientos de los demás, debes dejarte guiar por tu sentido común, dominar tu vida a tu manera, sin dejarte impresionar por las ideas de los demás. Estarás rodeado de energías de todo tipo y debes tener discernimiento para elegir tu propio camino.

– No sé si estoy lista...

– Si no lo fuera, la vida no te habría dado esa facultad. Tengo algunos libros básicos que me gustaría prestarte.

– Me encantaría leerlos.

Lídia fue a la otra habitación y regresó con un libro que le entregó a Clara. Ella leyó: *"El Libro de los Espíritus"*, de Allan Kardec.

– Lo leeré con mucho gusto.

– ¿Cómo te sientes?

– Mucho más ligera. Parece que me deshice de un gran peso.

– Así es. Ahora ve y vuelve la semana que viene para continuar tu tratamiento.

Clara llegó a casa y Rita la estaba esperando. Al verla, dijo:

– Hice té con esas galletas que te gustan. Hoy no comiste casi nada.

– ¿Las de plátano?

– Esas mismas. Están calientes.

Sentados a la mesa del desayuno, se sirvieron y Rita consideró:

– Te ves mucho mejor.

– Ahora. Pero al principio estaba realmente mal. Ni siquiera sé cómo no salí corriendo de allí.

- En ciertos casos es así. Lo que importa es el resultado. Clara contó lo sucedido y Rita comentó:

- Me parecía que tenías mediumnidad. Tienes mucha intuición. A veces sabes cosas antes que sucedan.

- Es cierto. Pero creo que soy muy ignorante sobre estos asuntos. Son mucho más importantes de lo que pensaba. Ahora quiero estudiarlos. He estado perdiendo mucho tiempo en cosas que solo me lastiman. Es hora de aprender a conocer más sobre la vida para vivir mejor.

- Así es como se habla Me alegro que lo hayas entendido.

Clara fue a ver a los niños dormidos y luego se acostó. Las palabras de Lídia nunca abandonaron su cabeza.

Recordó a Osvaldo, lo tierno que era con ella y sus hijos. De su implicación con Walter. De lo ingenua que había sido al dejarse llevar por su conversación. Por los cumplidos que dio a su belleza, su inteligencia. De la proximidad que explotó furtivamente cuando no había nadie alrededor. De la mediocridad de su suegra, siempre vigilando sus pasos, criticando todo. Osvaldo nunca la escuchó. Si pensara como su madre, no habrían vivido tantos años juntos.

El recuerdo la hizo sentir desagradable, pero al mismo tiempo reconoció que había aprendido mucho. Lídia tenía razón al decir que la vida enseña.

Encendió la lámpara, se levantó y fue hasta un cajón de la cómoda. Sacó una caja donde guardaba las fotos familiares. La abrió y empezó a mirarlos. Las fotos de los chicos desde que nacieron, las tuyas, las de sus padres.

Desde que se había separado de Osvaldo, había tirado todas sus fotos, incluida las de la boda. El pasado era una página del pasado y estaba dispuesta a olvidar.

Se sorprendió cuando encontró una foto de los dos sonriendo. ¿Cómo había estado entre los demás? Lo sostuvo dispuesto a romperla, pero la miró. Había sido una época feliz. En ese momento, amaba a su esposo. Vio la fecha: el primer aniversario de bodas. Habían salido a cenar para celebrar.

Con los ojos perdidos en el tiempo, Clara recordó aquella noche y algunas lágrimas brillaron en sus ojos.

¿Qué había hecho con sus vidas? ¿Cómo había podido deshacerse de esos momentos felices?

Se paró frente al espejo y estudió su rostro de cerca. Ella todavía era joven y hermosa. Muchos hombres la cortejaron después de la separación. ¿Por qué nunca pudo volver a amar?

¿Miedo al sufrimiento, a asumir responsabilidades, falta de confianza en uno mismo, en sus sentimientos?

¿Por qué, al pensar en su marido, sentía una opresión en el pecho, una desagradable sensación de opresión, de tristeza, de fracaso? ¿Era arrepentimiento, culpa?

A pesar de haber cometido un error, no fue un fracaso. Estaba cuidando a la familia, había recuperado su dignidad, sabía que tenía la capacidad de mantener a sus hijos cómodamente. Se había independizado.

Entonces, ¿cuál era ese sentimiento que la molestaba? Recordó las palabras de Lídia:

"Siempre quisiste hacer lo mejor. Resultqa que simplemente no lo sabías todo." Eso era cierto. Se había dejado engañar por Walter, pero en ningún momento había pensado en lastimar a su esposo o causar ese drama. Reconoció que había sido ingenua y que había pagado un alto precio por ello.

Por otro lado, se había vuelto más consciente, más madura. Lídia tenía razón. Ella no tuvo la culpa de haber sido ignorante ni Osvaldo por no haber encontrado las fuerzas para regresar y enfrentar la situación.

Ante ese pensamiento, Clara se sintió aliviada. Al mismo tiempo, reconoció que si Osvaldo regresó fue porque había decidido enfrentarse de frente a la familia. Él estaba siendo valiente y ella necesitaba hacer lo mismo.

Decidió no intervenir más en su relación con sus hijos.

Con su frivolidad ya lo había castigado una vez. No volvería a hacer eso. Volvió a coger la foto y la miró pensativa. Osvaldo era un hombre atractivo, elegante e inteligente. Después de tantos años viviendo en el campo, ¿cómo estaría?

Respiró hondo, guardó la caja y se volvió a acostar. Se sintió mejor y esta vez no tardó en dormirse profundamente.

Osvaldo miró su reloj con cierta impaciencia. Era hora que Carlitos se fuera. Habían pasado dos meses desde que conoció a Marcos y su relación con él mejoraba cada día.

Sin embargo, Carlitos se negó a recibirlo, sin tocar la generosa asignación que le estaba enviando. Cansado de esperar, Osvaldo había tomado una decisión. Lo estaba esperando cuando saliese de la escuela. Tendría que escucharlo.

Los chicos iban saliendo y Osvaldo los miraba de cerca, tratando de reconocer a su hijo. Marcos le había dado algunas fotografías.

Después de unos minutos, lo vio en compañía de un compañero. Hablaban animadamente. Emocionado, Osvaldo se acercó:

– ¡Carlitos!

Se detuvo sorprendido y palideció. El niño empezó a alejarse, pero Osvaldo lo tomó del brazo.

– Quiero hablar contigo.

– Pero yo no quiero. Me voy.

El amigo los miró sorprendido y preguntó:

– ¿Qué está pasando? ¿Quién es él?

– Soy el padre de Carlitos. Necesitamos conversar –. El niño los miró con asombro y dijo:

– En ese caso me iré. Hasta mañana.

Carlitos no respondió. Estaba pálido y nervioso. Osvaldo dijo con seriedad:

– No puedo soportar más esta situación entre nosotros. Tenemos que aclarar las cosas.

– Me queda muy claro. He vivido sin ti hasta ahora, puedo seguir viviendo. Mi madre nunca nos dejó.

– Vamos. Hablemos en otro lugar.

CAPÍTULO 14

– No quiero. Me voy.

Osvaldo siguió sujetándolo del brazo.

– No, no lo harás. Vamos, vamos al carro.

– Me estás obligando a hacer algo que no quiero hacer.

– ¿No entiendes que no podemos dejarlo como está? Si después de nuestra conversación decides que no quieres volver a verme nunca más, te respetaré. Pero necesitas darme la oportunidad de explicar lo que pasó. Vamos.

Carlos no respondió y lo acompañó. Una vez en el auto, Osvaldo consideró:

– Lo que te diré no significa una crítica a tu madre. Reconozco que el amor es independiente de nuestra voluntad. Tan pronto como llega, puede irse. Nos pasó a nosotros. Tu madre se enamoró de otro y no tuvo el valor de decírmelo.

– Eso no es cierto. Después que nos dejaste, ella no quería tener nada que ver con él.

– Ella tomó esa decisión más tarde. Pero cuando los sorprendí juntos, me volví loco. Esa posibilidad nunca se me había pasado por la cabeza. Sigo amándola como el primer día.

– Por la forma en que lo dices, ella fue la culpable. Pero no lo creo. Mamá ha sido maravillosa. Trabajó duro para mantenernos mientras tú no te preocupabas por nuestras necesidades.

– Tienes razón, pero tampoco pude apoyarlos. Mi cabeza estaba perturbada. Había dejado mi trabajo y no podía pensar en nada más que en el dolor que me estaba atormentando. No se puedes saber lo que es este infierno: los celos, el sentimiento de fracaso, la pérdida de la confianza y hasta las ganas de vivir.

– Te escapaste, no tuviste el valor para afrontarlo. Desapareciste cuando más te necesitábamos.

– Admito que fui débil. No me culpo, porque sé que en ese momento no pude hacer nada más. Mi mundo colapsó de tal manera que perdí los sentidos. Pensé en morir.

Carlos lo miró sorprendido. Osvaldo prosiguió:

– Mi familia me exigió que tomara una actitud. Querían que matara a mi rival, pero estoy en contra de cualquier tipo de violencia. No quería vengarme. Decidí desaparecer. Tomé un tren, pero mi tormento era tan grande que en un momento de desconsideración quise morir y salté del vagón en movimiento.

Carlitos escuchó en silencio, con las manos temblorosas, rostro ansioso. Osvaldo, con los ojos perdidos en sus recuerdos, continuó:

– Dios quiso salvarme de cometer esta tontería. Estaba inconsciente y fui salvado por un campesino y su hijo que pasaron por la carretera y me acogieron. Su familia, gente sencilla y buena, hizo todo lo posible para salvarme la vida. Fue Antônio, un curandero del campo, quien me devolvió la vida y me cuidó. Después me fui a vivir con su familia a su finca, donde me enseñó muchas cosas. Es un hombre sabio, quien me ayudó mucho a recuperar poco a poco el valor para seguir viviendo. Me hubiera gustadoría haber actuado de manera diferente, pero no pude.

Las lágrimas inundaron el rostro de Carlos y no pudo hablar. Emocionado, Osvaldo continuó:

– Durante todo este tiempo te extrañé, nuestra vida juntos, pero no tuve el coraje de volver. Mi intención era vivir el resto de mis días en ese ambiente sencillo, con esas personas que me enseñaron la bondad, ya que viven ayudando a todo el que las busca. Pero no soporté el anhelo y, una tarde, cuando fuimos al pueblo, llamé a la tía Esther. Luego me enteré de cómo estabas.

Desde entonces, comenzamos a tener correspondencia. La tía Esther hablaba con Rita para averiguar sobre ti, luego me escribía contándome. Escuché que me tomaste por muerto. Pensé que era mejor dejarlo así. Pero la tía Esther murió y me pidió que me hiciera cargo de todo lo que tenía. Me nombró heredero y decidí volver. Pensé que podría compartir estos recursos contigo y compensarte de alguna manera por el tiempo que estuvimos separados.

– No necesitamos su dinero – dijo Carlos con voz herida.

– No es solo eso lo que vine a ofrecerte. ¿No entiendes como me siento? Yo vivía todo el tiempo sin ningún recurso financiero, y eso poco me importaba. Volví para decirte que siempre te he amado, que no podría hacerlo mejor que porque soy débil. Pero el amor en mi corazón sigue siendo el mismo. No hubo ni un día en que dejé de pensar en ti, en cómo me gustaría abrazarte y decirte lo que hay en mi corazón.

Carlos luchó por mantenerse estable, pero no pudo contener sus sollozos. Osvaldo lo abrazó, besando tiernamente su cabello, mezclando sus lágrimas.

– Hijo, ¡cómo quisiera abrazarte ahora! Di que me perdonas y no me niegues el consuelo de tu amistad.

Carlos no pudo responder de inmediato. Se abrazaron durante unos momentos. Luego respiró hondo y respondió:

– Perdóname, padre. También sufrí mucho por no tenerte y por no saber dónde estabas. Muchas veces me despertaba durante la noche y ya no podía dormir pensando en dónde y cómo estarías, si estabas muerto, si estabasd enfermo, necesitado. Fue espantoso.

Osvaldo lo apretó de nuevo en sus brazos y le besó la frente, diciendo:

– Ese tiempo ha pasado, hijo mío. Regresé y tengo la intención de no dejarlos nunca más.

– ¿Volverás a casa?

– Eso no es posible. Pero siempre estaré contigo y tu hermano.

- No perdonaste a mamá. Todavía sientes resentimiento por el pasado.

- No la condeno. Como yo, hizo lo que pudo ante lo que sentía. Pero comprende que nuestra relación se rompió en ese momento y no hay vuelta atrás. Ella ya no me ama. Además, pasaron muchas cosas durante todos estos años. Nuestros caminos son diferentes. Pero eso no cambia el hecho que ustedes son mis hijos y los amo mucho.

- ¿Ya no la amas?

Tomado por sorpresa, Osvaldo no supo qué decir. Guardó silencio unos instantes y Carlitos prosiguió:

- Dices que ella ya no te amaba. Sin embargo, nunca consiguió otro, aunque tuvo la oportunidad. Lo vi, pero nunca quiso hacerlo. Siempre pensé que ella nunca te olvidó.

- No te hagas ilusiones, hijo. Lo que ha pasado no vuelve, por mucho que lo extrañemos.

- ¿Tienes otra mujer?

- No.

- Aun eres joven. ¿Por qué sigues solo?

- Quizás porque fue suficiente una vez para no querer repetir la dosis. Pero hablemos de ti. Me gustaría que me dijeras lo que te gusta, cuáles son tus planes para el futuro.

Osvaldo estaba feliz de haber roto la barrera que lo separaba de su hijo. A partir de ese momento, podría hacerse más amigo de ellos, ayudarlos a vivir mejor, con más consuelo, amor y alegría.

Dejó a su hijo en casa con la promesa de reunirse para cenar durante el fin de semana.

- Llamaré a Marcos y lo arreglaré - dijo en la despedida. Carlos entró a la casa y Rita lo miró con asombro.

- ¿Pasó algo? - Preguntó, notando sus ojos rojos.

- Papá me estaba esperando cuando salí de la escuela. Hemos estado hablando.

Rita detuvo lo que estaba haciendo y dijo:

- ¿Se llevaron bien chicos?

- Sí. Me explicó muchas cosas y me hizo cambiar de opinión.

- Estoy feliz. El sr. Osvaldo siempre fue un buen hombre, un padre amoroso.

- Creo que todavía ama a mamá.

- Podría ser. Estaba muy enamorado de ella.

- Bueno, me di cuenta. Cuando habló de ella, sus ojos brillaron. Pero dijo que no tiene intención de regresar a casa.

- Será mejor que no te metas en ese asunto. Puede que a tu mamá no le guste.

- ¿Ha llegado ya?

- Todavía no. Pero ella ha estado nerviosa. Teme que te encariñes con él y la abandones.

- Eso nunca sucederá. Su lugar es sagrado. Tanto Marcos como yo sabemos cuánto nos ama y se ha esforzado por brindarnos consuelo y amor.

Rita sonrió y le frotó la cara, acariciándolo.

- Eso lo sé. Son los mejores niños del mundo. Ahora ve a bañarte que tu madre vendrá pronto a cenar.

Mientras subía alegremente, Rita no contuvo la alegría. Después de tantos años, las cosas estaban comenzando a volver a su lugar adecuado. No creía en la reconciliación de Osvaldo y Clara. Pero pensó que era muy bueno que los chicos pudieran vivir con su padre, disfrutando de su cariño y protección.

Clara llegó a casa una hora después y Marcos ya estaba presente. Rita ordenó que sirvieran la cena y no le dijo nada. Prefería que lo hiciera Carlitos.

Después de la cena, Carlos llamó a su madre y le dijo:

- Pasó algo que necesito decirte.

- ¿Qué es? - Preguntó Clara, preocupada.

- Sentémonos en la sala.

Una vez acomodados, continuó:

- Papá fue a esperarme a la escuela y tuvimos una conversación -. Clara palideció, pero esperó a que continuara.

- Me contó todo lo que le pasó después que se fue de la casa.

Con voz emotiva Carlos relató lo que le había dicho Osvaldo. El pecho de Clara se sintió oprimido, mientras el sentimiento de culpa reaparecía con todas sus fuerzas.

Las lágrimas empezaron a caer y ella dijo con amargura:

- Sé que fui culpable de todo. Debes estar odiándome. ¡Si supiera cuánto me arrepiento! Pero ya es demasiado tarde. El mal ya está hecho y no hay vuelta atrás.

Carlos la abrazó con cariño:

- No te culpes, madre. Papá me hizo entender que tanto tú como él eran muy jóvenes y no tenían la madurez para actuar de otra manera. Él no te condena. Al contrario. Acepta los hechos tal como son. Dijo que nadie gobierna el corazón, que dejaste de amarlo, te enamoraste de otro y no tuviste el valor de decir la verdad.

Clara miró hacia arriba llorando y preguntó asombrada:

- ¿Dijo eso? ¿No me odias por lo que hice?

- No vi odio ni resentimiento en sus ojos. Solo noté el amor. Llegué a pensar que todavía te ama. Tampoco se casó más. Vive solo.

Clara guardó silencio unos momentos. La noble postura de su marido la conmovió. Era la primera vez que veía a un hombre traicionado, de la forma en que sucedió, sin guardar rencor.

- Puede ser que no me odie. Pero amar, no creo. Estas exagerando. Lo que hice, nadie perdona. ¿Qué más te dijo?

- Nada más. Solo dijo que su relación no tiene nada que ver con su amor paternal. Quiere vivir con nosotros, apoyarnos y protegernos. Finalmente, acordamos cenar el sábado.

Clara suspiró resignada. La opresión en su pecho continuaba, pero sentía que no podía evitar que Osvaldo viviera con sus hijos. Sería castigarlo dos veces.

Al ver que todavía estaba pensativa, Carlos la abrazó, diciéndole que papá era un buen hombre y que lo quería.

- Pero tú estás primero. No creas que olvidaré lo que has hecho por nosotros.

La besó en la frente y continuó:

- No te entristezcas que haya regresado, estoy seguro que viviremos mucho mejor sin ese dolor en el corazón. Me gustaría mucho que también olvidaras el pasado. No más culparse a sí misma, recordar lo que fue y no tiene remedio. Madre, a partir de ahora comencemos una nueva vida, mi mayor deseo es verte feliz.

Clara tomó a su hijo en brazos y lo besó en la mejilla.

- Gracias, hijo mío. Tienes razón. Necesitamos enterrar el pasado de una vez. Eres joven, necesitas vivir en un entorno alegre y mereces ser feliz. Nunca volveremos a tocar este asunto

- ¡Ahora sí! - Dijo Marcos, quien por unos minutos había estado parado en el umbral escuchando la conversación sin querer interrumpir.

- Finalmente, lo entiendes. El pasado está muerto y no hay vuelta atrás, avancemos nuestras vidas con alegría. Nuestra felicidad es cómo vemos la vida. Siempre pensaremos en lo mejor.

Clara abrió los brazos y los tres se unieron en un mismo abrazo.

Más tarde, cuando los chicos se retiraron, Rita, satisfecha, se acercó a Clara.

- Ahora todo está bien.

-No lo sé. Todavía siento mi pecho palpitar.

- Deberías estar aliviada. ¡Estabas tan asustada!

- Aun lo estoy. ¿Crees que Osvaldo podría estar fingiendo?

- ¿Cómo así?

- Decirles a los chicos que no me odia. Eso no es natural. En el fondo debe estar enojado, culpándome.

- Estás fantaseando. No sabes lo que hay en su corazón. Osvaldo siempre fue un muy buen hombre.

- Ningún hombre puede perdonar lo que hice.

- También debes dejar de culparte. Te odias por lo que has hecho y no aceptas que él no haga lo mismo. Quieres compartir tu culpa con él. Solo que él lo entendió de manera diferente. Carlitos me dijo que reconoce que eras inmadura. Cada uno era débil en un punto y dio lo que dio. De hecho, he oído hablar de ello a doña Lídia, piensa como él –. Clara suspiró pensativa.

- Siempre fue mejor que yo. Tal vez no debería guardar rencor.

- Así es mejor. No puedes juzgar a los demás por ti.

Cada persona tiene su propia forma de ver y sentir las cosas –. Hizo una breve pausa y comentó:

- Noté que todavía te gusta Osvaldo.

- Es verdad. Lo admiro y realmente espero que sea feliz. Carlitos dijo que él tampoco se casó de nuevo. Después de lo que hemos pasado, no podemos empezar de nuevo. No quiero a nadie más.

En ese momento en su casa, Neusa, la madre de Osvaldo, se preparaba para irse a la cama cuando Antônio llamó a la puerta del dormitorio y entró:

- Madre, tengo algo nuevo.

Ella se interesó de inmediato:

- ¿Qué es?

- Hoy fui al bar de José y encontré a Walter.

- ¿Ese sinvergüenza?

Antônio se encogió de hombros y dijo con malicia:

– Hombre es hombre. Clara fue una descarada. Si no le hubiese hecho caso, él no habría hecho nada.

– Ambos son harina del mismo costal. Ya dije que no me gusta que hables con él.

– De vez en cuando nos encontramos y no puedo evitarlo. Después de todo, es mi amigo, siempre fue bueno conmigo. Me consiguió ese trabajo que nunca debí haber dejado. Nunca más volví a conseguir un trabajo tan bueno. Hemos estado viviendo mal. A decir verdad, fue Walter quien me dio algunos consejos para ganar algo de dinero. No puedo perder la amistad por culpa de un hermano que nunca se preocupó por nosotros. Ahora que se ha vuelto rico, podría ayudarnos, pero hasta el día de hoy, ni siquiera ha preguntado si necesitamos algo.

– Deja a tu hermano solo. Siempre fue un ingrato, pero tenemos que tragarnos todo y acercarnos a él. Un día se dará cuanta cuánto necesitamos el dinero y tendrá la voluntad de ayudarnos.

– Ojalá. Pero Walter se enteró de la herencia de Osvaldo y vino a verme para conocer los detalles. Estaba muy enojado. Dijo que la tía Esther debía habernos dejado ese dinero a nosotros, no a Osvaldo.

– Conozco a ese adulador. Dije eso para que te pongas de su lado, y te lo creíste de inmediato.

– Ahora, mamá, ¿qué interés puede tener? Él es quien nos ha estado ayudando. ¿Sabes lo que me dijo?

Neusa negó con la cabeza y continuó:

– Que todavía ama a Clara. Está dispuesto a casarse con ella.

– ¿Casarse cómo, si ya está casada?

– Hay un camino para todo. Basta con tener dinero. Conozco personas divorciadas que estuvieron casadas por contrato o en otro país y hoy viven muy bien, formaron una familia y son respetadas.

- Nunca debería pensar en hacerle eso a Clara. Si ella engañó a Osvaldo, puede hacer lo mismo con él.

- Eso es lo que le dije. Pero Walter cree firmemente en su honestidad. Ha estado vigilando sus pasos y ha dicho que nunca salió con nadie. Ni con él.

- Bueno. ¿Has pensado en los chicos?

- Son tus nietos, pero nunca nos visitan. Ella no los deja.

- Por eso no la perdono.

- Creo que Clara no dará más confianza a Walter. Si no se quedó con él cuando estaba sin saber de Osvaldo, ahora que está de vuelta y rico va a querer caerle encima de nuevo...

Neusa se puso las manos en la cabeza.

- ¡Dios nos libre y guarde! ¡Todo menos eso!

- Lo peor, mamá, es que ese tonto puede caer en la trampa. Nunca he visto a nadie más suave que él.

- Mañana le haré una visita. Necesito sondear lo que piensa y, si es necesario, abrirle los ojos.

- Tiempo perdido. ¡Nunca nos escuchó!

- Pero lo intentaré. Es mi deber como madre.

Al día siguiente, Neusa fue a la casa de Osvaldo. José respondió y le informó que el patrón estaba tomando café en la despensa. Entró sin esperar a que él le avisara. José la siguió con disgusto.

Cuando entraron a la despensa, inmediatamente dijo:

- Lo siento, pero no pude evitarlo.

- Está bien - respondió Osvaldo, levantándose para saludar a su madre.

- ¡Hijo mío! Vine porque te extrañé. Nunca nos visitas, sabes cómo estoy.

- Sé que estás muy bien. ¿Ya tomaste tu café?

- Sí. Pero, por supuesto, no estaba tan lleno como este. Antônio está desempleado desde... - Vaciló un poco. Luego, al ver que Osvaldo seguía callado, prosiguió:

- Ya sabes: perdió ese gran trabajo por culpa de Clara. Nunca consiguió otro igual.

Osvaldo se había vuelto a sentar, se llevó la taza de café con leche a los labios y dijo con calma:

- Si lo intenta, puede encontrar uno mejor.

- Soy testigo de cómo lo ha estado intentando. Pero es difícil.

- Sírvete tu misma - dijo.

Se sirvió café con leche y un generoso trozo de tarta, diciendo con voz lastimera:

- Me alegro que hayas vuelto. Necesitas saber cómo hemos sufrido todos estos años. Hay días en los que no tenemos nada que cocinar -. Suspiró resignada y concluyó:

- Pero no vine aquí para quejarme o traerte problemas.

- Es bueno saber eso.

- Vine a decir que Antônio estaba con Walter y me enteré muchas cosas.

Osvaldo la miró con seriedad y respondió:

- No quiero hablar de eso.

- Pero tengo que decirlo. Sigue enamorado de Clara, quiere casarse con ella, por contrato o lo que sea. Está pensando que ella no te aceptará porque volviste rico. Ahora preferirá volver contigo. Eso sería una vergüenza. No puedes estar de acuerdo con eso.

Osvaldo frunció los labios, tratando de contener su ira. La miró con seriedad y respondió:

- Dije que este asunto no me interesa. Insistes y eso me incomoda.

- Solo porque soy tu madre. No puedo permitir que vuelvas con ella. ¿Qué dirán los demás? Dime que no tienes la intención de perdonarla. Ha hecho infeliz a toda nuestra familia y merece ser castigada.

Osvaldo se puso de pie tratando de mantener el control.

- No te doy derecho a entrometerte en mi vida y mucho menos a decir lo que debo o no debo hacer. Este asunto concierne solamente a mí y a mis hijos. No permito que te entrometas.

- ¡A pesar de todo, todavía la defiendes! Antônio tiene razón: si ella quiere volver, caerás como un tonto.

- Te dije que no hablaras de eso, pero insistes. No voy a escucharte. Toma tu café y luego vete. Mientras que estés pensando de esa manera, por favor no vuelvas aquí nunca más.

- ¡Hijo mío! ¿Me estás botando, que soy tu madre, para defender a esa descarada? No puedo creerlo

- Créeme - dijo con voz fría -. Ahora tengo que irme. Si quieres hablar del pasado, no vuelvas a visitarme.

Se fue, dejando a Neusa, que tenía el rostro lloroso, pero pronto cambió su rostro y trató de saborear las golosinas en la mesa. José la miraba furtivamente y no pudo evitar reír. Conocía a Neusa lo suficientemente bien como para saber cuánto estaba fingiendo. Afortunadamente, pensó, el jefe no se había dejado engañar por sus palabras.

Osvaldo se encerró en la oficina, pensativo. A pesar de no tomarse en serio nada de lo que dijo Neusa, no pudo evitar pensar en sus palabras. No creía que Clara aceptara casarse con Walter. Si le gustaba, se habría quedado a su lado cuando se separaron.

La información que le dieron fue que Clara había roto con Walter hace muchos años, demostrando claramente que no quería vivir con él. ¿Por qué ahora, tantos años después, cuando la vida lo trajo de regreso, Walter reapareció insistiendo en el mismo propósito?

¿Y si esta vez Clara estaba dispuesta a aceptarlo? Osvaldo sintió que se le oprimía el pecho y se puso de pie nervioso.

No tenía más derechos sobre Clara. Ella era libre de hacer lo que quisiera con su vida. ¿Por qué, entonces, esta inquietud, este miedo? ¿Estaba todavía en su corazón el dolor que había intentado eliminar y que pensaba extinguido?

Recordó a los niños. Por eso no quería que volvieran a estar juntos. Solo por los niños.

Ese pensamiento lo calmó. Clara es dueña de sí misma y no vio ninguna explicación. Pero la idea que Walter la estaba buscando para vengarse de él lo enojó.

– Cualquiera menos él – pensó nervioso.

Acostumbrado a estudiar los acontecimientos del día a día en un intento por comprender lo que la vida deseaba enseñarle, pensó que era necesario analizar el hecho que su regreso había reavivado el interés de Walter por Clara.

Sentía que la vida los estaba uniendo, sacando a la luz el pasado por alguna razón. Pero ¿para qué?

Si no odiaba a nadie, si había logrado entender la actitud de Clara, si veía a Walter como un conquistador como tantos otros que se aprovechaban de la debilidad de una mujer, ¿por qué tenía que volver a repasar todo?

Sabía que cuando una situación se resuelve espiritualmente, no se repite y las personas involucradas solo se reencuentran si quieren. Si el pasado había vuelto, si la vida estaba uniendo a las personas, era porque aun quedaban problemas sin resolver, hechos por aclarar.

Osvaldo suspiró profundamente. Le hubiera gustado no volver a ese pasado, pero al mismo tiempo sentía que si la herida le dolía, seguía apegado a ella.

Su primer impulso fue irse, volver al campo, donde la vida era sencilla y tranquila. Daría toda su fortuna a sus hijos y pasaría el resto de sus días trabajando con Antônio. Extrañaba los momentos de oración y la alegría de vivir entre gente amorosa y sincera.

Se sentó en la cama y se pasó una mano por el cabello con angustia. Recordó a sus hijos, sus encuentros con ellos y el placer que había sentido al estar con ellos. Recordó los proyectos que habían realizado. No quería volver a separarse de ellos.

Huir no era la solución. Dondequiera que fuera a vivir, los problemas no resueltos irían con él, dentro de su corazón.

Mientras trabajaba con Antônio, a menudo lo buscaban personas que, en medio de sus propios problemas emocionales, buscaban ayuda espiritual en busca de consejo, una palabra de aclaración.

Los escuchaba con atención y, bajo la inspiración de sus amigos espirituales, trataba de aclarar la situación, analizándola desde la perspectiva de la espiritualidad.

Respetando el libre albedrío de cada uno, aclaraba las posibilidades, sin opinar nunca sobre lo que debían hacer.

Le vinieron a la mente algunas frases que solían decir los amigos espirituales:

"Cada uno es responsable de todo lo que le pasa. ¿Cómo has atraído todo esto?" Reconoció que era más fácil ser un canal para los espíritus, aconsejar a otros, que hacerlo él mismo.

Una cosa era segura: huir sería repetir el mismo error. No. Necesitaba quedarse y enfrentarse a lo que fuera. Se sintió arrastrado al pasado. En los hechos que lo hicieron tan infeliz, todavía había lecciones que no había aprendido. Por eso la vida lo llamó a recapitular.

Conmovido, Osvaldo se arrodilló y oró pidiendo a sus amigos espirituales que lo inspiraran para que pudiera entender la verdad.

De repente se sintió fuerte, listo para afrontar el futuro y aprender las lecciones que le faltaban. Una vez, había tomado la decisión de trabajar a favor de las energías de la vida.

Sabía que, para ello, tendría que prestar atención a las señales que ella le daría. Para seguirlos, era necesario no juzgar a nadie, estar abierto a los acontecimientos, mirando los hechos siempre por el lado positivo.

Para trabajar a favor de la vida, es fundamental creer que la vida siempre da lo mejor de sí, apuntando al progreso de todos.

Osvaldo se puso de pie sintiendo un suave calor en el pecho, la opresión y la angustia habían pasado.

CAPÍTULO 15

Eran más de las siete cuando Clara salió del trabajo. La noche ya había caído y hacía frío. Dio un paso adelante tratando de cubrir parte de su rostro con el pañuelo, porque el viento estaba helado.

De repente, alguien la tomó del brazo. Se volteó y vio a Walter.

– ¡Clara! ¡Tenemos que hablar!

– No tengo nada de qué hablar contigo – dijo, soltándose de su agarre abruptamente.

– ¡Por favor! No seas rencorosa. En nombre de los viejos tiempos, escucha lo que tengo que decir.

– Tengo prisa. Es tarde y estoy cansada.

– No me hagas esto. Lo que tengo que decirte es importante. Entremos aquí, tomemos un café o un chocolate.

Ella lo miró seriamente y preguntó:

– ¿Pasó algo?

– Sí. Ven conmigo.

Esta vez ella estuvo de acuerdo. Estaba abatido y Clara decidió escucharlo. Se sentaron en un rincón tranquilo y él pidió chocolate caliente para ambos.

– ¿Y entonces? – Preguntó inquieta.

– Estaba con Antônio y me informó que Osvaldo regresó –. Al ver que ella todavía estaba en silencio, continuó:

- Me dijeron que fue a buscarte. Tenía miedo. Quizás quiera vengarse de nosotros.

- No te preocupes. El pasado está muerto.

- Pero ahora es rico. Ha estado con tus hijos. Querrá volver contigo.

- Deja de fantasear con los hechos. No sé qué te dijeron Antônio o Neusa. Es cierto: Osvaldo regresó, buscó a sus hijos. Tiene todo el derecho a estar con ellos. Eso es todo. Nada más.

- Pero está solo. Estoy seguro que quiere volver contigo.

- Ese es mi problema y no es de tu incomubencia. No tengo ningún compromiso contigo y no me gusta que sigas entrometiéndote en mi vida. Lo que pasó entre nosotros fue un accidente que lamento mucho y me gustaría olvidar. No quiero que te involucres en mi vida privada.

- ¿Eso significa que, si él quiere regresar, lo aceptarás?

- No tengo que darte ninguna explicación.

- Ya lo sé. Todavía amas a Osvaldo. Por eso me alejaste de tu vida. Siempre te he amado, que durante todos estos años no he tenido otra mujer y deseo casarme contigo.

- Basta - dijo irritada -. No te amo. Yo nunca te amé. Tuvimos una aventura que, ahora sé, fue solo una fantasía para mí. Yo era muy joven, inmadura. Si fuera hoy, no me habría involucrado contigo.

- Dices eso ahora. ¡Pero en ese momento te gustó! Te estremecías cuando te tocaba. ¿Crees que lo olvidé?

- Intenta olvidar.

- Vine a hablar contigo porque quiero que lo reconsideres. Todavía quiero casarme.

- Todavía estoy legalmente casada.

- Me desconcierta mucho. Nunca solicitaste la separación legal porque esperabas que él regrese y retome el matrimonio.

Clara se puso de pie:

- Estás loco. Tengo que irme.

El camarero trajo el chocolate y Walter preguntó:

–Siéntate. Toma tu chocolate. No he terminado todavía. Escucha lo que tengo que decir –. Ella se sentó de nuevo.

- Sé breve. Si vas a continuar con el mismo asunto, no escucharé.

- Estoy preocupado. Osvaldo pudo haber regresado para vengarse.

- Ahora cambiaste. Primero él iba a volver conmigo, ahora se va a vengar.

- Por supuesto. Quiere volver no por amor, sino para vengarse. Si lo aceptas, te hará sufrir mucho. Incluso su familia piensa eso.

- No creo en nada de eso.

- Debería creerlo. Por eso te busqué. Quiero protegerte. Todavía estás casada legalmente, pero ha estado separado durante muchos años. Podemos solicitar el divorcio y casarnos en Uruguay. Conmigo a tu lado, no se atreverá a hostigarte. Estoy dispuesto a hacer cualquier cosa para demostrarte cuánto te amo. A pesar que digas que no me quieres, sé que bajo las cenizas de tu corazón todavía hay una llama que bien alimentada volverá a arder.

Clara suspiró profundamente y se puso de pie, esta vez lista para partir.

- Lo que dices es irrelevante. No quiero casarme con nadie. Soy autosuficiente para cuidar mi vida y mi familia. No necesito que ningún hombre me defienda, mucho menos a ti. Por favor, déjame en paz. No me busques, porque será inútil.

- Al menos piensa en lo que te dije. No respondas ahora. En una semana te volveré a buscar.

- No vuelvas, porque no quiero verte más.

Ella se fue rápidamente y Walter la siguió con la mirada hasta que desapareció. La semilla fue sembrada. Amaba a esa mujer. Durante esos años había tenido otras relaciones sin relevancia. Ninguna mujer era como ella. Entonces, el hecho que Clara lo haya rechazado estimuló su admiración.

Siempre había tenido éxito con las mujeres. ¿Por qué Clara se resistía?

A pesar de su resistencia, estaba convencido que, si insistía, podría recuperarla. Continuó bebiendo su chocolate, pensando cuál sería el siguiente paso para lograr sus objetivos.

Clara llegó a casa nerviosa. Rita notó de inmediato:

– ¿Pasó algo? ¡Tienes una cara!

– Estoy cansada y tuve que aguantar a Walter.

– ¿De nuevo?

– Sí. Un desastre nunca llega solo. No más Osvaldo, ahora Walter.

– ¿Qué quería?

– Vino con una conversación que lo necesito para protegerme de Osvaldo, que querrá volver conmigo solo para vengarse. Quiere hacer un contrato de matrimonio en el extranjero, que me ama. Quería tirarle la taza de chocolate a la cara.

– ¿Realmente piensa eso?

– Ha estado hablando con Antônio y Neusa. Ciertamente también temen que Osvaldo vuelva con su familia.

– Principalmente por el dinero que tiene.

– Están todos fuera de la realidad. Osvaldo ni siquiera quiere hablar conmigo. Nunca me buscó, ni me buscará. Cuando está con los chicos, no toca mi nombre. Ellos son los que hablan, y él, para no lastimarlos, habla y no habla mal de mí.

Rita miró a Clara seriamente y dijo:

– Y si quisiera volver, ¿lo aceptarías? – Clara se estremeció:

– ¿Tú también?

– Esto es solo una hipótesis. Si fuera así, ¿qué harías?

– Eso nunca sucederá. Nuestra relación terminó el día que nos atrapó juntos. Esa es la verdad. No me gusta que fantaseen con eso. Los chicos pueden engañarse. Siento que, a pesar de todo, siguen pensando en la idea de tener a su padre en casa. Quiero que vean las cosas como son. Eso era lo que temía cuando Osvaldo decidió acercarse a ellos.

– Hasta ahora ha sido muy discreto.

– Razón de más para que los chicos no presionen. Para mí es muy desagradable. Osvaldo me dejó y nunca más me buscó. El amor que sentía por mí se convirtió en decepción, rabia, desencanto. Por cortesía, no les habla mal de mí a los chicos, pero está claro que sus sentimientos por mí no pueden ser amistosos después de lo que le hice.

– Estás prejuzgando sin saber lo que pasa en su corazón.

– Estoy segura que eso es lo que piensa. No quiero que los chicos lo animen para que se acerque a mí. No tengo ningún deseo de reunirme con él. Además de vergonzoso, sería horrible. Solo de pensarlo, me angustio.

– Entonces no pienses. Después de todo, no conocemos el futuro. Pero estoy intrigada por el regreso de Walter. Parece que la vida tiene una razón especial para volver a unirlos.

– ¡Dios no lo quiera! ¡No digas tal cosa! Pero ya he dejado en claro que no quiero tener nada que ver con él. Le pedí que no me buscara más.

– Si tiene algo en mente, volverá a buscarte.

– Bueno, está perdiendo el tiempo. Que se ocupe de sus propios asuntos. No se veía bien. Estaba abatido, luciendo enfermo.

– Quiere conmoverte.

– Puede rendirse. ¿Por qué la gente insiste en vivir en el pasado? Ni siquiera me gusta recordar lo que pasó. Lo que quiero es ser libre, guiar a mis hijos en la vida, vivir en paz.

El pasado está muerto, enterrado. Tanto Walter como Osvaldo deben comprender esto. Ahora voy a subir a darme una ducha.

Después que Clara se fue, Rita estaba pensativa. Sabía que la gente toma decisiones, pero que la vida determina los hechos. Si estaba acercando a los tres, retomando problemas del pasado, era porque no estaban resueltos.

También sabía que cuando esto pasa es porque todos tienen la madurez suficiente para resolverlos satisfactoriamente.

Quedaba por ver cómo reaccionaría cada uno al tener que revivir hechos dolorosos que los hicieron sufrir. Sentía que Clara necesitaba ser paciente, prestar atención a los acontecimientos, no tomar decisiones apresuradas.

Por supuesto, este reencuentro era una excelente oportunidad para lavar las heridas del alma, recuperar el equilibrio perdido, madurar. ¿Clara estaría lo suficientemente tranquila como para aprovecharlo?

- ¡Necesitamos confiar en Dios! - Ella murmuró -. Menos mal que Clara empezó a comprender la vida espiritual. Esto te ayudará a ver las cosas de una mejor manera.

Carlitos entró en la cocina:

- ¿Qué pasa, Rita, hablando sola?

- Estaba pensando en voz alta. Aun no voy a ponerme senil -. La abrazó, besándola gentilmente en la mejilla:

- No quise decir eso. Como siempre hablas de espíritus, pensé que estabas hablando con ellos.

- También. ¿O cree que estás solo porque no puede verlos?

- Ojalá lo hiciera, pero se esconden de mí. Creo que es porque dudo que estén a mi alrededor.

- Uno de estos días verás a uno junto a tu cama -. Carlitos miró hacia un lado y dijo en tono de broma:

- ¡Por favor! Sabes que yo creo. No tienes que visitar mi habitación. Retiro todo lo que dije.

- No tienes que tener miedo tampoco. Aquí en nuestra casa solo aparecen espíritus de luz.

- No lo parecía. ¡Tenías una cara! Pero creo que fue la conversación con mamá.

Rita lo miró seriamente:

- ¿Escuchaste nuestra conversación?

- Escuché. Pero no fue intencional. Estaba en la habitación de al lado y estabas hablando en voz alta.

- Voy a hablar con Marcos. Que Walter no puede volver a molestar a mamá. Basta con el mal que nos ha hecho. Si vuelve a buscarla, tendremos que hablar con él. Tenemos que defender a mamá.

Rita se acercó a Carlos, le puso la mano en el brazo y le dijo seriamente:

- No harás eso. Si tu madre lo sabe, se enojará mucho.

- No puede molestarse. Ahora somos grandes, podemos defenderla. Necesita saber que ella no está sola.

- No harás nada. Tu madre sabe defenderse muy bien y no necesita que te entrometas. De todas maneras, ella no quiere nada de él. Le dijo eso firmemente. Dudo que vuelva a molestarla.

Carlos apretó los puños y dijo enojado:

- Que no vuelva. ¡Si insiste, se las verá conmigo! - El tono de voz sorprendió a Rita, quien respondió:

- El odio es muy malo y puede causar mucho daño. No albergues esos sentimientos en tu corazón.

- He estado enojado con este tipo durante mucho tiempo.

- Prométeme que te esforzarás por sacar esto de su corazón.

- No puedo. Él fue culpable de todo. Y ahora, cuando regresa nuestro padre, reaparece. Esta vez no permitiré que vuelva a molestarnos.

Rita trató de hacerlo cambiar de actitud, pero fue inútil. Ella no pensó que él estuviera tan enojado con el pasado. Su temperamento alegre y jovial cubría lo que había en su alma. Este era un peligro que ella desconocía. Cuando se fue, ella se preguntó si se lo diría o no a Clara.

Pensó que era mejor ahorrarle a ella y hablar con Lídia, pidiéndole orientación y ayuda espiritual.

El sábado, Osvaldo envió el auto a buscar a sus hijos para almorzar en su casa. Después de la visita de su madre, Osvaldo se sintió inquieto y preocupado.

Sus palabras trajeron escenas del pasado que pensó que estaban olvidadas. Vio a Clara en los brazos de Walter, recordó el dolor, la angustia, el viaje en tren, todo lo que había sucedido.

Buscó consuelo en la oración, pidiendo ayuda a sus amigos espirituales. Después de eso, se sintió más tranquilo, los niños llegaron trayendo de vuelta la alegría. Junto a ellos, interesado en lo que decían, Osvaldo se sintió revitalizado.

Después del almuerzo, sentado en el balcón, Osvaldo notó que Carlos estaba más callado que de costumbre.

– ¿Pasó algo? Estás muy callado hoy.

– No pasó nada – dijo rápidamente Marcos.

– No es lo que parece. ¿Qué pasa, hijo? Si tienes un problema, dilo. Intentaremos resolverlo juntos.

Carlos se quedó callado y Marcos respondió:

– Tiene algunas ideas tontas en la cabeza. Nada de más. Pronto pasará.

Osvaldo no insistió. Notó que Carlos había cerrado la boca con fuerza, como para evitar hablar.

Esperó un rato, y cuando Marcos se distrajo en la biblioteca buscando algunos libros antiguos que le gustaban, Osvaldo se acercó a Carlos y le alisó el cabello con cariño.

- Siento que no estás bien. Habla de lo que te molesta. Estoy aquí para apoyarte. Abre tu corazón. Soy tu padre, te quiero mucho.

- Si hablo, pelearás conmigo. Después de todo, no es justo que te comente esto.

- Habla hijo mío. Confía en mí. Nunca me enojaré contigo. ¿Qué es?

- El otro día, sin querer, escuché una conversación entre mamá y Rita. Me enfadó mucho.

- Adelante.

- Ese tipo está persiguiendo a mamá de nuevo -. Osvaldo palideció.

- ¿Qué tipo?

- Walter. Ella no quiere, pero él la persigue de nuevo -. Carlos apretó los puños con ira -. ¡Si continúa, se las verá conmigo!

Osvaldo intentó controlar su emoción. Respiró hondo y luego respondió:

- ¿Estás seguro?

- Sí. Hubo un tiempo en que él la iba a esperar cuando saliera del trabajo, pero ella nunca quiso tener nada que ver con él. Llegaba nerviosa, irritada, dijo que ni siquiera quería oír su nombre. Luego él terminó rindiéndose. Pero ahora todo empezó de nuevo. Él tuvo la culpa de todo lo que nos pasó. Por él nos dejaste, nos separamos. Ahora que has vuelto, no voy a dejar que lo vuelva a hacer.

- Cálmate, hijo. Ella no lo quiere y él terminará rindiéndose nuevamente.

- Eso es lo que le dijo a Rita. Pero sé que no se rendirá. Volverá a convertir nuestras vidas en un infierno.

Marcos, de vuelta en el porche, escuchó parte de la conversación e intervino:

- Te dije que te callaras. Papá no se merece pasar por esto.

- Déjalo, Marcos. Hizo bien en abrir su corazón.

– A mamá no le gusta este tipo. Estoy seguro que volverá a desaparecer. No necesitaba molestarte por esto.

– Estoy aquí para apoyarte en todo. Pase lo que pase, puedes contar conmigo. Me gustaría que Marcos no me ocultara nada. Pueden estar seguros que haré todo lo posible por el bienestar de mi familia.

Alisó el cabello de Carlos con cuidado y continuó:

– Quiero que te esfuerces por desterrar la ira de tu corazón y tengas cuidado con el juicio. La gente comete errores porque no sabe cómo hacerlo mejor. No culpes a Walter por el pasado. En lo que sucedió, todos tuvimos nuestra parte de culpa. Él, por querer seducir a una mujer comprometida; ella, por dejarse involucrar; yo por no saber mantener encendida la llama del amor que un día nos unió. Piensa en ello, hijo mío, y olvida el pasado.

Marcos sintió las lágrimas brotar, mientras Carlos decía con emoción:

– ¡Padre, qué noble eres! No merecías lo que te hicimos.

– Te equivocas. Si no me lo mereciera, no habría sucedido. Es importante que sepas que todos somos responsables de todo lo que nos sucede. Nuestras actitudes determinan los hechos en nuestras vidas. Aunque cada uno tiene una parte de responsabilidad, sé que he madurado y aprendido mucho de esta experiencia. Mi espíritu se enriqueció. Llegué a conocer la vida espiritual, aprendí otros valores más verdaderos y eternos por eso, hijos míos, no se arrepientan de mi sufrimiento. Fue una bendición necesaria.

Los tres se unieron en un abrazo y por unos momentos los dos chicos fueron incapaces de articular una palabra. La postura digna de Osvaldo los tocó, pero al mismo tiempo les hizo notar la diferencia de actitudes entre él y Walter.

Carlos no pudo evitarlo:

– Walter no tiene derecho a interferir en nuestras vidas.

- Yo no diría eso. Ahora tu madre está separada, está libre. Si quiere vivir con él, está en su derecho.

- No quiero. ¡Odio a ese tipo! - Carlos se enojó.

- ¡Ella no hará eso! - intervino Marcos en tono conciliador - . Estoy seguro que está perdiendo el tiempo.

- De todos modos, no deberías preocuparte. Ella ya ha dicho que no le agrada. Entonces es mejor dejar de pensar en eso - dijo Osvaldo tratando de calmarlos.

A pesar de ello, sintió que su pecho palpitaba. Lo escondió tratando de parecer tranquilo y satisfecho. Sin embargo, después que los chicos se fueron, se sentó en la biblioteca, poniendo su cabeza entre sus manos.

Lo que había dicho era cierto. Si Clara decidía vivir con Walter, él no podía intervenir. Tenía las manos atadas. Después de desaparecer durante diez años, no tenía derecho a inmiscuirse en su vida.

Trató de calmarse, de pensar que ella era libre, que lo mejor era olvidar ese hecho, pero no pudo quitar la tristeza y el dolor que le provocó la idea que Clara se mudara con Walter.

Inquieto, comenzó a caminar, tratando de liberarse de ese miedo. José se acercó diciendo:

- ¿Se siente bien?

Arrancado de sus pensamientos internos, Osvaldo miró al viejo empleado y respondió:

- Estoy un poco agotado. Voy al dormitorio a descansar -. Después de irse, José negó con la cabeza, pensativo. Sabía que para Osvaldo no era fácil afrontar el pasado. Sinceramente deseaba que pudiera olvidar.

Una vez en el dormitorio, Osvaldo se sentó en la cama y recordó a Antônio. Echaba de menos la presencia de su querido amigo que, cuando Osvaldo estaba en apuros, decía las palabras adecuadas que le hacían recobrar la calma, la alegría.

En ese momento se sentía confundido, pensamientos contradictorios lo atormentaban. ¡Qué lindo si pudiera estar con él en este momento!

De repente se decidió. Iría a verlo. Se levantó y fue hacia José.

- Dile al conductor que prepare el carro. Mañana al amanecer viajaremos a Minas.

- De acuerdo. Voy a decirle a Rosa que haga su maleta. ¿Cuánto tiempo se quedará?

- Tres o cuatro días.

José intentó cumplir la orden. Después de decirle al conductor, fue a hablar con Rosa:

- Osvaldo va a viajar. Necesitas empacar su maleta. Dijo que estará alrededor de cuatro días.

- ¿Sabes adónde va?

- A Minas.

- ¿Dejó a alguna mujer allí?

- No lo creo. Él está preocupado por algo y le va a pedir consejo a ese curandero que es su amigo.

- Es algo con Carlitos. Estaba triste, abatido, ni siquiera jugaba conmigo. Espero que no sea nada grave.

- Ve rápido, porque mañana quiere salir muy temprano.

Después que Rosa empacara su maleta y se marchara, Osvaldo hizo una lista: tenía la intención de detenerse en algún lugar y comprar regalos para sus amigos. No quería olvidar a nadie.

Luego llevó sus pensamientos a Dios, pidiendo ayuda para recobrar la paz, se acostó y trató de dormir. Pero no lo consiguió. Las escenas del pasado reaparecieron y luchó por cambiar el tenor de sus pensamientos. Mientras tanto, regresaron, a veces repasando la escena del beso entre Clara y Walter, a veces despidiéndose de los niños, las palabras de su madre animándolo a vengarse. Incluso el rostro de su irónico hermano Antônio, acusando a Clara de perjudicarlo en el trabajo.

Cuando luchaba por pensar en otras cosas, reaparecieron el rostro enojado de Carlos y sus palabras. No podía permitirse involucrarse en estos pensamientos negativos. Necesitaba confiar en la vida, sabía que todo lo hace bien, que necesitaba afrontar los hechos con valentía y determinación.

Sin embargo, el descubrimiento que aun era vulnerable, que, a pesar del esfuerzo realizado, de lo que había aprendido sobre espiritualidad, aun estaba impresionado con el pasado, lo acosaba un sentimiento de miedo, de inseguridad, lo atormentaba, lo dejaba deprimido e insatisfecho.

Había vuelto seguro de haber observado los hechos desde el punto de vista espiritual, había superado el pasado. Sin embargo, la sensación de inseguridad, el miedo al futuro, el dolor que le oprimía el pecho como en los primeros días, mostraban que conocía mejor la situación, pero aun no la había asimilado. Entendió, pero no vivió lo que conocía.

Él, que deseaba progresar espiritualmente, que deseaba evolucionar más para vivir mejor, ser más feliz, había vuelto al punto de partida.

Al pensar en ello, se sintió débil, infeliz, desanimado. Se movía nerviosamente en la cama y solo logró dormir muy tarde. Cuando José llamó a la puerta del dormitorio para despertarlo, se levantó sobresaltado.

Mientras bajaba al café, el día comenzaba a aclararse. Al ver su rostro abatido, Rosa observó:

– Necesita comer bien. El pan está calientito e hice ese pastel que le gusta.

– Gracias, pero no tengo hambre.

– ¡Nada de eso! El viaje va a ser largo y no puede ir con el estómago vacío.

Ella misma untó el pan con mantequilla, añadió una generosa rebanada de queso, puso café con leche en la taza y bebió:

– Si no come, estaré triste. ¿Dónde se has visto salir así?

Osvaldo decidió probarlo y se lo comió todo. Puso un buen trozo de tarta en el plato y preguntó:

– Pruébelo y vea si está bueno –. Él sonrió. Rosa lo miraba de cerca. Se comió el pastel y dijo sonriendo:

– Este fue el mejor de todos.

– Siempre dice eso. Fingiré creer.

– Es cierto. Es tan bueno que es todo lo que puedo decir.

El cariño de Rosa y la perspectiva de volver a ver a los amigos que tanto amaba le hicieron sentirse más alegre.

Anochecía cuando finalmente llegaron a la finca de Antônio. Nequinho, que estaba al costado de la carretera, se acercó con curiosidad.

Osvaldo, al verlo, ordenó que se detuviera el auto, abrió la puerta y dijo:

– Entonces, Nequinho, ¿ya no conoces a tus amigos?

– ¡Caramba! ¡Eres tú Osvaldo! Cuando vi el auto, me asusté. ¡Dios, todos estarán felices!

Osvaldo se rio del chico, que gesticulaba sin parar.

– Abre la puerta y sube al carro.

Nequinho obedeció. Esperó a que se acercara el automóvil, cerró la puerta y se subió.

– ¡Qué belleza! ¡Nunca había visto un carro de lujo como este!

Osvaldo sonrió alegremente. En el patio, bajaron. Zefa y dos niños se acercaron asombrados. Osvaldo la abrazó y pronto apareció Antônio en el balcón:

– ¡Pero es mi amigo Osvaldo! ¡Qué buena sorpresa!

Corrió a abrazarlo y Osvaldo sintió que se le rompía la voz. Un calor suave inundó su pecho mientras sostenía a su amigo en sus brazos.

- ¡Qué bien se siente estar aquí!

El conductor estaba esperando junto al auto. Osvaldo lo presentó:

- Este es Justino, trabaja conmigo.

Después de los saludos, entraron. Las ollas humeaban en la estufa y Osvaldo olió con satisfacción el olor familiar de la comida de Zefa. Nadie hacía frijoles y arroz como ella.

Justino puso las maletas de su jefe en la habitación y esperó. Osvaldo dijo simplemente:

- Puedes poner tus cosas junto a las mías -. Y volviendo a Antônio: - ¿No están ocupadas esas camas?

- ¿No sabes? La semana pasada estuvo allí Ernesto de la finca de doña Eunice. Se quedó para recibir tratamiento, pero se curó y se fue ayer.

- Estoy de suerte. No quería tener que ir al hotel en el pueblo y alejarme de ti.

- ¿Y crees que te iba a dejar ir? - Dijo Zefa con una amplia sonrisa -. Hoy es un día de celebración y alegría.

- En ese caso, Justino puede quedarse en la habitación conmigo. Allí hay camas -. Justino se movió inquieto.

- ¿Qué pasa, Justino? - Preguntó Osvaldo. El conductor vaciló un poco y luego dijo:

- No tiene que preocuparse por mí, sr. Osvaldo. Puedo dormir en cualquier lugar. Incluso en el carro, si es necesario. Así estará más cómodo.

- No te preocupes, Justino. En la cama estarás más cómodo.

- Simplemente no se ve bien, eres mi jefe.

- Entiendo. No te sientes cómodo durmiendo en la misma habitación que yo -. Antônio intervino:

— Puede dormir con Nequinho. Su habitación tiene dos camas.

— Gracias, sr. Antônio. Me siento mejor así. No quiero molestar a Osvaldo.

Mientras esperaban la cena, Osvaldo abrió sus maletas y repartió los regalos con alegría. Después de la cena, mientras Zefa lavaba los platos y Nequinho ayudaba, los colonos y Justino se retiraban, Antônio acompañaba a Osvaldo al dormitorio y se sentaron a conversar.

Osvaldo quería saber todo sobre sus conocidos, especialmente sobre la familia de Juan, escuchó que Anita estaba saliendo con un próspero granjero de la región y que todos estaban muy bien.

— Los extraño mucho. Mañana iremos allí. Nunca olvidaré lo que hicieron por mí.

Antônio sacó del bolsillo un pedazo de tabaco y una pajita y se puso a preparar un cigarrillo, como hacía siempre. Después de encenderlo y dar algunas bocanadas, dijo naturalmente:

— Te estaba esperando. Sabía que vendrías. Osvaldo respiró hondo y respondió:

— Las cosas no son fáciles. Después de todo lo que hiciste por mí, llegué a pensar que había aprendido cómo son las cosas. Pero no era cierto. Ustedes han perdido el tiempo conmigo. No aprendí nada. Sigo siendo inseguro, desequilibrado, incapaz.

— ¿Por qué piensas eso?

Osvaldo le contó en detalle todo lo sucedido desde que regresó a São Paulo. Antônio escuchaba en silencio, atento, fumando su cigarrillo de vez en cuando.

— Comprendí los hechos pasados, reconocí mi parte de culpa, pensé que había disuelto el dolor, pero ayer descubrí que me estaba engañando. La herida aun está abierta. Le tengo miedo al futuro. Soy un debilucho que, incluso traicionado, sigue celoso. No lo niego, solo pensando que Clara puede irse a vivir con Walter, me desespero. Los malos recuerdos reaparecen con fuerza, y eso es difícil de aceptar. Pensé en volver aquí para siempre. Pero ahí están mis hijos. Ahora que me están aceptando, que me han perdonado, ¿cómo puedo volver a abandonarlos? – Por eso vine a buscar ayuda. Siento que es necesario quedarme ahí, pero ¿tendré valor? – Puede llegar un momento en que no pueda controlarme y termine entrometiéndome en la vida de Clara. No tengo ese derecho. Estamos separados y ella es libre.

- Eres muy fuerte y valiente, hijo mío. Estás tomando la decisión correcta. Huir es inútil, porque las emociones están dentro de ti. Irán a donde quiera que vayas. Ahora es el momento de afrontar tus miedos.

- Pero me siento débil, vulnerable.

- Porque estás analizando la situación de forma incorrecta.

- ¿Crees eso?

- Estás poniendo tu fuerza en tu contra, pensando que eres débil, incapaz, solo porque no puede entender cómo funciona la vida. El desarrollo de la conciencia, el progreso del espíritu, lleva tiempo. El hecho de conocer algunas leyes naturales no significa que haya terminado su trabajo. El conocimiento ilustra, pero la experiencia asimilada trae sabiduría. Los que estudian creen que saben; los que experimentan descubren cuánto necesitan aprender todavía.

- Pero, después de haber entendido, pensé que nunca volvería a sentir lo que estoy sintiendo. Descubrí que no aprendí nada, que no aproveché la oportunidad que Dios me dio. Al contrario: di un paso atrás.

- Una vez más te equivocas. La cabeza entendió, pero el corazón todavía no.

- Creo que nunca aprenderé.

- No es verdad. Has aprendido mucho. Eres muy diferente a cuando viniste aquí. Pero a pesar de eso, todavía hay muchas cosas sin resolver dentro de ti. Por eso la vida los unió. Esta es una buena oportunidad para que se liberen del peso que llevan en el corazón.

— Reconozco que llegué aquí destrozado, amargado, sin ganas de vivir, y me devolviste la paz, la alegría. Pero ahora estoy confundido. Mi pecho se siente pesado. Vine en busca de la paz que perdí.

— Así como hay problemas sin resolver dentro de ti, también hay fe en Dios, tu eterna fuerza de espíritu. No temas al futuro. Renueve su fe en la vida. Los desafíos surgen cuando estás en condiciones de superarlos. Tienes todo para hacerlo.

— Dios te escuche. Tus palabras tuvieron el don de calmarme. Eso era lo que necesitaba.

— Reflexiona, hijo mío. Todo lo que necesitas está dentro de ti. Y solo presta atención. Con paciencia y sentido común, encontrarás todas las respuestas.

— Lo que me angustia es no saber qué hacer con mis sentimientos. ¿Cómo me deshago del dolor que todavía siento? ¿Cómo superar el miedo que me atormenta?

Antônio dio unas caladas a su cigarrillo lentamente y luego dijo:

— Si pasas por encima del orgullo, encontrarás la respuesta.

— Dejé de lado el orgullo cuando acepté mi parte de culpa por la traición de Clara. Cuando reconocí que ella no tenía la culpa de haber dejado de amarme.

— Pero es el orgullo el que te impide ver con claridad lo que pasa en tu corazón.

— Es un sentimiento opresivo, desagradable que me trae sufrimiento. Quiero deshacerme de él.

— En ese caso, la prisa se interpone en el camino. Ten paciencia contigo mismo, pero no te escatimes. Si quieres entender lo que sientes, necesitas sumergirte en esa energía y prestar atención a lo que es. La clave está dentro de ti.

— No he dormido bien, estoy confundido.

- Sabes, hijo mío, es difícil para un hombre, por la forma en que se educa y por la forma en que piensa la sociedad, aceptar que, a pesar de la traición, el amor sigue ahí.

Osvaldo se sobresaltó. Estuvo a punto de responder, pero Antônio no le dio tiempo:

- Te gustaría haber matado ese sentimiento ese día. Pero eso no sucedió. El amor verdadero es indestructible. A pesar de todo, todavía amas a Clara.

- Eso no es cierto. No puedo amarla, Clara murió para mí. Ella no me quiere. Me siento el peor de los hombres por tener celos de ella, eso no es justo.

Las lágrimas corrían por el rostro de Osvaldo sin intentar detenerlas. Antônio le puso la mano en el brazo y dijo simplemente:

- Llora. Habla de tu dolor. Reconoce que todavía la amas.

- No puedo. Ella no se lo merece. Sería la mayor humillación.

- El orgullo no te dará la paz que buscas. Al contrario: toma su amor mezquino y enmascara lo que es. Aun amas a Clara. Siempre la amaste. ¿No es verdad?

Osvaldo sollozaba desconsolado mientras Antônio, colocándole la mano sobre la cabeza, rezaba en silencio. Poco a poco se fue calmando.

Al verlo más tranquilo, Antônio continuó:

- No le temas a la verdad. El verdadero amor es incondicional. Nada de lo que haya hecho Clara va a cambiar eso.

- Pero este amor desesperado me está quitando la paz. Estoy cansado y no quiero sufrir más.

- Lo que te quita la paz es negar lo que sientes. Es un hecho pensar que amando a Clara te disminuyes, el amor es una bendición que nos hace mejores. No luches contra ese sentimiento. En cambio, déjalo fluir libremente.

- No puedo. ¡Ese amor es imposible!

– Sal de la ilusión. Ese amor está ahí, dentro de tu corazón. No sirve de nada negarlo. Reconoce que amas a Clara. Dilo ahora en voz alta para ser consciente.

Osvaldo vaciló un poco, recordó a Clara, vio su rostro joven y hermoso, recordó el tiempo que pasaron juntos y sintió un agradable calor en su pecho. Luego dijo con voz apasionada:

– ¡Amo a Clara! ¡Siempre la he amado!

– No está mal amar. Recuerda esto.

– Siento que todavía la amo como el primer día. Reconocer esto será mi castigo por el resto de mi vida.

– Al contrario: te liberará del orgullo, de las convenciones ilusorias del mundo. ¿Cómo te sientes ahora?

Antônio habló con voz modificada, sus palabras eran muy diferentes a su forma habitual de expresarse.

– Mejor. La opresión ha desaparecido.

– No tengas miedo de lo que sientes. Permítete amarla, aunque estés separado. Poco a poco notarás que tu amor solo te pide que lo dejes fluir naturalmente. Si lo haces, recuperará su paz.

Antônio tomó el cigarrillo que había quedado sobre la mesa y lo encendió de nuevo. Luego se puso de pie y dijo:

– Acuéstate. Te traeré un té especial. Dormirás muy bien esta noche –. Osvaldo se sintió agotado. Se preparó para dormir, se acostó. Antônio trajo el té:

– Bébelo todo.

Obedeció. Luego dijo sonriendo:

– Lo que me faltaba era tu cariño. Ya estoy muy bien.

– Tonterías, hijo mío. Ya puedes caminar solo. Yo era el que te necesitaba. Hoy estoy feliz. Dios los bendiga.

Se fue y Osvaldo se puso de costado. Después de unos momentos, cayó en un sueño confortante y reparador.

CAPÍTULO 16

Clara aceleró el paso, tratando de acortar rápidamente la distancia que tenía para llegar al atelier. Pero no pudo escapar de Walter, quien la alcanzó, tomándola del brazo.

- Espera. ¿Estás huyendo de mí?

- Llegaré tarde. No puedo perder el tiempo.

- Tenemos que hablar.

- No tengo nada qué hablar contigo.

Ella tiró de su brazo y continuó caminando rápidamente. Walter la siguió:

- Te esperaré al final de la tarde. Hoy no te me escapas. Tendrás que escucharme.

- No quiero. Déjame sola.

- No puedo. No sales de mi pensamiento. Hablaremos en algún lugar discreto. Es importante para nuestro futuro.

- Mi futuro no tiene nada que ver contigo. Saca esa idea de tu cabeza.

Habían llegado a su destino y Clara entró al edificio casi corriendo. Domênico, al verla llegar sin aliento, preguntó:

- ¿Pasó algo? Te ves pálida.

- Lo de siempre. Walter ahora no deja de perseguirme.

- ¿Otra vez? ¿No se había rendido?

- Yo también pensé eso. Pero ahora no sé qué le pasó, volvió a interesarse por mí –. Domênico la miró pensativo y luego dijo:

- ¿Sigues yendo a ese Centro Espírita?

- Sí. ¿Por qué?

- Estás nerviosa y la ayuda espiritual te tranquilizará.

- En los últimos tiempos mi vida era tranquila. Logré olvidar el pasado, mantener a mi familia, pensé que todo seguiría así. De repente, las cosas cambiaron. Primero apareció Osvaldo de la nada con ganas de ver a sus hijos. Ahora Walter, con quien me involucré en un mal momento y arruinó mi vida, reaparece como en aquellos tiempos inquietándome. No sé qué pensar

Domênico la miró a los ojos y dijo:

- Para mí está muy claro. El pasado ha vuelto para permitirles entenderse mejor.

Clara se asustó:

- Entre nosotros, cualquier entendimiento es imposible. La presencia de Osvaldo me molesta, me hace más consciente de mi culpa; Walter me recuerda lo ingenua y vulgar que fui. Quiero alejarme de ambos. No más sufrimiento por un pasado que no tiene remedio. No puedo volver atrás y borrar lo que ya pasó. Creo que ya sufrí mucho, he pagado un precio muy alto por mi ingenuidad. Tengo el derecho a disfrutar de la paz y la tranquilidad.

- Hasta que no mires los hechos de frente, no obtendrás lo que quieres.

- Todo lo que pude hacer al respecto, ya lo hice. Ahora deseo olvidar.

- No tendrás éxito mientras mantengas la culpa en tu corazón.

- ¿Estás diciendo que la situación tiene remedio?

- Claro que tiene. Pero si huyes, rechazas el remedio, ¿cómo quieres sanar? La evolución camina en ciclos. La vida te ha dado varios años de meditación y ahora te está acercando. Es una señal que puedes trabajar tus sentimientos y buscar alternativas de convivencia que poco a poco diluyan el antagonismo que aun sientes. Es una oportunidad para deshacerse de todas las heridas y seguir adelante. Cuando eso suceda, cada uno recorrerá su propio camino en paz.

Clara negó con la cabeza.

– No. Si tiene que ser así, todavía no estoy lista.

– Si no fuera así, la oportunidad no llegaría.

– De la forma en que lo dices, no tengo salida.

– Por supuesto que la hay. Pero dejarlo para más tarde es como tirar la tierra debajo de la alfombra: la suciedad no aparece, pero sigue ahí. Para que te calmes, presta atención a lo que sientes.

– Al contrario, lo que más deseo es deshacerme de esta sensación de peligro que me asusta, esta culpa que me oprime, esta carga que aparece fuerte cuando recuerdo el pasado. Me enfurece que Osvaldo sea siempre el buen esposo, dedicado, que, a pesar de haber sufrido hasta el punto de intentar suicidarse, no habla mal de mí.

Preferiría que me condenara, me odiara, incluso me persiguiera. Pero él siempre está impecable, mientras yo...

Domênico le puso la mano en el hombro y le dijo con voz firme:

– No sabía que fueras tan moralista.

– ¿Moralista, yo?

– Sí. En lugar de criticar a tu esposo por ser como es, sería mejor admitir que aun no has perdonado tu error del pasado. Pasó hace tanto tiempo y todavía quieres ser castigada. O, mejor dicho, te está castigando a ti misma, sufriendo, exagerando los hechos. No te hagas esto a ti misma.

– No es tan simple como dices.

– Sí lo es. Osvaldo ha vuelto, pero, por lo que me dijiste, está siendo discreto y educado. No te molestó en absoluto. Al contrario: quería apoyar a los niños, mejorar su situación económica. Ni siquiera te buscó. En cuanto a Walter, no puede obligarte a hacer lo que no quieres hacer. Di que no con firmeza y acabará rindiéndose como la otra vez.

- Entonces todo seguirá como hasta ahora. Dijiste que la vida nos unió para la comprensión. No quiero eso.

- Comprender no significa que debas vivir junto a él, sino solo que puedan hablar, aclarar puntos oscuros y acabar con el dolor que les molesta. Comprender significa analizar las cosas desde un punto de vista espiritual, entendiendo las diferencias de cada uno, aceptando su parte de responsabilidad, sus límites y tu parte. Hecho esto, notarás que el pasado ha pasado y todo será diferente. Puede que deseen o no vivir juntos. Pero no será tan doloroso como ahora. Dependiendo de cómo fluyan las cosas, incluso puede ser agradable estar juntos.

- ¡Dices eso con tanta certeza!

- Es así. Las cosas dependen de cómo las veas. Cuando lo miras desde el punto de vista espiritual, que cubre la felicidad de todos, se vuelve más fácil. Piensa, Clara. Aceptar su presencia en tu vida como una necesidad del momento, a pesar que desea desconectar de ellos.

- Solo pensar en eso me pone ansiosa.

- Entonces no pienses. Sé natural. No los busques, pero si los buscas, habla, intenta decir lo que sientes. Esto puede ayudar. Recuerda que atormentarte a ti misma, como lo estás haciendo, hace que todo sea más difícil. Dices que sabes lo que quieres. Entonces no tienes nada que temer. Se trata de ser claro y tomar una posición. Solo eso.

- Pensaré en lo que me dijiste.

- Piensa. Tienes sentido común. Pronto estarás mejor.

- Gracias. Ya me siento mejor.

A última hora de la tarde, cuando Clara salió del trabajo, encontró a Walter esperándola. Su primer impulso fue huir, pero recordando las palabras de Domênico, decidió afrontarlo.

- Clara, hablemos allá en la panadería.

- Tengo prisa. Tengo que irme a casa.

- Por favor, no tomaré mucho tiempo.

Resignada, ella lo siguió. Quizás, si ella lo escuchaba y le explicaba de nuevo lo que pensaba, la dejaría en paz.

Una vez sentado a una mesa, pidió jugo y algunos bocadillos. Luego la miró con ojos apasionados y dijo:

- ¡Clara! He sufrido mucho. ¡No puedo olvidar lo que pasó entre nosotros!

- Lo siento. El pasado ha terminado. Prefiero no recordar. Me gustaría que entendieras que nada es posible entre tú y yo.

- ¿Por qué? Todavía somos jóvenes. Tenemos muchos años por delante. ¿Por qué deberíamos estar separados, solos, cuando podemos reanudar nuestro amor?

- No te amo. Además, estoy bien. Tengo a mis hijos, nunca me sentí sola -. Walter frunció los labios con ira y respondió:

- ¡Regresó! Por eso me rechazas. Ahora que es rico, lamentas haberte separado.

Clara se levantó irritada. Walter también se puso de pie, diciendo nerviosamente:

- Siéntate, Clara. Estoy desesperado. Si no me escuchas, lo lamentarás.

Había algo en su voz que la hizo sentarse de nuevo, asustada. Decidió contemporizar:

- Estás equivocado. Esta idea nunca se me pasó por la cabeza, nunca volví a ver a Osvaldo y no tengo la intención de verlo. Si eso es lo que te molesta, entérate que nuestra separación es irreversible.

- Dices eso ahora. Pero sé que ha estado saliendo con sus hijos. Está tratando de acercarse.

Clara negó con la cabeza vigorosamente.

- No sé de dónde lo sacaste. Ni siquiera trató de verme, pensé que era muy bueno. En cuanto a los niños, no puedo hacer nada. Tiene derecho a verlos.

- Sé que todavía están legalmente casados. Me atormenta.

- No veo por qué. No tenemos ningún compromiso. Soy una mujer libre. Trabajo para mantenerme. No necesito su dinero para nada. Simplemente no puedo evitar, ni sería razonable, que lo mantenga lejos de sus hijos. Es su derecho. Ojalá me dejaras vivir en paz. No te metieras más en mi vida. Te aseguro que no tengo ninguna intención de vivir con él, y mucho menos contigo. Estoy muy feliz así. Lo que quiero es cuidar mi vida y mis hijos, nada más. ¿Puedes entender eso?

- No. Te amo. Después que Osvaldo nos sorprendiera juntos, nunca más mi vida estuvo al frente. Es cierto que tengo algo de dinero, pero la vida amorosa está estropeada.

No puedo relacionarme con otra mujer. Tú no sales de mis pensamientos. Tan solo imaginar que él es tu marido y que, si quiere volver contigo, nada lo detendrá, me vuelvo loco.

Ella negó con la cabeza consternada.

- Creo que deberías buscar la ayuda de un médico. Tu cabeza no está bien. Después que Osvaldo me dejara, nunca volví a tener nada contigo. ¿Por qué no acepta que todo fue una ilusión de nuestra juventud? ¿Por qué insistes en querer algo que nunca tendrás?

- No puede ser verdad. Me amaste. Correspondiste a mis caricias. ¿Recuerdas?

- Estaba engañada. Si te amara, me hubiera ido a vivir contigo.

- Ahora soy un obstáculo para tu reconciliación con él. Mientras yo esté vivo, él no lo olvidará.

- No es nada de eso. Se hace tarde, tengo que irme. No tiene sentido quedarse aquí repitiendo lo mismo. Eres terco. No quieres ver la verdad. Vete a casa, piénsalo, reconoce que es mejor no volver a vernos.

Él le tomó la mano con fuerza y dijo con voz rencorosa:

– No es así. Si uno de nosotros necesita morir para conseguir lo que quiero, te garantizo que no seré yo.

Clara palideció y dijo nerviosa:

– ¡Estás loco! No puedes hablar en serio. No hay razón para la violencia.

– Dependerá de ti. Estoy al límite de mi paciencia.

Clara se puso de pie resueltamente. Estaba muy asustada. No podía quedarme ahí escuchando esas amenazas.

– No te atrevas a hacer nada contra Osvaldo. Fue víctima de todo y nunca intentó nada en tu contra.

– ¡Me impresiona ver cómo lo defiendes! ¡Todavía dices que no piensas volver con él!

– Me voy. No puedo quedarme aquí escuchando tus amenazas. Se volvió rápidamente y se fue casi corriendo. La dejó ir, siguiéndola con la mirada. En ese momento, dos sombras oscuras lo abrazaron felizmente mientras ordenaba una bebida fuerte al camarero.

Clara llegó a casa abatida. Domênico tenía razón al aconsejarle que escuchara lo que Walter quería decir. Aunque aterrorizada, había descubierto lo perturbado que estaba. ¡Estaría pensando en matar a Osvaldo o lo dijo solo para impresionarla!

Difícil de saber, pero había mucha amargura en su voz. ¿Y si fuera verdad? ¡Y si estaba tan loco como para atacar a Osvaldo!

Al verla entrar, Rita se sorprendió por su palidez.

– ¡Clara! ¿Qué pasó?

– Walter. Se volvió loco.

En pocas palabras, contó de lo que habían hablado y Rita consideró:

– Es un hombre sin escrúpulos. Nunca sabes sus intenciones –. Clara se retorció las manos nerviosamente.

– No sé qué hacer. ¿Y si va a buscar a Osvaldo?

– No sé si tendría el valor de actuar cara a cara. Puede poner una trampa.

– ¡Qué horror! Ni siquiera digas tal cosa.

– Es un hombre que juega y manipula para salirse con la suya.

– No sé qué tan real es su amenaza.

– Necesitas hacer algo. No puedes facilitar. ¿Y si realmente está pensando en agredir a Osvaldo? Debes advertirle a que esté atento.

– Tengo miedo de empeorar las cosas. Puede enojarse y tomar la iniciativa. No sé qué podría pasar. ¡Dios mío nunca terminará!

– Cálmate, Clara. No tiene sentido ponerse así. Debemos tener la cabeza despejada para pensar qué hacer.

– No puedo hablar con los chicos, porque es posible que quieran hacer algo por su cuenta. Especialmente Carlos ni siquiera puede saberlo.

– En ese caso, eres tú quien tendrá que ir a buscar a Osvaldo –. Clara se asustó:

– ¿Yo? ¿Te has vuelto loca? No quiero verlo. Sería una situación muy embarazosa.

Además, ni siquiera sé si me recibiría. Nunca quise verlo. No. Esto es imposible.

– Entonces no sé qué hacer. Necesita ser advertido. Si pasa algo, nunca te perdonarás.

– La culpa que llevo en mi corazón es suficiente.

– ¿Por qué no hablas con doña Lídia?

– Me siento agotada. No puedo esperar para ir a la cama.

– Nada de eso. Te ducharás y cenarás muy bien. No puedes quedarte sin comer. Luego iremos juntas a ver a doña Lídia. Si no buscas ayuda espiritual, permanecerás despierta toda la noche. Puedes enfermarte. Toma un baño tibio y te sentirás mejor.

Clara lo pensó y decidió ir. Después del baño, se tranquilizó. Rita insistió, y comió un poco, sintiéndose más fuerte.

Llegaron a la casa de Lídia justo antes que comenzaran las reuniones del centro. Lídia las abrazó con cariño. Informada de lo sucedido, dijo con voz tranquila:

– Necesitas reaccionar. No puedes ceder al desánimo. Pidamos ayuda a amigos espirituales. Pero debo aclarar que trabajan con sus energías. Deberán ser el punto de apoyo para su ayuda. Sin eso, no pueden hacer nada.

– Será difícil. Tengo mucho miedo.

– ¿Dónde está tu fe? Tú mereces ser feliz. Además, tu esposo es un buen hombre, tendrá protección. Necesitas confiar en la vida.

– Parece que el tiempo no ha pasado. Solo que la situación se invierte. Osvaldo fue la víctima y Walter todavía quiere golpearlo. No es justo.

– Una razón más para confiar en la vida. Lo que necesitas es enfrentar el miedo. La certeza que está siendo protegido por las fuerzas del bien te ayudará a lograrlo.

– Mi pecho se siente pesado, tengo la sensación que va a pasar algo malo.

– Es solo una impresión, que no debes alimentar. Piensa que puede ser sugerido por tu miedo o incluso por entidades desencarnadas que quieren desequilibrarte para absorber energía.

– Pensé que era intuición de algo que iba a pasar.

– La impresión es muy diferente a la intuición. Cuando piensas, escuchas o ves algo, puede quedar impresionado por ello. Esta impresión puede ser leve y fugaz o fuerte y constante. Depende del grado de importancia que le des. Ciertamente, lo que temes nunca sucederá, a menos que seas tan terca y termines atrayendo exactamente lo que no quieres.

La intuición es el lenguaje del alma. Cuando habla, sientes: sientes que es verdad. Sabes que así será.

– Estaba confundida. Cómo diferenciar una cosa de la otra.

– Es fácil. Cuando estás impresionada, estás mirando con los ojos del mundo, de las apariencias, de lo que está fuera de ti. En la intuición, estás mirando la vida con los ojos del alma.

– Me gustaría entender mejor.

– Quedaste muy impresionada por lo que te dijo Walter, aunque reconoces que es posible que solo quiera presionarte. En tu cabeza ya habías formulado varias desgracias y estabas muy asustada.

– Es solo que puede hablar en serio.

– Puede que sí. Pero tu falta de control no ayudará en absoluto. Al contrario: confunde tu cabeza, te impide encontrar una buena solución.

– Eso es cierto. ¿Qué me aconsejas?

– No podría decirlo. Pero cuando siento que no tengo forma de resolver un asunto desagradable, humildemente rezo mis oraciones y pongo el caso en las manos de Dios. Luego, trato de hacer mi parte mejorando mi patrón de pensamiento. Es lo mínimo para que los amigos espirituales puedan inspirarme y ayudarme. Para eso, ellos necesitan encontrarme serena, confiada, dispuesta a hacer lo que sea necesario. Cuando menos lo espero, la situación se aclara y todo se resuelve

– Me gustaría ser como tú – dijo Clara.

– Eres una mujer fuerte y valiente. Estoy seguro que lo harás mejor que yo.

– Lo intentaré.

– ¿Podemos recibir ayuda espiritual? – Preguntó Rita.

– Por supuesto. Iba a sugerirles que pasaran.

Entraron a una habitación iluminada por una delicada luz azul, había algunas personas en oración y música suave. Clara se sentó en el asiento que le fue indicado y, mientras una persona frente a ella trabajaba sus energías, oró fervientemente en busca de inspiración y fuerza para hacer lo mejor.

Las lágrimas le bañaron el rostro y poco a poco la opresión de sus pensamientos desapareció, mientras una suave y delicada brisa le daba una agradable sensación de consuelo.

Después de beber el agua que le ofrecieron, Clara se fue en silencio. Ella se sintió más tranquila.

– Este lugar es una bendición – dijo Rita mientras se iban.

– Es cierto. Me siento mucho mejor.

Al día siguiente, en la mesa del desayuno, después que los chicos se fueron, Clara consideró:

– Estuve pensando, Rita. Tienes razón: Osvaldo, hay que prevenirlo.

– ¿Lo buscarás?

– No. Irás en mi lugar.

– ¿Yo?

– Sí. Le dirás lo que está pasando para que pueda estar atento.

– Está bien, iré.

– Debes tener cuidado con lo que dices. Solo di que Walter está enojado con él y sospechamos que puede querer hacerle daño de alguna manera. No hace falta decir que incluso lo amenazó de muerte.

– Tendré que decir la verdad, de lo contrario no tendrá cuidado.

– Tendrás que notar cómo reacciona. No quiero causar un mal mayor. Si se disgusta demasiado, suaviza el caso.

– ¿Cuándo quieres que vaya?

- Hoy mismo. Llama a su casa y haz una cita -. Estuvieron de acuerdo en que ella iría a su casa a las dos en punto.

Osvaldo esperó con impaciencia a que llegara Rita. Sabía que ella todavía vivía con su familia y los chicos hablaban muy bien de ella.

Cuando José la presentó en la sala donde la esperaba Osvaldo, se levantó emocionado. Estaba mejor arreglada, bien vestida, pero su rostro había cambiado poco. La abrazó con placer.

- ¡Rita, el tiempo no ha pasado para ti! Estás más hermosa.

- Tú también, sigues siendo el mismo.

- Siéntate, pero no me llames señor -. Ella sonrió levemente y respondió:

- Siempre lo he llamado así.

- Después de lo que has hecho por mis hijos, eres como una familia.

- Gracias.

Al ver que ella vaciló un poco, tomó:

- Tu visita me da un gran placer. Pero me doy cuenta que tienes algo que decirme.

- Es cierto. Ni siquiera sé cómo empezar. Sucedieron algunas cosas que nos hicieron sentir aprensivos. Clara me pidió que viniera aquí para contártelo.

Osvaldo luchó por contener su emoción. ¡Clara la había enviado!

- ¿Algo con los chicos?

- No. Están muy bien. Pero el tema es delicado y por eso Clara optó por dejarlos al margen.

- ¿De qué se trata?

- Bueno, no sé si tú... si sabes lo que pasó en nuestra casa después que te fuiste.

- Los chicos contaron cómo sobrevivieron. Sé cómo ayudaste a Clara a mantener a la familia. Sé que hice mal al abandonarlos así. Pero estaba molesto, Rita, casi pierdo la cabeza.

- No necesitas explicar nada. Sabía que mi presencia te haría recordar el pasado. Pero vine a contarte sobre el presente.

- ¿Necesitas algo? Le dije al abogado que se pusiera a disposición de Clara.

- Tampoco es eso. No necesitamos nada. Clara tiene un buen trabajo y tenemos nuestra tienda. No nos falta nada financieramente. Después que nos dejó, Clara realmente lamentó lo que hizo y rompió con Walter para siempre. La persiguió durante mucho tiempo. Finalmente, viendo que ella no lo quería, la dejó sola.

- Lo sé. Marcos me lo dijo.

- Y ahora, después que regresaste, comenzó a perseguirla de nuevo –. Osvaldo juntó las manos con irritación:

- ¿Qué quiere él, ya que ella no lo quiere?

- Quiere vivir con ella.

Osvaldo palideció, pero se controló y no respondió. Rita continuó:

- Ella no lo quiere. No le agrada. Al contrario, dice que su presencia le recuerda su error, sintiéndose más culpable. La espera al salir del trabajo e insiste. Ayer estuvo de acuerdo en escucharlo. Pensó que, si explicaba la verdad, se rendiría. Sin embargo, está muy desequilibrado. Tiene miedo que te reconcilies, está celoso, amenazó con matarte y... –. vaciló un poco y luego concluyó: - Clara tenía miedo que te buscara y te lastimara de alguna manera.

Osvaldo se puso de pie y empezó a caminar nerviosamente. Fue la gota que derramó el vaso. El hombre que le había robado el amor de Clara, que había destruido su vida y su familia, todavía tenía el descaro de chantajearla y amenazar la paz que tanto estaban tratando de recuperar.

- Clara pidió que tengas cuidado, que seas consciente que está muy alterado y es capaz de todo. Teme por tu seguridad.

Osvaldo se detuvo y la miró conmovido. A pesar de todo, Clara todavía se preocupaba por él. Sintió un leve calor en su pecho y luchó por controlar la emoción. Cuando se sintió más tranquilo, dijo:

- Gracias por enviarte para avisarme. Pero dile que no tenga miedo. Sé cómo cuidarme. Además, creo que ese tipo no tendrá el valor de enfrentarse a mí.

- Bueno, ya di el mensaje. Espero que no te moleste que haya venido. Sabía que mi presencia te haría recordar el pasado.

- No. Fue muy bueno verte.

- ¿Puedo hacerle una pregunta?

- Hazlo.

- Estuvo fuera mucho tiempo. ¿Pudo reconstruir su vida?

- Pude comprender los hechos con gran esfuerzo. Viví en el infierno, pero encontré amigos dedicados que me ayudaron y me enseñaron a ver la vida de manera diferente. Yo era una persona sin Dios. Fue necesaria la tormenta que me golpeó para volverme hacia Él. Así que logré sobrevivir en paz.

- Nunca fuiste religioso.

- Y no lo soy. Pero creo en la espiritualidad -. Rita se levantó y Osvaldo preguntó:

- Por favor, no te vayas todavía. Quédate. Toma un té conmigo. Me gustaría hablar, contarte cómo ha sido mi vida hasta ahora.

Ella estuvo de acuerdo. Ordenó a José que les sirviera un bocadillo y, mientras tomaban el té, Osvaldo le contó todo lo que le había pasado desde que se fue de casa.

Rita escuchó con emoción, bebiendo sus palabras, conmovida por el drama que había vivido. Osvaldo no omitió nada y terminó:

- Ahora lo sabes todo. Ha sido difícil volver aquí, donde el pasado todavía me avergüenza. A menudo pensaba en volver al interior, continuar mi trabajo espiritual, encontrar mi paz nuevamente.

- ¿Tiene la intención de irse de nuevo?

- Cuando Carlos me dijo que Walter volvió a acosar a Clara, me molesté. No sé si podría soportarlo todo de nuevo. Fui a ver a Antônio para pedirle consejo.

- Carlos me dijo que habías viajado.

- Regresé ayer. Estuve allí una semana, visité a unos amigos. Antônio me hizo comprender que solo enfrentando mis miedos podré superar mis desafíos.

- Ese amigo tuyo debe ser muy inteligente.

- Además de ser un buen hombre, es un excelente médium sanador.

Sus palabras están inspiradas por espíritus de luz que irradian energías de recuperación y paz.

- ¿Quieres decir que te aconsejó que te quedaras aquí?

- No. Me hizo sentir que necesitaba quedarme aquí. También están los chicos. Ya no deseo estar separado de ellos.

- Me alegro que sea así. Son chicos inteligentes, educados y apoyados por su madre, pero necesitan a su padre. Has desarrollado la mediumnidad, has estudiado la vida espiritual.

- Ahora entiendo por qué a pesar de lo sucedido, logró no guardar rencor contra Clara -. Osvaldo hizo un amplio gesto:

- Nadie puede obligar a una persona a sentir amor. Ella dejó de amarme, se interesó en otro. Lamento que no haya tenido el valor de decírmelo. A pesar del sufrimiento, la habría dejado ir. Nos amábamos. A menudo me he preguntado cómo la perdí, qué acciones tomé que la decepcionaron. Pero ahora es inútil.

- Necesitas saber cuál ha sido nuestra vida desde que nos dejaste. Al principio estaba destrozada, resignada, asustada. Doña

Neusa y su hermano Antônio la amenazaron, queriendo saber dónde estabas. A menudo he contestado el teléfono. Dijeron que irían a la corte para llevarse a sus hijos. Doña Neusa insultó una vez a Clara, quien la echó.

- No lo sabía.

- Mi hermana se fue al interior y yo comencé a vivir en la casa de Clara.

- En mi época no dormías en nuestra casa. Me alegro que fueras a quedarte con ellos.

- También fue bueno para mí. Clara no salía de la casa ni quería ver a nadie. Su madre y su hermano aparecieron allí, pero no lo dejé entrar. Walter estaba aterrorizado, asustado por su reacción. La buscó para decirle que necesitaban tomarse un descanso hasta que todo se calmara.

Clara pensó que estaba bien. Ella tampoco quería verlo. Esa atracción que la había debilitado desapareció el día que los sorprendiste. Solo había conciencia de su culpa. Lloró mucho y fue difícil calmarla. Finalmente, el dinero de reserva se agotó y decidió reaccionar.

Rita siguió contando, y con cada palabra Osvaldo imaginaba las escenas, como en una película.

Lo consoló saber que Clara no había continuado su romance con Walter.

- Te puedes imaginar lo difícil que fue para una mujer que solo era ama de casa encontrar una manera de ganarse la vida.

Pero, por otro lado, fue una forma de salir de la depresión y luchar por sobrevivir. Su amor por sus hijos la motivó. Además, Clara es inteligente, trabajadora - terminó Rita.

- Dijiste que Clara está estudiando mediumnidad. Eso es bueno.

- Sí. El conocimiento de la espiritualidad nos ha ayudado mucho. Doña Lídia, la líder del centro, es una muy buena persona, apegada a los espíritus de la luz. Nos ha aconsejado siempre que lo necesitamos.

Osvaldo cerró los ojos un momento y luego dijo:

- Tienes razón. Detrás de su apariencia modesta se esconde un espíritu iluminado que vino con un mandato espiritual.

- ¿Has estado con ella?

- Todavía no.

- ¿Cómo lo sabes?

- Mientras hablaba la vi. Es una mujer fuerte, de mediana edad, siempre vestida con colores alegres, con cabello rubio, corto, ondulado, cara redonda y amigable. Cuando sonríe, aparecen dos hoyuelos en su cara. Sus ojos son penetrantes y firmes.

Rita estaba asombrada:

- Eso es correcto. Ella es así. Eres un médium -. Osvaldo sonrió:

- Te dije que he estado trabajando con los espíritus.

- ¿Ha estado yendo a algún centro aquí?

- Todavía no. Pero he estado en contacto con mis amigos espirituales. Ellos fueron los que me advirtieron que vendrías.

- ¡Qué bueno! El conocimiento espiritual nos ayuda a comprender mejor lo que nos sucede. ¿Ha logrado perdonar a Clara?

Osvaldo se estremeció, se quedó callado unos instantes. Finalmente dijo:

- Me las arreglé para entender cómo sucedió. Pensé que había perdonado, pero el perdón libera y permite olvidar. Algunos días noté que la vieja herida todavía sangraba de vez en cuando. Solo puedo decir que sigo intentándolo. Algún día lo lograré.

- Pero no la condenas.

- No. Eso no. Entiendo que todos son libres de amar a quien quieran, tienen derecho a elegir.

- En ese caso, ¿por qué le duele?

- Porque ella no fue sincera. Si me hubiera dicho cómo se sentía, lo habríamos resuelto todo de manera civilizada.

- Clara tenía miedo de su reacción -. Osvaldo respiró hondo y respondió:

- De todos modos, habría sido doloroso. Pero me habría alejado y dejado el camino libre.

- ¿Hubiera podido hacer eso?

- Yo lo haría. La amaba y quería su felicidad por encima de la mía.

- Siento tocar un tema tan íntimo. Seguí el sufrimiento de ella y los niños. Son como mi familia. Haré lo que pueda para hacerlos felices.

- Estoy seguro de eso. Admiro tu dedicación.

- Clara hace tiempo que dejó de ser mi patrona. Se convirtió en más que una querida amiga, sino una hermana. Estoy tranquila sabiendo que no guarda rencor.

- Amo a mis hijos. Todo lo que pueda hacer por su bienestar, lo haré. Puedes contar conmigo para lo que necesites.

Estaba oscureciendo cuando Rita salió de la casa de Osvaldo. Después que ella se fue, se sentó pensativo en la sala de estar. ¡Clara se había preocupado por él! ¿Se había esfumado su enfado por haberlos abandonado sin recursos?

¿Qué había de cierto con la amenaza de Walter? ¿Era solo una forma de presionar a Clara? - Probablemente lo era. Pero la idea que la presencia de Walter molestara a sus hijos le hizo sentir que necesitaba hacer algo al respecto. Tal vez sería prudente investigar la vida de Walter, saber cómo actuaba, qué hacía. Miró su reloj: eran más de las seis. Llamó a Felisberto y lo invitó a cenar a su casa, necesitaban hablar.

Felisberto, por su postura ética, la suavidad con la que había manejado el negocio de Esther durante tanto tiempo, se había ganado no solo su confianza sino también su amistad.

Después de la cena, sentado en la sala, Osvaldo le contó al abogado lo que estaba pasando. Terminado:

– Quizás no signifique nada. ¿Crees que debería hacer algo?

– Sí. Clara está preocupada. Puede que haya notado algo más serio.

– Eso es lo que pensé. Pero no sé qué hacer.

– Lo mejor sería investigar la vida de este Walter. Saber cómo es puede darnos una idea más real. Conozco a un investigador de confianza que haría eso por usted. Con estos datos en la mano, daremos el siguiente paso.

– Bien pensado. Me gustaría hablar con él mañana.

– De acuerdo. Su número de teléfono está en mi directorio personal. Hoy hablaré con él.

– Estaré esperando.

Cuando Felisberto se fue, Osvaldo se sintió más tranquilo. Walter había lastimado a su familia una vez, no le permitiría volver a hacerlo.

A la hora de acostarse, Osvaldo se sentó en la cama, cerró los ojos y evocó la presencia de sus guías espirituales. Sintió una ligera brisa y un calor suave a su alrededor y oró pidiendo protección y ayuda para sus seres queridos. Luego se calmó, se sintió tranquilo y pronto se quedó dormido.

CAPÍTULO 17

Cuando Rita llegó a casa, ya encontró a Clara esperando.

- Dios, tardaste demasiado.

- No pensé que ya estuvieras en casa.

- Vine temprano. Estaba ansiosa por saberlo todo. ¿Cómo estuvo?

- Bien, al principio estaba avergonzada. No sabía cómo iba a reaccionar. Pero nuestra conversación fue mejor de lo que esperaba.

- ¿Cómo así?

Rita estuvo pensativa durante unos segundos, luego consideró:

- Osvaldo cambió mucho. Parece otra persona.

- ¿Cambiado? ¿Cómo? Es mayor, más delgado, abatido ¿qué?

- Nada de eso. Físicamente incluso está mejor.

- Explícate.

- No puedo decirlo. Sus ojos, su actitud, su manera de ver las cosas, son diferentes, también es más guapo, elegante. Aunque nuestro tema era delicado, parecía más seguro, más firme. Nuestra conversación fue franca y sentí que él es más sincero, más maduro.

- ¿Por qué tardaste tanto?

- Bueno, me trató con mucho respeto y consideración. Hablamos mucho y pasó el tiempo. Cuando quise irme, me pidió que me quedara un poco más.

- ¿Le diste mi mensaje sobre Walter? ¿Qué dijo él?

- Sí. Me pidió que le contara todo lo que nos pasó durante el tiempo que estuvo fuera.

- No fuiste para eso.

- No quería tocar el pasado. Sabía que sería doloroso para él. No quería que me malinterpretara. Pero Osvaldo estaba interesado. Emocionado, noté que estaba luchando por mantener el control.

- No sé si fue bueno haberte pedido que lo buscaras.

- Al contrario. Fue genial. Me encantó ir.

Clara guardó silencio unos momentos. Luego preguntó:

- ¿De qué más hablaron?

- Se emocionó cuando escuchó que fuiste tú quien me envió allí, y se puso nervioso cuando le dije que Walter todavía te perseguía. Dijo que no tenías que preocuparte. No le dejará hacer nada.

- ¿No preguntaste lo que piensa hacer para prevenir eso? ¿Y si busca a Walter?

- Osvaldo no hará nada de eso.

- ¿Por qué estás tan segura?

- Ahora conoce la espiritualidad. Desarrolló la mediumnidad, trabaja con los espíritus.

Clara se sorprendió:

- ¿Él? Nunca le interesó la religión.

- Ya conoces la historia. Carlos te lo contó. Cuando se arrojó del tren, fue rescatado y asistido por un sanador. Así se llaman los médiums en el campo. Entonces todo sucedió. Estoy seguro que Osvaldo es uno de los buenos.

- ¿Por qué?

- Cuando mencioné a doña Lídia, la describió en detalle. Él la vio.

- ¿Cómo puede ser eso?

- Clarividencia. Te garantizo que fue muy cierto. Coincidió en todo. Eso me calmó. Estoy segura que no hará nada malo. Además, te mira a los ojos cuando habla y te inspira mucha confianza.

Clara no respondió de inmediato. Rita continuó:

- No hay que tener miedo de su convivencia con los chicos. Solo hará lo mejor.

Clara vaciló un poco, luego preguntó:

- ¿Dijo algo sobre mí?

- Hablamos del pasado, de todo.

- ¿Él... logró olvidar, rehacer su vida afectiva?

- No. Cuando pregunté si te había perdonado...

- No deberías haber preguntado eso... - intervino Clara, angustiada.

- Él me dio oportunidad y yo quería saberlo. Él respondió que durante todos estos años pensó que había logrado perdonar. Pero ahora ha descubierto que la herida sigue sangrando. El dolor sigue ahí.

Clara se puso de pie nerviosa:

- ¡Todavía me odia! ¡Lo sabía! Sus palabras a los chicos no eran ciertas.

- Nunca pareció odiarte. Al contrario. Habla de ti con respeto y cierta deferencia.

- No lo creo. Si no me odiara, me habría perdonado y olvidado. Si todavía sufre es porque me odia.

- O te ama. Un amor imposible también duele.

- Estás fantaseando.

- Si yo fuera tú, hablaría con él.

- ¿Estás loca?

– No. Estoy segura que la conversación será muy oportuna e informativa. Tendrías mucho que decir y, quién sabe, podrías resolver todas las cuestiones pendientes del pasado.

– No tendría el valor para eso. La conciencia de mi culpa es suficiente. No necesito escuchar sus acusaciones.

– Recuerda que todos los problemas mal resueltos vuelven para dar a los involucrados la oportunidad de liberarse. Su regreso es una excelente oportunidad para eso.

– No quiero escuchar más sobre eso. Hice mi parte al advertirle. Ahora puedo estar en paz.

Rita no respondió. La miró hasta que desapareció por la curva de las escaleras. Luego fue a la cocina a hacerse cargo de la cena. Se sentía ligera, feliz, como si se hubiera liberado de un gran peso. Cuidándose de las tareas del hogar, incluso llegó a tararear una melodía.

Carlos, que había llegado, observó:

– ¡Qué bonito! Cantar hará que la cena sepa más sabrosa.

– Haré ese postre que te gusta.

– ¡Oye! Pero solo lo haces en día de fiesta.

– Lo haré hoy.

– ¿Qué vamos a celebrar?

– Nada. Estoy feliz, eso es todo.

– Entonces deberías estar feliz más a menudo.

– Vete a la ducha, que la cena estará lista pronto.

Al día siguiente, Walter fue a buscar a Antônio a casa. Invitado a entrar, Neusa apareció de inmediato y lo miró con disgusto.

Antônio explicó:

– Walter vino a ayudarnos. Lo necesitamos, ya que quien debería no hace nada –. Neusa se mordió el labio con ira.

– Los hijos son realmente ingratos.

- ¿Cómo está, doña Neusa?

- Como Dios quiere. Hay gente que nace para sufrir...

- Siéntate, Walter - interrumpió Antônio con frialdad -. Tienes que entender, madre, que Walter nunca dejó de ser mi amigo.

- Por él perdiste tu trabajo.

- Por ella, sí. Hombre es hombre. La sinvergüenza era ella.

- No hablemos del pasado. Vine aquí como amigo. Siempre hemos sido amigos.

- Mamá, ve a prepararnos una taza de café. Queremos hablar -. Después que ella se fue a la cocina, Walter dijo en voz baja:

- Vine aquí para ayudar de verdad.

- ¿Tienes un trabajo para mí?

- Todavía no. Pero estoy buscando. Quiero encontrar algo que esté a tu altura. Necesitas ser valorado, no explotado. Tendrás que ganar bien y trabajar poco.

- Eso es exactamente lo que he estado buscando todos estos años.

- Sabes que no es fácil. Pero si me ayudas, estoy seguro que puedo hacerlo.

- Haré cualquier cosa por tener buenos ingresos. Es horrible vivir sin dinero. Mi mamá está vieja, cansada, necesita consuelo.

- No pensé que estuvieran necesitados. Tu hermano se volvió rico -. Antônio se puso de pie nervioso

- Bueno, no da nada. Es como si no existiera. Ni siquiera parece familia.

- ¿Por qué no enviaste a tu madre a hablar con él?

- Ella fue, pero él no hizo nada.

- Eso es ingratitud. Perdiste tu trabajo por culpa de Clara.

- No me conformo.

- No lo hice a propósito. Esa mujer me alucina.

– ¿Todavía te gusta?

– Nunca logré olvidarla. Daría cualquier cosa para que me aceptara. Estuve a punto de lograrlo, pero entonces regresó Osvaldo, rico, bien ubicado, dándolo todo a sus hijos y a ella. Entonces ella me rechazó. No quieres saber más de mí. Estoy desesperado.

– ¿Por qué no intentas olvidar? Ella no quiere tener nada que ver contigo.

– No puedo. Estoy seguro que, si él no hubiera aparecido, ella me habría aceptado –. Antônio pensó unos segundos y luego dijo:

– ¿Crees que volverá a vivir con ella después de todo?

– Lo creo. Pasó el tiempo y él estaba loco por ella. Es posible que desee eso. ¿Por qué decidió volver?

– Me cuesta creer que tenga el descaro de vivir con ella como si nada hubiera pasado. Necesitaría no tener vergüenza en la cara.

– La pasión es ciega. Mira, necesito que averigües cómo están las cosas entre ellos.

– Es difícil. Nuestra relación no es buena. Ni siquiera me escucha.

– No escucha porque no sabes cómo llegar. Solo te quejas. Ve allí como quien no quiere nada, acércate a él. Habla de los lazos familiares, decir que son hermanos y necesitan entenderse mejor, que tu madre sufre de ver que no se llevan bien. Por último, muestra arrepentimiento por haber peleado con él. Pide apoyo, ayuda. Muestra desinterés. No hables de dinero, por favor.

– No sé si pueda hacer eso. No es propio de mí.

– Lo sé. Pero necesito que averigües lo que quiero saber. Te conseguiré un trabajo a cambio. Dinero en tu bolsillo todos los meses.

Pequeño esfuerzo.

– La oferta es tentadora. Veré lo que puedo hacer.

– Nada de eso. Empezarás hoy.

Neusa llegó con el café y lo sirvió en silencio. Había estado escondida escuchando la conversación. Después que Walter se fue, comentó

– Está loco. No sabe lo que dice.

– ¿Escuchaste?

– Todo. No creo que Osvaldo esté pensando en volver con ella.

– No lo sé. Estaba loco por Clara, ¿recuerdas?

– Lo recuerdo. ¿Vas a hacer lo que te pidió?

– Lo estoy pensando...

– Sería bueno. Él está celoso. Pero el tonto de Osvaldo bien puede estar pensando en irse a vivir con ella. Por otro lado, sería bueno que te acercaras a él, intentaras ganarte su amistad. Entonces, terminaría ayudándonos. Sería bueno, porque no tenemos dinero ni siquiera para lo esencial.

– Lo intentaré, mamá. Sabes que soy bueno jugando un papel importante.

Walter salió satisfecho de la casa de Antônio. Antônio era fácil de manipular y le traía toda la información sobre su rival. Entonces haría el plan para sacarlo del camino para siempre.

Una semana después, a última hora de la tarde, Osvaldo, sentado en la oficina de su casa, meditaba sobre su vida. Volver a ver a sus amigos en el campo había sido maravilloso, pero sentía que el tiempo había terminado. Era el momento de retomar la vida en la ciudad.

Además, estaban sus hijos. Le habían dado a su vida un nuevo sentido. No se sentía lo suficientemente fuerte como para dejarlos. Cada día se sentía más feliz de estar con ellos, descubriendo un poco más de sus gustos y preferencias, apoyándolos con cariño y firmeza. Ese cariño había llenado su soledad.

Independientemente, quería trabajar, estar ocupado, sentirse útil. Todavía no había decidido qué hacer, pero estaba seguro que sería algo sobre la espiritualidad.

Creía que la vida había puesto una fortuna en sus manos, para que la pudiera utilizar en su progreso y el de todos. Nunca había tenido ambiciones propias. Al contrario: después del drama que había vivido, se había acostumbrado a vivir en la sencillez del campo, a conformarse con casi nada. Todo lo que necesitaba era el afecto de sus amigos, las bellezas de la naturaleza, el trabajo con los espíritus cuya sabiduría y bondad lo conmovían.

Los cambios que ocurrieron mostraron que necesitaba cambiar de rumbo y seguir adelante. Ahora estaba claro.

Asumir conceptos de espiritualidad significaba vivir de acuerdo a ellos cada momento de su vida. Solo entonces podría sentirse verdaderamente feliz, realizado.

En los últimos años, atendiendo a la gente, observando el sufrimiento humano, había podido percibir claramente que la infelicidad del hombre se debe al desconocimiento de las leyes cósmicas. Descubrió que la ingenuidad tiene un alto precio y no exime a nadie de la responsabilidad de sus actos.

Estaba seguro que la armonía, la felicidad que el hombre desea solo llegará cuando aprenda y respete las leyes cósmicas, mirando la vida tal como es, desarrollando la conciencia experimentando los valores eternos del alma. Nadie, con el pretexto de asumir una religión, sea la que sea, encontrará el equilibrio interior cumpliendo con las reglas derivadas principalmente de creencias sociales, distorsionando la verdad. La conquista de la espiritualidad es un trabajo interior incesante, es el reconocimiento del propio potencial, el esfuerzo paciente por verse sin máscaras ni subterfugios, aceptando tanto cualidades como debilidades, sin culpa ni reprimenda, tratando de superarlas con amabilidad y firmeza...

Significa hacer lo posible por este logro, pero aceptando todas las determinaciones de la vida que no pueden cambiar, tratando de quitarles todo lo bueno que puedas percibir. La confianza en la vida es fundamental para quienes quieren cuidar su mundo interior y armonizar con las fuerzas positivas del universo.

Osvaldo estaba profundamente consciente de todas estas cosas. Sus experiencias con los espíritus, los desafíos que enfrentó en la vida, la ayuda que recibió de Dios cuando no era creyente, e incapaz de pensar con claridad, la protección divina que nunca lo abandonó en esos momentos le infundió la certeza que la consecución de la felicidad era cuestión de tiempo y buen desempeño. Sintió que estaba descubriendo cómo hacer esto.

Mostrar todo a las personas, enseñarles a observar la vida, buscar nuevas formas de superación y equilibrio interior, todo esto sería la forma de realizar la profilaxis del dolor, del sufrimiento.

Ayudar a los que están sufriendo en un lecho de dolor, mitigar el hambre de los miserables son intentos válidos de ayuda, son bendiciones de amor que dan más a lo que haces que a lo que recibes.

Sin embargo, poder evitar el dolor antes que llegue es darles a todos el poder de saber que son los creadores de su propio destino. Te hace consciente de tu propio poder, es poner en tus manos formas de vivir mejor, de ganar sabiduría, de lucidez y seguridad en tus pasos.

Esa es la mayor ayuda que se puede brindar. Sin embargo, no es la más sencilla. Es necesario que la persona quiera y esté dispuesta a enfrentar sus miedos y creencias erróneas del pasado, dejar la comodidad del comodismo para experimentar lo nuevo, siempre comenzando de nuevo, corrigiendo rumbos, tratando de comprender mejor.

Osvaldo se preguntó cómo hacer esto. Los espíritus le habían dicho a través de Antônio, en el encuentro de despedida que habían celebrado antes de su regreso, que su mayor tarea era cuidar su propia evolución, estudiar la vida, estudiarse a sí mismo. Solo entonces estaría listo para algún día cumplir su deseo de ayudar al progreso de la humanidad de manera efectiva.

Los conflictos que aun se debatían dentro de él le informaban que estaba lejos de lograr su propio equilibrio. ¿No sería demasiado pronto para iniciar una obra de ayuda espiritual a las personas? Lo había hecho bajo la guía y protección de Antônio. Pero por su cuenta, ¿podría lograr el mismo éxito?

Pero al mismo tiempo estaba muy motivado. Cerró los ojos y evocó a su guía espiritual. Quería orientación. Sintió un calor agradable en el pecho y en las manos y una paz reconfortante. Continuó absorbiendo estas energías por unos momentos y de repente claramente vio:

– Cuando el trabajador está listo, aparece el trabajo. Confía y espera.

Todo desapareció y abrió los ojos y comprendió que necesitaba estar consciente y darse cuenta de cuándo las cosas comenzaran a suceder. La vida le habla a la gente a través de señales que debes saber observar. Sus mensajes son claros, pero debes tener ojos para ver.

Sonó el teléfono y entró José diciendo:

– Es Rita, quiere hablar con usted.

Respondió de inmediato. Después de los saludos, dijo:

– Ayer fui al centro y hablé con doña Lídia. Ella estaba muy interesada en el trabajo de sanación que hacías con el sanador en el campo. Dijo que le encantaría conocerte.

Osvaldo sintió una agradable sensación y respondió:

– Bueno. También me gustaría mucho. ¿Dijo cuándo puede ser?

– Cuando quieras.

– Tan pronto como sea posible.

– Bueno, hoy empieza el servicio a las ocho. Si llegas temprano, puedes hablar con tranquilidad.

– Ahora son las seis y media. ¿Crees que es demasiado pronto?

– No. Puedes ir.

Eran poco más de las siete cuando Osvaldo llegó a la casa de Lídia. Ella lo recibió con alegría y lo condujo a una pequeña habitación donde podían hablar libremente.

A Osvaldo le agradó de inmediato. Su rostro amistoso, la forma en que sonreía y miraba a los ojos de la gente, transmitía confianza. Su forma sencilla lo dejó inmediatamente a gusto.

Después de sentarse en el sofá, dijo:

– He estado esperando mucho tiempo. Sabía que vendrías, me da mucho gusto.

– Gracias. Me alegro de encontrarte. No hace mucho, le pedí orientación a mi guía espiritual.

– El trabajo espiritual es una bendición para el médium. Trae alegría, alimenta el alma. Quien lo haya probado un día ya no puede vivir sin él.

– Tienes razón. Recibí tanta, tanta alegría en mis contactos con los trabajadores del bien que estoy deseando empezar de nuevo. Durante los últimos días he luchado con dudas. Dejé la protección y el cuidado de mi amigo y maestro Antônio, volví a la ciudad, me involucré en los conflictos no resueltos del pasado. Allá en el interior, me sentía seguro, apoyado, lejos de todo. Llegué a imaginar que había superado las ansiedades que me llevaron allí.

Sin embargo, los conflictos todavía me afligen. Creo que todavía no estoy listo para el trabajo espiritual.

– Tuviste un descanso, que te alivió temporalmente para que pudieras entender la vida tal como es, desechar creencias erróneas, descubrir el mundo de los espíritus, encontrar tu mundo interior, tus necesidades como espíritu eterno que están por encima de los problemas materiales. Es necesario vivir en el mundo, pero sobre todo es necesario utilizar las experiencias del mundo para madurar el espíritu, para volverse más espiritual.

Osvaldo se emocionó. Los ojos de Lídia brillaron como una luz que sintió como un baño de energía positiva en su cuerpo. Las lágrimas comenzaron a correr por su rostro y las dejó caer.

- Eso es lo que he intentado hacer. Pero a veces todavía confundo mis sentimientos, mezclo emociones, me siento perdido.

- Fuiste probado en el punto más difícil. La vanidad ciega y complica todo. Sin él, hace tiempo que se habría dado cuenta de la verdad y quizás ya habría encontrado la felicidad.

- Perdí mi vanidad hace mucho tiempo. En el campo vivía en absoluta pobreza, vivía una vida muy sencilla, donde la vanidad se olvida.

- A pesar de eso, el dolor todavía lo desafía. No es fácil dejar los conceptos del mundo. Las reglas, las convenciones de una sociedad materialista tienen la fuerza de creencia de la mayoría, por lo que se convierten en barreras difíciles de romper. A veces se necesita mucho sufrimiento, mucho dolor, muchas pérdidas para que la persona se dé cuenta que la vida tiene otros conceptos más verdaderos.

- Cambié mucho. Antes era un hombre tranquilo, siguiendo las reglas de la sociedad, creyéndome inteligente porque elegí el camino de la honestidad, de la familia, del trabajo. Siempre seguí todas las reglas y fui muy respetado por todos.

- Pero necesitabas crecer. Dejar la comodidad de una situación conquistada, segura, y busca desafíos de desarrollo, por eso fuiste sometido a esta prueba. Necesitaba despertar a la espiritualidad.

Era hora de mirar la vida real, tal como es, sin las acomodadas ilusiones del mundo. Por eso te casaste con una mujer que, aunque digna, se dejó llevar por las ilusiones de la vanidad. Se vio admirada, se sintió valorada, curiosa, frente a los atractivos del sexo. Ella también necesitaba aprender los verdaderos valores espirituales. Ha cambiado, ha madurado. Reconoce que ambos han crecido.

- Eso es cierto. Pero ahora que mis hijos han entendido que los quiero mucho y me han perdonado los años de ausencia, siento que no estoy solo. Tengo una buena situación económica, pero quiero trabajar, ser útil. Y aunque no me siento preparado, necesito trabajo espiritual. Pero todavía no sé qué y cómo hacerlo.

- No te apresures. La vida te mostrará el camino cuando llegue el momento. Ahora, en cuanto al trabajo espiritual, estás más que listo para empezar de nuevo. Eso es lo que me dice Alberto. Lo conoces.

- Es uno de los espíritus que nos ayudó a servir a la gente del interior.

- Te aconseja que revises tus conocimientos de sanación memorizando y busques un lugar donde puedas hacer exactamente lo que hacías allí, de la misma forma y con las mismas cosas. Cuando haya hecho eso, el resto vendrá naturalmente. También está diciendo que confíes en ti mismo y no te dejes engañar por las sugerencias de los espíritus perturbados. Tienes conocimiento y dominio, fe y coraje para no involucrarte. Rechace los pensamientos negativos de cualquier tipo. Trate de ver todos los eventos de manera positiva. Sabes que solo lo bueno es real. Fuera de él, no hay nada más. El mal es una ilusión.

Lídia se puso de pie y puso su mano sobre la cabeza de Osvaldo, diciendo:

- Que Dios te bendiga. Recuerda que estaremos a tu lado y siempre te ayudaremos, siempre y cuando hagas tu parte, manteniendo pensamientos positivos. Son nuestro punto de conexión porque nos permiten acceder a su mundo interior. Alberto.

Lídia se calló y Osvaldo conmovido, abrió los ojos, sintiéndose aliviado como no se había sentido en mucho tiempo.

- Gracias, doña Lídia. Dios la recompense por el bien que me hizo -. Ella lo abrazó con emoción y respondió:

- Te agradezco la oportunidad de conocerte y a un espíritu como Alberto.

Luego le pidió que le explicara el trabajo que estaban haciendo él y Antônio, y Osvaldo lo contó todo en detalle.

Cuando se despidió, se mostró sereno y contento, pensando qué hacer para cumplir lo que Alberto le había pedido que hiciera.

Eran más de las ocho cuando llegó a casa y José lo estaba esperando para servir la cena. Mientras comía, siguió pensando. José comentó;

– ¿Pasó algo? Está en silencio, parece preocupado.

– No. Estoy bien. Pero me gustaría retomar mis experiencias con las hierbas, como lo hacía en el campo. Ya te lo dije.

– Buena idea.

– No es fácil. Estamos en la ciudad.

– Pero puedes hacer eso en la granja. ¿Nunca ha estado allí? A doña Esther le encantaba ir allí, pasaba los días cuidando las flores. Este lugar es suyo ahora.

Osvaldo estaba asombrado;

– Sí, hay un lugar. ¿Cómo lo olvidé? ¿Dónde está?

– No tarda una hora en llegar.

– ¿Sabes dónde está?

– Por supuesto.

– Mañana iremos allí. Quiero conocer el lugar. Dios, ¿cómo es que no pensé en eso antes?

José sonrió feliz y respondió:
– ¡Todo llega en el momento adecuado!

Osvaldo lo miró con seriedad y dijo:
– Dios habló por tu boca. ¿Cómo es este lugar?

– En la oficina hay documentos, fotos, planos, todo. Si quiere, podemos verlo ahora.

Osvaldo asintió con entusiasmo. En la oficina, José abrió un armario y le entregó un paquete grande que Osvaldo abrió con curiosidad. Era una propiedad de seiscientas hectáreas, muy bien cuidada, con la casa principal más la del administrador y algunas casas para los empleados, un lago, muchos árboles y flores.

– Iremos allí mañana por la mañana.

– ¿Rosa puede ir con nosotros? A ella le encanta ese lugar. Cuando doña Esther iba, siempre nos llevaba –. Osvaldo sonrió y consideró:

– Por supuesto. Saldremos al amanecer.

– De acuerdo. Lo prepararemos todo hoy. Voy a pedirle a Rosa que haga su maleta.

– No es necesario. Lo hare yo mismo. De granja entiendo.

Osvaldo fue a su habitación, hizo las maletas y se dispuso a dormir.

Se acostó emocionado, recordando los últimos acontecimientos. Sintió en todo lo que había sucedido la mano invisible de sus amigos espirituales mostrándole el camino a seguir.

Una ola de alegría inundó su corazón. Estaba seguro que las fuerzas del bien lo bendecían conduciéndolo para una vida mejor.

En ese momento, en pensamiento, agradeció a Dios por todo lo que estaba recibiendo y prometió íntimamente dedicarse al trabajo espiritual con voluntad y sinceridad.

Luego, sintiéndose tranquilo y feliz, se durmió.

CAPÍTULO 18

— Entonces, ¿nada todavía? — Preguntó Walter, irritado.

— Nada. No encuentro a Osvaldo.

— Creo que estás de mal humor. No funciona de esa manera. Una semana y no consigues nada. Después de todo, es tu hermano. ¿Se niega a hablar contigo?

— No es eso. Ha estado viajando mucho. Fui la semana pasada y me dijeron que había ido a la finca de Jundiaí.

Walter miró con recelo:

— ¿Qué lugar es ese?

— La finca de la tía Esther. Ahora le dio por quedarse allí todo el tiempo. Viene a la ciudad dos veces esta semana, solo de compras y regresa el mismo día.

— ¿No me estás tomando el pelo?

— Por supuesto que no. Estoy desesperado por conseguir ese trabajo que me prometiste.

— Solo después de conseguir lo que necesito. ¿Por qué no vas allí?

— ¿Yo? Nunca he estado allí, ni siquiera sé dónde está.

— ¿Cómo que no lo sabes? ¿Ese lugar no era de tu tía?

— Lo era, pero ella nunca nos invitó a ir allí. Sabes que a ella no le importábamos.

— Hum... ella debe haber tenido sus razones — murmuró.

— Era orgullosa solo porque era rica. Ya sabes...

- Lo sé. Tienes al menos una idea de cuándo volverá.

- No. Pero le dejé el mensaje a la criada para que me avise en cuanto llegue.

- ¿Crees que ella hará eso?

- Por supuesto. Dije que era urgente, que mamá estaba enferma y necesitaba ayuda.

- ¿Y si no le importa?

- Es duro, pero querrá saber qué tiene ella. Mantén la calma. Él volverá y cumpliré mi palabra.

- Espero que sea pronto.

Cuando Walter se fue, Antônio entró en la casa. Al verlo, Neusa preguntó:

- Walter te estaba esperando. Está impaciente. ¿Aun no hablaste con Osvaldo?

- No. Se fue a la granja y aun no ha regresado. Le dije eso a Walter.

Neusa se encogió de hombros. No le agradaba Walter, pero tenía que soportarlo por el trabajo que conseguiría para Antônio. Entonces concluyó:

- Espero que no tarde mucho. Pronto ni siquiera tendremos para comer.

- Veré si puedo conseguir un trabajito mientras tanto. Quizás vuelva a ayudar a Miguel en el bar. No me gusta ese trabajo, pero como último recurso...

- Hazlo, al menos.

Walter salió nervioso de la reunión con su amigo. Se sintió inquieto. Pensó en Clara, y las imágenes de los momentos de amor que habían vivido juntos en el pasado volvieron a su memoria, exasperándolo.

No podía entender por qué ella lo rechazaba después de haber traicionado a su esposo por su culpa. Ahora se había vuelto más hermosa, tenía más clase, ya no era esa joven insegura e ingenua. Se había convertido en una mujer atractiva y su negativa solo aumentaba su interés.

Conquistar a Clara se convirtió para él en una obsesión. La noche que imaginaba fantasías sexuales con ella y terminaba insomne, insatisfecho, lo que no sabía era que sus pensamientos atraían la presencia de unos espíritus que se alimentaban de energías sexuales y que lo excitaban aun más para conseguir lo que querían.

A veces terminaba levantándose y yendo en busca de alguien con quien satisfacer su deseo, atravesando el mundo de las esclavas sexuales, dando rienda suelta a lo que sentía. Luego, el alivio temporal fue seguido por depresión, ira e insatisfacción que continuaron. La sed no se calmaba, y al día siguiente comenzaba de nuevo.

Fue un infierno, y culpó a Clara, creyendo que cuando ella lo aceptara, todo saldría bien. Solo ella sería capaz de saciar su sed de amor, de acabar con esa insatisfacción que lo atormentaba.

En esta fantasía, se involucraba cada vez más con espíritus perturbados que sumaban sus desequilibrios a los suyos en una simbiosis de difícil solución, ya que se alimentaban mutuamente, mezclando sus energías, en una complicidad absoluta.

Clara también se sintió inquieta, perturbada. No dormía bien, tenía pesadillas en las que siempre había un hombre queriendo agarrarla, diciendo obscenidades, inspirando pensamientos morbosos.

Había hablado con Lídia, quien le había aconsejado que siguiera asistiendo al tratamiento espiritual. Había perdido peso y no comía bien.

Domênico, habló con ella tratando de ayudarla a salir de este estado, aconsejándole que resistiera, poniendo en acción su fuerza interior para rechazar estas energías.

Lo intentó y, al hacerlo, se sintió mejor, pero los pensamientos depresivos y la culpa del pasado reaparecieron y volvió al estado anterior.

Cuando llegó al centro esa noche, Lídia la estaba esperando y la llevó a su oficina, diciendo:

- Siéntate, Clara. Ayer por la tarde conocí a su marido. Clara se asustó:

- ¿Has venido aquí? No quiero encontrarlo.

- Cálmate. Vino, hablamos solo eso -. Clara se levantó

- Me voy. Osvaldo puede aparecer de nuevo. No quiero encontrarlo.

- No te preocupes. No vendrá.

- ¿Qué vino a hacer aquí? ¿Hablar de nuestros problemas?

- No. Siéntese, por favor. Te lo digo por qué pensé que te gustaría saberlo. Vino a hablar de mediumnidad. Rita le contó sobre nuestro trabajo y nos visitó.

Clara guardó silencio unos segundos y luego dijo:

- Puede que sea solo una excusa para acercarse. Osvaldo nunca se interesó por este tema. No creo que sea un médium.

- Estás equivocada. No solo tiene mucha sensibilidad, sino que voluntariamente ha asumido el trabajo espiritual.

- Es difícil de creer.

- Tu marido es un hombre de extrema sensibilidad y experiencia en el trato con los espíritus. Hablamos de espiritualidad. Me habló del trabajo que estaba haciendo en el campo en compañía de un sr. Antônio. Aprendió a usar hierbas y elementos naturales y, bajo la guía de espíritus iluminados, trabajó en curar y guiar a las personas, ayudándolas.

- No sé qué decir. Me resulta difícil imaginarlo como un misionero, brindando ayuda.

- Hacía este trabajo en el campo y no supo si continuarlo aquí, en la ciudad.

- Si los espíritus de la luz lo acompañan, deberían decirle qué hacer.

- Ellos nunca hacen eso. Inspiran y esperan a que la persona decida lo que quiere hacer. Posteriormente, Osvaldo me confesó que las emociones que ha vivido tras su regreso a la ciudad le dejaron en duda si estaba preparado para el desempeño de la mediumnidad.

Clara bajó la cabeza, tratando de controlar la emoción. Hablar de Osvaldo, saber cómo estaba después de tantos años, saber lo que sentía, la conmovió. Lídia continuó:

- Disfruté conocerlo y también a su mentor espiritual, que se manifestó en ese momento. Fueron momentos de iluminación y paz. Les digo que no se sientan abrumados por las emociones del pasado. Tu esposo es un hombre bueno y maduro con sentimientos elevados. Quería que supieras que puedes confiar en él.

Clara se levantó.

- Hablar de él todavía me incomoda - dijo, tratando de sonreír.

- A pesar de eso, gracias por decírmelo.

Cuando Clara salió del centro luego de recibir tratamiento espiritual, no pudo olvidar las palabras de Lídia.

¿Era Osvaldo realmente un médium, un iniciado en las cosas del espíritu? ¿Estaba siendo sincero? Sabía que Lídia era una persona seria, estaba consciente y no se prestaría a mentir. Entonces, si estaba fingiendo, ella lo sabría.

Después de tantos años, ¿cómo estaría Osvaldo? Recordó su rostro joven y relajado, su hermosa sonrisa que excavaba dos hoyuelos en su rostro moreno. Recordó lo guapo que era y cómo se habían amado en los primeros días.

Estaba casi en casa cuando sintió que alguien la sujetaba tratando de abrazarla. Ella se soltó, asustada:

- ¡Walter! Me asustaste. ¿Qué haces aquí a esta hora?

- No deberías caminar sola por estas calles de noche. Cuando quieras salir, puedo acompañarte.

- Gracias, pero no es necesario. Fui cerca y sé cuidarme.

- Estoy aquí para cuidar de ti. Vamos, vayamos a algún lugar donde podamos hablar.

Trató de abrazarla y Clara lo empujó con fuerza.

- No te atrevas a tocarme. No voy a ir a ningún lado contigo. ¿Aun no te has convencido?

- Hablas, pero es difícil de creer. Mira, he estado soñando contigo en mis brazos, como en aquellos tiempos, intercambiando besos, caricias. Vamos, amémonos...

Trató de agarrarla, pero Clara lo empujó con tanta fuerza que perdió el equilibrio. Ella aprovechó su falta de control y corrió a casa. Entró, cerró la puerta y respiró hondo.

Marcos apareció en el pasillo:

- ¿Qué pasa, madre? ¿Ha pasado algo?

- Nada. Un hombre parecía seguirme y me asusté.

- Es mejor no salir sola de noche.

- La casa de Doña Lídia está cerca. No hay peligro.

- Cuando quieras ir allí, puedo acompañarte.

- Gracias, hijo mío. Pero no es necesario. Vamos, tomemos un bocadillo en la cocina.

Marcos la abrazó con expresión seria, como queriendo entender lo que estaba pasando. Clara sonrió tratando de tranquilizarlo.

- No te preocupes. No fue nada.

- No es lo que parece. Estás pálida. ¿Es ese tipo de nuevo?

- No.

- Si sigue molestándome, lo denunciaré a la policía. ¿Nunca pensaste en hacer eso?

- No es el caso. Es inofensivo. Sabes que nunca lo aceptaré -. Marcos guardó silencio unos momentos, luego dijo:

- Estaré atento. Si me doy cuenta que te sigue de nuevo, actuaré -. Clara sonrió tratando de fingir indiferencia.

– ¿Qué es esto? Te dije que puedo cuidarme sola. No pienses involucrarte.

– No dejaré que arruine nuestra paz.

Mientras comían la merienda, Marcos pensó en la promesa que le había hecho a su padre de mantenerse alerta y pedirle ayuda si la necesitaba.

Una semana después, Osvaldo entró corriendo a la casa. Regresó de la granja para encontrarse con sus hijos. Quería darse una ducha y ver si todo estaba en orden para la cena.

Estaba entusiasmado con el sitio. Había hecho algunos cambios, adaptándolo al trabajo que iba a hacer. Había elegido un área fértil donde había plantado las hierbas que solía usar.

Le había escrito a Antônio contándole sus planes y pidiéndole ayuda para comprar unas plántulas que no había podido encontrar. Había enviado dinero y estaba esperando a que llegaran.

Después que decidió comenzar este trabajo, su sexto sentido se expandió. Comenzó a ver el aura de la gente, a escuchar sus pensamientos, a ver los espíritus que los rodeaban.

Emocionado, Osvaldo no le dijo nada a nadie, tratando de entender lo que veía, manteniendo sus contactos más profundos con la espiritualidad en el fondo de su corazón.

En contacto con las energías más puras de los espíritus de luz, no contuvo las lágrimas de alegría, pero al mismo tiempo, sintió que estos dones se le estaban haciendo para que él pudiera ser un canal para derramarlos sobre las personas.

En uno de estos momentos, vio a Alberto acercarse en un halo de luz con tal realismo y belleza que se arrodilló diciendo entre lágrimas:

– ¡Dios mío! Permíteme quedarme así para siempre, en esa luz –. Alberto sonrió y respondió:

– Serás nuestro canal. Tu trabajo será vivir con la oscuridad del mundo, manteniendo esa luz en tu corazón. No es un trabajo fácil. Dependerá de ti, de tus elecciones y actitudes, lograrlo. Habrá momentos en que el pasado, las emociones pasarán factura en el camino hacia la madurez. Sin embargo, tienes todo para ganar. El trabajo de aliviar el sufrimiento humano que te propusiste antes de nacer será una herramienta de apoyo en su camino. Las bendiciones de aquellos que se sienten aliviados en su dolor te acompañarán, fortaleciendo tu fe. Estaremos de tu lado. Confía y espera.

- ¿Cuál será el siguiente paso? ¿Estoy listo para empezar a servir a la gente?

- Sigue preparándote. Cuando llegue el momento, todo sucederá de forma natural.

Después de la ducha, Osvaldo bajó y José le entregó el correo. Había una carta de Antônio que decía que él personalmente estaba preparando las plántulas y que las enviaría tan pronto como estuvieran listas. Se alegró de verlo hacer este trabajo. Osvaldo estaba feliz con sus palabras.

Había un mensaje del detective encargado de obtener información sobre Walter. Quería verlo. Lo buscaría al día siguiente.

Llegaron los chicos y Osvaldo los abrazó con cariño.

- ¿Qué es eso de quedarse en la granja? - Preguntó Marcos -. ¿Echas de menos el campo?

Osvaldo sonrió y respondió:

- Es un lugar hermoso. Necesitas conocerlo. Cuando estoy allí, me olvido de todo, no tengo ganas de volver.

- Espero que no nos dejes por eso - dijo Carlos.

- Nada de eso. Nunca más te librarás de mí. Siempre estaré contigo

- Qué bueno - dijo Marcos -. Te extrañamos mucho.

- Estoy haciendo algunas remodelacioines, así que me he quedado allí. No siempre será así.

Luego de una agradable cena, en la que Osvaldo quiso escuchar todo sobre lo que cada uno hacía y pensaba, preguntó:

- ¿Y en casa, todo en paz?

Marcos intercambió una mirada con Carlos, luego dijo:

- No tanto. Sospecho que ese tipo todavía está molestando a mamá. Lo disimula para que no nos preocupemos. Pero hace unos días llegó a casa pálida y estoy seguro que fue por él.

Carlos apretó los puños, diciendo entre dientes:

- Si atrapo a ese tío... - intervino Osvaldo:

- Nada de eso. No vas a hacer nada. Estoy tomando medidas. Solo quiero que estés atento, que me cuentes todo lo que sabes. El resto, déjamelo a mí.

Al día siguiente, Osvaldo recibió la visita del detective con el informe que contenía los antecedentes de Walter y sus pasos en los últimos días.

Descubrió que él seguía trabajando para la misma empresa, ganaba un buen salario, pero vivía endeudado porque pasaba las noches con mujeres. Tenía una justificada reputación de bohemio, ya que permanecía soltero a pesar de las muchas mujeres con las que mantenía una relación.

Aunque era muy conocido en los círculos que frecuentaba, no tenía amigos cercanos. Había una lista de todo lo que había hecho en los últimos diez días.

Osvaldo se enteró que iba casi todas las tardes a esperar a que Clara saliera del trabajo.

- Como puede ver, no siempre se acerca a ella. Cuando lo hace, ella lo rechaza, sin darle oportunidad de hablar.

Se enoja mucho y trata de retenerla. Como nos pediste que interfiriéramos solo en caso que se vuelva más agresivo, solo los observamos.

- ¿Nunca notaron tu presencia?

– Nunca. Hemos sido atentos, pero discretos. Ella no quiere tener nada que ver con él. Puedes ver que ella se pone muy nerviosa cuando lo ve. Si continúa insistiendo, sería bueno que tomemos medidas más serias.

– ¿Cómo qué, por ejemplo?

– Quejarse a la policía.

– No podría hacer eso. Sería una intromisión en su vida. Ella es quien debe presentar la denuncia.

– Clara solo tomaría tal acción si corriera algún riesgo.

– Por lo que he visto, cree que puede manejar el problema ella misma. No cree que pueda volverse más agresivo. Pero me di cuenta que la cada día parece más enojado.

Conquistarla se convirtió en una especie de obsesión. Por tanto, perder el control es un paso muy pequeño.

– Estoy de acuerdo. Quiero que sigas vigilando sus pasos y, si es necesario, intervengas.

– De acuerdo. Te mantendré informado.

Después que el detective se fue, Osvaldo recordó la escena de amor que había pillado entre Clara y Walter. La expresión apasionada de Clara había sido reemplazada por terror cuando los sorprendió. Ese día, él estaba seguro que ella amaba a Walter.

A pesar de su rabia por la traición, el dolor por el rechazo, los consejos de su hermano y su madre queriendo vengarse, había preferido desaparecer, dejar el camino libre para que ella fuese feliz con el hombre por el que había destruido un matrimonio estable, poniendo en juego la estima y el respeto de los niños.

Le tomó mucho amor arriesgarlo todo. Ahora se preguntaba dónde estaba ese sentimiento. El camino aun estaba despejado. ¿Por qué ahora repudiaba al hombre por el que lo había cambiado?

Rita había dicho que Clara nunca había amado a Walter. Se había dejado seducir, se había involucrado, pero luego se arrepintió. Después de la separación no se había involucrado con nadie.

Ese pensamiento hizo que su corazón latiera más rápido. Habían vivido buenos momentos juntos. Durante los últimos años, Osvaldo los recordaba con nostalgia, pero al mismo tiempo se preguntaba cuándo y por qué había dejado de amarlo.

Siempre que estos pensamientos reaparecían, Osvaldo reaccionaba. El hecho que Clara no quisiera a Walter no significaba que todavía recuerde con nostalgia los momentos en que estuvo casada.

Estaba resignado al hecho que Clara ya no lo amaba. Reconoció que el amor sucede, incluso independientemente de la voluntad. Hubo un tiempo en el que había hecho todo lo posible para desterrar este sentimiento de su corazón, pero se había resistido, todavía estaba allí. Había aprendido a vivir con él sin esperar nada a cambio.

Aunque no quería admitirlo, el hecho que Clara rechazara a Walter, de seguir sola, lo consoló.

Al día siguiente fue a buscar a Lídia, llevándole unos frascos que había preparado. Recibido con alegría, detalló sus proyectos, finalizando:

— Tengo la intención de volver al sitio en dos días. Me encantaría recibir tu visita. Si quieres ir, enviaré a mi chofer a que te recoja.

— Está bien. Tan pronto como podamos, arreglaremos la fecha.

— Preparé estos frascos como lo hacíamos en la finca de Antônio. No sé si debería, en la ciudad la gente piensa diferente. Si no quiere usarlo, puede tirarlos.

— Para nada. Solo necesito aprender a usarlos. Aquí, como en el campo, hay gente muy pobre que no puede comprar medicinas. Cuando tengo un caso así, los espíritus intentan ayudar, indican algunas hierbas. Pero es difícil para mí, porque siempre he vivido en la ciudad. No tengo conocimiento.

Osvaldo explicó para qué era cada una de los frascos.

- Le puse una etiqueta, para que no te equivoques. Me gustaría que los probaras cuando exista tal caso. No desconozco que existen leyes estrictas a este respecto para prevenir el abuso. Estoy creando un laboratorio, en la finca, donde deseo tener profesionales capacitados. Quiero hacer todo dentro de la ley.

Lídia sonrió contenta.

- Eso es muy bueno. La sociedad tiene reglas que preservan la salud y debemos respetarlas.

- Los espíritus me dieron esa orientación. También me sugirieron que creara un grupo de investigación. Dicen que la naturaleza tiene todo para curar cualquier enfermedad. Afirman que no existe una enfermedad incurable. Lo que hay son personas resistentes, repitiendo los mismos errores, obteniendo los mismos resultados. Los medicamentos alivian y ayudan, pero la clave para curar es encontrar la actitud causal, tratar de curarla. Por supuesto, esto solo sucederá si el paciente coopera.

- Eso es correcto. Debe aprender de esta experiencia.

- En nuestra investigación, necesitaremos considerar no solo los elementos materiales de las plantas sino también su potencial energético. Hay casos en los que es necesario llegar a las capas más profundas y delicadas del cuerpo astral.

- Este es un trabajo maravilloso. Si puedo, me gustaría acompañar todos estos procesos.

- Cuando tenga todo organizado, podemos tratar algunos casos.

- Espero que sea pronto. Tengo algunos pacientes a los que me gustaría ayudar.

- En ese caso, los incluiré en mis meditaciones. Quizás Alberto nos instruya al respecto.

– ¡Qué buena idea! Eso mismo. Escribiré los nombres para ti.

Osvaldo regresó feliz a casa. Estaba seguro que estaba tomando la decisión correcta. Habló con Felisberto, quien lo asesoró sobre los requisitos de la legislación.

– Debes pensar en cómo mantener esta empresa. Tendrá que volverse rentable para mantener su continuidad. Además, toda la investigación es cara. Necesita un rendimiento de su capital. De lo contrario, en poco tiempo no habrá forma de sobrevivir.

– No se puede cobrar el trabajo con los espíritus.

– Estoy de acuerdo. Pero contratarás personal especializado no solo para la investigación sino también para el laboratorio. Debe pensar en una forma de obtener ingresos que te permita cubrir los gastos.

– En la finca, Antônio no necesitaba nada de eso.

– En el campo lo entiendo. Pero aquí las leyes son estrictas. Además de los requisitos laborales, hay inspección sanitaria, etc. Si quiere hacer un trabajo bien hecho, debe perder sus prejuicios sobre el dinero.

Osvaldo se sobresaltó:

– No tengo prejuicios.

– He notado que no valoras el dinero. Por supuesto, no es el valor más importante, pero sin él no se puede mantener ninguna gran obra benéfica. Incluso los discípulos de Jesús fallaron en este sentido. Solo cuando se convirtió en religión oficial se extendió el cristianismo.

– ¿No estás siendo demasiado estricto?

– No. El dinero es un valor necesario. Merece nuestro respeto. El problema está en su uso.

– Estoy de acuerdo con eso. Mucha gente se sumerge en la codicia, la ambición, debido a él.

- Estás invirtiendo las cosas. Son personas deshonestas, corruptas, desequilibradas que abusan no solo del dinero sino también de todos los recursos que pueden conseguir.

Quien logra gozar de la riqueza de forma equilibrada, contribuyendo a la evolución y el bienestar del hombre, tiene más mérito que quien huye por miedo a equivocarse. Porque el progreso de la humanidad se hace con mucho dinero. Son las grandes fortunas las que sustentan la investigación en todos los ámbitos. Con respecto al dinero, en mi profesión he visto de todo: deshonestidad, avaricia, mala fe. Pero también he sido testigo de actos de gran desprendimiento, dedicación al bienestar de los demás, amor a la vida. Su tía Esther sabía manejar muy bien el dinero.

- Es verdad. La tía Esther fue admirable. Ya me di cuenta que no será fácil hacer lo que me propongo.

- Tendrás que estar bien planificado legalmente. Puedes contar conmigo. No me gustaría que empezaras un proyecto sin fundamento. A pesar de ser un trabajo espiritual, en este mundo debemos cumplir con las leyes sociales. He visto personas que tienen contacto con los espíritus, se emocionan y pronto quieren fundar un grupo, una obra benéfica. No se preparan adecuadamente, no se preguntan si están capacitados y terminan encontrando problemas en lugar de solucionarlos.

- No sabía que conocías tanto este tema.

- Creo en la reencarnación, he tenido algunas pruebas al respecto. Respeto el Espiritismo, que enseña a lidiar con la mediumnidad y a comprender la evolución del hombre. El problema son las personas. Ellos interpretan la espiritualidad a su manera, haciendo todas esas tonterías. Es una pena.

- A pesar de ello, existen muchas obras de asistencia espírita que ayudan, consuelan, brindan conforto a muchas personas.

- De hecho, todo el que se convierte al espiritualismo es entusiasta, quiere hacer caridad, es sincero. Pero ayudar es un arte difícil y requiere conocimiento, estudio, discernimiento.

– Lo he estado pensando mucho. La ayuda solo es efectiva cuando la persona que la recibe es receptiva, abierta, dispuesta a mejorar. El maestro Antônio nunca hizo nada por la persona. Trataba de motivarla para que ella lo hiciera por sí misma. Respondió ofreciendo medicinas, energías espirituales, pero nunca fue más allá de eso.

– Es un hombre sabio.

– Sin duda. Cariñoso, alegre, educado, hablaba aclarando situaciones, pero la decisión siempre dependía de la persona. Así es como pretendo trabajar.

– Veo que estás listo. Me gustaría participar. Siento que es hora de profundizar en el trabajo espiritual.

– Estoy feliz de poder contar contigo. Pensaré en todo lo que hablamos. También me gustaría que pensaras en la mejor forma legal de iniciar nuestro proyecto.

Después que se fue Felisberto, Osvaldo pensó en esa conversación. El abogado tenía razón: era necesario planificar la parte material con cuidado. Reconoció que sin una buena base no podría desarrollar un trabajo serio y rentable, como querían los espíritus.

Sabía que, por mucho amor que tuviera en su corazón, todo el trabajo astral lo realizaban los espíritus. Él, como médium, se encargaba de organizar el servicio, manteniendo el lugar limpio, agradable, hermoso, formando un ambiente alegre donde los espíritus iluminados pudieran actuar físicamente de manera rentable.

Sabía que todos los problemas humanos provienen de conceptos erróneos, de vicios de juicio, de una forma inadecuada de observar los hechos. Por lo tanto, la cura solo ocurriría cuando las personas armonizaran su forma de ver, renovaran sus conceptos, reevaluaran los hechos de una manera más real y positiva.

Esa era la parte que le correspondía hacer. Mientras los espíritus se ocupaban de los problemas de la persona en el astral, él, el médium, debía ocuparse de la conciencia, contribuyendo a la renovación paulatina de ese espíritu.

Los remedios, la dinamización, el apoyo, la aclaración eran herramientas que necesitaba dar con lucidez, bajo la inspiración de los espíritus. Pero el éxito de la cura solo se lograría cuando la persona hiciera su parte.

Ante esto, pensó que lo importante sería hacer bien su parte, sin preocuparse por los resultados.

Por culpa de un cliente, Clara dejó el atelier más tarde de lo habitual. Miró su reloj: eran más de las nueve. Estaba cansada y hambrienta. La fría noche y la insistente llovizna la hicieron caminar apresurada hacia el estacionamiento donde guardaba su auto. Cuando llegó a la puerta, encontró a Walter esperando. Hizo un gesto de molestia y trató de darse la vuelta, pero la retuvo diciendo:

- No vas a huir de mí. Estoy cansado de correr detrás de ti. Hoy vamos a decidir todo de una vez por todas.

- No hay nada que decidir. Ya te dije que no quiero tener nada que ver contigo. Por favor, déjame en paz. Estoy cansada, quiero irme a casa.

- No más excusas. Hoy no te escapas de mí.

Clara olió una bebida fuerte y sintió un escalofrío recorrer su cuerpo.

- Bebiste. Deja de perseguirme.

La tomó del brazo con fuerza, queriendo arrastrarla. Ella resistió asustada. Logró liberarse y entró en el estacionamiento tratando de alcanzar el auto. Él la alcanzó y trató de abrazarla. Clara, tratando de liberarse, miró a su alrededor en busca de ayuda.

El estacionamiento estaba vacío y mal iluminado. Walter la abrazó, tratando de besarla.

- ¡Eres mía! - repitió con voz ronca -. No te voy a dejar por el idiota de Osvaldo. Ahora ven conmigo.

Haciendo acopio de fuerzas, Clara lo empujó y él se tambaleó. Aprovechándose de ello, buscó en el bolso la llave del carro, pero no la encontró de inmediato.

- No escaparás esta vez - dijo enojado.

Clara retrocedió nerviosa. Walter había sacado un revólver y la estaba apuntando.

CAPÍTULO 19

- Harás lo que te diga, de lo contrario acabaré contigo aquí mismo. Estoy decidido. Si no quieres ser mía, no será de nadie más.

Clara se detuvo asombrada. En ese momento vio aparecer a un hombre detrás de Walter. El hombre apoyó un revólver en su espalda y dijo con voz firme:

- Suelta ese revolver o dispararé.

Tomado por sorpresa, Walter se estremeció. El hombre insistió:

- Suéltalo o dispararé. Te juro que no bromeo. Baja el arma y levanta las manos.

Walter obedeció lentamente. El hombre se acercó y palpó el cuerpo de Walter para ver si había otra arma. No encontró nada.

Clara se quedó callada, pálida.

- No se alarme, doña Clara. Soy de la policía. Tendrás que acompañarme a la comisaría.

- Llegaste en un buen momento. Pero prefiero irme a casa. Estoy al límite de mis fuerzas.

- Lo siento, pero si no formalizas tu denuncia, no podré detenerlo. Clara suspiró resignada:

-Está bien.

- Es una formalidad necesaria. Prometo que la liberaré lo antes posible. ¿Quieres ir en mi carro con nosotros?

- Gracias, pero te acompañaré con el mío.

– ¿Estás lo suficientemente tranquila para conducir? Estás temblando.

– Ya estoy bien.

En la comisaría, el detective, después de pedirle al policía que arrestara a Walter, se dirigió a Clara, que lo estaba esperando.

– Ahora podemos hablar. Mi nombre es Durval Menezes, soy detective privado.

– Es un placer conocerte. Si no hubieras aparecido, ni siquiera sé qué podría haber pasado. Nunca pensé que Walter pudiera llegar tan lejos.

– Está desequilibrado. Temía que pasara lo que pasó hoy –. Clara no contuvo su curiosidad:

–No estoy entendiendo. Por la forma en que estás hablando, parece que ya lo conocías. Luego vino llamándome por mi nombre. Estoy seguras que no nos conocemos.

– Fui contratado por el sr. Osvaldo de Oliveira para protegerte a ti y a tus hijos. Estaba muy preocupado por la seguridad de la familia.

Clara abrió la boca y la volvió a cerrar. No supo qué decir. Finalmente preguntó:

– ¿Llevas mucho tiempo trabajando para él?

– Casi un mes. Durante ese tiempo, mi socio y yo hemos seguido a Walter. El señor Osvaldo quería saber si representaba algún tipo de peligro. Entendimos que sí, ya que notamos que cada día empeoraba.

– Trabajaste con mucha discreción. Nunca noté nada. Pero fue bueno que estuvieras allí en ese momento.

Él sonrió con satisfacción y respondió:

– Tenías que venir a la comisaría y presentar una denuncia. Entonces, lo detendremos por algún tiempo. Podemos evaluar mejor los riesgos.

– Estaba muy enojado, nos amenazó.

– Es natural. Pero será alertado. La agresión a punta de pistola es grave. Fue arrestado en el acto, lo que nos permitirá obtener una detención preventiva.

Clara suspiró tristemente:

– No sé qué hacer. Estará en la cárcel por un tiempo, pero cuando salga, seguirá persiguiéndome. Está loco. Había desistido, pero últimamente ha empeorado.

– Por eso va a formalizar la denuncia, contando la persecución que ha sufrido. Esto puede intimidarlo.

– Eso espero.

Una hora después, Clara se fue a casa. Se sintió triste, preocupada. Esa situación estaba tomando un giro muy peligroso. Tenía ganas de desaparecer, mudarse con su familia a un lugar lejano, sin dejar una dirección, para que él no la encontrara.

Al verla entrar, Rita la abrazó inquieta.

– ¡Me alegro que estés aquí! Estuve angustiada, temerosa, con un mal presentimiento todo el día.

– Realmente, estuvo cerca de ser una tragedia.

– Te ves pálida. Ven, siéntate aquí y cuéntamelo todo.

Clara contó en pocas palabras. Cuando terminó, Rita no pudo evitarlo:

– ¡Bendito Osvaldo! Tomó medidas, como me prometió.

– Después de lo que le hice, no esperaba eso de él.

– Yo sí. Estaba segura que nos protegería. Vamos a la cocina, voy a prepararte algo caliente para que comas.

– Mi hambre se ha ido. Siento un nudo en el estómago.

– Nada de eso. Tomarás al menos una sopa. Tenemos la que más te gusta.

– No sé qué será de nosotros en el futuro. Walter estaba muy enojado, no se rendirá. Estoy desanimada.

– Nada de eso. Además de Osvaldo, está la protección divina, que nunca nos abandona. Somos buenas personas, estamos haciendo nuestra parte, por eso no debemos temer a nada ni a nadie.

– Necesito tu optimismo.

– Creo que será mejor que reacciones. Recientemente has estado muy deprimida. Eso no es natural en ti.

– Desde que regresó Osvaldo no he estado bien. Preferiría que se quedara donde estuvo todos estos años.

– Así no tendrías que pensar en él ni enfrentar el pasado. Pero lo que he aprendido es que no sirve de nada huir de los problemas. Aparecen para que podamos encontrar soluciones.

– Estoy cansada, confundida. No estoy de humor para tomar decisiones.

– En ese caso, deja correr el tiempo. Aun así, debes hacer tu parte: reaccionar, mirar la vida desde el lado positivo. Nadie puede ser feliz sin buscar alegría, buenos pensamientos, luz.

– Doña Lídia siempre nos enseña eso. Lo intentaré, pero hay momentos en que la tristeza, el miedo, la inseguridad aparecen con fuerza y no puedo salir.

Rita sonrió.

– Has sido muy dramática. Te lo tomas todo muy en serio. A veces es bueno jugar con los problemas, ver el lado divertido de las cosas.

– Lo que pasó hoy no tiene ninguna gracia.

– Sí, lo tiene. Sigo imaginando la cara de Walter cuando vio aparecer al detective con un revólver y todo.

– En ese momento no tenía sentido del humor. No sabía quién era. Incluso pensé que era un robo.

– ¿Te das cuenta como ves las cosas por el peor de sus lados? Él te estaba ayudando.

– Ahora lo sé.

– ¿Sabes qué? Después de este susto, Walter desaparecerá durante un buen tiempo. ¿Cuánto tiempo estará detenido?

- No lo sé. Pero ahora que lo mencionas, recuerdo que se puso pálido, lívido, estaba temblando. En ese momento la pasión terminó rápidamente. Trató de negarlo, pero el detective lo sabía todo.

- Bueno, tenía muchas ganas de ver su rostro en la comisaría.

- ¿La cara de quién? - Preguntó Carlitos. Las dos intentaron disimular:

- No te vimos llegar - dijo Clara, tratando de sonreír.

- Estaba en la habitación y te escuché hablar. Bajé a comer algo.

- Esto es lo que pasa por no comer bien. Comes en la calle y te alimentas mal - se quejó Rita.

- No sirve de nada cambiar el tema. Escuché muy bien cuando dijo "su cara en la comisaría" - Clara intercambió una mirada con Rita y decidió:

- Fue Walter. Tuve un inconveniente y lo denuncié a la policía -. Carlos se sentó y dijo emocionado:

- ¡Por fin reaccionaste! ¿Cómo fue?

Clara contó lo que había sucedido. Carlos consideró:

- Papá dijo que nos cuidaría. Y lo hizo. Ahora ese tipo no tendrá el valor de volver. Se lo diré a Marcos.

Subió apresurado las escaleras y Clara dijo:

- No sé si hice bien en decírselo.

- Sí, lo hiciste. Los chicos estaban preocupados. Ahora estarán más tranquilos -. Se quedaron en silencio durante unos momentos. Fue Rita quien rompió el silencio:

- ¿No crees que deberías hablar con Osvaldo y darle las gracias? - Clara se asustó:

- ¿Estás loca?

- Sería lo más correcto.

- Nada de eso. Después de todo lo que he pasado, ¿todavía tengo que escuchar sus acusaciones? La culpa que me atormenta es suficiente.

- Te atormentas innecesariamente. No te está cobrando nada. Al contrario: reconoce que tenías derecho a preferir a otro. Solo lamenta que no hayas tenido el valor de decirle la verdad.

- No quiero volver a verlo nunca.

- Parece que fue él quien se equivocó...

- No hace falta que me lo recuerdes. Asumo lo que hice. Pero prefiero que me ignore. No le pedí, ni le pediré nada. Lo que hizo fue porque quería.

- De acuerdo. Si lo prefieres así... En ese caso, no tocaré más el tema.

- Sé que lo defiendes, que te gusta. Pero ¿qué es lo que quieres?

- Nada. Solo creo que sería bueno si pudieras perdonarte a ti misma, incluso si nunca lo volvieras a ver. Es el padre de tus hijos y eso nunca lo podrás cambiar. En cuanto al pasado, no estoy aquí para juzgar nada. Si cometiste un error, no es asunto de nadie. Pero albergar resentimientos, seguir siendo enemigos, es malo.

- Si pudiera, sacaría esa culpa de mi pecho, así tal vez podría olvidar. Lo que más me molesta es que causé tantos problemas por un traste como Walter.

- Quizás, si hablaras con Osvaldo, le dices todo lo que sientes, o escucharas lo que tiene que decir, podrás lavarte el alma y olvidar. Puede que no quieras, pero sé y siento que un día la vida todavía moverá el destino y lo hará realidad.

- Puede ser, pero no puedo ahora. La sopa estaba buena, me hizo sentir mejor. Tengo sueño y me voy a acostar.

Rita se fue al dormitorio. Se sentó en la cama y oró por armonía y paz para todos en la casa. Se sintió bien y se dispuso a dormir.

Semanas después, Osvaldo estaba trabajando en el cobertizo que había construido en la finca cuando uno de los empleados lo llamó:

- Señor Osvaldo, han llegado visitas para usted -. Dejó lo que estaba haciendo.

- Hazlos entrar a la sala y que esperen. Estaré allí enseguida.

Miró por la ventana y reconoció a su madre y a su hermano. Hizo un gesto de molestia. ¿Cómo habían descubierto el sitio?

Se lavó las manos, se quitó el delantal y se dirigió a ellos en la sala de estar. Al verlo entrar, Neusa se puso de pie y lo abrazó.

- ¡Hijo mío! Nunca nos visitas, vinimos a ver cómo estás. Te extrañábamos mucho.

- He estado ocupado, mamá -. Antônio se acercó:

- Mamá me estaba volviendo loco. Quería verte de todas maneras.

- ¿Pasó algo? - Neusa vaciló un poco, luego dijo:

- No. Lo de siempre: Antônio aun no ha encontrado trabajo y estamos con las justras. Pero no vine por eso. Solo quería verte, saber cómo van las cosas.

- Todo está bien. No tienes que preocuparte. ¿Cómo me has encontrado aquí?

- Sabía que la tía Esther tenía este lugar. Una vez, con un amigo, pasé por aquí. Fue hace mucho tiempo, pero no lo he olvidado. Cuando tu criada me dijo que estabas aquí, decidimos venir. Es un lugar hermoso y ahora es todo tuyo. Pero no creo que te dé dinero. La granja solo da gasto y trabajo. ¿Tienes la intención de venderla?

- No. Tengo un proyecto para ella.

Les pidió que se sentaran, llamó a Rosa y le pidió que preparara un bocadillo. Neusa miró todo cuidadosamente, preguntándose por qué alguien pondría tantos objetos lujosos y costosos en medio de la nada.

- ¿Cómo llegaron aquí? La estación está muy lejos -. Antônio aclaró:

- Hay un autobús que pasa a un kilómetro de aquí. Bajamos y caminamos.

- Me podrían haberme avisado y los buscaría en la estación. Tenemos un teléfono.

- ¡Ni siquiera pensé que pudiera haber un teléfono en este lugar! - Respondió Neusa -. Por supuesto, es cosa de millonario, como tú.

Osvaldo cambió de tema. Preguntó qué tipo de trabajo buscaba Antônio, cuánto quería ganar y respondió:

- Bueno, sabes que no estoy muy sano. Por eso no puedo hacer trabajos pesados. Pero tengo que ganar bien. Quiero darle comodidad a nuestra madre. Ella depende de mí.

Osvaldo no respondió de inmediato y Antônio prosiguió:

- No he conseguido nada. Ya que estamos hablando de eso, tal vez tú, que eres rico ahora, pueda ayudarnos. Después de todo, somos tu familia. Sé que no te agradamos, pero diablos, tenemos la misma sangre. No puedes negar a tu familia.

Osvaldo los miró con seriedad y dijo con voz firme:

- Tienes razón. A pesar de nuestros desacuerdos, puedo ayudarte. El rostro de Neusa se estiró:

- Sabía, hijo mío, que no nos dejarías indefensos.

Rosa advirtió que la merienda estaba lista y Osvaldo los invitó a pasar al salón donde se serviría.

Al entrar en el soleado comedor, amueblado con gusto y lujo, los ojos de Neusa brillaron con codicia. Sentada a la mesa bien puesta, mirando los hermosos platos, el apetitoso refrigerio, pensó que sería bueno mudarse con su hijo y disfrutarlo todo.

Cuando terminó la merienda, Osvaldo los llevó de regreso a la sala. Después de instalarse, Neusa no pudo evitarlo:

- Este lugar es muy hermoso. Incluso me gustaría vivir aquí.

- Sería maravilloso - agregó Antônio.

Pero están acostumbrados a vivir en la ciudad. No se acostumbrarían a vivir aquí. Mañana hablaré con mi abogado para tramitar una mensualidad.

Sus ojos brillaban con curiosidad. Neusa preguntó:

- ¿Puedo saber cuánto? Gastamos mucho en medicina, nuestra casa, aunque vieja, necesita una renovación.

- Lo pensaré. A pesar de mi ayuda, Antônio tendrá que trabajar. Un hombre no puede vivir en la ociosidad.

Antônio estaba irritado:

- ¿Me estás llamando vago? Dios sabe que he estado trabajando duro.

- No dije eso. Solo creo que la vida sin trabajo acaba trayendo enfermedades. Basta con mirar el agua estancada para entender eso. Así somos nosotros. Necesitamos desarrollar nuestra capacidad, usar la inteligencia, aprender cosas nuevas. De lo contrario, moriremos antes.

- Seguiré buscando.

Osvaldo pensó un rato y luego dijo:

- Quizás pueda conseguirte un trabajo.

- Tienes que elegir bien - dijo Neusa, luciendo preocupada.

- Antônio está muy débil. No quiero que empeore. Después de todo, él es mi sostén en la vida.

-No te preocupes. Encontrará trabajo. Voy a ver qué puedo hacer. Estoy organizando una empresa.

Los ojos de Antônio brillaron de alegría.

- Conozco el servicio de oficina. Puedo ser el gerente -. Osvaldo sonrió y respondió:

- Puedes, después de demostrar tu habilidad.

- ¿Puedo saber qué empresa?

- Todavía no. El proyecto se está organizando. Pero, si quieres trabajar, tienes esa posibilidad. Pero de ahora en adelante te digo que no tendrás ningún privilegio por ser mi hermano.

- De acuerdo. Cuando esté listo, avíseme.

- Cuando llegue el momento, hablaremos. Ahora necesito volver al trabajo.

- Pensé que podríamos quedarnos aquí unos días... -. dijo Neusa.

- No puedes. No tenemos suficiente alojamiento. Mi carro te llevará a la estación. Hay un bus que sale en una hora. Incluso hay tiempo para pasear por la ciudad.

José los llevó a la estación de autobuses. Durante el trayecto hicieron preguntas, tratando de averiguar detalles sobre la vida de Osvaldo. José; sin embargo, no satisfizo su curiosidad.

Cuando se encontró a solas con su madre, Antônio comentó:

- Ese tipo antipático de José, nunca me gustó.

- Todo es culpa de Esther y Osvaldo, con este hábito de darle alas a un empleado.

- Tengo curiosidad por saber qué empresa establecerá.

- No te emociones demasiado. Puede que no sea bueno para ti trabajar con él. Dijo que no te dará ningún privilegio.

- Ni siquiera sé si esta empresa funcionará. Después de todo, no tiene necesidad de trabajar. ¿Cuánto nos dará de mensualidad?

- Me muero de curiosidad. Espero que no sea una bicoca que no le importe una pizca.

- De todos modos, cambió de opinión. No quería darnos nada, ahora nos va a enviar algo. Debemos aceptar todo. Luego, con el tiempo le pediremos un aumento -. Ella aceptó feliz.

Osvaldo, luego que se fueron, regresó al galpón para continuar el trabajo. Durante la conversación con los dos, sintió ganas de ayudarlos.

Quería dedicarse al trabajo espiritual, ser un canal para los espíritus. Quería evolucionar, aprender la ciencia de vivir mejor, ser feliz, encontrar armonía, paz.

Todo esto tenía un precio: necesitaba hacer su parte, actuar de acuerdo con las leyes cósmicas. Ya no podía ser intolerante, pretencioso, juzgar a los demás.

Su madre nunca había sido lo que él hubiera querido. Para él, Neusa era egoísta, mezquina, interesada, ambiciosa. Pero ella le había dado la oportunidad de vivir en el mundo.

Esto no sucedió por casualidad. La vida actúa sabiamente y todos son responsables de todo lo que les sucede. Por mucho que las apariencias engañen, no hay víctimas. Se preguntó por qué había atraído a una madre como ella y a un hermano débil, perezoso y mentiroso como Antônio. Su presencia le había hecho darse cuenta que, siendo intolerante, negándose a compartir con ellos algo de lo que tenía, estaba siendo crítico, vanidoso, poniéndose por encima de ellos.

Era una peligrosa ilusión que Osvaldo no quería. Al contrario: había elegido el camino del progreso espiritual. Para seguir adelante, necesitaría mantener actitudes consistentes.

Sin ellas, el esfuerzo sería inútil.

¿No sería demasiada pretensión querer ayudar a otros antes de resolver los problemas personales que había traído a esta encarnación?

Vivir con ellos siempre le resultó desagradable. Era libre de alejarse de ellos. Pero al hacerlo, estaría huyendo, posponiendo la solución.

Eran como eran. No había nada que pudiera hacer al respecto. El problema era él, Osvaldo. ¿Por qué no podía aceptar las diferencias entre ellos? ¿Por qué se creía lo suficientemente mejor como para despreciar a su madre y a su hermano?

De repente, la respuesta a todas estas preguntas apareció clara:

– Vanidad. ¡Solo vanidad!

¡Él se creía que era más honesto, más sincero, más trabajador, mucho mejor que su familia!

La emoción del descubrimiento hizo que se le llenaran los ojos de lágrimas. ¡Y él, pensando en convertirse en mensajero de espiritualidad!

Se sintió devastado. Se fue a su habitación, sin querer seguir trabajando. Se sentó en la cama y oró durante unos minutos pidiendo ayuda. Luego se acostó y se durmió.

Poco después se encontró en una habitación luminosa y bien cuidada. Los muebles viejos se parecían a la casa de Esther, pero sabía que estaba en otra parte. Vio a un hombre sentado en un lujoso sillón frente a un escritorio tallado, y aunque su rostro era diferente, supo que era él.

De repente, dos hombres entraron haciendo un gran alboroto, arrastrando a un negro que luchaba asustado.

– ¿Qué pasa, Juventino? – Preguntó el noble.

– Este bastardo se escapaba, llevando esta bolsa de joyas de doña Ofélia.

En el mismo momento entró en la habitación una mujer de mediana edad, con rostro serio. Al verlos, gritó enojada:

– Qué atrevimiento. ¡Mis joyas! No puede ser así.

El noble se levantó irritado. Estaba aterrorizado por las peleas y las confusiones que le quitaban la paz. No le gustaba involucrarse con asuntos domésticos. Pero para deshacerse del problema, ordenó:

– Ponlo en el tronco durante quince días a pan y agua.

Sacaron al esclavo. La dama, sosteniendo su precioso bolso, tiró el contenido sobre la mesa, revisando todo mientras el caballero esperaba impaciente que terminara.

Osvaldo se encontró transportado a otro lugar. Una choza oscura, iluminada por unas antorchas, mientras unos negros cantaban tristemente alrededor de un cuerpo tendido en el suelo.

Luego se encontró vagando por lugares oscuros, buscando inútilmente la salida, sin encontrarla. Figuras oscuras lo rodearon, llamándolo asesino.

- Debo estar en el umbral - pensó Osvaldo.

Mentalmente pidió ayuda y oró llamando a Alberto. Poco después se encontró en una habitación sencilla y agradable. Miró a su alrededor y vio que Alberto se acercaba.

- Gracias a Dios - dijo aliviado -. Estaba en problemas.

- ¿Qué crees que pasó? - Preguntó sonriendo.

- Creo que volví a una vida pasada. No fue bueno. Estoy confundido. Descubrí lo vanidoso que aun soy. ¿No es eso un progreso?

- Sí. Conocer nuestras debilidades nos ayuda a superarlas.

- En ese caso, debería haberme sentido mejor.

- Al tomar conciencia de tu vanidad, has sacado a relucir las energías correspondientes que has acumulado a lo largo del tiempo y con ellas los recuerdos de las actitudes que tomaste en ese momento y que están influyendo en tu vida actual. Es una excelente oportunidad que se te ofrece para limpiar tu aura y seguir adelante. Nadie puede progresar, alcanzar la paz, la felicidad, sin pasar por este proceso.

- Quieres decir que fue bueno.

- Nunca aceptaste a tu familia como es. Siempre deseaste que cambiaran para poder amarlos. Hoy te diste cuenta que estabas equivocado. La tarea es tuya. Descubriste lo que significa la palabra compasión.

Osvaldo sintió un agradable calor invadir su pecho.

- Quiero aprender. He sido tan distante con ellos. Estoy arrepentido. Quiero compensarte por mi error.

– Ten cuidado. La culpa es tan peligrosa como la omisión. Por eso puedes ceder ante sus debilidades, atendiendo todo lo que te pidan. Amar a una persona tal como es no impide que nos demos cuenta de sus debilidades. La ayuda que uno pueda dar será siempre para apoyar los puntos buenos y nunca ceder ante las debilidades. La maduración lleva tiempo. Así que no esperes nada de ellos. Ponte contento por conseguir tu propio progreso.

– No es fácil hacer lo que pides. Quiero ayudarlos, pero ¿cómo puedo vencer los males que hacen y seguir manteniendo la buena voluntad? ¿Cómo no a sentirse culpable cada vez que me dé cuenta de un defecto de ellos, que siempre sucederá, una vez que son como son?

Alberto sonrió:

– ¿Sabías que la crueldad puede ser una forma incorrecta de defenderte o una forma de llamar la atención y conseguir un poco de aprecio?

– No. Nunca lo analicé de esa manera.

– Intenta hacer eso. También medita sobre cómo la culpa es un instrumento de vanidad.

– ¿No es el resultado del arrepentimiento?

– No. Los que se arrepienten aprenden de los errores, no se culpan por no hacer todo bien. Tenga cuidado de no volver a hacerlo. Tengo que irme ahora. Piensa, Osvaldo. Estoy seguro que encontrarás el mejor camino.

– Lo intentaré. Gracias por escucharme.

Alberto lo abrazó y Osvaldo cayó en un sueño profundo y reparador. Cuando despertó, estaba oscuro. Se sintió renovado y sereno.

Se sentó en la cama y recordó palabra por palabra lo que había hablado con Alberto. Se sentía más fuerte, más confiado y haría su parte con voluntad y firmeza. Incluso evitando crear expectativas sobre su comportamiento, estaba seguro que él, Osvaldo, se sentiría mucho mejor por haber tratado de ayudarlos.

CAPÍTULO 20

Entonces, ¿obtuviste la información? - Preguntó Walter.

- Sí. Osvaldo va a montar una empresa y me invitó a trabajar allí.

- ¿Y le creíste? Solo si quiere chuparte la sangre. Nunca hizo nada por la familia, no lo hará ahora.

- Prometió hablar con el abogado y darnos una mesada.

- No lo creo. ¿De verdad crees que hará eso? Deja de ser tonto. Quería deshacerse de ti.

Antônio negó con la cabeza, pensativo y consideró:

- Creo que te equivocas. Parecía cambiado. Habló bien, nos ofreció un buen refrigerio. Nunca nos prometió nada. Siempre ha sido duro.

- Eso no es lo que me interesa. ¿Mencionó a Clara?

- Ni siquiera tocó su nombre.

- ¿Cómo es eso? Te envié allí para eso. Necesito saber cómo van las cosas entre ellos. Eres realmente un inútil.

- Mira cómo me hablas. Soy tu amigo, viajé, gasté dinero para ir a ese lugar por ti.

- Sí, pero realmente te ocupaste de arreglar tu vida.

- ¿Qué quieres? No podía hacerle saber para qué fui allí. Entonces, también tengo que cuidar mis intereses.

- Creo que es muy bueno. Hazlo mientras puedas. Las cosas pueden cambiar.

- ¿Qué quieres decir con eso?

- Nunca se sabe. La vida tiene sus misterios. Así como se hizo rico, podría perderlo todo nuevamente.

- Estás de mal humor. ¿Desde cuándo bebes temprano?

- No tienes nada que ver con eso. Bebo para ahogar mis penas.

- Si sigues así nunca podrás conquistar a Clara e incluso puedes perder tu trabajo.

- ¿Qué es eso? ¿Te has convertido ahora en consejero? Ni siquiera sabes cómo cuidar tu propia vida y ahora intentas cuidar la de los demás. No más charlas triviales. Si quieres creer que Osvaldo te va a dar una mesada, un trabajo, todo, haz un buen uso. Cuando metas la pata, vendrás corriendo a pedirme ayuda, como siempre lo has hecho. Pero esta vez voy a querer algunos hechos concretos antes de darte dinero. Obtén la información y te pagaré.

Antônio miró el rostro sonrojado de Walter y decidió ceder. Después de todo, podría tener razón.

- No te ofendas, amigo. Esa fue una primera visita. Veré lo que puedo conseguir.

- Sé breve. No puedo soportar más esperando lo peor.

Antônio se despidió y se fue a casa. Neusa, al verlo entrar, decía:

- Espero que Osvaldo lo resuelva pronto. Me las arreglé para hacer un almuerzo sencillo con dificultad. Mañana no tendremos dinero ni para el pan.

- Walter no cree que Osvaldo nos dé una mesada.

- Déjalo. Está enojado por haber sido arrestado. A pesar de su corazón duro, Osvaldo prometió, y siempre cumplió lo que prometió.

- Eso espero.

Osvaldo, acompañado de Rosa y José, regresó a la casa del pueblo a la hora del almuerzo. Conoció a Honório, un cuñado del antiguo cuidador, y lo contrató. Le había gustado a primera vista.

Un hombre de campo, amaba la naturaleza, conocía profundamente esas tierras y plantas.

Era exactamente lo que Osvaldo necesitaba. Ofreció buen salario y vivienda. Hizo que una de las casas fuera ampliada y renovada, y pronto se mudaría con su familia.

Si bien la casa no estaba lista, Honório iba todos los días a cuidar las plantas y ayudar con la renovación. Con él cuidando las plantas, Osvaldo tendría más tiempo para entregar documentos para su emprendimiento, planificar y comprar lo que necesitaba.

Felisberto lo estaba esperando para almorzar. Después de comer, fueron a la oficina a desayunar. Hablaron del proyecto y, al final, Osvaldo comentó:

– Mi hermano vino a la finca con mi madre. No tienen dinero y decidí darles una mesada. Me gustaría que arreglaras eso.

– Está bien. ¿Cuánto piensas dar?

– Lo suficiente para vivir modestamente. Ya conoces a Antônio. Si tiene dinero, no querrá volver a trabajar.

Felisberto sonrió y asintió. Osvaldo prosiguió:

– Quizás mil reales. Le conseguiré un trabajo. Prometí una asignación bajo esas condiciones.

– No será fácil de emplear. Yo mismo, a petición de Esther, lo intenté varias veces. Pero siempre logró escapar.

– Trabajará conmigo, bajo mi dirección.

Felisberto lo miró sorprendido. Osvaldo siempre había mostrado aversión por sus familiares.

– Necesitarás mucha paciencia.

– Quizás no sea tan difícil como parece. He estado pensando en la forma en que lo criaron. Mi madre enviudó muy pronto y tenía dos hijos pequeños que criar. Ella estaba insegura. Pensó que era incapaz. Por eso me envió a casa de la tía Esther. Ha vivido a la defensiva toda su vida. Se volvió pesimista y en cualquier ocasión siempre imaginaba lo peor.

Llamaba a eso prudencia; yo digo que fue negativismo, porque no pasó nada de lo que ella temía. A pesar de ser una mujer fuerte y decidida, no confiaba en su propia capacidad. Su concepto de Dios es más supersticioso que verdadero. Puso todas sus fuerzas a la defensiva. Ella era agresiva, malhumorada. Antônio siempre ha estado muy apegado a ella.

- He observado que la fe, cuando es sincera, da coraje, fuerza.

- Noté que en su inseguridad invirtieron algunos valores en un intento por evitar el sufrimiento. Para ellos, la bondad es debilidad, ser inteligente es ganar dinero sin trabajar, cooperar es ser explotado. La felicidad es comprar todo lo que quieras y simplemente vivir divirtiéndote. El dinero terminó convirtiéndose en lo más importante.

- Conozco a mucha gente que piensa así.

- No se dan cuenta que en el universo todo se mueve, cada ser tiene una tarea que cumplir. La vida cobra de cada uno por hacer su parte. Es el precio al recibir el regalo de la vida.

- La mayoría no lo cree así.

- Por eso el mundo es un caos. La sociedad en la Tierra solo mejorará cuando todos aprendan esta verdad. Mientras tanto, el sufrimiento es inevitable.

- Entendido. En un intento por evitar el sufrimiento, entran en la ilusión que inevitablemente los conducirá a él.

- Exactamente. Mis amigos espirituales me enseñaron a observar cuidadosamente los hechos de la vida diaria y tratar de descubrir cómo funciona la vida. Aprendí algunos conceptos obvios pero que, bajo el barniz de la educación formal, pocos pueden ver. Para eso, es necesario cuestionar las reglas preestablecidas y buscar mejores respuestas. Haciendo esto, poco a poco obtenemos una visión más fiel de la vida y, a partir de ahí, naturalmente, modificamos nuestros conceptos. Así, poco a poco aprendemos a vivir mejor, con más coraje y serenidad. Tengo la intención de transmitir este conocimiento a mi madre y Antônio.

- ¿Crees que funcionará?

- No lo sé. Quiero probar, darles la oportunidad de ver la vida de otra manera. Pero el resultado depende de ellos. Les mostraré lo que he aprendido, pero solo ellos pueden decidir si lo aceptan o no. De todos modos, estoy pensando en mí. Quiero hacer mi parte. Entonces, estaré en paz.

Felisberto miró a Osvaldo con respeto y cariño.

- Me sorprendes. A doña Esther le gustaría oírte decir esas cosas.

- ¿Quién garantiza que no nos escucha? - Felisberto sonrió y consideró:

- Me gustan tus proyectos filantrópicos, las verdades que me has mostrado, pero todavía no puedo creer que doña Esther nos esté escuchando. Lo he estado pensando, lo he leído, pero necesito pruebas más convincentes.

- Las tendrás, cuando llegue el momento.

Eran más de las cinco cuando llegaron Marcos y Carlos. Abrazaron a su padre con cariño.

- Nos enteramos que habías llegado y vinimos a agradecerte tu ayuda - dijo Marcos.

- Así es, papá - agregó Carlos -. ¿Sabías lo que pasó?

- ¿Qué pasó?

- ¿No vino a verte el detective?

- Llegué a la hora del almuerzo y aun no he hablado con él. Lo llamaré. Pero me hiciste preocupar... ¿Qué pasó?

Carlos respondió:

- Fue ese tipo. Si no hubieras puesto al detective para protegernos, ni siquiera sé qué habría pasado.

Marcos intervino y lo contó todo brevemente, como les había dicho Clara.

- Este hombre está resultando peligroso. ¿Presentaron una denuncia ante la policía?

– Sí. Escuché a mamá hablando con Rita. Dijo que le gustaría agradecerte tu ayuda.

Un destello de emoción pasó por los ojos de Osvaldo.

– ¿Ella dijo eso?

– Bueno, ella reconoció que la presencia del detective fue maravillosa – dijo Carlos –. Sentí que le gustaría hacerlo personalmente, pero no tuvo el coraje. Después de todo, no han hablado en mucho tiempo.

– No necesita agradecerme. Hago esto para protegerlos. Llamaré a Durval. Quiero saberlo todo y pensar en los próximos pasos.

Cogió el teléfono y marcó. El detective ya se había ido y Osvaldo dejó un mensaje. Los chicos decidieron quedarse y esperar. También querían conocer los detalles.

Anochecía cuando Durval llegó a la casa de Osvaldo, al verlo con sus hijos dudó en hablar de ello. Osvaldo aclaró:

– Ellos lo saben todo. Puedes hablar.

– Como sospechaba, el tipo se está poniendo inquieto y peligroso. Lee.

Le entregó unas páginas en las que describía los hechos en detalle. Cuando terminó, consideró:

– No podemos dejar las cosas como están. Hablaré con Felisberto para que tome las medidas legales necesarias para mantenerlo en prisión.

– Desafortunadamente ya ha sido liberado –. Osvaldo, irritado, preguntó:

– Entonces, ¿qué me aconsejas?

– Estaba muy asustado. Nunca se imaginó que alguien estuviera mirando. Eso debería mantenerlo alejado por un tiempo; sin embargo, parecía muy enojado. Sospecho que tomará algún tiempo, pero no se rendirá. Por algunas frases que dijo, noté que es lo suficientemente rencoroso y vanidoso como para no conformarse con perder. Para él, este caso se convirtió en una competencia en la que todo vale.

— Parece una obsesión.

— De hecho, lo es. Por eso no podemos descuidarnos. Además, ha estado bebiendo demasiado —. Osvaldo se quedó pensativo unos segundos y luego dijo:

— ¿Y si voy a hablar con él? — Marcos intervino:

— Eso no. Está muy enojado contigo.

— No quiero que te pase nada — dijo Carlos.

— Cálmense. Pensé en hablar con él, sin pelear.

— En las circunstancias actuales, esto puede enojarlo más. Está muy celoso de ti — dijo Durval.

— ¿Celoso de mí? — Osvaldo se sorprendió —. Nunca volví a estar con Clara. No puede ser.

— Pero lo es. Le oí decirle a doña Clara que estaban pensando en volver a vivir juntos y que él nunca lo permitiría.

— ¿Dijo eso?

— Siempre lo supe — confirmó Carlos —. No soporta la idea que vuelvan a estar juntos.

— ¿Fue tu madre quien dijo eso? — Preguntó Osvaldo.

— No — respondió Carlos — pero es fácil de notar. Él volvió a perseguirla después que regresaste. Estaba desaparecido hasta ese entonces.

— Tienes razón — acordó Marcos —. ¿Cómo pude no haber pensado en eso antes? — Durval sonrió diciendo:

— Tus hijos son muy observadores. Así es. Como doña Clara lo rechaza, él imagina que es por tu causa, ya que ella nunca estuvo con otro después que se separaron.

Osvaldo sintió que su corazón latía con fuerza y trató de controlarse. Esta idea fue una tontería. Clara hacía mucho que había dejado de amarlo. Bajó la cabeza en un intento de ocultar su emoción y dijo:

- Debe estar realmente loco. Olvida que nos separamos porque ella dejó de amarme.

- Está emocionalmente fuera de control. Ese es el peligro. Pero continuaremos monitoreándolo.

- Hazlo. Cualquier actitud sospechosa, avísame.

Después que Durval y los niños se fueron, Osvaldo se sentó en el sofá y cerró los ojos. Quería hacer algo más, pero tenía las manos atadas.

No tuvo el valor de acercarse a Clara. ¿Por qué molestarla? No quería su agradecimiento. Su protección la había hecho sentir más culpable por la traición del pasado.

Quizás sentía pena por él. Eso sería insoportable.

La amaba como mujer. Ella siempre sería el amor de su vida, él estaba resignado a seguir amándola a distancia, pero nunca creería que ella lo buscaría con pena por su sufrimiento.

Claramente se dio cuenta que sus hijos querían que se reconciliaran. Eso sería imposible. Él nunca aceptaría las migajas de amor que ella estaba dispuesta a ofrecer como recompensa por sus sufrimientos pasados.

En ese momento, se arrepintió de haber regresado. Si se hubiera quedado en el interior, no habría pasado nada. Quizás era hora de volver allí para siempre.

Pensó en los proyectos que había hecho, las conversaciones que había tenido con Antônio, los tratos con los espíritus. Había pedido una oportunidad para dedicarse al trabajo espiritual. Dios le había dado bienes, había puesto en sus manos los medios para hacer el trabajo.

Siempre que necesitaba algo para mantener el progreso del proyecto, la información, la gente, las cosas llegaban fácilmente a sus manos. Eran señales que estaba trabajando por la vida, que su camino era el correcto.

¿Sería justo deshacerse de todas estas aspiraciones debido a sus problemas personales?

Las lágrimas corrían por sus mejillas y se las secó resueltamente. Su progreso espiritual era más importante que las satisfacciones momentáneas del mundo. Amaba a Clara y ese amor debía ser luz en el camino, sin dolor. Amaba a sus hijos, y ese sentimiento debería ser un instrumento para que aprendieran los verdaderos valores del alma.

Allí formuló la firme decisión de seguir adelante, tratando de hacer su parte de la mejor manera. Sintió que al hacerlo actuaba de acuerdo con lo que había aprendido. Estaba seguro que algún día podría encontrar la felicidad y la alegría de vivir.

Este era el momento de plantar, y lo haría de la mejor manera posible. La cosecha llegaría en el momento adecuado.

Osvaldo se sintió más seguro y tranquilo. En cuanto a Walter, pasaría lo que tendría que pasar. Lo que sea que les depare el futuro, lo afrontará con valentía y disposición, con la certeza que no cae una hoja del árbol sin que Dios lo permita.

A pesar de sentirse protegida, en los días que siguieron Clara pudo controlar su nerviosismo cuando iba al trabajo o regresaba a casa.

Antes de irse, miraba por todas partes para ver si Walter la estaba esperando.

Lo que vio fue a uno de los empleados de Durval siguiéndola discretamente. El detective se los había presentado para que se sintiera más segura al verlos.

Así pasó un mes sin que Walter apareciera y Clara empezó a sentirse incómoda al pensar en cuánto gastaría Osvaldo para mantener esa seguridad.

Lo más probable es que Walter, asustado, hubiera dejado de perseguirla. Comentando con Domênico, consideró:

– Espera un poco más para estar segura.

– Conozco a Walter. Nunca fue violento.

– Pero te amenazó con un revólver. No lo olvides.

- Había bebido. Nunca tuvo problemas con la policía. Creo que el susto valió la pena. Es hora que Osvaldo deje de gastar dinero por mi culpa. Me avergüenza mucho.

- ¿Por qué? Lo hizo de forma espontánea.

- Si mis hijos no se hubieran quejado, mostrado preocupación, él no lo habría hecho.

- Crees que no mereces su cuidado.

- Realmente no me lo merezco. Está haciendo un buen y los chicos están cada día más apegados a él.

- Es natural que amen a su padre, que se sientan bien reconociendo que es un buen hombre –. Clara suspiró disgustada:

- Preferiría que se mantuviera alejado. Durante ese tiempo, vivimos en paz. Incluso Walter dejó de molestarme.

Domênico la miró con seriedad y dijo:

- No huyas del problema, Clara. Es hora de afrontar el pasado con valentía, no de buscar a los culpables.

- ¿No comprendes que cuanto más se muestra bueno, más se manifiesta mi culpa?

- No te dejes engañar. Cuando la fuerza de las cosas une a las personas, no es para saber de quién es la culpa de los problemas del pasado, sino para que esas culpas se diluyan en el entendimiento.

- No será posible ningún entendimiento entre nosotros.

- No es lo que pienso. Ha mostrado interés en ayudar a sus hijos y vivir en paz.

- Un hombre nunca perdona ni olvida una traición.

- Esa es tu versión. Si eso fuera cierto, habría vuelto a cobrar, a pedir explicaciones. Por lo que me dijiste, nunca te acusó de lo contrario: reconoce que el amor es libre y que tienes derecho a elegir a quién amar.

- Eso es lo que dudo. Osvaldo siempre ha sido muy apasionado y ardiente. No pensé que fuera capaz de esa pasividad.

– Casi siempre las personas son lo contrario de lo que imaginamos, si yo fuera tú, buscaría saber la verdad. Estoy seguro que te haría muy bien.

– Tengo miedo de su reacción. Yo también estoy avergonzada. Solo de pensarlo, mi estómago se revuelve, mis piernas tiemblan. Si tan solo volviera al monte...

Domênico sonrió y dijo:

– Deja de sufrir por lo que ya ha sido. Hoy todo es diferente, eres una mujer valiente, honesta, trabajadora. Criaste a tus hijos con dignidad. Es hora de utilizar todo tu coraje, tu fuerza, para aclarar tu posición con Osvaldo de una vez por todas.

– Rita también me aconsejó que fuera a tener una conversación con él.

– Hazlo.

– Definitivamente no. Eso no.

Esa noche Clara habló con sus hijos:

– Estarás con tu padre mañana. Dile que ya no necesito seguridad. Walter desapareció y no creo que moleste nunca más. Es hora de dejar de gastar dinero en eso.

– Me sentiría más tranquilo si esperas un poco más – dijo Marcos.

– Yo también – agregó Carlos.

– Tonterías. Él ya se rindió.

Osvaldo recibió el mensaje y habló con Durval.

– Después que su abogado consiguiera el *hábeas corpus* para que esperara el juicio en libertad, de hecho, nunca volvió a buscarla. Lo hemos seguido: sigue bebiendo mucho, pero ha trabajado y ha llevado una vida normal. Por cierto, siempre está en la casa de tu madre. Es la compañía constante de tu hermano.

– Siempre han sido amigos.

– Quizás no sea una buena compañía para él.

- Antônio empezará a trabajar conmigo. Espero que esta amistad se aleje. En cualquier caso, estaré atento. Aunque Clara piensa que ya no hay peligro, quiero que permanezcas alerta. Quizás no tan ostensiblemente, pero a distancia.

- Estoy de acuerdo. Es probable que esté esperando nuestra partida para volver a perseguirla.

- Eso es lo que estoy pensando. Así que no lo descuides.

- Déjamelo a mí. Yo sé cómo hacerlo.

Después que Durval se fue, Osvaldo estaba pensando en Antônio. Lo llamaría para empezar a trabajar.

En la finca, Honório se hizo cargo del cobertizo, donde seleccionó las hierbas para que Osvaldo comenzara su investigación. Se había mudado allí con su familia. Su hijo Orlando lo ayudó en el cultivo de la tierra, su esposa se encargó de las tareas del hogar. Su hija Marta se había quedado en la capital, viviendo con una tía, porque había terminado sus estudios y trabajaba en el laboratorio de un hospital.

Osvaldo ya había abierto una empresa para vender hierbas medicinales. Había contratado a un farmacéutico para que tuviera apoyo legal y produjera sus propios medicamentos. Pondría a Antônio para que le ayude en el área administrativa.

Antes de enviar los primeros productos a análisis para obtener permiso para comercializarlos, tendría que preparar etiquetas y también embalajes.

Había mucho trabajo por hacer y Antônio sería de gran utilidad. Llamó a la casa de su madre preguntando por él.

- Antônio se fue. Pero no debe tardar mucho. Finalmente nos recuerdas. ¿Quieres hablar con él sobre su trabajo?

- Sí. ¿Estás recibiendo bien el dinero?

- Sí, lo estamos. Pero aun es muy poco. No podemos pagar nuestros gastos.

- Es mejor que nada. Pronto Antônio comenzará a trabajar y sus ingresos aumentarán.

- ¿Cuánto pagarás?

- Hablaré con él. Ya te digo que, si se esfuerza, ganará bien.

- Está enfermo, no puede hacer mucho esfuerzo. Mira lo que le vas a exigir.

- Mantén la calma. Yo sé lo que estoy haciendo.

Colgó y, cuando llegó Antônio, dijo:

- Tu hermano llamó y pidió que vayas a su casa a hablar. Se trata del trabajo.

- ¿Dijo lo que voy a hacer y cuánto voy a ganar?

- Hum... A juzgar por lo poco que nos está dando, no te hagas ilusiones para este trabajo. No quiso decir nada. Solo dijo que, si te esfuerzas, ganarás bien. Creo que lo que quiere es explotarte, eso es.

- Si me hace esto, no lo aceptaré. ¿Crees que soy tonto?

Más tarde, cuando Antônio llegó a la casa de su hermano, ya lo estaba esperando en la oficina. Sentados uno frente al otro, Osvaldo fue directo al grano:

- Realmente necesito tu ayuda.

Esto no era lo que Antônio esperaba oír. Miró a su hermano con admiración.

- Mamá me dijo que era para hablar del trabajo.

- También. Estoy comenzando un trabajo muy importante y eres la persona adecuada para ayudarme a hacerlo.

Antônio se enderezó en su silla y levantó la cabeza, mirándolo con seriedad. Había estado preparado para escuchar demandas, quejas, análisis de sus debilidades. En el camino, se había preparado para explicar por qué no podía conseguir un trabajo estable. Tenía la lista de excusas en la punta de la lengua. La inesperada actitud de Osvaldo lo dejó sin respuesta.

- Para que me entiendas, necesito confiar en ti. Es un asunto muy íntimo. Espero contar con tu discreción. Ni siquiera mamá puede saber eso.

— Bueno... no esperaba esto. Nunca me dijiste nada sobre tu vida privada.

— Tienes razón. Lo reconozco. Pero tú eres mi hermano. Nos separamos desde muy pequeños, no tuvimos ocasión de conocernos mejor. Ahora es el momento.

Vamos a trabajar juntos y mi proyecto no se puede realizar sin la unión de todos los participantes. Por eso te llamé aquí hoy para esta conversación. Quiero que sepas a dónde estás entrando y por qué. Para eso necesito contarte algunos pasajes de mi vida. Quiero que me prometas que este asunto quedará entre nosotros. Será nuestro secreto.

Antônio sintió un escalofrío recorrer su cuerpo. Recordó a Walter. ¿Qué diría Osvaldo si supiera que está allí para hacer todo lo contrario?

A pesar de eso, había algo en el tono de voz de Osvaldo que realmente lo impresionó, y fue sin pensarlo que respondió:

— Te lo prometo. Todo lo que me digas morirá conmigo.

— Está bien.

Osvaldo empezó a hablar de su infancia, su noviazgo, matrimonio, el nacimiento de sus hijos. Su decepción, su huida desesperada, su intento de suicidio, la ayuda de sus amigos y finalmente el descubrimiento de la espiritualidad.

Antônio lo oyó conmovido. La sinceridad del hermano y su lucha interior por reconstruir su vida lo impresionaron. Nunca nadie le había hablado así.

Se sintió valorado, dispuesto a mostrar solidaridad de alguna manera. Osvaldo concluyó:

— Todos tenemos muchos desafíos en esta vida. La educación, la familia, la sociedad no nos preparan para afrontarlos. Al contrario. Nos llenan la cabeza de reglas, prejuicios, ilusiones que, por ser falsas, algún día la vida las destruirá. Entonces nos quedamos sin rumbo, sufriendo, sin saber cómo empezar de nuevo. Hoy sé que nuestra manera de ver la vida nos hace tomar acciones cuyos resultados tendremos que cosechar algún día. Esta es la ley universal.

Nadie escapa a la cosecha de su siembra. También aprendí que está en nuestras manos revisar nuestros conceptos, buscar valores verdaderos, que, por ser eternos, nunca cambiarán. De esta forma, nuestras actitudes serán más lúcidas y nuestra vida más serena. El sufrimiento desaparecerá.

- Este mundo es un valle de lágrimas. Incluso los sacerdotes dicen eso. No hay felicidad.

- Por supuesto, vivir aquí tiene sus desafíos. La Tierra es una escuela espiritual donde nos inscribimos para desarrollar nuestra conciencia. Tenemos que evolucionar, porque ese es el camino hacia la felicidad. Este es el destino de cada uno de nosotros. Pero si miras a tu alrededor, si miras a las personas que conoces, notarás que los problemas que tienen que afrontar se deben a la forma incorrecta de hacer las cosas.

Antônio guardó silencio unos momentos pensando en algunas personas que conocía. De hecho, provocaron situaciones que estaba seguro que nunca funcionarían.

- Bueno... eso es. A mamá, ya sabes, le gusta ir adivinando. A veces va a un Centro Espírita. Siempre pensé que estaba engañada. ¿Estás diciendo que estas cosas realmente existen?

- Digo que hay vida más allá de la vida. Quien muere no termina. Tu espíritu vivirá en otro mundo, y allí todo continúa.

- Nunca fuiste religioso. Es difícil aceptar que crees en los espíritus.

- No soy místico ni religioso, tú lo sabes. Pero descubrí una verdad que cambió mi vida, que no puedo negar.

Un día también tendrás tu experiencia espiritual. Entonces entenderás lo que estoy diciendo.

- ¡Santo Dios! Tengo miedo de meterme con eso –. Osvaldo sonrió y respondió:

- El hecho de ignorarlos no significa que seas libre de estar rodeado e influenciado por ellos. El mundo astral coexiste con el nuestro. Te lo digo todo porque si vas a trabajar conmigo tendrás que respetar mi trabajo.

- ¿Tendré que lidiar con los espíritus? - Preguntó sorprendido.

- Por supuesto que no. Trabajarás en el área administrativa. Pero quiero que me ayudes. Eres mejor que yo, más amable. Mientras yo dejaba a la familia, tú cuidaste a mamá con dedicación y buena voluntad. Ser un buen trabajador con alegría es gratificante.

Estoy seguro que disfrutarás mucho de nuestro trabajo -. Antônio sintió que se le humedecían los ojos. Respondió con voz firme.

- Puedes contar conmigo. ¿Cuándo empiezo a trabajar?

- Mañana. Ven aquí a las nueve. Tengo una lista de cosas que puedes hacer -. Antônio abrazó a su hermano diciendo con seriedad:

- Estaré aquí a tiempo.

Se fue pensando en todo lo que habían hablado. Durante el viaje le vinieron a la mente pasajes de su niñez: algunos sueños de adolescencia que nunca había realizado, proyectos que había planeado pero que no llegó a realizarlos.

¡Cuánto tiempo perdido! Su vida estaba vacía, triste, solitaria. Al pensar en los días sin rumbo en los que pasó su tiempo insatisfecho, se le llenaron los ojos de lágrimas.

Tomó el pañuelo y trató de enjugarlos, mirando a los lados para ver si alguno de los pasajeros del autobús se había dado cuenta. Llegó a casa sin ganas de hablar.

Neusa lo esperaba con ansias y dijo:

- ¿Y entonces? - Puedo decir por tu cara que no funcionó. Yo lo sabía. Osvaldo nunca cambiará -. Antônio la miró como si la viera por primera vez.

- Funcionó, sí. Empiezo mañana.

- ¿En serio? ¿Y cuánto vas a ganar?

Fue entonces cuando recordó que ni siquiera lo habían mencionado. Respiró hondo y respondió:

- Aun no lo sé. Ahora voy a tomar una ducha y empacar algunas cosas. Mañana no quiero llegar tarde.

Neusa abrió la boca. Estaba a punto de hablar, pero él no le dio tiempo, subió las escaleras y entró en el dormitorio. Intrigada, pensó:

- ¿Qué pasó? Él está diferente. Ahora se escapó, pero pronto tendrá que contarme todo.

Y se fue a la cocina a hacerse cargo de la cena.

CAPÍTULO 21

Clara llegó al Centro Espírita para la reunión habitual y se encontró con una fila que doblaba la manzana. Intrigada, entró al patio y le preguntó a un voluntario:

– ¿Qué está pasando? ¿Para qué es esta cola?

– Para concertar cita con el médium curador. Ha estado realizando verdaderos milagros.

– ¿Va a trabajar aquí?

– No. La gente tendrá que ir al lugar donde atiende. Sanó a la hija de doña Mariquita. ¿La recuerdas? La que siempre venía y tenía problemas para caminar. La vi. Después que él la trató, quedó completamente curada.

– ¿Has estado ahí?

– Todavía no. Pero tengo la intención de hacerlo.

– No estás enfermo.

– No. Pero él enseña, enseña cómo mantener la salud.

– ¿Es doctor?

– No. Los espíritus hacen todo. Dicen que son ellos los que enseñan a hacer los remedios herbales que le dan a la gente.

– He visto a doña Lídia dar estos medicamentos sin receta. ¿No es peligroso? – El otro sonrió y respondió:

– Si lo fuera, doña Lídia no lo haría. Además, estos medicamentos tienen licencia y un farmacéutico responsable. Su nombre está en la etiqueta.

Clara miró a la gente en la fila. Eran de todas las edades, algunos bien vestidos, otros más humildes. Entró, fue a la reunión habitual. Asistía al centro una vez a la semana y se sentía muy bien.

Dormía mejor, se sentía más tranquila y Walter no la había molestado desde que lo habían denunciado en la comisaría hacía casi un año.

Lídia le había dicho que sus energías eran buenas para ayudar a la gente. Entonces, después de un curso de bioenergética, la puso para dar pases a quienes buscaran ayuda espiritual.

Clara empezó a participar de estos encuentros sin mucho entusiasmo, más para atender las indicaciones de Lídia, en quien confiaba. Sin embargo, con el tiempo se dio cuenta que su sensibilidad se estaba abriendo de una manera sorprendente.

Cuando se acercaba a una persona, sentía diferentes emociones, pensamientos. Quería decirle algunas palabras, pero las reprimía, ya que nadie lo hacía y todos se quedaban en silencio en la penumbra de la habitación con el sonido de una música suave.

Hablando con Lídia, ella le había dicho:

– Tu mediumnidad se está abriendo, Clara. Algún día podrás diferenciar los distintos tipos de energías que lo rodean.

– Ya lo siento. A veces me sale un calor fuerte de las manos, incluso sudan. Otras veces, me atraviesa una brisa ligera, fresca y refrescante. La persona a la que estoy atendiendo comienza a bostezar. Algunos lloran, otros se estremecen. Al principio tenía miedo, pero ahora no, porque algunos me dijeron que se sentían mucho mejor.

– Eso es correcto. Sigue adelante. Te sorprenderás.

Lo que había dicho Lídia se confirmó. A veces, Clara incluso se daba cuenta de lo que sentía la persona, dónde le dolía, qué tipo de problema le preocupaba. Por consejo de Lídia, cuando terminaba el servicio, Clara intentaba desconectarse de todas estas emociones, pidiendo a los espíritus que la ayudaran a olvidar lo que había sentido.

Esa noche, al finalizar la reunión, encontró a Lídia y se acercó. La gente ya se estaba yendo y ella preguntó:

– Hoy cuando llegué había una cola enorme. ¿Es este médium curador realmente bueno como dicen?

Lídia la miró perpleja y respondió:

– Sí. Tiene muy buena mediumnidad y está haciendo un trabajo serio.

– Escuché que los medicamentos que distribuyen están a cargo de un farmacéutico.

– Por supuesto. La mediumnidad es una herramienta preciosa, pero el médium, para usarla, debe usar el sentido común. Soy una de esas personas que, cuando viene un espíritu desencarnado y me da un consejo, lo analizo bien antes de aceptarlo.

Es un viejo consejo de Pablo, el apóstol: *"No creáis a todos los espíritus; más bien, comprueba que son de Dios."*

– Escuché que este médium ha ayudado a mucha gente.

– De hecho, hace un muy buen trabajo. Por eso lo recomiendo a la gente. No tenemos un médium de curación de su nivel aquí.

– Dicen que también da conferencias, consejos. Me gustaría conocerlo –. Un destello de emoción pasó por los ojos de Lídia. Ella respondió:

– Cualquier día lo invitaré a que venga aquí a dar una conferencia.

– Bueno. Asegúrate de avisarme.

– Les avisaré a todos.

Después que ella se fue, Lídia se retiró pensando en esa conversación. ¿Cómo reaccionaría Clara si supiera que este médium era su exmarido? ¿Debería decirle la verdad? Si lo hiciera, ciertamente no aparecería.

Pero, ¿sería correcto no decir nada? Ella se negó a verlo. ¿No sería un shock muy fuerte encontrarlo?

Sin saber qué hacer, Lídia oró pidiendo ayuda a los espíritus amigos. Cuando esto sucedía, entregaba el asunto a Dios. Entonces decidió no hacer nada, solo esperar. Estaba segura que la vida se ocuparía de hacer lo mejor, sin necesidad de su interferencia.

Clara llegó a casa de buen humor. Rita la estaba esperando para el té habitual que tomaban cada vez que regresaba del centro. Sentadas una frente a la otra, Clara dijo:

- Hoy hubo una larga cola en el centro para consultar a ese médium que envía los medicamentos a doña Lídia. ¿Escuchaste sobre él?

Rita hizo una mueca. Creía que Clara sabía quién era.

- Sí. Nunca pensé que Osvaldo llegaría a ser tan conocido. Clara saltó:

- ¿Osvaldo? ¿Qué tiene que ver con este médium? - Rita vaciló un momento y respondió:

- ¡Pensé que lo sabías! Él es ese médium. Está haciendo un trabajo admirable -. Clara se puso pálida y balbuceó:

- ¿No te equivocas? Vive en una finca, mientras que Osvaldo vive en la ciudad.

- ¿No escuchaste a los chicos decir que pasa la mayor parte del tiempo en la finca que heredó de doña Esther?

Clara se dejó caer en la silla con su boca abierta.

- ¡La finca de la tía Esther! ¿Estás segura? Doña Lídia no me dijo nada. ¿Ella lo sabe?

- Eso creo. Pero es discreta.

- Es difícil de creer. Nunca fue dado a las cosas espirituales. Era un hombre normal, como tantos otros. Trabajaba, se divertía, tenía citas... De todos modos, estoy sorprendida. La gente habla de él como si fuera un santo.

- Exageran, como siempre. El hecho que sea un médium, trabaje con espíritus, no significa que sea un santo. A la gente le gusta engañarse a sí misma. Luego, cuando perciben un rasgo humano en estos "santos" que han elegido erróneamente, lo crucifican, olvidan todas las cosas buenas que han hecho y recuerdan solo sus debilidades. Tengo horror a esa reputación de santidad.

- Tienes razón. Pero es difícil separar una cosa de la otra. Un médium es un misionero, necesita purificarse. Al menos eso es lo que dicen.

- Nada de eso es cierto. Un médium es simplemente una persona que tiene la sensibilidad para percibir más allá de los cinco sentidos. Solo eso. Ahora, en cuanto a cómo utilizará su sensibilidad, dependerá de su nivel de progreso espiritual. Cuanto más evolucionado sea, más lúcido, coherente, correcto se mostrará al tratar con la mediumnidad.

- Es lógico. No sabía que conocías tanto ese tema.

- He aprendido de Osvaldo.

- ¿Has ido a verlo? ¿Por qué nunca me lo dijiste?

- Porque evitas el tema, y no quería molestarte. Intento tomarme el día libre cuando da una conferencia en la finca y paso el día allí con él.

Clara la miró con curiosidad.

- ¿Es realmente cierto lo que dicen?

- Tienes que ir a ver. Cuando habla, la gente se queda sin palabras, no le quitan los ojos de encima, tratan de no perder ni una palabra.

- No sabía que era un buen orador.

- Son los espíritus los que hablan a través de él. A veces, su voz cambia por completo, puedes sentir una emoción diferente en el aire. No puedo explicarlo. Solo estando ahí. Solo sé que salgo de allí muy bien, pensando en sus palabras, tratando de hacer lo que él enseña.

Clara se quedó en silencio pensando en lo que había escuchado. Tenía otra visión de Osvaldo. Ella se sintió confundida.

- Sé lo que estás pensando - continuó Rita

- Lo dudo.

- Estás comparando lo que es hoy con la idea que tenías de él cuando vivían juntos.

- Precisamente por eso me parece una fantasía lo que estás diciendo.

- Pero no es una fantasía. Viviste con él unos años y crees que lo conoces bien. Nada puede ser más falso que eso. Cambiamos todos los días. La vida nos desafía y, bajo su acción competente, desarrollamos nuestro potencial interior. Doña Lídia lo explicó el otro día.

- Sé a qué te refieres, pero creo que nadie se convierte de repente en médium, más aun, como tú dices que es. Nunca noté nada extraño en él. Incluso era un hombre equilibrado, tratando de hacer todo dentro de las reglas. ¿Cómo, de un momento a otro, puedes convertirte en un sanador tan poderoso?

- No se convirtió en un sanador poderoso. Nació con esa habilidad, pero solo se ha manifestado desde hace algún tiempo.

- No veo a Osvaldo como sanador -. Rita sonrió y respondió:

- Quizás tengas esta dificultad, pero que es un buen sanador, lo es. Esa es la verdad. Si no me crees, ve y compruébalo tú misma.

Clara no respondió. Tenía curiosidad, pero la idea de volver a encontrarse con Osvaldo la asustaba. Rita señaló:

- A pesar de la curiosidad, no tengo el coraje para hacer eso. La vida de Osvaldo no me interesa en absoluto. Solo me pareció extraño lo que dices de él.

- ¿Por qué? Siempre fue un buen hombre. Tú misma acabas de decir que estaba equilibrado, cumpliendo con sus responsabilidades. No es de extrañar que los buenos espíritus lo hayan elegido como intermediario.

- Siempre vivió en la ciudad y ahora elabora remedios a base de hierbas para los enfermos. Esto es inconsistente.

- Puede que no sea racional en tu cabeza, porque lo imaginas de manera diferente de lo que es.

- Eso no. Sé cómo se ve. Hemos vivido juntos durante muchos años

- Eso no es suficiente para conocer íntimamente a una persona; además, como dije, cambiamos todo el tiempo.

- Ya vi que no se puede hablar contigo. Estás encantada con Osvaldo, y nada de lo que digo de él lo aceptas.

- ¿Puedes decirme las cosas buenas que siempre hizo? Incluyendo cómo está tratando de ayudar a sus hijos e incluso a ti, a pesar que ya no están juntos.

- Los hijos es su deber. En cuanto a mí, no necesito nada de él. Estoy muy bien. Soy auto suficiente para cuidar de mí y de la familia.

- No seas desagradecida, Clara. Después de todo, ¿qué te irrita? Fuiste tú quien se enamoró de otro. Él nunca te habría dejado. Después, estuvo ausente y solo regresó cuando estuvo equilibrado, y ahora trata de proteger a la familia. Si no hubiera sido por él, tal vez Walter habría causado una tragedia.

Clara bajó la cabeza y no respondió de inmediato. Momentos después, dijo:

- Tienes razón. Lo que me irrita es que él es el bueno y yo la traidora, que él tiene todas las virtudes y que yo soy la adúltera. ¿Cuánto tiempo tendré que soportar la idea que él siempre fue y es mejor que yo?

Las lágrimas empezaron a caer. Rita se acercó y puso sus manos sobre su hombro, diciendo:

- Lo siento, no quise lastimarte. No estoy juzgando quién es mejor. Hablamos de él, no de ti. No te compares. Cada uno de nosotros tiene fortalezas y debilidades. Pero nadie es mejor que nadie. Algunos son más conscientes que otros, pero ante la vida todos somos iguales, cada uno viviendo su proceso, trabajando con su experiencia.

Clara miró hacia arriba, sonrió levemente entre lágrimas y respondió:

- Eres un ejemplo vivo de cómo progresar. En los últimos años has cambiado mucho. Siempre he admirado tu forma directa y sencilla de decir las cosas, pero ahora vas mucho más allá. Te estás volviendo sabia. Entiendo que Osvaldo también pudo haber progresado.

- Así como tú, los chicos. Así es la vida -. Clara se levantó y la abrazó con cariño:

- Es bueno tener una amiga como tú. Ahora vamos a dormir.

Rita asintió y, después de quitar las tazas de la mesa, subió las escaleras. Estaba pensando, preguntándose cuánto tiempo resistiría Clara el impulso de ver a Osvaldo.

Antônio llegó a casa y Neusa lo esperaba impaciente.

- Vaya, pensé que no volverías. No puedo soportar estar sola tanto tiempo. Me estás abandonando.

- Estoy trabajando, mamá. Tienes que entender.

- Pasaste dos días fuera de casa.

- Sabes que he estado trabajando en la finca -. Neusa observó sarcásticamente:

- ¡Hay algo! Esta repentina dedicación a tu trabajo me intriga, ¿qué hay? ¿Alguna mujer interesante? ¡Nunca fuiste así!

Antônio levantó la cabeza y respondió con altivez:

- Sé lo que estoy haciendo. ¿Por qué te quejas? ¿No eras tú quien se deshacía diciendo que necesitaba trabajar? Ahora que lo estoy haciendo, no estás feliz.

- No entiendo tu repentino interés en el trabajo.

- Basta de hablar. Ahora voy a darme una ducha y luego tengo que ir a la ciudad a hacer algunas compras. Osvaldo regresa mañana de la finca y necesita tener todo listo.

Subió y Neusa negó con la cabeza, pensativa. Antônio estaba cambiado. Hablaba menos, se levantaba temprano, se quedaba fuera todo el día, no se quejaba de trabajar. No le había dicho cuánto ganaba, pero ella imaginaba que ganaba un buen sueldo, ya que vestía mejor, compraba ropa fina y, lo que era más intrigante, ni siquiera usaba la mesada que Osvaldo les enviaba todos los meses. Incluso pagaba los gastos domésticos.

Esto no era natural. A veces pensaba que estaba preparando una gran estafa para quitarle dinero a su hermano. Así que tenía que estar en guardia, no gastar el dinero de su asignación. Así, si la situación se rompía y él era despedido, ella tendría una reserva para mantenerse.

Antônio; sin embargo, dijo que necesitaba vestirse mejor, cuidar más de su apariencia, arreglarse. Antes, nunca se dio cuenta de cómo se vestía. Necesitaba aclarar ese tema.

Cuando bajó, después de la ducha, ella sirvió el almuerzo y, antes que él se levantara de la mesa, fue directo al grano:

- ¿Qué está pasando? Estás cambiado. Me preocupas.

- No hay necesidad de preocuparse. Nunca he estado tan bien.

- No lo sé... Pareces otra persona -. Él se rio con ganas.

- Me siento como una persona diferente, si quieres saberlo. Mi vida ahora ha dado un nuevo giro.

- ¿Qué quieres decir con es eso? ¿Apareció una mujer? - Él se rio a carcajadas.

- Todavía no. Pero, si aparece y vale la pena, puede que incluso me guste.

- Pronto tú, hijo mío, ¿estás pensando en abandonarme?

- Soy demasiado mayor para estar bajo la falda de mi madre.

- ¿Ves? Tengo motivos para preocuparme.

- No, no. Incluso si alguien aparece en mi vida, nunca me iré. Puede estar segura de eso.

Ella suspiró aliviada.

- Bueno. Me pongo nerviosa de solo pensarlo.

- Aunque un día, cuando uno de nosotros muera, tendremos que separarnos.

- ¡Dios no lo quiera! Ni siquiera digas tal cosa.

- ¿Por qué? En los últimos tiempos he estado pensando mucho en ello. La muerte es parte de la vida.

- Cambiemos de tema. No quiero hablar sobre eso -. Se puso serio y respondió:

- Tienes que ir uno de estos días a escuchar una conferencia de Osvaldo en la finca.

- ¿Conferencia? ¿Osvaldo? ¿Sobre qué? ¿Sigue con ese hábito de hablar de espíritus?

- Así es. Los espíritus hablan a través de él.

- Me dijiste que recibe los espíritus de los muertos. Se me pone la piel de gallina con solo pensarlo. Creo que la traición de Clara le quitó algunos tornillos de la cabeza. Puede ser eso. Antes, nunca hablaba de eso.

Antônio no respondió de inmediato, se quedó pensativo. También se sorprendió cuando empezó a trabajar con su hermano. Al principio incrédulo, luego curioso, últimamente desconcertado por lo que veía.

Algunos hechos que ocurrieron en la finca desafiaron su lógica. No pudo encontrar ninguna explicación. A pesar de eso, la gente mejoraba, resolvía sus problemas, mostraban emoción y gratitud.

Él mismo, sin que Osvaldo lo supiera, había llevado algunas muestras de los productos herbales que elaboraban en la finca a un médico que conocía; quien, analizándolos, había garantizado que eran medicamentos inocuos para la salud, pero sin gran poder curativo.

Sin embargo, con ellos la gente recuperó la salud y se curaron algunas enfermedades graves. Solo podría ser una sugestión. Había oído hablar del placebo, un medicamento que no tiene potencial de curación, pero que puede actuar como factor psicológico.

Sin embargo, si algunos de los casos que había presenciado podían encajar en esta explicación, había otros en los que solo la cirugía podía resolverse, en los que ciertos órganos estaban muy comprometidos, pero que, solo con el uso de esas hierbas, se habían resuelto.

El tumor había desaparecido, los órganos fueron recuperados milagrosamente, al observar todo esto Antônio se transformó por completo. Entonces, el respeto con el que Osvaldo lo había tratado desde el principio fue muy placentero. No estaba acostumbrado a que lo trataran de esa manera.

Se sentía bien, útil, digno. Estaba conmovido por los casos dolorosos que aparecían en la finca en busca de ayuda. Quería hacer algo, cooperar.

Descubrió que le resultaba gratificante ser bueno, que ayudar a alguien a sentirse mejor, reconfortarlo, mostrar solidaridad le producía mucho bienestar. Gradualmente se interesó más en el trabajo que estaban haciendo.

Se levantó de la mesa diciendo:

- Me voy ahora, mamá. No sé a qué hora vuelva. Tengo muchas cosas que hacer.

Rebuscó en sus bolsillos y encontró su lista de compras, tomó su maletín y se fue sin responder a Neusa, quien refunfuñó que estaba cansada de comer sola.

Era una tarde calurosa y Antônio tenía prisa cuando alguien lo tiró del brazo.

- Por fin te encuentro. ¿Dónde has estado?

Walter estaba frente a él y, al verlo, Antônio se sorprendió por su apariencia. Sintió una impresión desagradable, un olor a alcohol e instintivamente contuvo la respiración para evitarlo.

– Estoy trabajando, como sabes.

– Lo sé. He estado yendo a tu casa y nunca estás allí. Tu madre está cansada de verme. Últimamente finge que no hay nadie en casa. Pero sé que ella está ahí.

– No la malinterpretes. Sabes cómo es ella.

– Tenemos que hablar. Vamos a tomar una cerveza en alguna parte.

– Gracias. Pero acabo de almorzar, comí demasiado y no tengo ganas de nada.

– ¿Qué es eso? Una cerveza siempre encaja. Vámonos – Lo agarró del brazo. Antônio miró su reloj: podía disponer de unos minutos. Entraron en un bar, se sentaron y Antônio pidió un refresco y Walter, una cerveza.

Mientras esperaba, Antônio consideró:

– ¿No crees que es demasiado temprano para empezar a beber?

– Nada de eso. Para mí, cualquier momento es bueno. Pero, habla, ¿cómo van las cosas?

– Bien.

– Lo veo. Estás bien vestido, elegante. Parece que te va muy bien. Uno de estos días incluso llegarás con un carro.

– Estoy pensando en eso.

– ¿Obtuviste la información que te pedí?

– ¿Aun no has olvidado de eso?

– Me tomé un descanso, pero no lo he olvidado. Lo que sí sé es que Clara no volvió con Osvaldo. Si lo hiciera, lo lamentaría.

Había tanto odio en su voz que Antônio se estremeció, sintió una opresión en el pecho y una sensación de malestar. Quería levantarse e irse. Sin embargo, se controló.

- No veo por qué odias tanto a Osvaldo. Fuiste tú quien arruinó su vida. Él es quien podría odiarte. Sin embargo, nunca habla de eso.

- Aparentemente te colocaste de su lado. Lo sospeché. Desapareciste. Camina por todos lados, orgulloso. No eras así. Ahora estoy seguro que te vendiste. Ya no eres mi amigo. ¡Lo que haces por un poco de dinero!

Tratando de contener la impresión desagradable, Antônio respondió:

- No seas tan malo. No me arrojé de su lado. Osvaldo es mi hermano, me dio un buen trabajo, me trata con respeto, y consideración. Ha demostrado ser mi amigo. Es un hombre decente, como siempre lo fue. No veo ninguna razón para estar en su contra. Al contrario: cada día me gusta más lo que hago.

- Eres un tonto. Con un puñado de dinero se las arregla para manipularte, que solo haces lo que él quiere. Cuando no le convengas más, va a darte una patada en el trasero y eso es todo.

Antônio se levantó.

- No puedo hablar contigo. Me voy. Tengo más cosas que hacer -. Walter lo tomó del brazo y lo obligó a sentarse.

- Aun no he terminado. Siempre te tuve como mi mejor amigo. Cuando Osvaldo no se preocupaba por ti, te conseguí un gran trabajo.

- Que lo perdí cuando tuviste el romance con Clara.

- Siempre amé a ese ingrata. No era mi intención. No pensé que fueras a renunciar por eso. Eres muy falso, nunca fuiste mi amigo.

- Estás equivocado. Sigo siendo tu amigo. Pero no me gusta verte como estás.

Si continúas así, terminarás perdiendo tu trabajo.

- Esto ya está sucediendo. No he vendido nada, uno de estos días me despedirán. Pero ¿de quién es la culpa? De ustedes. De

Clara, que me vuelve loco, y de ti, que prometiste ayudarme, pero que nunca cumpliste.

— Mira, Walter, aclaremos esto de una vez. No es mi culpa que Clara no quiera tener nada que ver contigo. No he hablado con ella en años, ni siquiera sé por dónde anda.

He visto a los chicos con Osvaldo, hablamos de otros asuntos, pero nunca de Clara. Sería bueno para ti olvidar el pasado, cuidar tu vida, no beber tanto, tratar de mantenerte una buena apariencia.

— No puedo olvidarla. Además, ¿de qué me serviría seguir luciendo bien si ella no me quiere?

— Pero puedes encontrar a otra que te quiera y rehacer tu vida.

— No quiero. Un día ella aun volverá a mí —. Antônio negó con la cabeza.

— No tienes arreglo. Deja de culpar a los demás por los problemas que tú mismo causaste con tu actitud. Ahora necesito irme. Tengo mucho que hacer.

Se levantó apresuradamente para no permitir que Walter lo abrazara. Se alejó, pero lo escuchó decir:

— ¡Tú me las pagaráss! No la dejaré ir. Juro que no.

Antônio siguió caminando sin mirar atrás. Por primera vez, había notado lo resentido, injusto, desequilibrado y desagradable que era Walter. Se sintió mareado, indispuesto, cansado. Respiró y sintió que sus pulmones no recibían todo el aire que necesitaban.

El encuentro con Walter lo había herido. Entró en un restaurante y pidió un vaso de agua mineral. Respiró hondo y tomó el agua en pequeños sorbos, tratando de recuperarse.

Poco a poco fue mejorando. Miró su reloj y decidió continuar con su trabajo. A pesar del esfuerzo que hizo por olvidar ese desagradable encuentro, ocasionalmente la figura de Walter y sus palabras volvían a él. Cuando pensaba en él, sentía una opresión en el pecho y una cierta inquietud de le costaba controlar.

CAPÍTULO 22

Después que Antônio se fue, Neusa se puso inquieta. Su hijo estaba realmente diferente. No la escuchaba como antes. Quizás el trabajo de Osvaldo con los espíritus de los muertos fue la causa.

En los últimos tiempos vio a pastores evangélicos en televisión decir que los espíritus de los muertos no se comunicaban. Que era el diablo quien se apoderaba de la gente, engañándola.

Un escalofrío de miedo recorrió su cuerpo. Cuando consultaba a los adivinos para querer saber el futuro, ¿no sería también engañada por el diablo?

Se fue a la cocina y tomó un vaso de agua, pero la inquietud no pasó. Comenzó a caminar nerviosamente mientras varios malos pensamientos la atormentaban.

¿Y si Osvaldo estuviera poseído por el demonio? Antônio, trabajando con él, también estaría involucrado. ¿Y si ambos se volvían locos? Si Osvaldo perdiera todo el dinero, ¿qué sería de ellos en el futuro? Cuando quería hablar con Antônio, contarle la noticia, comentar los problemas, como siempre hacía, hablaba, pero no le prestaba atención, se mostraba indiferente.

Era probable que ya estuviera hechizado por el maligno.

De repente, se detuvo. Ella era madre. Tenía que defender a sus hijos. Necesitaba hacer algo, pero ¿qué?

Se sentía mareada, su estómago revuelto. Puso agua al fuego para hacer café. Sonó el timbre y fue a abrir. Era Dorothea, su vecina.

– Neusa, tengo algo nuevo que contarte.

Sus ojos brillaron de placer y Neusa la invitó a pasar.

- Vamos a la cocina, voy a pasar café. Estoy deprimida, el café es bueno para levantar el ánimo.

- ¿Conoces a Dota del 202? Dejó a su marido. Cuando él llegó a casa del trabajo ayer por la tarde, ella ya se había ido.

Por un momento, Neusa olvidó la preocupación.

- ¡No digas! Un buen hombre tan trabajador. ¿Por qué habría hecho eso?

- Dicen que fue por el hijo del sr. Antero.

- ¿El dueño de la panadería?

- Ese. Se llevó a Juancito con ella. El padre está loco de rabia. La denunció a la policía.

- Espero que los encuentre. Una mujer como ella merece ser castigada. Para que veas lo injusto que es este mundo. Las mujeres honestas, trabajadoras y sinceras tienen mala suerte. Y las tan sinvergüenzas como Dora, los hombres se matan por ellas. Mírame, esposa dedicada y honesta, mujer de un solo hombre. Quedé viuda después de seis años de matrimonio.

- Eras joven. ¿Por qué nunca te volviste a casar?

- Ni siquiera con mi marido muerto lo engañé. Y en cuanto a este caso de Dora, puedes apostar: Onofre la regañará, denunciará a la policía, pero en un rato acabará perdonando y volviendo con ella.

- ¿Lo crees? Después del escándalo, no tendrá valor. Toda la calle lo sabe y comenta.

El agua estaba hirviendo y Neusa, que ya había preparado el polvo en el colador, pasó el café. Dejó el plato de bizcocho en medio de la mesa, les sirvió café a las dos y se sentó a comer.

- Pero dijiste que estabas preocupada - dijo Dorothea -. ¿Pasó algo?

Neusa guardó silencio por unos momentos. Sabía que Dorothea había dejado la iglesia católica en la que fue educada por su familia y asistía a una de esas iglesias que aparecían en televisión.

— Por tu silencio, veo que algo realmente está sucediendo.

— Tu eres mi amiga. No puedo negarlo. Mis hijos han cambiado. No me gusta lo que hacen.

— ¿Qué pasa, Neusa?

— Sé que cambiaste de religión, vas a otra iglesia. Me gustaría saber cómo te sientes.

— Muy bien. Después que fui allí, mi vida cambió. Tengo fe. Sé que mi Dios nunca me abandonará si soy fiel, si hago todo bien.

Los ojos de Dorothea brillaron, sus labios se abrieron en una dulce sonrisa. Su expresión cambió como si estuviera viendo una visión celestial.

— Dime cómo es.

Dorotea habló de la Biblia, los salmos, los pastores, las reglas de la iglesia con euforia y disposición. Y concluyó:

— Ahora encontré mi camino. Estoy feliz.

— ¡Pucha! Estás muy emocionada —. Vaciló un poco, luego preguntó: — ¿Qué opinas del Espiritismo?

— Cosa demoníaca. Estamos en el fin de los tiempos. El diablo se está apoderando de la humanidad. Solo los que siguen a la iglesia serán salvos. ¿Por qué preguntas eso?

— Eso es lo que me preocupa. Mi hijo Osvaldo dice que habla con los espíritus de los muertos.

— ¡Santo Dios! ¡Qué horror!

— Lo peor es que nunca nos llamó a Antônio ni a mí. Es triste decirlo, Osvaldo siempre nos ha despreciado. Ahora se ha acercado a nosotros, nos está dando dinero, lo que me llamó la atención es que Antônio también está cambiado. Evita hablar conmigo, casi nunca se detiene en casa. No sé qué hacer, a quién recurrir. Tengo que hacer algo.

- De verdad y rápidamente. Está claro que el diablo los está seduciendo. Cuidado. Es peligroso. No podrás expulsarlo sola. Hoy te voy a llevar a mi iglesia por la noche. Estoy segura que ese demonio será expulsado de tu casa.

- ¿Harías eso por mí?

- Por supuesto. Eres mi amiga y estás en peligro. Cálmate. Estarás protegida.

Acordaron ir a la iglesia esa misma noche. Dorothea vendría más tarde a su casa. Después que se fue, Neusa se sintió más tranquila. Estaba tomando medidas para ayudar a la familia.

Estaba ansiosa. Dorothea había hablado cosas maravillosas sobre esa iglesia, los himnos, la gente, todo. Neusa se sintió cansada y somnolienta. Miro su reloj. Tenía tiempo para descansar un poco.

Fue al dormitorio y se acostó. Se estaba relajando y casi se estaba quedando dormida cuando algo despertó su atención. Miró por la esquina de la habitación y vio a un hombre alto y fuerte que se acercaba a la cama. Reconoció a su esposo Juan, estaba rejuvenecido, parecía de buen humor.

Neusa se quedó atónita y por un primer momento se olvidó que había fallecido hacía muchos años.

- ¡Juan! Te sanaste, estás bien. ¡Qué bueno!

- Neusa, abre los ojos y aprovecha la oportunidad que se te ofrece. Osvaldo dice la verdad. Créele.

Fue entonces cuando Neusa recordó y gritó:

- ¡Estás muerto! Esto es un sueño.

La figura de Juan se estremeció, se balanceó en el aire y desapareció. Neusa luchó por levantarse, pero no pudo. Estaba aterrorizada, quería llamar a alguien, pero su cuerpo no le obedecía.

Pasó unos segundos intentando mover su cuerpo, hasta que por fin logró levantarse y sentarse en la cama. Estaba sudando y estaba muy asustada.

"Fue solo un sueño", pensó.

Pero esa visión nunca abandonó su mente. Después de la muerte de Juan, soñó con él varias veces. Sin embargo, ninguno de los sueños había sido igual. La presencia de su esposo había sido tan real que Neusa incluso olió el perfume que usaba en vida.

Era como si hubiera resucitado.

– Esta historia de espíritus me perturbó. ¿Por qué me metí con eso?

Las palabras de Juan nunca abandonaron su mente:

"Osvaldo está diciendo la verdad. Créele." Recordó a Dorothea. Pronto vendría a recogerla para ir a la iglesia. Le había dicho que allí exorcizaban al demonio. ¿Y si se sentía peor?

Había perdido por completo el deseo de ir. Lo mejor era no involucrarse con estas historias.

De repente recordó que la vida de Dorothea no había cambiado nada. Su esposo todavía estaba desempleado, su hijo peleando con su hermana porque ella decidió salir con un chico que dijo que era un sinvergüenza. Incluso la propia Dorothea seguía agotada, ya que tanto su marido como la pareja de hijos, además de no ayudar en nada en casa, siempre se quejaban de la comida que hacía, su ropa estaba mal planchada, su casa no estaba ordenada.

No. Dorothea podría estar más emocionada, pero su vida seguía siendo la misma. Más tarde, cuando se apareció, como habían acordado Neusa dijo que no iría.

– Por lo que veo, ya te has dejado dominar por "él." Reacciona. Vamos. Necesitas salvarte a ti misma y a tus hijos. En el día del juicio final, todos ustedes serán destruidos para siempre.

– No es que no quiera ir. Pero no puedo irme ahora. Estoy esperando a Antônio. Llamó y dijo que va a venir más temprano para la cena. Tengo que esperarlo. Iré otro día.

– Apuesto a que lo hizo solo para que no vayas. El diablo lo sabe todo y le hizo llamar para que te quedes. Sigo pensando que deberías ir.

Cuanto más insistía Dorothea, más ganas tenía Neusa de no ir. Fue categórica:

– No sirve de nada, Dorothea. Hoy no voy.

– De acuerdo. Tú decides. Pero después no te quejes.

Después que se fue, Neusa exhaló un suspiro de alivio. Comenzó a sospechar que había algo malo en su insistencia. No le gustaba que la presionaran. Tenía ganas de hacer lo contrario.

Decidió tener una conversación seria con Antônio. Lo esperó para cenar, pero no llegó hasta las once. Al verla despierta, se sorprendió. A Neusa le gustaba dormir temprano.

– ¿Sigues despierta? ¿Ha pasado algo?

– Te estaba esperando. Tenemos que hablar. De nada sirve decir que estás cansado, porque hoy no te dejaré ir.

Antônio se sentó en el sofá y respondió:

– De acuerdo. ¿Qué pasó?

– Estás cambiado. No me hablas como solías hacerlo, ni me prestas atención.

– Antes me quedaba todo el día en casa, pero ahora estoy trabajando.

– Lo sé. Por eso he soportado la soledad sin decir nada. Pero hoy me dijiste algunas cosas que me preocuparon.

– ¿Qué cosas?

– No me gusta esta historia de Osvaldo lidiando con los espíritus de los muertos. Has cambiado mucho. Hoy Dorothea, que tiene mucha fe y es evangélica, me dijo que los espíritus de los muertos nunca se comunican, que es el diablo quien los está personificando para dominarnos.

Antônio se echó a reír.

– Te ríes, pero esto es serio – continuó –. Dorothea dijo que se acerca la hora del fin del mundo y que tenemos que salvar nuestras almas, de lo contrario nuestros espíritus serán destruidos para siempre.

- No lo creo. ¿Cómo puedes dar crédito a algo así?

- Yo tampoco lo creo, pero ¿y si es verdad?

- Madre, debemos tener sentido común, observar los hechos.

- Eso es lo que hice. Mira: Osvaldo nunca nos llamó, y ahora, de repente, decide ayudarnos. ¿No te parece extraño?

- No. Está haciendo esto porque se dio cuenta que estaba equivocado y quiere corregirlo.

- Sí, pero antes solías prestarme más atención. Ahora...

- No tienes por qué preocuparte. Nunca hemos estado tan bien. Estamos progresando, nuestra familia se lleva como nunca antes. No nos falta nada. Estás siendo ingrata.

- Pero si es cosa del diablo, cobrará un alto precio por todo esto. Quien muere nunca regresa. ¿Crees que los muertos pueden comunicarse?

- Al principio pensé que Osvaldo estaba alucinando. Pero entonces empezaron a suceder cosas y hoy me inclino a reconocer que está diciendo la verdad. Osvaldo dice que cuando el cuerpo muere, ese espíritu vivirá en otro mundo. Dice que la carne es como una prenda que cubre el cuerpo espiritual y eterno. Todos somos así.

Después de la muerte, nos quedamos con el cuerpo espiritual, y a pesar de vivir en otra dimensión, seguimos siendo la misma persona, con los mismos gustos y afectos.

Neusa estaba pensativa. ¿Era por eso que Juan, a pesar de estar muerto, seguía interesándose por la familia?

- ¿Lo es?

- Osvaldo dice que sí. También dice que, después de cierto tiempo en el otro mundo, nuestros espíritus nacen de nuevo en la Tierra. Los niños que nacen en el mundo están regresando para seguir aprendiendo, pero han vivido muchas vidas aquí antes.

- Esto es demasiado. ¿Cómo puede ser así?

- Jesús enseñó eso. Está en la biblia.

- Nunca te interesó la religión.

- Sabes mamá, lo que he visto en la finca me ha hecho pensar. Hoy estoy seguro que hay mucho más que nuestros cinco sentidos.

- Me da curiosidad. ¿Cómo lo sabes?

- Osvaldo puede ver y escuchar seres del otro mundo.

- ¿Cómo sabes que es verdad?

- Porque da mensajes de familiares muertos a la gente. Mucha evidencia y no hay forma de dudar de ella.

- Me dijiste que hace remedios a base de hierbas. ¿Cómo puede hacer esto, si se crio en la ciudad?

- Madre, es inútil. Será mejor que vayas a ver. Estoy seguro que estarás de acuerdo conmigo.

- ¿Yo? No. Es muy peligroso. ¿Y si es el diablo? - Antônio se rio afablemente y respondió:

- Solo hay que hacer el bien, se trata de bondad y amor, perdón y armonía. Si el diablo trabajara así, estaría trabajando contra sí mismo y convirtiéndose en un buen ángel.

Neusa estuvo pensando durante unos minutos. No dijo que había visto a Juan ni lo que había dicho. Antônio se sintió apoyado. Ella quería reflexionar un poco más. Algunas cosas que había dicho su hijo la impresionaron favorablemente.

Después de todo, Dorothea no era un ejemplo para nadie. Si no podía mejorar su vida o la de su familia, no estaba en condiciones de enseñar nada. Quería ver cuánto tiempo iba a durar la fe. Cuando saliera de la euforia y se diera cuenta que todo seguía igual, buscaría otra cosa y lo volvería a hacer.

- Ahora vamos a dormir, mamá. Es tarde. Piensa en lo que dije. Si quieres ir allí alguno de estos días, puedo llevarte.

- Veremos.

– Creo que deberías ir. Si estás preocupada, debes ver por ti misma cómo están las cosas.

Ella estuvo de acuerdo. Las palabras de Antônio la tranquilizaron. Podría ser que se estuviera precipitando. Después de todo, sus vidas habían mejorado mucho.

Antônio fue al dormitorio. Al convivir con Osvaldo y las personas que lo buscaban, comenzó a darse cuenta que no solo había buenos espíritus que se comunicaban enviando mensajes a los seres queridos, sino que también había otros menos equilibrados que interferían en la vida de las personas, dañándolas.

Después de recibir la orientación de Alberto, el guía espiritual de Osvaldo, y asistir a las reuniones en la finca o en el Centro de Lídia, donde fueron dirigidos, estas personas regresaban aliviadas y mucho mejor.

Esto lo impresionó y lo hizo pensar. Nunca había tenido éxito en nada. Su vida afectiva siempre había sido un fracaso. Las dos veces que se enamoró, una vez lo traicionaron y la otra lo rechazaron.

Desilusionado, juró no volver a enamorarse nunca más. Las palabras de Neusa, cuando la buscó para desahogarse, nunca dejaron su memoria: "Amor verdadero, hijo mío, solo como madre. Siempre estaré aquí para apoyarte."

Aunque la quería mucho, le faltaba motivación, metas. Se volvió indiferente a las pequeñas alegrías de la vida cotidiana. La rutina lo aburría, pero se conformaba. La vida era así, como decía Neusa.

Ahora; sin embargo, Osvaldo le había dicho que todos son responsables de todo lo que le sucede. No hay víctimas en el universo. Son las actitudes las que crean el destino. Mientras las conserve, seguirán produciendo los mismos resultados. Las cosas malas se pueden eliminar si la persona descubre cuál de sus actitudes está causando este resultado y la cambia por una mejor.

Antônio se sintió conmovido, profundamente conmovido en sus sentimientos. Escuchando las conferencias de Osvaldo se cuestionaba todo, lleno de dudas, ansioso por comprender lo que sentía. Tenía dificultad para analizar sus emociones.

Se dio cuenta que no se conocía a sí mismo. No podía decir lo que le gustaba, lo que le producía placer.

Una tarde, mirándose en el espejo, notó lo viejo que se veía, encorvado, su ropa era poco elegante, aburrida, como él.

Estaba sorprendido. Tenía treinta y ocho años, pero se veía mucho mayor. Se pasó una mano por la cara y notó que su piel estaba seca, sin vida y sus ojos inexpresivos.

A la mañana siguiente fue al peluquero, se cambió el corte de pelo, pasó por algunas tiendas y se interesó por una hermosa camisa de lino. Preguntó el precio. Era cara, la tienda era muy fina. Pero había recibido su sueldo el día anterior y la compró por impulso.

Cuando se la puso, se miró en el espejo y se sintió mejor. Sus ojos brillaron de satisfacción, pero notó que sus pantalones y zapatos no hacían juego. Dos días después, lo había comprado todo.

Se dio una ducha, se vistió y salió a caminar.

Satisfecho, notó algunas miradas interesadas de dos chicas. Eso fue suficiente. Se sintió valorado, feliz.

A partir de ese día, cuidó más su apariencia. Notó que la madre se había detenido en el tiempo. Su ropa estaba pasada de moda, su cabello sin brillo, nunca se teñía. La casa era vieja, necesitaba reparaciones y pintura.

Habló con su madre, pero ella no quiso.

– Está como siempre ha estado. Pintar es caro.

– Pero, mamá, hace muchos años que no pintamos la casa.

– Es una tontería gastar dinero en eso. Tenemos que ahorrar para nuestro futuro.

No sabemos mañana. Puedo enfermarme, puedes perder tu trabajo. Nunca se sabe.

Antônio no respondió. Ella podría tener razón. Pero cada día le molestaba más mirar las paredes desgastadas de su habitación, los muebles viejos de la cocina, la alfombra desteñida del salón, la silla en la que nadie podía sentarse porque le tambaleaban las piernas. Neusa se negó a tirar el sofá descolorido con cojines torcidos e incómodos.

Con gusto iba a la casa de Osvaldo, donde todo, aunque viejo, se mantenía como nuevo. Había flores en los jarrones, las paredes estaban bien pintadas y claras. En la finca, todo también estaba arreglado cuidadosamente. Cada cosa en su lugar.

Osvaldo le había dicho que la casa era un reflejo de su habitante. Una casa mala significaba que la persona no se ocupaba de su propia vida. ¿Era verdad? ¿Habrían cuidado mal de sus vidas? ¿Era por eso que habían tenido tantos problemas?

Poco a poco fue perdiendo las ganas de quedarse en casa. A pesar de abrir las ventanas todas las mañanas, podía oler un desagradable olor a humedad. Al tratar de averiguar de dónde venía, notó todos los detalles a su alrededor y no le gustó lo que vio.

Cuando se quejaba con su madre, ella respondía:

– Te estás enfermando ahora. Porque ganas un poco de dinero, eres lujoso. Aquí todo está como siempre ha sido. Pero sé lo que está pasando. Buscas una excusa para dejarme aquí sola.

Una tarde habló con Osvaldo sobre el tema.

– No sé qué más hacer con mamá. Quiero mejorar nuestra vida, pero ella se niega. No quiere pintar la casa, cambiar los muebles. No le importa nada. La casa está en completo abandono. Aunque la quiero mucho, estoy pensando seriamente en mudarme.

– Ella estaría inconsolable.

– Lo sé. Vive colgada a mí. Pero claro, no pienso en abandonarla. Estaré allí todos los días. Pero tengo derecho a vivir en un lugar más ordenado. Cuando me quejo, dice que es una excusa para dejarla.

- Mamá siempre fue así. Ella nunca se cuidó podría haber hecho. El que ha cambiado eres tú.

- Es cierto. Estoy cansado de vivir en un lugar feo, mal cuidado, con olor a moho. Aquí todo se hace con mimo, buen gusto, hay flores en las macetas, mamá no tiene gusto ni cuidado. No me quejo.

Es una buena madre, siempre interesada en mi bienestar, pero muy relajada. ¿No crees que tengo razón?

- Hasta cierto punto, sí. Tienes derecho a vivir en un lugar hermoso y ordenado. Una casa, aunque modesta, sencilla, muy limpia, arreglada con gusto y extravagancia, atrae energías positivas, provoca bienestar en sus residentes, mientras que el descuido, los objetos rotos, mal mantenidos, la falta de higiene son el nido adecuado para las energías negativas y desagradables. Además de dificultar la ayuda de los espíritus de luz, favorecen la presencia de entidades perturbadoras.

- El otro día te escuché decir eso.

- Por otro lado, tienes que tener paciencia con mamá. Ella también es espíritu y en su esencia es muy sensible a la belleza, al amor.

- ¿Mamá? No creo. Nunca he visto a una persona más crítica. Le encanta hablar mal de la vida de los demás. Especialmente cuando se une a Dorothea.

- Ella siempre fue así.

- Antes tenía paciencia, escuchaba y hasta daba consejos. Pero ahora estoy cansado. Me incomodan ciertos comentarios. Ni siquiera sabemos cómo lidiar con nuestros propios problemas y queremos juzgar a los demás.

- Te diste cuenta que este tipo de actitud no te agrada. ¿Sabes por qué?

- No.

- Porque descubriste que no necesitas resaltar las debilidades de los demás para apreciarte a ti mismo. Al contrario.

Esta actitud es falsa y desagradable. Te estás volviendo más consciente. Escuché comentarios de amigos diciendo que te has puesto más guapo, simpático y elegante. No me sorprendería que alguna de estas hermosas chicas se enamorara de ti.

Antônio se sonrojó de placer. Él también lo había notado. Osvaldo prosiguió:

– Sabes, Antônio, ante las decepciones, cada uno reacciona de forma diferente. Pero el miedo al sufrimiento acaba por enterrar la sensibilidad. La persona se cierra, intenta mostrarse indiferente y acaba perdiendo incluso la individualidad. Se deprime, pierde el placer de vivir, termina sin saber lo que le gusta o lo que quiere de la vida. Mamá siempre ha sido prisionera del miedo. Sus pensamientos son pesimistas. Piensa que así se protege de los peligros. Esto es una ilusión La vida hará todo lo contrario. Cuanto mayor sea la indiferencia, mayor será el acontecimiento que vendrá a romperla. Somos espíritus eternos, sensibles al bien, la belleza, la luz. Nuestra alma vibra al tacto de los verdaderos valores.

– Es difícil pensar que mamá también sea así –. Osvaldo sonrió afablemente.

– Todos lo somos. Pero hay ocasiones en las que preferimos escondernos en la depresión y la discapacidad. Pero es inútil, porque la vida trabaja para transformarnos, para sacar a relucir toda la grandeza espiritual que guardamos en nuestro mundo interior.

– ¿Estás seguro de eso?

– Lo estoy. Eras como ella. Así como has despertado a la vida que te rodea, ella también despertará. En lugar de marcharte, mudarte, dejarla sola, haz lo contrario: llévala a donde estás ahora. Despierta su sensibilidad, haz que se dé cuenta de toda la belleza que nos rodea. Así, poco a poco recuperará también la alegría y el placer de vivir.

Los ojos de Antônio brillaron de emoción.

– Vaya, si puedo lograr eso, será maravilloso.

- Hazlo, pero no esperes resultados rápidos. Puede ser difícil, además de tomar tiempo para florecer. Recuerda que se volvió así para defenderse de sus miedos. Dejar esa postura puede significar perder esa protección que se ha mantenido durante años. Es una ilusión, pero se necesita valor para dejarlo ir y aventurarse por nuevos caminos.

Las palabras de Osvaldo impresionaron profundamente a Antônio. Se fue pensando en qué hacer para conseguir lo que quería.

Después que se fue, Osvaldo se quedó pensando en su madre. Había sido muy bueno para él haber sido criado por Esther y su esposo. Había aprendido mucho de ellos, aunque en ese momento estaba resentido con ellos porque no le daban el cariño que quería. Ahora; sin embargo, reconoció haber recibido mucho de ellos.

La educación esmerada, el respeto con el que siempre fue tratado a pesar de la situación económica de su familia, la oportunidad de estudiar, de vestirse bien, de tener una vida cómoda.

Todo eso había sido mejor que los mimos que pensaba que se merecía. Su madre se había aferrado a su hijo menor, la única compañía que le quedaba, lo mimó de tal manera que terminó convirtiéndolo en un débil, reacio, vulnerable e incapaz de cuidar su propia vida.

En ese momento, Osvaldo lo vio todo con claridad. Se dio cuenta que, privado de la comodidad de su madre, evitaba estar en la misma situación que Antônio. Afortunadamente, su hermano se estaba despertando, dándose cuenta que podía convertirse en una persona más feliz y respetada. Si Neusa también despertara a la realidad, tal vez podrían llevarse bien. No serían solo las personas que la vida había unido en esta vida y que, una vez rotos los lazos del mundo físico, se alejarían.

No solo serían una familia de sangre, sino una familia espiritual, unida por los lazos de amistad y amor.

Pensando en la bondad divina que le había permitido descubrir este camino, Osvaldo se arrodilló allí mismo, en la habitación, y se entregó a la oración de agradecimiento.

CAPÍTULO 23

Clara entró a la casa y se sorprendió al encontrar a Marcos y Carlos esperándola en la sala.

- ¿Los dos en casa tan temprano? ¿Ha pasado algo?

- Te estábamos esperando - dijo Carlos.

Papá enviará el auto a recogernos. Nos vamos a la finca el fin de semana. No queríamos irnos sin despedirnos de ti.

- Parece que ahora se ha puesto de moda. Cada fin de semana vas a la finca y nos dejan solas. ¿No creen que están exagerando? También me gusta estar con ustedes. Tiempo que no pasamos una tarde juntos hablando.

- Lo sé, mamá. Pero habrá un evento importante en el sitio. No queremos perderlo - dijo Marcos -. Carlos va a tocar. Ha ensayado toda la semana.

- No sé qué es lo que les gusta tanto.

- Te garantizo que, si fueras, te encantaría - dijo Carlos. Clara fingió no oír. Solo dijo:

- En ese caso, no diré nada más. Pueden irse.

Los dos la abrazaron con cariño. Subieron a la habitación y bajaron con el equipaje.

- Al menos, cenen conmigo.

Los dos vacilaron y Marcos respondió:

- Es que papá ordenó una cena especial para nosotros. El carro debe estar llegando ahora.

La besaron y se fueron. Clara entró a la despensa diciendo:

- ¿Lo viste, Rita? Ya ni siquiera se preocupan por mí. Ahora todo es el padre. No sé cómo va a terminar esto. Uno de estos días querrán dejarnos y vivir con él. Esto no lo soportaré. Después de todo, aparece Osvaldo y me quiere quitar a los niños.

Rita, quien supervisaba a Diva preparando la cena, dijo seriamente:

- No exageres, Clara. Aman a su papá, pero eso no es todo. Les gustan las conferencias que da Osvaldo, hay jóvenes que circulan por allí los domingos. Hicieron amigos, cantan, se regocijan juntos.

- Osvaldo hace eso solo para quitármelos.

- No seas injusta, Clara. De hecho, Osvaldo logró crear un ambiente ligero y agradable en ese sitio, donde las personas recurren a la espiritualidad, se sienten bien, mejoran su vida. El lugar es alegre, hermoso.

- Es suficiente, Rita. En un rato también te vas a poner de su lado.

- Me gustaría que tú también hicieras eso. Te garantizo que estarás muy feliz.

- Sabes que eso es imposible.

- No sé por qué. Conozco muchas parejas que se han separado, pero viven en paz, incluso como amigos.

- Yo también lo sé, pero nuestro caso es diferente. Osvaldo nunca olvidará lo que le hice. Además, tampoco quiero verlo.

- Tú eres la que sabe. Pero no puedes evitar que tus hijos disfruten de estar con él.

Clara no respondió. De repente se sintió cansada. No quería pensar en nada. El pasado estaba muerto y no quería resucitarlo.

Antônio llegó a casa y encontró a Neusa de mal humor.

- Por fin llegaste. Estaba hablando sola.

- Porque quieres. Sal, visita a una amiga, enciende la radio, la televisión. Intenta distraerte.

- No tengo ganas de nada.

Antônio la miró pensativo. Osvaldo tenía razón: Neusa no se complacía en nada. Le había comprado una televisión a color. Pero a pesar que miraba un poco, no mostraba alegría.

Después de la cena, tomaron el café en la sala de estar. Al final, se puso de pie y dijo:

- Voy arriba tengo que hacer la maleta. Mañana por la mañana iré a la finca.

- Nuevamente pensé que te quedarías en casa este fin de semana.

- No puedo. Es parte de mi trabajo. Además, este domingo tendremos un evento allí. Osvaldo cuenta conmigo.

- Se está aprovechando de ti. Nadie está obligado a trabajar los fines de semana.

- Me gusta tanto ir allí que ni siquiera es trabajo, es un placer. ¿Por qué no vas conmigo?

- ¿Yo? No me gusta dormir afuera.

- Cuando fuimos allí, querías quedarte.

- Y Osvaldo no quiso. No olvido esa rudeza. Por eso no iré como si no pasara nada.

- Lo hizo porque no tenía forma de hospedarnos. Pero ahora ha ampliado la casa y podemos ir. Entonces no estarás aquí sola. Puede que te distraigas.

Vaciló entre la curiosidad y el deseo de hacerse la difícil.

- Te estoy invitando, haz lo que quieras. No voy a insistir. Tienes todo el derecho a elegir -. Al ver que se iba, decidió:

- De acuerdo. Iré, pero es solo para no pasar el fin de semana aquí mirando las paredes.

Sonrió levemente y respondió:

- Saldremos a las seis. Quiero llegar antes que Osvaldo y el resto del personal.

Al día siguiente, cuando Antônio se levantó, escuchó ruido en la cocina y olió café recién hecho. Se preparó y cuando bajó vio la maleta de su madre lista en la sala.

Cuando Osvaldo llegó a la finca con José, Rosa y sus dos hijos, Antônio y Neusa ya estaban allí. Mientras él abrazaba a su madre, dándole la bienvenida, Marcos y Carlitos se miraron con disgusto.

La presencia de la abuela, con quien habían tenido momentos desagradables, fue un balde de agua fría en su entusiasmo.

Osvaldo dijo simplemente:

– ¿No van a saludar a su abuela?

Tímidos, cada uno a su vez extendió la mano, arriesgando un tímido "¿Cómo estás, abuela?" Neusa los miró a ambos. Hacía mucho tiempo que no los veía. Ella exclamó con asombro:

– ¡Son jóvenes! ¡Hermosos! Vaya, Marcos se parece mucho a mi difunto Juan, tu abuelo. Ya Carlos es más parecido a su madre. Estoy muy bien. Pero, si no hubiese venido aquí, nunca recordarían que tienen una abuela. Sé que no se preocupan por mí. Después de todo, nunca pudimos vivir juntos.

Ninguno respondió, y ella continuó:

– Pero no los culpo por olvidarme. Ciertamente les hicieron muy bien su cabeza contra mí.

– Te equivocas, abuela. Nunca nadie nos metió ninguna idea – dijo Carlos con cierta irritación. Tú eres la que nunca nos quiso.

Osvaldo intervino:

– Quizás no se conocen lo suficientemente bien como para apreciar las cualidades del otro. Esta es una excelente oportunidad para conocerse mejor y ver lo que cada uno tiene para ofrecer. Les garantizo que se sorprenderán.

– Es injusto decir que no los quiero. Al contrario. Siempre me preocupé por su futuro, especialmente después que Osvaldo se fuera. Hablé a menudo con su madre.

Quería que se mudaran conmigo. Estaba dispuesta a quedarme con ustedes. Pero ella nunca quiso. A pesar de esto, siempre he orado para que Dios los proteja.

Neusa tenía lágrimas en los ojos y los dos niños no sabían cómo responder. Fue Osvaldo quien habló:

– El amor es un sentimiento único. Cada persona siente y lo expresa a su manera. Esto genera mucha incomprensión. Como no podemos entrar en el corazón de los demás para saber cuál es el sentimiento que cultivan, lo mejor es no juzgar nunca. Por otro lado, siempre será útil analizar y tratar de comprender lo que pasa en nuestro corazón. Esto te garantizo que dará un resultado mucho mejor.

José apareció para advertir que la mesa estaba lista para un refrigerio, y los dos muchachos dieron un suspiro de alivio. Cuando estuvieron solos, Carlitos no pudo contenerse:

– ¿La viste? Frente a papá parecía un corderito. No creo nada de lo que dijo.

– De hecho. La abuela siempre estaba molesta, maltrataba a mamá. Ahora viene con esta conversación que no la queremos. Yo tampoco lo creo. Pero vinimos aquí para una reunión de paz y no es bueno recordar nuestras penas. Además, papá tiene razón.

– ¿Por qué? No lo creo.

– Si ella nos trataba mal, hacíamos lo mismo. Nunca la buscamos ni tuvimos un gesto cariñoso con ella.

– ¿Qué quería, después de lo que hizo? Debería dar gracias a Dios por tratarla cortésmente. Solo hice esto por respeto a papá. La última vez que nos vimos, fue a la escuela para hablarte mal de mamá. Rita apareció justo a tiempo.

– De todos modos, tenemos que ser amables con ella.

– Eso si no provoca. ¿Viste lo que dijo sobre mamá? Si hay alguna otra indirecta, no lo toleraré. Papá que me disculpe.

– Cálmate, Carlos. No debería importarnos lo que digan los demás, pero ten cuidado de no caer en su error. Papá siempre dice eso, ¿recuerdas?

– Lo recuerdo. Pero no es sencillo –. Marcos se rio y respondió:

– No es porque seamos adictos a luchar. Todavía estamos en la ley del "ojo por ojo, diente por diente." Este es un retraso para nuestra vida.

Carlos suspiró:

– De acuerdo. Yo sé lo que quieres decir. Me esforzaré mucho.

Después de un buen desayuno, se dirigieron apresurados al cobertizo que Osvaldo había construido junto al lago que estaban inaugurando ese día. Solía dar las conferencias junto al lago, al aire libre. Al principio, había pocas personas presentes. Con el tiempo, el número aumentó.

Por eso Osvaldo decidió construir ese cobertizo rústico que los protegería de la intemperie. Estaba lleno. Solo algunos asientos en primera fila estaban reservadas. Antônio llevó a su madre y dos sobrinos para sentarse en estos asientos. El día estaba hermoso y el sol brillaba reflejándose en las aguas del río. Los pájaros cantaban y había flores por todas partes.

Un joven se hizo cargo del sistema de sonido y la música era suave. Osvaldo tomó el micrófono y se paró frente al público.

Después de saludarlos y darles la bienvenida, les dijo:

– Hoy es un día feliz para mí, porque además de recibirlos en nuestro nuevo salón, cuento con la visita de una persona muy importante para mí. Finalmente decidió honrarnos con su esperada presencia. Con alegría deseo presentarles a mi madre, doña Neusa.

Una ronda de aplausos entusiastas resonó cuando Neusa, tomada por sorpresa, tembló como una hoja arrastrada por el fuerte viento. Osvaldo se acercó a ella, la tomó del brazo para ponerse de pie y mirar al público.

Mirando esos rostros alegres que aplaudían sonriendo amigablemente, Neusa no pudo contener su emoción y comenzó a sollozar. Abrazó a su hijo, que la abrazó con fuerza. Cuanto más lloraba, más la aplaudían.

Cuando logró calmarse, él la hizo volver a sentarse y continuó:

- Mi madre es una mujer sencilla, valiente, fiel. Se quedó viuda después de seis años de matrimonio, y tuvo dos hijos pequeños que criar: Antônio y yo, a quienes conocen.

En ese momento era difícil para una mujer encontrar trabajo, especialmente para ella, que venía de una familia pobre, sin recursos para estudiar. Entonces hizo el sacrificio de separarse de mí, su hijo mayor, le pidió a mi tía Esther, la hermana de mi padre, que me cuidara, mientras ella se ocuparía del menor, quien todavía estaba en sus brazos.

La gente escuchó con interés y Osvaldo prosiguió:

- Tenía cinco años y realmente sentí el cambio. Fui a un lugar extraño, con costumbres muy diferentes a la casa de mi madre. Mis tíos, ricos y educados, siempre me trataron bien, pero me sentí retraído, fuera de lugar. José, que hoy trabaja conmigo, ya lo conocen, fue quien me enseñó los rudimentos de la vida social. Traté de no disgustar a los tíos que me acogieron, que me dieron todo. Estudié en las mejores escuelas, me convertí en un joven educado, que supo vivir en cualquier entorno social. Conseguí un trabajo, tuve una carrera exitosa.

A pesar de ello, todavía seguía retraído. En ese momento, no sabía apreciar lo que hacían por mí. Siempre pensé que era inferior a ellos, siempre me sentí una persona favorecida. Al observar la diferencia social entre mis padres y ellos, me sentí herido por mi madre por haberme entregado a ellos. Nunca tuve el valor de decirle que en ese momento quizás hubiera preferido atravesar las penurias de la pobreza junto a mi familia que vivir como lo hice.

Incapaz de analizar mis sentimientos, me distancié mucho de mi madre y mi hermano. Creí que no me amaban y que estaban felices de deshacerse de mí.

Fue necesario que una tormenta terrible lavara mi indiferencia, fue necesario que me sumergiera en el infierno de la desilusión, del dolor y la desesperación, que perdiera la fe en las personas, en Dios, en todo, bajar al fondo, para entender que siempre me había equivocado.

Fue la ayuda de personas sencillas, sinceras, llenas de amor y fe en la espiritualidad lo que me devolvió a la vida. La bondad divina me abrió la sensibilidad y pude vislumbrar la luz de otros mundos, de otros seres que antes vivieron aquí y hoy están a nuestro lado, dispuestos a ayudarnos.

Entonces, iluminado por la luz espiritual, pude analizar mi vida y ver la verdad. Fue por amor que mi madre me entregó a mis tíos. Ella pensó en mi futuro. También debió llorar de añoranza por mí, pero prefirió sacrificarse para que yo pudiera disfrutar de más comodidad y un mejor futuro.

Pero yo, sintiéndome abandonado, sintiéndome inferior, di rienda suelta a mi egoísmo y, como un niño mimado, no cumplí el papel de hijo. No aprecié quién me dio el mayor bien, que es la vida. Hice más. No acepté el cariño de mis tíos. Solo más tarde, cuando me encontré perdido, finalmente pude conocer mejor a mi tía Esther. Mujer admirable, justa y amable. Afortunadamente, tuve tiempo de aprender muchas cosas de ella. Estoy seguro que, desde donde está, sigue bendiciéndome.

Gracias a ella, de quien heredé todos los bienes, hoy puedo dedicarme por completo a lo que me gusta hacer.

Osvaldo hizo una pequeña pausa y, mirando a los ojos de los presentes, continuó:

- Hoy cuando llegué aquí, sentí mucha alegría por encontrar a mi mamá, porque sé que esta es la oportunidad que me está brindando la vida para que pueda mostrar la gratitud que siento por haberme dado la vida. No importa qué camino elija cada uno de nosotros para enfrentar sus miedos y poder sobrevivir. No estoy en condiciones de juzgar a nadie. Si me distancié de ella y ella se alejó, no viene al caso. Lo importante es que tomé conciencia que la vida nos puso uno al lado del otro para que pudiéramos aprender unos de otros, y aunque me tomó mucho tiempo entender esto, todavía tenemos tiempo para vivir y aprovechar esta oportunidad.

Sé que no hay dos personas iguales y eso puede dificultar una buena relación. Sin embargo, si hay respeto, si aceptamos las diferencias de cada uno, la convivencia será buena y placentera.

Estoy exponiendo mis vivencias para que observen, mediten sobre la causa real de los desacuerdos que nos perturban. La falta de diálogo, la presunción de saber lo que piensan los demás, de ver segundas intenciones donde puede ser solo una dificultad para expresarse, son las causas más probables de nuestros problemas. Por lo tanto, es necesario reflexionar, tener sentido común. Expresar Hablar. Expresarse con sinceridad, decir lo que sientes sin miedo, busca lo que hay detrás de las palabras.

No siempre es lo que parece. Un acto agresivo puede ser una forma indirecta de llamar la atención y pedir ayuda. Una actitud indiferente puede ser una máscara para ocultar la propia sensibilidad para evitar el sufrimiento. Un comentario desagradable sobre el comportamiento de alguien esconde una falta de confianza en sí mismo, una falta de afecto y un deseo inconsciente de hacer amigos.

Los que deseamos conocer la verdad, los que confiamos en la vida, ya no podemos aferrarnos a estas ilusiones. Durante años, presionados por las reglas sociales, nos pusimos diferentes máscaras según la conveniencia.

Y llegamos a la conclusión que solo nos hicieron infelices.

Ya basta de querer lucir así o aquello. Somos como somos. Negar nuestras cualidades será tirar todos nuestros logros. Sacarlos a la superficie, mantenerlos activos, es poner nuestras fuerzas al servicio de nuestro progreso. En cuanto a los puntos débiles, es necesario conocerlos y tener paciencia frente a sus propios límites. El aprendizaje es el objetivo de la vida, pero es gradual y cada uno lo hace a su ritmo. En estos casos, la impaciencia y la intolerancia crean mayores obstáculos para la madurez.

Por eso, tú, que estás aquí dispuesto a crear una vida mejor, debes saber que el primer paso es conocer el proceso, saber cómo funciona la vida. Es ella quien reúne en una misma familia a personas que pueden ayudarse entre sí. Es también lo que los separa por períodos según el uso y las necesidades de cada uno.

Sin embargo, es necesario estar atento, porque la elección, el aprendizaje es de todos los implicados. La vida no requiere que alguien aguante la maldad de los demás de forma indiscriminada, sino que cada uno haga su parte. Después de un tiempo, mantiene alejadas a las personas resistentes. Necesitan más tiempo para aprender.

Pero tú que anhelas seguir un camino mejor, más acorde con las aspiraciones de tu alma, no te dejes atrapar ni te lastimes tratando de insistir en que los demás comprendan tus argumentos y te sigan. Será inútil. Entrega a los rezagados en las manos de Dios y sigue tu propio camino.

Debes respetar tus propios límites. Aceptar lo que no puedes cambiar es reconocer la fuerza mayor que gobierna nuestras vidas. Esforzarse por hacer tu mejor esfuerzo aprovechando cada oportunidad es hacer tu parte en la creación de tu propio destino.

La bondad de Dios es infinita y el universo es perfecto. La felicidad es nuestro objetivo, esté donde esté. Mis palabras indican el camino más corto para lograr nuestro progreso. Quien las entienda y las experimente seguramente se librará de muchos sufrimientos y encontrará que todo se ha vuelto más fácil. Espero que puedan hacerlo.

Osvaldo guardó silencio unos instantes, luego hizo una oración de agradecimiento y dio por finalizado el encuentro.

La gente se levantó y se fue. Marcos y Carlos abrazaron a su padre. Antônio y Neusa permanecieron sentados. Cabeza gacha, Neusa, siempre tan comunicativa, no tenía ganas de hablar.

Las palabras de Osvaldo agitaron sus sentimientos. Le hicieron recordar todos los sufrimientos cuando perdió a su marido y se encontró sin dinero, con dos hijos pequeños.

Recordó los primeros días de la viudez, cuando se acabó el dinero y no sabía qué sería de ellos en el futuro.

Se encontró en la sala de su pequeña casa hablando con Esther, quien accedió a criar a Osvaldo. Desde los primeros días en que miró su cama vacía y se culpó por separarse de él. Sus bromas, su risa alegre, sus palabras divertidas... Su casa quedó muy vacía después que él se fue. Los juguetes sencillos que tenía y que Esther no quiso llevarse quedaron, y Neusa se encontró a veces sosteniéndolos mientras las lágrimas corrían por su rostro. Ella se había contentado con saber que él vivía cómodamente, vestía bien, lo tenía todo. Trató de mantener como pudo. Lavó ropa, cosió, hizo dulces. Trabajó duro para ocuparse y poder ganarse la vida. La pensión de su marido era insuficiente, con ella pagaba el alquiler y nada más.

Esther compró la pequeña casa donde vivía y pudo ahorrar el dinero del alquiler.

Sintió una mano en su hombro cuando una voz de una mujer le dijo:

– Doña Neusa, ¿puedo darle un abrazo?

Arrancada de sus pensamientos, Neusa miró hacia arriba. Una mujer de mediana edad, con el rostro enrojecido y una sonrisa acogedora, estaba parada frente a ella.

– Estoy muy contenta de conocerla. Mi nombre es Luísa. ¿Puedo darle un abrazo?

Neusa se puso de pie asombrada y sonrió. La otra la abrazó con fuerza, luego dijo emocionada:

- Debe ser muy bonito tener un hijo como Osvaldo. Eres una madre feliz. Perdí a mi hijo hace dos años. Vine aquí desesperada, incluso pensando en suicidarme. Pero él me ayudó, me devolvió la fe, las ganas de vivir. Hoy sé que la separación es temporal, que mi hijo sigue vivo en otra dimensión. Que Dios te bendiga por darle vida.

Neusa agradeció emocionada. Pronto se encontró rodeada de algunas personas que mostraban afecto y gratitud.

Antônio la tomó del brazo y dijo:

- Ahora tenemos que irnos. Comenzará la segunda parte. Carlitos va a tocar.

En medio de aquellas personas, Neusa permaneció en silencio. Había una calidez en su pecho que le impedía hablar. Tenía miedo de llorar.

- ¡Mira qué hermoso está el día! Aquí el cielo es más azul y las flores son más fragantes. ¿No le parece, doña Neusa?

Ella miró al cielo. Vio las flores, escuchó a los pájaros como si los viera por primera vez. ¿Cuánto tiempo que no les había prestado atención?

- Sí. Es hermoso.

En el porche de la mansión se acomodaba a las personas, algunas sentadas en las escaleras, otras en el suelo o en las sillas dispuestas contra la pared. Entre ellos, Carlitos, sentado, sosteniendo la guitarra, esperaba.

Antônio dirigió a Neusa a una silla desde la que podía ver a su nieto y se sentó afuera. La gente hablaba alegremente. Alguien pidió silencio y Carlitos empezó a tocar y a cantar una canción de moda, y la gente cantó junto a él.

Mientras tanto, Osvaldo se fue a una habitación y llamó a Marta. A pesar de trabajar en la capital, iba todos los fines de semana a la casa de sus padres. Era una chica hermosa, inteligente, educada y agradable. Tenía ojos marrones que, cuando estaba feliz y sonreía, se volvían color miel. Su voz era dulce y su sonrisa amistosa.

Osvaldo simpatizó con ella desde el primer momento. Marta se interesó de inmediato en el proyecto y se ofreció a ayudarlo los fines de semana.

En poco tiempo, se había familiarizado con todo y su ayuda fue eficiente. Iba a la finca los viernes a última hora de la tarde y los sábados por la mañana atendía a la gente que buscaba a Osvaldo para una consulta.

Por la tarde él los atendía y luego Marta obedecía las determinaciones que le fueron indicadas. El domingo había una reunión a la que asistían las personas que indicaba Osvaldo.

En estos encuentros, además de la oración y conferencias de Osvaldo, había un almuerzo y un evento musical en el que participaban todos.

Siguiendo la guía espiritual, se pidió a los participantes que llevaran cualquier plato como contribución.

Al principio había poca gente, pero después de un tiempo el número aumentó. Osvaldo había organizado estas reuniones como un tratamiento psicoespiritual en el que el invitado participaría por un tiempo. Cuando estuviera más equilibrado, sería dado de alta y ya no necesitaría asistir.

Sin embargo, el ambiente alegre, agradable, participativo, el compañerismo terminó por hacer que la gente, aunque ya no necesitaba tratamiento, insistiera en continuar.

Osvaldo pidió orientación a Alberto, quien respondió:

– Puede permitirles continuar. Recuerde que el gozo, el compañerismo, el convivio y la oración en conjunto crean energías radiantes. En este entorno, no me sorprendería que ocurrieran muchas curaciones.

– Entendido. ¿Hay alguna orientación adicional?

– Continúa como estás. Muchos creen que para conectarse con Dios necesitan ir a las iglesias, obedecer ciertas reglas. La verdad es diferente. Estar conectado con la luz, la alegría del corazón, la sinceridad de propósito, el respeto por las diferencias de los demás, la voluntad de hacer lo mejor y permanecer en el bien son suficientes. Este es el camino del equilibrio espiritual, el secreto de la buena salud y la longevidad. Mientras mantengas el ambiente aquí como está, todo será favorable para que los espíritus podamos trabajar.

De esta manera, atendía a la gente los fines de semana y, los otros días, trabajaba en la organización del laboratorio, donde había colocado a un farmacéutico responsable, que, a pesar de ser un empleado contratado, compartía los mismos ideales de espiritualidad.

De hecho, guiado por los espíritus, Osvaldo solo empleó a personas que compartieran los mismos objetivos. Alberto le había dicho que este punto de vista era indispensable para el compromiso, el entusiasmo, la alegría y la realización profesional. Alguien que pensara de manera diferente estaría fuera de lugar, desarraigado y no haría un buen trabajo.

Entonces, los trabajadores vinculados a la espiritualidad necesitan conocer las energías que están a su alrededor, tanto en contacto con las personas como para poder mantener el equilibrio adecuado.

Los empleados de una organización, incluso si se les paga por su trabajo, no están exentos de las energías que atrae su trabajo. Donde las personas se reúnen, incluso sin conocer la espiritualidad, solo con el fin de mantener un negocio, además de las energías de cada uno se mezclan e influyen en ellas, circulan otras: espíritus conectados a las personas presentes, como familiares muertos dispuestos a comunicarse o proteger a sus seres queridos, espíritus perturbadores que implican ciertas actitudes de alguien.

El mundo de las energías actúa con un realismo impresionante y nadie está exento de sus influencias. Por eso sería bueno que las empresas fomentaran la meditación, los verdaderos valores del espíritu, el hábito de la oración.

Osvaldo sabía que, atendiendo a personas enfermas, desequilibradas, afligidas, necesitaría más que nunca rodearse de personas que conozcan el proceso y sean fuertes en la fe.

Marta entró en la habitación donde Osvaldo esperaba con una tarjeta en la mano.

– Empecemos a atenderlos. ¿Cuánta gente tenemos?

– Seleccioné quince que son los que realmente necesitan ser atendidos.

– De acuerdo. Puedes hacer ingresar al primero.

Mientras tanto, en el porche la gente cantaba alegremente y Carlitos los acompañaba con la guitarra. Marcos, sentado en los escalones de las escaleras junto a una chica morena muy hermosa, se sentía feliz.

Llevaba dos meses asistiendo a reuniones con su madre, que estaba en tratamiento. A pesar de estar mejor, siguieron asistiendo. Eunice era la única hija de Estela, que se había quedado viuda y la crio con cariño.

Marcos, quien en un principio había asistido a estas reuniones para pasar el tiempo y complacer a su padre, luego de conocerla comenzó a esperar con ansias los fines de semana en la finca.

Dieciséis años, alta, morena, con el pelo largo y ondulado, un cuerpo bien formado, una boca carnosa, ojos almendrados, dos hoyuelos cuando sonreía, lo que hacía a menudo, la hacía encantadora.

Conocía todas las canciones en boga, cantaba muy bien. Su alegría y vivacidad animaron estas reuniones, lo que hizo que Carlitos comentara a su hermano:

– El próximo domingo te traeré un babero. Cuando ella canta, estás babeando.

– No seas entrometido. No es nada de eso.

Carlos sonreía feliz. Disfrutaba de estos encuentros cuando, además de hacer innumerables amigos, tocaba y cantaba. La alegría del ambiente lo hizo sentir bien durante toda la semana.

Marcos se sintió atraído por Eunice. Cuando estaba con ella, parecía que no podía desviar la atención. Sus ojos la seguían a todas partes. Era tímido y no sabía cómo acercarse. Carlitos facilitó todo, porque Eunice pronto se hizo amiga de él, intercambiaban letras de las canciones y Marcos se acercó con naturalidad.

Sentado junto a ella en las escaleras, sintió una energía deliciosa. Quería tomar su mano, pero se contuvo. Como había muchos jóvenes en las escaleras, estaban muy cerca y sus cuerpos a menudo se tocaban, especialmente cuando alguien decidía subir o bajar las escaleras.

En ese momento, sintió que su corazón latía con fuerza. Carlos, que los miraba furtivamente, cuando sus ojos se encontraron con los de su hermano, parpadeó sugestivamente y Marcos fingió no haberlos visto.

Sentada en la silla, Neusa, rodeada de algunas señoras, observaba todo en silencio. Intentaron hablar con ella, pero Neusa no tenía ganas de hablar. Respondía cortésmente a lo que se le preguntaba, pero eso fue todo.

Recordó que, de adolescente, le gustaba bailar, escuchar música, conocer a jóvenes de su edad para intercambiar confidencias. Ahora, allí, parecía otro mundo.

Se sintió melancólica. Recordó que cuando se casó había sido difícil controlar sus ganas de bailar, de cantar. Pero se esforzó por conseguirlo.

Una mujer casada no podía andar como una adolescente, cuando su marido estaba vivo, el nacimiento de los hijos compensaba de alguna manera. Aceptó su parte de la responsabilidad conyugal. Pero después de enviudar, todo empeoró.

Una viuda no podía sonreír y mucho menos estar alegre. ¿Qué dirían los demás? El matrimonio ya no la atraía. No valía la pena. Representaba más trabajo y la posibilidad de tener otros hijos.

Las mujeres que estaban a su lado cantaban y aplaudían con la música, y ella se sorprendió. Muchas eran tan mayores como ella, con sus hijos adultos.

La que estaba a su lado le tocó el brazo y dijo:

- Me encanta esta canción. Solo conozco una parte de la letra.

Comenzó a cantar en voz alta y Neusa miró a su alrededor y notó que todos estaban haciendo lo mismo de forma natural. Solo ella guardaba silencio.

Cuando terminó la canción, la que estaba a su lado dijo:

- Tengo un cuaderno donde copio las letras que me gustan. Veo que no cantas.

- No sé la letra - dijo Neusa.

- En ese caso, lo traeré la semana que viene. Puede tomarlo y copiar todo. Ya me lo sé de memoria.

Neusa se avergonzó de decir que ya no sabía cantar. Se quedó allí, pensativa, en silencio. Afuera, Antônio la miraba, tratando de averiguar qué pasaba por su cabeza.

CAPÍTULO 24

Clara entró a la habitación de los niños con un montón de ropa para guardar. Le gustaba hacerlo ella misma de vez en cuando para ordenar los cajones y poner bolsitas perfumadas.

Abrió el cajón de la cómoda y empezó a limpiar. Los dos chicos estaban hablando animadamente en el baño:

- Deshazte de la barba que necesito del espejo.

- ¿Para qué? Esta pelusa de bigote no necesita ser removida - respondió Marcos bromeando.

- ¿Pelusa? - Puede ser, pero soy más valiente que tú. Si no hubiera sido por mí, por mi encanto y mi guitarra, Eunice ni siquiera se habría acercado a ti.

- Tú que no viste cómo se arrojaba sobre mí cada vez que alguien subía las escaleras.

- Por supuesto, no había espacio. ¿Qué querías que hiciera?

- Ella todavía entrará en la mía, espera.

- ¡Realmente lo haces! ¿Por qué no hablas y pides una cita? ¿Tardarás mucho en ese espejo?

Clara sonrió al oír el sonido del agua.

Marcos se había convertido en un chico guapo y aunque era un poco tímido, para él era natural llamar la atención de las chicas. Siguieron hablando.

- ¿Viste a Marta?

- ¿Qué tiene?

- Donde va papá, ella va detrás. Se queda alrededor para adivinar todo lo que quiere. Ahí lo tienes...

- No seas malicioso, Carlitos. Ella trabaja con él. Es natural que trate de complacerlo.

- Lo que no es natural es la forma en que lo mira. ¡Creo que se está caidita por él!

Papá es un poco mayor, pero todavía impresiona a las mujeres. ¿No viste cómo suspiran cuando pasa?

- Lo vi, pero no le importa.

- Pero con Marta es muy delicado. En cualquier momento se entenderán, ¿no crees?

- Ahora que lo mencionas me llamó la atención, recuerdo que la semana pasada, cuando entré a la habitación, él estaba inclinado sobre la mesa examinando unos papeles y ella lo miraba con mucho cariño. ¿Sabes que puedes tener razón?

- Y si se entienden, ¿qué haremos?

- Nada. Tiene todo el derecho a rehacer su vida. Además, ella es una mujer muy especial. Estoy seguro que lo hará muy feliz.

Clara guardó la ropa en el cajón de todos modos y se fue. Se sintió inquieta, irritada. Sus hijos hablaban del noviazgo de Osvaldo con otra mujer.

Fue al dormitorio, cerró la puerta y se sentó en la cama, pensativa. Todos esos años había imaginado que esto podría suceder.

Después de todo, estaban separados y él era libre.

Se había preparado para esta realidad. No le importaba que se relacionara con otra. Incluso se liberaría del peso de la culpa por ser la causa de su soledad.

Pero, al escuchar esa conversación, no fue un alivio lo que sintió sino un malestar irritante y desagradable.

- "Tonterías - pensó -. Es mejor que se haya olvidado del pasado. De esa manera puedo estar en paz."

Pero la inquietante sensación no desaparecía.

– "Debo admitir que me enorgulleció pensar que nunca volvió a amar a otra mujer. Por supuesto. Lo único que me molesta es la vanidad. Para mí, puede casarse con quien quiera."

Fue al baño, se vistió y bajó a cenar. Marcos ya estaba en la despensa hablando con Rita:

– Tengo hambre. ¿Vas a demorar?

– No. Ya está listo. Estoy esperando que Carlitos y tu madre bajen para servir.

– Ya estoy aquí – intervino Clara.

– Es mejor no esperar a Carlitos. Su baño tarda demasiado. Tengo que salir.

Diez minutos después la cena estaba servida. Al final, después que los dos chicos se fueron, Rita y Clara fueron a tomar café a la sala. A los dos les gustaba charlar después de la cena.

Hablaron del movimiento de la tienda y de otros asuntos. De repente, Clara preguntó:

– Conoces a una chica llamada Marta? – Rita miró a Clara con sorpresa.

– Sí. ¿Por qué preguntas?

– Por casualidad escuché a los chicos hablando de ella. Dijeron que es muy bonita.

– Bonita e inteligente. Ella es la hija del dueño de una finca. Trabaja aquí en la ciudad durante la semana y va allí los viernes. Parece que a los chicos les gusta mucho. Cuando van a la granja, ella hace todo lo posible para complacerlos.

– ¿Por qué lo hace? ¿Qué interés puede tener en ellos? – Rita la miró con seriedad.

– Es una chica amable y educada. Trata muy bien a todas las personas. No muestra ningún interés especial por ellos. Si estás preocupada por Marcos, déjame decirte que él está muy interesado en una chica joven, y a donde ella va, él va tras ella. En cuanto a

Marta, es mucho mayor y por su actitud no creo que tenga ninguna intención con él. Puede descansar tranquila.

Clara no respondió. Pero la inquietante sensación reapareció con más fuerza.

- Bueno, no me gusta que mis hijos anden por este lugar todos los fines de semana. No conozco a la gente, no sé qué hacen allí. Lo que sí sé es que cada día noto que están más interesados en ir. Hay algo allí.

- Realmente lo hay. Es un lugar hermoso, la gente es alegre, agradable. Si fueras, pronto te darías cuenta que ese es el mejor lugar para ellos. Después, Osvaldo se ocupa de todo con mucho cariño, se le respeta.

- Preferiría que se quedaran aquí, cerca de mí, como solían hacerlo.

- ¡Estás celosa!

Clara estaba irritada:

- ¿Celos? ¿De dónde sacaste esa idea?

- Sí, celos. Confiesa. Estás celosa de Osvaldo. Estás siendo injusta. Tus hijos lo quieren, pero a ti te quieren mucho más. No tienes por qué estar celosa.

Clara no respondió. Se levantó, puso la taza en la bandeja y dijo:

- Espero que no me arrepienta de dejarlos ir a este lugar. Ahora me voy a dormir, estoy cansada.

Subió las escaleras y Rita se quedó un poco más pensando en esa conversación.

¿Qué dijeron los chicos sobre Marta que enfureció tanto a Clara? Me gustaría saber.

A la mañana siguiente, después que Clara se fue al trabajo y Marcos se fue a la universidad, mientras Carlitos tomaba café en la despensa, Rita, al verse a solas con él, sacó a colación el tema:

– Este domingo no pude ir a la finca. Fue la inauguración del cobertizo junto al lago. ¿Cómo fue?

– ¡Hermoso! No vas a creer quién estaba allí: ¡la abuela! El tío Antônio la llevó. Papá dio la charla hablando de la familia, fue emocionante. Todos lloraron. Incluso la abuela, tenías que ver. Nunca pensé que fuera tan sensible. Pensé que era dura, indiferente, pero estaba equivocado.

– ¿De verdad? Lástima que no fui. Cuéntamelo todo en detalle.

Carlitos en breves palabras informó de todo y Rita sorprendida, pensó en cómo Osvaldo había cambiado. Se dio cuenta que Antônio había mejorado mucho. Parecía otro hombre.

Osvaldo había logrado transformarlo. Quizás deseaba hacer lo mismo con Neusa. Pero estaría perdiendo el tiempo: ella nunca cambiaría.

Carlitos dijo:

– Cuando nos despedimos, ella me abrazó y dijo que yo cantaba muy bien. Fue el primer cumplido que la escuché dar.

– Es sorprendente. Neusa siempre ha sido muy crítica. Solo ve el lado negativo de las cosas.

– Creo que fue el ambiente, que era alegre, agradable, todo el mundo estaba bien. No había nada que criticar.

– Y Marta, ¿qué opinas de ella?

– Muy buena, guapa, inteligente, alegre. Me agrada.

– A mí también. Muy atenta.

– Especialmente con papá. ¿Notaste la forma en que lo mira?

– Quieres decir que ella...

– Le gusta. Estoy seguro

– ¿Y él, corresponde?

– No creo que se haya dado cuenta. A veces pienso que papá es un poco lento para estas cosas. No está interesado en ninguna mujer.

– Solo puede ser por dos razones: o todavía ama a tu madre o tiene miedo de amar y sufrir – Carlitos se interesó:

– ¿Crees que, a pesar de todo lo que pasó, aun siga queriendo a mamá?

– Estaba loco por ella. Puede que me equivoque, pero su falta de interés en otras mujeres puede deberse a eso.

– Sería genial si volvieran a vivir juntos. Pero a mamá no le gusta.

– ¿Por qué dices eso?

– No soy yo quien lo dice, es papá. En las raras ocasiones en que lo mencionó, dijo que fue ella quien dejó de amarlo.

Rita guardó silencio. De hecho, cuando Osvaldo se refirió a Clara, lo repetía. Pero ¿podría ser verdad? Después de su ruptura, Clara dejó a Walter y nunca volvió a interesarse por nadie.

Era hermosa, los hombres se sentían atraídos por ella, pero los rechazaba sistemáticamente.

Carlitos se fue y Rita siguió pensando. Clara se había casado por amor. Ella misma había visto cómo se amaban. En cuanto a su interés por Walter, había sido una ilusión que habría terminado pronto y sin consecuencias si Osvaldo no los hubiera sorprendido.

Muy joven, un poco inmadura, Clara se había metido en una aventura de la que salió arrepentida y culpable. Varias veces le había dicho que si pudiera volver atrás nunca se habría involucrado.

Clara no era una mujer fácil y voluble. Al contrario: fue sincera, fiel, honesta en todas sus acciones. Osvaldo estaba equivocado. Si lo hubiera traicionado por amor a otro, se habría quedado con Walter cuando se separó. Si se arrepintió, descubrió que no amaba a Walter, fue porque seguía amando a su esposo. No fue la falta de amor lo que le impidió buscarlo, sino el miedo, la culpa.

Ante ese pensamiento, Rita se puso de pie. Necesitaba hacer algo para saber la verdad. Estaba seguro que Osvaldo seguía amando a Clara. Lo que necesitaba saber era si Clara también sentía amor por él.

El sueño de Carlitos no era tan difícil. Si los dos todavía se amaban, existía la posibilidad de reconciliación. Rita decidió hacer todo lo posible para averiguarlo.

El domingo anterior, cuando Osvaldo terminó de atender a la gente, se sirvió un refrigerio y luego todos se despidieron.

Osvaldo abrazó a su madre, diciendo:

– Me alegro que hayas venido, espero que siempre vuelvas.

– Todo estuvo muy bonito. Volveré en otra oportunidad.

Neusa se subió al auto de Antônio en silencio. En el trayecto de regreso, Antônio, al ver que ella estaba callada, lo que no era su costumbre, preguntó:

– ¿Qué pasa, no te gustó venir?

– Me gustó mucho.

– Bueno, no lo parece. Estás tan callada, con una cara triste...

– Estoy pensando, recordando algunas cosas. Eso me hace sentir triste. Pero no tiene nada que ver con nuestro recorrido. Todos me trataron muy bien.

– Lo vi. Solo hay gente buena ahí, madre. Osvaldo habló del pasado, pero lo que dijo no fue para entristecerte.

– Lo sé, hijo mío. Estoy pensando. Osvaldo es diferente, ha cambiado mucho. Las personas lo aprecian.

– Eso es correcto. Se alegró que hubieras venido.

Neusa no respondió. Sintió un nudo en la garganta y no quería que Antônio se diera cuenta de su emoción. Él lo percibió y se sumergió en sus propios pensamientos.

Una vez en casa, Neusa fue al dormitorio y se acostó. Por su mente desfilaron todos los acontecimientos del día. Cuando Osvaldo comenzó la conferencia hablando de ella, al principio temió que solo estuviera siendo amable por la gente presente, pero luego, ante la sinceridad, hablando de sus propios sentimientos, comprendió que estaba siendo sincero.

Era tan pequeño cuando se separaron. Nunca imaginó que esta separación lo hubiera lastimado. Se dio cuenta que ese dolor era la causa de su indiferencia.

De repente lo comprendió: lo que Osvaldo sentía no era indiferencia, sino un amor que consideraba no correspondido. Nunca supo cuánto había llorado por su ausencia.

Las lágrimas brotaron profusamente, lavando sus mejillas. Neusa las dejó caer. Sintió cuánto amaba a sus hijos. Lamentó haber pensado que la comodidad era más importante que el amor.

¿Cómo pudo hacer eso? Se sintió arrepentida, culpable, triste. Recordó que Osvaldo había dicho cuánto valoraba su amistad. Pero ella no se merecía los elogios que él le había dado.

Lloró un buen rato hasta que, finalmente, exhausta, se durmió. Al día siguiente se levantó apresuradamente. Miró su reloj y se vistió rápidamente. Se retrasó tarde para hacer el café.

Corrió a la cocina y encontró la mesa puesta, el termo sobre la mesa, pan recién hecho en la canasta. Antônio ya se había ido, pero antes había comprado el pan, hecho el café, y arreglado todo.

Se sintió culpable por haber perdido el desayuno, pero al mismo tiempo sintió alivio. No tenía ganas de hablar.

Bebió el café y recordó la merienda que se servía en la finca. La mesa era tan hermosa, con un mantel a cuadros amarillo, un arreglo floral en el centro, los platos prolijamente arreglados.

Todo fue tan alegre, tan hermoso. Había flores por todas partes. Era primavera. Miró a su alrededor: no había ninguna flor en su casa. El viejo florero medio roto estaba vacío. Dentro había solo unos pocos objetos pequeños que estaba colocando al azar.

Cogió el jarrón y lo inclinó sobre el fregadero de la cocina. Algunos tornillos cayeron del interior, un trozo de cordel enrollado, un lápiz negro con la punta gastada, un destornillador pequeño, un recibo amarillento de compra doblado.

Ella tomó el destornillador y dijo:

– ¡Vaya, te busqué tanto! No sabía que estabas ahí.

Limpió la mesa y empezó a lavar los platos. Notó que el plato de postre estaba astillado. En la finca todo parecía nuevo, incluso la vieja tetera que conocía desde la época de Esther.

Se encogió de hombros. Esther tenía empleados; ella no. Necesitaba hacer todo ella misma. Ese pensamiento no la consoló. Reconoció que sus platos eran muy feos. Quizás sería bueno poner ese juego que le habían regalado en su boda y que nunca solía usar.

Estaba orgullosa de decir que estaba en su caja, tan nuevo como el primer día.

Fue a la trastienda, cogió la caja, la colocó sobre la mesa de la cocina y la abrió. Sacó las piezas una por una. Era un hermoso juego de té de porcelana. Estaba polvoriento. Neusa lavó todo con cuidado. Tomó la caja para volver a guardarla, pero notó que estaba sucia, el cartón rasgado por un lado. El aparato estaba limpio, hermoso. No sería justo guardarlo en esa vieja caja, casi cayéndose a pedazos.

Se fue al comedor y miró el armario donde también había algunos *souvenirs*, como los vasos que le había regalado Esther cuando compró la casa. Tuvo que admitir que la botella de licor, las copas de cristal eran un regalo de Esther, que nunca olvidaba su cumpleaños.

Decidió lavar todo y arreglarlo para que quepa el juego de té. Allí se vería mejor que en la caja y siempre podría verlo. Cuando terminó, miró con satisfacción el armario. Todo brillaba y los platos eran muy bonitos.

Se alejó unos pasos para apreciar el efecto y sonrió satisfecha. Ella también tenía cosas bonitas en casa.

Sonó el timbre y fue a abrir. Dorothea entró diciendo:

– Entonces, ¿cómo estuvo ayer?

Neusa el sábado le había comentado que no tenía ningún deseo de ir a la finca. Solo iría a satisfacer a Antônio y para no pasar el domingo sola.

- ¿Cómo estuvo ayer?

- Por ahí. ¿Te aburriste mucho? Los vi cuando llegaron. Casi vine aquí para preguntar cómo te había ido. Pero Antônio es tan antipático conmigo... De hecho, no sé qué le pasa últimamente. Tienes al rey en tu vientre. Solo porque consiguió un buen trabajo no les da confianza a los pobres, como yo.

Neusa miró a Dorothea como si la estuviera viendo por primera vez. Frunció el ceño y respondió:

- Antônio es muy bueno. No me gusta que hables así de él.

- Vaya, no pensé que te ibas a ofender. No lo dije en serio. Sabes que, a pesar de todo, lo quiero como un hijo.

Dorothea miró a su alrededor y se detuvo frente al gabinete:

- Dios, también estás mejorando tu vida. Eso es bueno, ¿no? ¿Fue Osvaldo quien te regaló esta preciosa vajilla?

Neusa estaba irritada por su tono. Respondió fríamente:

- No. He tenido esta vajilla desde mi boda.

- ¡Vaya! ¿Por qué nunca me la mostraste?

- La tenía guardada en una caja. Se ve hermosa allí, ¿no?

- Sí, así es. Pero todavía no me has contado lo de ayer. ¿Estuvo muy mal?

-Al contrario. Fue genial. Incluso me arrepiento de no haber ido antes. Estoy pensando en volver el próximo domingo.

Neusa notó que a Dorothea no le gustó su respuesta, haciendo una careta. Sabía cómo doblaba la boca cuando disimulaba.

Dorothea bromeó:

- Veo que lo hicieron.

- ¿Hicieron qué?

- Impresionarte, como hicieron con Antônio. Pronto estarás haciendo todo lo que ellos quieran. ¿No ves que te están involucrando con esta historia espiritual? Sabes que esto es cosa del diablo. De hecho, es él quien les trae dinero. Te estás dejando llevar.

Neusa parecía irritada:

- No me gusta que hables así de mis hijos. Ellos son muy buenos. Especialmente Osvaldo. Es muy querido y respetado por todos.

- ¿Ves? Hasta ayer decías que tu hijo era malo, que no le importaba su familia, que se hizo rico y nunca te ayudó.

¿Se hizo bueno de repente? ¿No ves que te está utilizando?

- No. Estás siendo mala. Todos los que estuvieron en la finca son buenas personas que solo piensan en el bien. ¿Crees que soy estúpida e incapaz de saber qué es bueno o malo para mí?

Dorothea endulzó su voz:

-Yo no quise decir eso. El maligno es fascinante. Tiene mil y una formas de engañar. Veo que ya te enamoraste de él.

- ¿Sabes qué? No estoy de humor para hablar. Ves maldad en todo. Nunca te escuché decir nada bueno.

- Soy tu amiga, quiero aclararte, te deseo lo mejor.

- No parece. Solo piensas en el mal.

- Al contrario. Te advierto contra el mal.

- Te estás metiendo en mi vida y no me gusta.

- Ya vi que no puedo hacer nada más. Si es así, me lavo las manos. Más adelante, Entonces, cuando vuelvas en sí, tendré la razón, pero puede que sea demasiado tarde.

- Mira, Dorothea, no me gusta que me señales con el dedo. No tengo ganas de hablar. Quiero estar tranquila en mi rincón. Entonces es mejor que te vayas.

- ¿Me estás echando de tu casa? - Ella gritó, enojada.

- Te pido que te vayas porque quiero estar sola. No quiero pelear.

- Fue suficiente estar una vez en ese lugar infeliz para que pusieras fin a una amistad de tantos años - dijo con voz llorosa -. Pero no importa. Mi Dios me enseñó a perdonar, así que me voy. Pero lo siento. Solo volveré aquí si me lo pides.

Se dio la vuelta, se fue con la cabeza en alto y pasos firmes. Neusa se pasó una mano por la frente como si quisiera alejar pensamientos desagradables.

Era mejor si Dorothea no regresaba. Era maliciosa. Solo sabía hablar mal de los demás. Estaba celosa porque estaban mejorando sus vidas.

No echaría de menos su amistad. Tenía nuevos amigos que la respetaban y la trataban con cariño.

El domingo volvería a ir a la finca. Fue al dormitorio, abrió el armario. Examinó uno por uno los vestidos colgantes. Eran oscuros, inadecuados para un día de primavera.

Recordó un corte de tela que Antônio le había regalado hacía unos años y que ella no había cosido porque le parecía que el color era demasiado brillante.

Abrió el cajón, cogió la tela y la extendió sobre la cama. Tenía un fondo azul claro y pequeñas flores de color amarillo claro.

Se lo puso en el cuerpo y se acercó al espejo. Lo encontró alegre. Quedaba bien para un día de verano. Decidió hacer un vestido para usar el domingo.

Recogió las revistas viejas y empezó a hojearlas en busca de un modelo. Neusa no se dio cuenta, pero a su lado estaba un joven que sonrió con satisfacción al verla entretenida en la elección.

Con cariño, pasó su mano acariciando su cabeza diciéndole al oído:

- Por fin, querida mía, empiezas a despertar. He estado esperando durante mucho tiempo a que reaccionaras. Nunca lo olvidé. Ahora tengo la esperanza que podamos estar juntos nuevamente cuando regrese.

La besó suavemente en la frente. Neusa se estremeció y recordó a Juan, su marido. A él le gustaban las telas de ese color. ¡Qué bueno sería si él estuviera allí y pudiera verla!

Juan la abrazó y le dijo al oído:

– Estoy aquí y volveré para verte con ese vestido. ¡Te verás hermosa!

Neusa sonrió. A Juan le gustaban los colores brillantes y alegres. Si estuviera vivo, su vida no habría sido tan triste.

– Me vestiré así en memoria de él. Si los espíritus pueden observarnos, como dijo Osvaldo, podrá verme con este vestido.

Con ganas siguió buscando el modelo, eligió uno de dos piezas que tuviera el molde exactamente en su talla.

Cuando Antônio regresó por la noche, en lugar en el que Neusa solía estar todos los días, frente al televisor, estaba en la trastienda donde planchaba la ropa y tenía la máquina de coser funcionando. Admirado, la encontró en medio de moldes, alfileres, tijeras y retazos de tela.

– ¿Qué estás haciendo?

– Un vestido. Me diste esta tela hace mucho tiempo, ¿recuerdas?

– Lo recuerdo. Pensé que no te gustaba, después de todo, nunca hiciste nada con ella.

– Sí. Ahora la estoy usando. Recordé que a tu padre le gustaba este color. Me detendré para calentar tu cena.

– No es necesario. Comí un bocadillo afuera. Son más de las nueve.

– ¿Ya? Ni siquiera me di cuenta. Incluso me olvidé de la telenovela. Además, no era realmente buena.

Voy a comer algo. Tengo hambre. Mañana sigo.

Antônio miró pensativo a su madre. ¡La habría visto bien! Además de no presentar quejas, estaba cosiendo, lo que dijo que detestaba. Se quejaba cada vez que tenía que arreglar una prenda o poner un botón en sus camisas.

Entró a la sala y pronto notó que el gabinete estaba diferente. ¿Había algo nuevo o fue solo una impresión?

Neusa apareció en la puerta y dijo:

- Este juego de té es hermoso, ¿no crees?

- Sí. ¿Lo compraste?

- No. Es viejo. Fue un regalo de bodas.

- ¿Dónde estaba, que nunca lo vi?

- En la caja. Pero ya estaba vieja. Entonces, pensé que se ve muy bien allí.

- Está hermoso. La sala incluso parece otra con esas cosas brillando en el gabinete -. Neusa sonrió con satisfacción. También sabía hacer las cosas y cuidar de su hogar.

Antônio entró pensativo en su dormitorio. Era demasiado temprano para evaluar, pero Neusa estaba diferente: más dispuesta, más viva, incluso sus ojos brillaban más. ¡Qué bueno sería si ella fuera más feliz! No le gustaba verla inconforme, inquieta, quejándose en los rincones de la casa.

Insistió en llevarla a la finca porque quería que disfrutara de todo lo bueno que él sentía allí. Por dentro, temía que no la tocaran. Pero estaba equivocado. Ahora podía esperar que ella cambiara su forma de ver la vida.

Las palabras de Osvaldo aun estaban vivas en su memoria. Neusa fue una mujer valiente, dedicada y honesta. A pesar de los problemas que había enfrentado en su juventud, gozaba de buena salud y podía contar con Antônio, que siempre había estado de su lado. Ahora que había encontrado un mejor camino, que se sentía feliz, motivado para trabajar, ganando dinero, disfrutando de más comodidades, reconoció que no tenían nada de qué quejarse más que agradecer.

Estaba dispuesto a ser feliz. Ya no quería estar con su madre, siempre infeliz, inconforme. Por eso había querido mudarse. No tenía la intención de abandonarla, sino de vivir en un lugar más hermoso, que podría arreglar cuidadosamente, mantener en orden.

Alberto había dicho que los espíritus iluminados viven en lugares hermosos, que la belleza alimenta el alma.

El orden, la higiene crean armonía, atraen energías positivas. Para eso, no había necesidad de ser rico, sino de tener buen gusto y fantasía.

Antônio se preguntó cómo sería ese lugar. Quería disfrutar de todas estas cosas.

Se acostó pensando en lo bueno que sería si Neusa también descubría esta realidad y no tuviera que salir de casa, si juntos podían transformar esa vieja casa en un lugar alegre y feliz.

CAPÍTULO 25

Clara aceleró el paso. Las tiendas estaban llenas, aunque todavía faltaba un mes para Navidad. Había comprado un regalo para Marcos y tenía la intención de comprar una mejor guitarra para Carlitos. La suya era simple y el sonido dejaba algo que desear.

Carlitos le había comentado a Marcos que estaba enamorado de una guitarra y siempre iba a la tienda de instrumentos musicales a verla.

Pero era cara y no quería pedir que se la compraran.

Clara había escuchado esa conversación y Marcos le había dado la información. Tenía unos ahorros y quería darle ese placer a su hijo. Carlitos estaba más estudioso, más atento y ella pensó que se lo merecía.

La tarde estaba terminando y finalmente encontró la tienda. Estaba llena. Buscó un vendedor, pero todos estaban ocupados. Se detuvo en un mostrador mirando las guitarras expuestas, tratando de averiguar cuál estaba buscando.

Una vendedora que llevaba una caja pasó detrás de ella, tropezó y cayó encima de Clara, quien a su vez perdió el equilibrio y se estaba cayendo sobre el mostrador de vidrio cuando alguien la sujetó impidiendo que se golpeara la cara.

Clara se volteó para agradecer y se encontró con el rostro preocupado de Osvaldo, quien al reconocerla palideció y se separó de inmediato. Por unos momentos, ninguno de los dos pudo hablar.

Clara tembló y sintió que sus piernas se debilitaban. La joven que provocó el accidente se había puesto de pie.

- Lo siento. Tropecé. ¿La lastimé? Está pálida... ¿Se siente mal?

Clara se pasó una mano por el pelo y respiró hondo. Osvaldo, al darse cuenta que se iba a desmayar, la tomó del brazo y le dijo:

- Vamos, aquí está muy mal ventilado. Necesitas aire -. Clara se dejó llevar sin decir nada. Una vez en la acera, continuó:

- Entremos en esa confitería. Tienes que sentarte y beber un poco de agua.

Clara no respondió. Le pareció que estaba viviendo un sueño. Se dejó ir. Osvaldo la condujo a un lugar discreto, cerca de una ventana, y ella se sentó. Él se sentó frente a ella, llamó a la camarera y le pidió agua. Mientras tanto, Clara lo miraba furtivamente, preguntándose que le diría.

Llegó el agua, él le sirvió y le entregó el vaso:

- Bebe. Te sentará bien.

Ella tomó algunos sorbos. Osvaldo la miró tratando de ocultar su emoción. Clara estaba más hermosa. Había algo diferente en su rostro, en su actitud, que no sabía muy bien qué era.

Mientras bebía el agua y trataba de calmarse, Clara notó que Osvaldo seguía siendo elegante, guapo. Unos pocos mechones de cabello blanco en las sienes le daban un aspecto distintivo.

- Entonces, ¿te sientes mejor?

- Sí. Ya pasó.

- ¿Qué pasó? ¿Te pusiste mal porque fui yo quien te sujetó?

Ante una pregunta tan directa, Clara bajó la cabeza y no supo qué responder. Él continuó:

- ¿Te molesta tanto mi presencia? - Había tanto dolor en su voz que protestó:

- No fue eso. Es esa la sorpresa, no me lo esperaba..., me perdí.

- Hace tiempo que no nos vemos.

- Sí... después de todo lo que pasó, me da vergüenza.

- No te sientas así. Ha pasado el tiempo, hemos madurado.

De repente, Clara se puso a llorar. Las lágrimas corrían por su rostro y no podía parar. Los sollozos sacudieron sus hombros y, con la cabeza gacha, expresó sus sentimientos.

Conmovido, Osvaldo se levantó y se sentó a su lado. Cogió el pañuelo y se lo puso en la mano. Luego le rodeó los hombros con el brazo y la apretó contra su pecho.

- Llora, Clara. Lava tu alma.

Ella continuó sollozando por un rato, luego gradualmente se fue calmando. Se permitió permanecer allí, la cabeza inclinada en el pecho de él que latía de manera irregular ante la proximidad de ella.

Clara estaba en sus brazos. Podía oler el perfume de su cabello, la suavidad de su piel, el aroma familiar de su presencia.

Quería besarla mucho, matar el anhelo que estalló incontrolablemente. Sin embargo, se contuvo. No podía abusar de un momento de fragilidad que estaba experimentando. Besó su cabello suavemente, sintiendo la calidez del amor que vibraba en su corazón.

Ella se alejó un poco, diciendo:

- Lo siento. No pude evitarlo.

- Lo sé. También estoy tratando de controlarme. No está siendo fácil -. Sus miradas se encontraron y Clara dijo en voz baja sin apartar la mirada:

- Perdóname por todo el daño que te causé.

Osvaldo no respondió de inmediato. La escena de Clara en los brazos de Walter volvió a cruzar por su mente. Sintió una opresión en el pecho y respondió:

- Nadie gobierna el corazón. Dejaste de amarme y no te culpo por eso. Si hubieras sido franca, si hubiera dicho que te gustaba otro, yo, aunque estuviera sufriendo, hubiera dejado el camino libre.

- Fui un cobarde. Incluso hoy, cuando recuerdo ese momento, no puedo entender mis sentimientos. No justifico lo que hice. Acepto mi culpa. Ella me ha hecho infeliz desde ese día. Pero me lo merezco. Estaba equivocada. Fui frívola, cobarde y, lo que es peor...

Ella guardó silencio, insegura.

- ¿Qué podría ser peor?

- Arrepentimiento. Mira que en este juego perdí mucho más de lo que gané –. Osvaldo guardó silencio. La camarera se acercó:

- ¿Quieren comer algo?

Osvaldo pidió jugo y bocadillos. Clara tomó la bolsa, la abrió, sacó el espejo, se miró la cara y comentó:

- Qué horror, me veo horrible.

- Sigues siendo hermosa como siempre.

Ella se sonrojó levemente. Osvaldo la miró con admiración y Clara se perdió. Disimuladamente, se empolvó la cara y se aplicó ligeramente el lápiz labial y guardó todo.

- Quería buscarte desde hace mucho tiempo, pero no querías verme, y lo respeté. Pero fue bueno que nos encontráramos. Nuestros hijos no tienen la culpa de nuestros errores y merecen vivir en paz.

- ¿Por qué dices eso? ¿Comentaron algo?

- No directamente, porque he evitado hablar de eso. Pero lo resienten. Debes saber que volví para rehacer mi vida, para asumir la responsabilidad como padre. Me alejé porque no tenía condiciones emocionales. Estaba desequilibrado, tardé en volver a la normalidad.

Incluso si deseaba regresar, no había manera. Estaba desempleado, no podía trabajar. No podía ofrecerles nada a nuestros hijos. Entonces...

Vaciló sin poder continuar y Clara preguntó:

– ¿Entonces qué?

– Nada. Estaba desequilibrado, mi imaginación no me daba paz. No tuve el coraje de volver atrás y enfrentar mis miedos.

– He escuchado comentarios sobre ti y el trabajo que estás haciendo.

– Tuve la suerte de conocer muy buena gente en el interior que me dio algunas respuestas sobre las dudas que me atormentaban. Aprendí a confiar en la bondad divina, que me elevó y me hizo ver la vida de otra manera. Estoy agradecido por eso. Encontré paz y ganas de vivir.

Osvaldo hizo una pausa y, al notar que Clara escuchaba con atención, prosiguió:

– La vida es maravillosa. Fuimos creados para la felicidad. Pero nos llenamos la cabeza de ideas limitantes y erróneas que nos hacen ver lo peor. Ésta es la causa de nuestra infelicidad. He aprendido de los espíritus superiores que todos somos fuertes, podemos enfrentar todos los desafíos y encontrar la paz.

Clara negó con la cabeza, indecisa:

– No estoy segura. Doña Lídia me ha guiado, pero no es fácil. Vivo atormentada. Hay momentos en los que creo que nunca volveré a tener paz.

– La tendrás cuando encuentres la fe. Pase lo que pase, tienes que confiar en la fuente de la vida. Ella satisface todas nuestras necesidades, la naturaleza demuestra lo que digo.

Clara lo miró con emoción. El rostro de Osvaldo era expresivo, sus ojos brillaban de vida y había entusiasmo en su voz, que había adquirido un tono amoroso y firme.

– Aparentemente ya lo has conseguido.

– A veces. No todo el tiempo. Algunos fantasmas mentales todavía parecen cobrarme por algo. Pero insisto en el bien y en la fe. Sé que este es el camino hacia el logro definitivo.

- Ojalá pudiera hacer eso. Ahora necesito irme. Es bueno saber que eres feliz. El recuerdo del mal que te hice me ha estado atormentando. A pesar de lo que pasó, nunca quise hacerte daño. En mi ligereza, ni siquiera lo pensé.

Osvaldo puso su mano sobre la de ella.

- No hay necesidad de justificarte. No te cobro nada. Por nuestros hijos, me gustaría que mantuviéramos una relación cordial. Si mi presencia te molesta, solo que cuando nos encontremos, lo que pueda pasar en el futuro cuando las circunstancias lo exijan, podamos hablar con naturalidad, sin dolor ni resentimiento.

- ¡Ya lograste no odiarme!

- Nunca te odié. Ni siquiera en los peores momentos. En esos días, lo que quería era desaparecer, huir, para no perturbar tu vida. Pero no creas que soy bueno. Acabo de entender que el amor es espontáneo. No puedes forzarlo. El único dolor fue porque no me dijiste nada. Más tarde, me di cuenta que no podías hacerlo. He aprendido que es una locura querer recibir de alguien lo que no puede darnos. Créeme, nunca te odié.

Clara se estremeció, le temblaron los labios y las lágrimas le iluminaron los ojos. Ella se controló.

- Lo siento. No puedo controlarme.

- No te enfades. Fue bueno que nos encontráramos. ¿Todavía quieres evitarme?

- No. Creo que fantaseé demasiado con nuestro reencuentro. También me siento aliviada.

- Es mejor así.

- Tengo que irme. Tenía la intención de comprar una guitarra para Carlitos. Ha estado queriendo una.

- Fui allí por la misma razón. Antônio me dijo que soñaba con esta guitarra -. Ella sonrió.

- Si no nos encontrábamos, podría tener dos.

Ya ordené una. Tardará quince días en prepararse, puedes dárselo. Buscaré algo más.

- No. Tú la ordenaste. ¿Ya pagaste?

- Di la mitad de inicial.

- En ese caso, buscaré otra cosa.

- Si quieres regalarle la guitarra, no seas tímido. Elegiré otro regalo.

- No. No aceptaré. Mañana veré algo más. Me tengo que ir.

- Espera, pagaré la cuenta. Puedo llevarte.

- No gracias. Mi auto está en el estacionamiento cercano. Sacó una tarjeta de su bolsillo y se la ofreció.

- Quédate con mi teléfono. Si necesitas algo, llama.

Sus ojos se encontraron y Clara tomó la tarjeta con mano temblorosa. Se levantó. Él hizo lo mismo y tomó la mano que ella le tendió.

- Gracias por todo.

- ¡Fue genial verte!

Estaban muy cerca y Osvaldo sintió ganas de besarla. Se reprimió con mucho esfuerzo. Clara sacó la mano, recogió la bolsa, los paquetes y se fue.

Osvaldo volvió a sentarse pensativo. ¿Por qué no podía olvidar ese amor? Clara se perdió para siempre. Necesitaba conformarse con verla sin esperar nada, en amarla sabiendo que nunca tendría su amor.

Clara se fue directamente a casa. No tenía ganas de seguir comprando. Al verla, Rita comentó:

- ¡Regresaste temprano! Las tiendas deben estar llenas.

- Lo están. No te imaginas lo que me pasó.

- Hum... Estás sonrojada, agitada... ¿Qué es?

- Fui a la tienda a ver la guitarra de Carlitos y tuve una sorpresa.

En pocas palabras, Clara le contó todo. Cuando terminó, Rita dijo seriamente:

– Sabía que algún día sucedería. No había nada que temer. ¿Cómo fue? Te garantizo que te trató muy bien.

– De hecho, fue muy atento. En ningún momento me pidió cuentas del pasado. Creo que es por eso que no pude controlarme. Rompí a llorar, fue una pena: la sorpresa, la tensión de todos estos años preguntándome qué haría cuando me lo encontrara. No lo sé, pero es diferente. Sus ojos tienen un nuevo brillo, su rostro está más vivo, no puedo explicarlo.

Hay algo en él que lo hace muy diferente de lo que era.

– También he notado ese cambio. Al principio me preguntaba qué era. Con el tiempo lo comprendí. Se volvió más maduro, más lúcido y más veraz. Su presencia me hace bien, sus palabras me motivan. Se ha vuelto muy positivo y siento que lo que dice es verdad.

Clara se quedó pensativa unos instantes. Rita sirvió café para ambas y se sentaron en la sala mientras Diva se encargaba de la cena.

– He estado pensando... – dijo Clara –. ¿Realmente puede ver los espíritus?

– Estoy segura. Varias veces lo vi atendiendo a personas hablando de cosas que solo ellos sabían. Si lo vieras, también lo creerías.

– Quizás así podría tener más fe. Dijo que para lograr la paz interior debes tener fe.

– La fe para actuar, para darnos fuerzas, debe ser verdadera. La duda nos debilita. No me refiero al fanatismo, que siempre duele, sino a la certeza de cómo son las cosas. Hay mucha diferencia entre una cosa y otra. El fanatismo proviene de la superstición, la ilusión, el orgullo; la fe proviene de reconocer la verdad. Aparece cuando miramos las bendiciones que la vida nos brinda todos los días.

No sabía que supieras tanto al respecto.

- He estado asistiendo a las conferencias de Osvaldo en la finca. Me han iluminado mucho. Nos enseña a observar, a pensar, a comprender. Ahora que has perdido el miedo, ¿no quieres ir conmigo el próximo domingo?

Clara hizo una mueca.

- No. Hablamos como gente civilizada, pero dejó en claro que solo se acercará a mí cuando la situación lo requiera por los chicos. Nunca habló de mantener una amistad. Lo entiendo. Creo que es mejor así. No tengo la intención de acercarme a él.

Rita la miró a los ojos, como queriendo penetrar en sus pensamientos íntimos, y dijo:

- Osvaldo está más guapo ahora que nunca. ¿Esta reunión no te hizo extrañar el pasado?

Clara se sonrojó levemente.

- Siempre extrañé el pasado, porque era una época en la que fuimos felices. Pero terminó.

- Y si quisiera volver, ¿lo aceptarías? - Clara se puso de pie indignada.

- ¡Ni siquiera digas tal cosa! Esa posibilidad nunca pasó por mi mente. Creo que has estado hablando demasiado con los chicos. Son ellos los que ocasionalmente lanzan sus indirectas.

- Di la verdad, Clara. Tú vives sola. ¿Por qué nunca más te enamoraste?

- Porque sufrí bastante. Y tú, ¿por qué nunca te casaste?

- Porque no encontré al hombre de mis sueños. Si lo hubiera hecho, no hubiese perdido la oportunidad.

- ¿Ahora eres casamentera? Eso es suficiente para mí. No quiero volver a amar a nadie nunca más. Tengo mis dos amores, te tengo a ti, muchos amigos. No necesito nada más.

Rita sonrió, pero no respondió. Era demasiado pronto para hablar de ello.

Sabía que Osvaldo amaba a Clara como el primer día. Se necesitaba tiempo.

En los días que siguieron, Rita notó que Clara estaba más callada que de costumbre. Varias veces la había sorprendido pensativa. Cuando se le preguntaba qué le pasaba, no le decía nada.

Ya no peleaba con los chicos cuando los veía hacer las maletas los fines de semana para ir a la finca con Osvaldo. Se quedaba a su alrededor, escuchando sus conversaciones, fingiendo que estaba haciendo algo.

Una noche, mientras leía en la sala, los chicos se acercaron y se sentaron. Clara cerró el libro diciendo:

– ¿Ustedes dos aquí a esta hora? Creo que quieren algo. ¿Qué es?

– Tenemos que hablar – dijo Marcos –. Faltan tres días para Navidad, ¿y cómo será este año?

– Como siempre. Cenaremos a medianoche. Ya lo sé, quieren salir más tarde a ver a las chicas.

Marcos vaciló y Carlitos tomó la delantera:

– No. Mañana habrá una fiesta en la finca de papá. Queremos participar, Carlitos tocará. La gente espera, lo programaron.

Clara los miró con el ceño fruncido. ¿Estaban diciendo que pasarían la Navidad fuera de casa, lejos de ella?

– Pero volveremos en Nochebuena, antes de la medianoche, para cenar – dijo Carlitos rápidamente.

– Solo que no podremos ayudar a arreglar los adornos, el árbol, como de costumbre. Rita y Diva dijeron que harán nuestra parte.

Clara suspiró, sin saber qué decir. Estaba claro que preferían ir a la finca que quedarse en casa con ella. No respondió de inmediato. Siempre estaban entusiasmados con los preparativos para la cena. Elegían las decoraciones, preparaban la cena, compraban nuevos adornos.

Carlitos se acercó, se sentó a su lado en el sofá y le pasó el brazo por los hombros.

- Mamá, no queremos que estés triste. Eres la persona que más amamos en el mundo -. Marcos también la abrazó.

- Si te pones triste, no iremos.

Clara no encontró una respuesta de inmediato. Tenía la sensación que sus hijos la abandonaban, prefiriendo a su padre, ausente tantos años. Pensaba que era injusto.

- Será una fiesta muy bonita. Nos gustaría mucho que fueras. Así estaríamos todos juntos, sin tener que compartir nuestro cariño - dijo Carlos.

- Sabes que eso es imposible.

- ¿Por qué? - Preguntó Carlos -. Hay un lugar mágico que hace feliz a la gente. ¿Recuerdas cómo eran la abuela Neusa y el tío Antônio? Dos personas desagradables que a nadie le agradaban. Ahora...

Marcos intervino:

- Son tan diferentes que ya no los reconocerías -. Clara negó con la cabeza.

- ¿Me estás diciendo que han cambiado? No puedo creerlo. Pasé algunos años con ellos y sé que son intratables. Recuerdas que después que tu padre se fue, ella fue a la escuela para molestar.

- Lo sé, pero la abuela parece otra persona. Está más feliz, se viste mejor, tiene muchas amigas, intercambia recetas con ellas y cada semana lleva un plato diferente para el almuerzo - dijo Marcos.

- Cuando hacemos música, la gente se sienta y canta. ¿Sabías que la abuela tiene una hermosa voz?

Clara no pudo evitarlo:

- ¿Doña Neusa canta? Están equivocados. Ella ni siquiera sonríe. Creo que es otra persona.

– Nada de eso. Es la abuela. Sabes mamá, nos equivocamos con ella – dijo Marcos.

– No puedo creerlo. Ve a contarle esa historia a otra persona.

– Papá me lo explicó todo – dijo Carlitos –. La abuela se quedó viuda muy temprano y tenía miedo de no poder mantener a sus hijos. Cuando le dio a papá a la tía Esther para que lo criara, sufrió y se sintió infeliz.

– Dijo que el miedo puede volver agresiva a una persona. Es una reacción de quienes no creen en su propia capacidad. Es una mujer fuerte, pero no se dio cuenta. Se volvió amargada. Pero ahora sabe que es valiente y que con Dios puede afrontar cualquier cosa – completó Marcos.

– Al principio no me acerqué mucho a ella. Tenía miedo que hablara mal de los demás, como en el pasado. Pero nunca volvió a decir nada malo. Alaba las canciones, me abraza. Ahora incluso me alegro cuando llega.

– No sabía que vivían con ellos. Tu padre nunca estuvo muy unido a su familia.

– También sufrió mucho cuando se separó de la abuela. Solo tenía cinco años. Pensó que no lo querían. Ahora sabe que ella también sufrió, que se sacrificó para que él estuviera cómodo y no pasara necesidades – dijo Marcos.

– Quieres decir que tu padre se acercó a la familia...

– Sí. Solía decir que todas las personas tienen a Dios en su interior. Algunos no son conscientes de ello y lo buscan afuera en las cosas del mundo. Pero esa es una ilusión peligrosa.

Nunca funciona. Lo que es realmente bueno es sentir el bien que cada uno guarda en su interior. No hay ningún error.

Clara los miró asombrada. Era difícil de creer lo que decían. Doña Neusa era una mujer mezquina, mala, siempre mirando para criticar.

– Todo lo que dices es muy bonito, pero no creo que tu abuela sea como dicen. Están siendo ingenuos. Bien puede ser que estén fingiendo. Es egoísta y mezquina. Hace cualquier cosa por dinero. Quiere complacer a su padre ahora que está bien.

Marcos inclinó la cabeza, pero Carlitos dijo con tristeza:

- Madre, hablando así pareces más malvada que ella. Nosotros la hemos visto varias veces y ella nunca habló mal de ti.

Clara se movió inquieta en el sofá, dándose cuenta que tenía razón.

- Lo siento, hijo mío. No quise ser mala, pero ese es el recuerdo que tengo de ella. Soy consciente que en los años que estuve casada intenté muchas veces acercarme a ella, mantener una relación afectiva y respetuosa. Pero no lo conseguí. Ahora dices que ha cambiado... Es difícil de creer.

- Pero es verdad - dijo Marcos -. Nadie puede fingir así. Sus ojos brillan de alegría, muestra buena voluntad, no se queja de nada.

- Tienes que ir allí y ver - dijo Carlitos -. Cuando hay buena voluntad, alegría, la gente se siente bien, no tiene ganas de criticar ni de crear problemas.

- Como dicen, ese lugar es la octava maravilla del mundo - dijo Clara sonriendo, tratando de deshacer la impresión de intolerancia que estaba transmitiendo.

- Será mejor que vayas con nosotros. Estoy seguro que serás muy bien recibida por todos - agregó Carlitos.

- No quiere encontrarse con papá - le dijo Marcos a su hermano. Clara intervino:

- No iré con ustedes. Pueden irse, pero vuelvan a cenar. Arreglaremos todo -. Después que salieron de la habitación, Rita se acercó:

- El cerco se está apretando - dijo sonriendo.

- ¿Estabas ahí? ¿Escuchaste todo?

- Sí.

– Me están abandonando, pasándose al lado de su padre. Además, con tanta fiesta y movimiento, es incluso más interesante que quedarse aquí a nuestro lado. Imagínate: querían convencerme que doña Neusa ahora es una persona buena y feliz. ¿Crees que es posible?

– Por increíble que parezca, realmente ha cambiado mucho.

– ¿Crees que está siendo sincera?

– Bueno, no lo sé. Los dos han cambiado mucho. Tanto ella como Antônio parecen otras personas. He hablado más con él. Ya con ella, a pesar que me saluda sonriendo, he evitado la conversación, porque si me pregunta algo de ti, como solía hacer, o me provoca, no tendré la paciencia para tolerar. No me gustaría tener una discusión en un lugar donde la gente va para sentirse mejor.

– Tampoco crees que haya cambiado.

– Es que la conocemos de otras épocas. Pero la gente allí la aprecia, tiene muchas amigas. Que yo sepa, se ha portado muy bien.

– Verás que tiene miedo de perder la ayuda de Osvaldo.

– No lo creo. Nunca le pidió que fuera a la finca. Hasta donde yo sé, mucho antes que doña Neusa fuera allí, él ya le había asignado una mesada.

– A los chicos no les gustó cuando dije lo que pensaba de ella. Me llamaron mala. Ahora la ven como buena. Y yo la mala.

– No tanto tampoco. Deja de ser celosa. Después de todo, poner fin a las heridas del pasado, relacionarse mejor con la familia siempre es algo bueno.

– De todos modos, no me gustaría volver a verla.

– Eso demuestra que todavía estás herida. Hemos aprendido de los espíritus que para ser felices es necesario limpiar nuestro corazón de todo resentimiento.

– Es fácil de decir, pero difícil de hacer.

- No cuando encontramos la verdad de los hechos. Terminan demostrando que nuestro juicio estaba equivocado.

- No con doña Neusa. Ella siempre fue terrible. Es cierto que cometí un error, pero ella nunca trató de comprender y ayudar.

- Nunca podrías haber esperado eso de ella. Doña Neusa sufría sus propios problemas emocionales. No tenía ni el alcance ni la capacidad para mirar con equilibrio los errores en tu relación con Osvaldo.

Entonces, si su incapacidad para superar el dolor la volvió agresiva y crítica con las personas, su sufrimiento por los problemas de su hijo la hizo ver en ti la causa de lo que estaba sufriendo.

- No sé si es cierta esta historia que el dolor provoca agresión.

- Puede que no lo sea para ti o para mí, pero puede ser para alguien que ve la agresión como una forma de prevenir el mal, de defenderse, de golpear antes que otros golpeen.

- Puede ser que ella pensara eso.

- Juzgamos a los demás por la forma en que vemos las cosas. Eso nunca funciona, ya que todos piensan de manera diferente.

- Mañana se irán a la finca y estaremos solos.

- Es bueno que vayas acostumbrándote. Son adultos. Hoy irán con su padre, mañana aparecerá una chica y luego se irán para siempre. Así es la vida. Tenemos que dejarlos ir.

- Eso lo sé. Pero no es sencillo. Son todo lo que me queda en el mundo. Durante estos años me acostumbré a hacer todo por ellos.

- No digas eso. La vida lo hace todo para el bien. Cuando se vayan, aparecerán otros intereses en nuestra vida, lo importante es aceptar los cambios que trae la vida y seguir adelante, con optimismo y alegría.

- No sé dónde aprendiste a ser tan positiva. Me gustaría tener tu coraje.

- Es mejor apostar por la inteligencia que por el dolor. Cuando no queremos caminar, la vida nos empuja.

Clara se rio y abrazó a su amiga diciendo:

- Mientras estés conmigo, todo estará bien.

A la mañana siguiente, Carlitos fue a buscar a su padre.

- Hablamos con mamá y ella estuvo de acuerdo. Hoy vamos a ir a la finca contigo y volveremos a cenar en Nochebuena.

- Estoy feliz, pero ¿ella realmente estuvo de acuerdo?

- Bueno, al principio estaba triste, pero al final lo entendió. Ella sabe que la queremos mucho. Vine para saber a qué hora nos reunimos y ver qué necesitamos llevar.

- Iremos a última hora de la tarde. Después de las cinco. Tengo algunas cosas que hacer en la ciudad.

- Marta dijo que hoy se lo iba a llevar todo. ¿Ella irá con nosotros?

- No. Uno de los conductores fue con ella para hacer todo. José debe estar de camino a la finca. Irán avanzando con los preparativos.

Carlitos se quedó unos momentos con la cabeza gacha.

- Te ves triste, ¿qué pasa? ¿Prefieres quedarte con tu madre?

- No es eso. Es que me gustaría que ella también fuera. Estoy seguro que le sentará bien. No me gusta verla siempre sola con Rita, trabajando, leyendo, sin divertirse.

- ¿Por qué no le pides que vaya?

- La invité, pero ella no quiso. Creo que tiene miedo de encontrarte.

- Tonterías. Nos encontramos el otro día en la ciudad y hablamos, debe haber otra razón. Quizás tenga otro compromiso.

- Nada. Antes solía salir con algunos amigos, pero últimamente se niega a dar paseos. Siempre está en casa. Solo sale para ir al centro de doña Lídia y trabajar. Si ella viniera, sería maravilloso. Estoy seguro que Rita estaría feliz. Ella me dijo que le gustaría estar allí.

Se quedó en silencio unos momentos, vaciló y luego dijo:

– ¿Puedo preguntarte algo?

– Claro.

– ¿Hablaron de una buena manera?

– Sí. Todo está bien.

– En ese caso, ¿por qué no la llamas y la invitas a que venga con nosotros? Noté como que le gustaría ir, pero es tímida. Si la invitas...

– No creo que ella lo acepte. Dejémoslo así. No me gusta presionar. Si algún día va, será bienvenida. Pero no le pediré eso.

Carlitos no respondió. El hecho que sus padres ya hubieran hablado había sido algo bueno. No quiso insistir.

Después que se fue, Osvaldo sintió ganas de llamar. Pero se contuvo. No quería que Clara pensara que estaba forzando la situación.

Tomó la lista de lo que quedaba por comprar y se fue.

Osvaldo terminó de comprar antes del mediodía y se fue a su casa a almorzar. Tenía la intención de descansar un rato antes de viajar a la finca.

Mientras comía, José se acercó:

– El chofer fue con doña Marta, pero se olvidó de entregarle las canastas a doña Lídia. Se quedaron en la despensa.

– Compré todo antes, para evitar corridas de última hora.

– Llamé a doña Lídia, pero no tiene a quién llamar. Si quiere, puedo ir.

– No. Aun tienes muchas cosas por hacer. No quiero retrasar el viaje. Déjalo, lo llevaré yo mismo. Entonces aprovecho para abrazar a doña Lídia.

Cuando terminó de almorzar, José había metido todo en el auto y Osvaldo se apresuró. Además del dinero que enviaba mensualmente a la asistencia social del centro, también había llevado comida para las familias a las que el Centro asistía durante la Navidad.

Encontró a Lídia en el pasillo acompañada de sus voluntarios preparando las bolsas de comida para distribuir, como hacía todos los años.

No pensó que fuera justo tener una mesa llena en esa fecha mientras otras personas ni siquiera tenían lo suficiente para comer.

Hay que decir que inscribió a estas familias y las atendió todo el año con todo lo que pudo, pero en las fiestas navideñas, con la ayuda de la gente, preparó una bolsa especial. Con alegría trabajó en esta tarea, cuidando juguetes y comida que se iban a distribuir a más de trescientas familias.

Al ver a Osvaldo descargar el auto asistido con la ayuda de algunos voluntarios, se acercó sonriendo:

– Sé bienvenido.

CAPÍTULO 26

Intercambiaron un abrazo amistoso y, tras agradecer la donación, ella invitó:

– Vayamos a mi oficina a tomar un refresco. Hace mucho calor –. La acompañó con gusto. Admiraba el trabajo de esa mujer sencilla y amable. Hablaron durante quince minutos. Entonces Osvaldo se despidió:

– No te quitaré más tu tiempo.

– Quédate un poco más. Es un placer hablar contigo.

– Gracias, pero tengo que viajar pronto. No quiero salir a la carretera de noche.

Salió y encontró a un conocido, quien lo abrazó. Cuando se volteó, Clara, sosteniendo algunos paquetes de colores, estaba frente a él. Se miraron durante unos segundos. Luego extendió la mano y dijo:

– ¿Cómo estás, Clara?

Ella estrechó la mano que le tendió.

– Bien, ¿y tú?

– Vine a saludar a doña Lídia. Creo que tuviste la misma idea. Traje algunos juguetes para repartir.

– Es bueno saber que también estás interesado en ayudar. Doña Lídia hace un trabajo maravilloso.

– Es cierto.

– Los chicos ya se han ido a tu casa. No pensé encontrarte aquí.

- Acordamos partir a las cinco. Tengo mucho tiempo. Estás sonrojada, el sol está caliente, ¿tomamos un refresco en la cafetería de la esquina?

Ella vaciló un poco, luego decidió:

- Acepto. Antes voy a entregar los juguetes.

Él se quedó esperando, su corazón latía con fuerza. Clara regresó pronto y se dirigieron a la cafetería.

- Vives cerca. Rita me dijo que tu tienda tiene buen movimiento.

- Da para vivir. Ella es quien la cuida. Trabajo en un atelier. Es un buen trabajo. Me gusta lo que hago.

Entraron en la cafetería y se sentaron en un rincón. Osvaldo pidió refrescos.

- ¿Quieres comer algo?

- No, acabo de almorzar. Tenemos mucho trabajo en el atelier. Tengo que volver a trabajar. No debería haber venido.

- Fue bueno haberte encontrado. A los chicos les encanta ir a la finca los fines de semana. Se prepararon para la fiesta de mañana. Dijeron que aceptaste de buena gana que se fueran conmigo. ¿No te molesta que te dejen sola?

- Los extraño. Pero necesito acostumbrarme. Ya no son niños. Un día, cada uno tomará su curso y yo tendré que aceptar. Así es la vida.

- ¿Por qué no te unes a nosotros?

Clara hizo una mueca. Bajó la cabeza, pensativa. Él continuó:

- Somos personas civilizadas con ganas de espiritualizarnos. ¿Por qué no podemos convivir de manera amistosa? Nuestros hijos estarían felices.

- Resienten nuestra falta de diálogo.

- Hablar así suena fácil. Pero me da vergüenza. Tu familia va allí. No me gustaría verlos.

– Claro, tenemos que dejar atrás el pasado. Todos sufrimos, cambiamos, aprendemos muchas cosas, pero la vida sigue. Mantener los agravios, los malentendidos en el corazón nos impide encontrar la felicidad. Sé que tienes un recuerdo desagradable de mi familia. Pero también han cambiado. Entendieron que cuidar su propia felicidad es más importante que entrometerse en la vida de los demás. Si fueras a la finca con nuestros hijos, serías muy bien recibida. Nadie se atrevería a mencionar el pasado. Te lo garantizo.

– Podría ser. Pero soy yo quien no está lista. Verlos significa recordar mi culpa –. Osvaldo le tomó la mano con cariño y respondió:

– No te lastimes más de lo que ya hiciste. Olvida el pasado. No es bueno tener resentimientos. Atrae fuerzas negativas. No hay vuelta atrás, pero podemos ser amigos.

Estaban tan entretenidos que no notaron que había alguien parado detrás de la columna de la cafetería mirándolos enojado. Era Walter.

Había seguido a Clara, esperando la oportunidad de hablar con ella. Al verla salir del centro con Osvaldo, se escondió y los siguió.

Desde donde estaba, no podía oír lo que decían, pero al verlo tomar su mano mirándola con cariño, se puso furioso.

Entonces era verdad. Lo que temía estaba sucediendo. Ciertamente estaban arreglando los detalles para reanudar el matrimonio. Eso no lo iba a permitir. Estarían juntos y serían felices, mientras que él estaría sufriendo, solo, despreciado.

Apretó los dientes con ira. Osvaldo no perdía por esperar.

No se iba a quedar con Clara. Le pertenecía legítimamente. Por ella había soportado el desprecio de sus amigos, se había vuelto incapaz de amar a otra mujer.

Nunca se había casado. Debido a su desprecio, se había hundido en la bebida y había perdido su trabajo. Vivía de trabajos al azar.

Osvaldo se había hecho rico. Tenía un carro elegante y bonito... Por supuesto que ella lo había preferido.

Cuando los dos se levantaron, se escondió. Se despidieron. Osvaldo regresó al auto mientras ella se dirigía a su casa.

Walter entró a la cafetería y pidió una bebida. Necesitaba pensar, encontrar una manera de sacar a su rival del camino.

Clara volvió a casa pensativa. Rita notó:

- ¿Pasó algo?

- Encontré a Osvaldo en el centro. Hablamos de Marcos y Carlitos.

- ¿Eso te puso triste?

- No. Simplemente me pidió que fuera con ellos a la finca. A veces me pregunto si tiene razón.

- ¿Por qué?

- Porque las personas de su familia son las últimas a las que me gustaría ver. Dijo que es necesario olvidar el pasado. Por la forma en que lo dice, parece que ya lo ha olvidado. No sé hasta qué punto dice la verdad. Cuando nos separamos, lo dejó todo, desapareció, se tiró del tren y ahora habla de ello como si nada.

- Osvaldo entendió que no tiene sentido recordar lo que ya pasó. El pasado no vuelve. Además, no hay forma de modificarlo. Por eso es mejor olvidar.

- Quizás tengas razón. ¿Por qué no puedo sacarme este dolor de corazón? Después que Osvaldo regresara, se volvió más vivo.

Rita la abrazó con cariño.

- Quizás todavía lo ames. Nunca amaste a Walter ni a nadie más.

- No es nada de eso. El problema es que lo elogias tanto, exaltas sus cualidades, que me siento aun más culpable. Él es bueno, noble, maravilloso, mientras que yo soy la esposa adúltera que se dejó engañar por un Don Juan barato. Eso es lo que me entristece.

- En ningún momento te hemos criticado. Todos te estimamos mucho. Tienes nuestro respeto, nuestra amistad. Tus hijos te aman y admiran. No te dejes llevar por estos pensamientos deprimentes. Eso no es cierto.

Clara negó con la cabeza, como si quisiera deshacerse de esos pensamientos.

- Tienes razón. Ni siquiera sé por qué digo esto. Es que la presencia de Osvaldo me conmueve.

- Si yo fuera tú, pensaría mejor en lo que dijo. Si pudieran vivir juntos, manteniendo una relación cordial, aunque convencional, con Osvaldo y su familia, terminarías viendo las cosas de otra manera. Te desharías del sentimiento de culpa que tanto te ha atormentado. Tendrías más paz, tus hijos vivirían en un ambiente más armonioso.

- ¿De verdad crees eso? Cuando me separé de Osvaldo, lo único bueno que me pasó fue deshacerme de doña Neusa y Antônio. Ni siquiera puedo imaginarme tener a esa mujer cerca de nuevo, incluso si es socialmente.

- Sabes, Clara, cuando pedimos ayuda espiritual, salud, paz, armonía en nuestra vida, esperamos ser atendidos. Rezamos, pero olvidamos que para lograr todo esto existen ciertas condiciones sin las cuales nunca lograremos lo que pedimos. El logro de la felicidad es el resultado de nuestras actitudes. Recuerda esto.

- Cada vez eres más insistente. Crees que todo el mundo tiene que pensar como tú.

- Si eso es lo que piensas, cambiemos de tema. Eres libre como siempre lo has sido para elegir tu camino. Y será lo mejor que nos ocupemos de la lista de compras para la cena. ¿Has elegido el menú?

- Dejemos eso para la noche para cuando llegue del trabajo. Necesito ir al atelier. Domênico ya debe estar quejándose de mi ausencia.

Después que se fue, Rita pensó en esa conversación. Sentía que Osvaldo estaba siendo sincero. Aunque nunca le había dicho nada, sabía que todavía amaba a Clara. Por otro lado, aunque Clara no quiso admitirlo, sospechaba que aun guardaba el amor de su marido en su corazón.

Admitirlo empeoraría aun más su sentimiento de culpa que cargaba. Imaginando que había dejado de amarlo, no tenía que enfrentar el dolor de perder ese amor.

Fue una pena que estuviera desperdiciando la oportunidad de rehacer su vida y ser feliz.

- Un día lo entenderá, estoy segura. Solo que para entonces puede que sea demasiado tarde.

Murmuró esa frase pensando en Marta. Era hermosa, inteligente, cariñosa, tenía todas las cualidades, además de disfrutar de las actividades de Osvaldo. Estaba seguro que Marta estaba interesada en él.

Osvaldo no tenía esperanzas de recuperar el amor de Clara.

Estaba seguro que ella no lo amaba. Un día podría sentirse solo, querer compañía. Marta estaría cerca, atenta, cariñosa. Sería natural que se unieran definitivamente.

Para Osvaldo no estaría mal. Marta era una chica buena y dedicada, y sin duda lo haría muy feliz.

Pero y Clara, ¿cómo reaccionaría? Quizás descubriría que nunca había dejado de amar a su marido, pero, sabiendo que él estaba con otra, nunca tendría el valor de confesarlo. Arrastraría la frustración y más culpa por haber perdido la oportunidad por el resto de su vida.

Notó que cuanto más se mostraban entusiasmados por el trabajo de la finca, más alababan a Osvaldo, más se resistía Clara. Decidió no tocar más ese tema.

Varias veces había intentado acercarse a ellos, sin éxito. Sus intentos tuvieron el efecto contrario: obstaculizaban en lugar de ayudar. No probaría nada más. El futuro estaba en manos de Dios.

La vida había promovido su encuentro en dos ocasiones. Si debieran estar juntos, tendría los medios para dar un pequeño empujón.

En Nochebuena, Clara trabajó hasta el mediodía. Cuando llegó a casa, Rita ya había arreglado casi todo. El árbol colocado en la sala de estar brillaba, los regalos ya habían sido colocados alrededor.

Clara no estaba de humor para celebrar la Navidad. Se sentía cansada, deprimida. Suspiró resignada. Ella quería que ese día terminase pronto. Quería estar tranquila en su rincón, pero no podía debido a sus hijos.

Además, Rita y Diva habían hecho todo lo posible para animarla. No quería desanimarlas.

- Has estado trabajando demasiado duro estos últimos días - consideró Rita -. Estás decaída. Ve a descansar, nosotras haremos todo.

Clara sonrió.

- En realidad no. Este año no pude ayudar en absoluto. Me voy a cambiar de ropa y ya vuelvo. Hagámoslo aun más hermoso.

Cuando volvió a bajar, su rostro estaba más animado. Se pusieron a ordenar los arreglos. Todo listo, se fueron a alistarse. Clara se había comprado un vestido largo verde oscuro de pura seda que Gino había confeccionado para una clienta que mientras tanto se quedó embarazada y decidió suspender el pedido.

Clara quedó encantada con el vestido y lo compró a precio de costo. A pesar que no iba a ninguna fiesta, aprovechó la oportunidad.

- Si no lo uso, terminaré vendiéndolo - dijo en ese momento. Pero esa noche quiso reaccionar, deshacerse de la depresión. Los niños merecían que se vistiera bien, se vería hermosa. Les gustaba verla elegante y bien vestida.

Cuando bajó, Rita estaba lista en la sala. Al verla, no contuvo una exclamación:

– ¡Vaya, qué guapa te ves!

Los ojos de Clara brillaron de alegría. El verde del vestido resaltaba su tono de piel contrastando con el castaño dorado de su cabello.

– Decidí deshacerme de la tristeza. A partir de ahora cambiaré, ya verás.

– ¡Ya era hora!

Clara miró su reloj.

– Los chicos ya deberían haber llegado. Son las nueve en punto.

– Estarán aquí pronto.

Todo listo, las dos se sirvieron vino blanco y se sentaron a esperar. A medida que pasaba el tiempo, Clara se sentía más inquieta.

– ¿Habrá pasado algo?

– No. Deben estar llegando.

Eran más de las diez cuando entró Marcos. Carlitos estaba justo detrás. Clara fue a recibirlos en el pasillo, diciendo:

– ¡Por fin llegaron! Estaba preocupada. No tienen ninguna consideración.

Entonces vio que Osvaldo había entrado detrás de ellos. Ella guardó silencio, sorprendida. Él se acercó:

– No pelees con ellos. No fue culpa suya. Vine a disculparme contigo. Hubo un pequeño problema con el auto. Salimos de allí temprano, pero solo pudimos llegar ahora. Ni siquiera fuimos a mi casa, vinimos directamente para acá.

– Te dije que ella reaccionaría así – le dijo Carlitos a Marcos. Luego continuó: – ¡Vaya, qué hermoso está el árbol! Hiciste todo mejor que nosotros.

Rita se acercó y le tendió la mano a Osvaldo.

– ¡Qué bueno verte! ¡Feliz navidad!

– Gracias, Feliz Navidad a ustedes también –. Clara se recuperó de la sorpresa.

– Gracias. Estaba realmente enojada. Estuvimos esperando mucho tiempo.

– Bueno, ahora que está explicado, me voy.

– Es temprano, papá. ¿Por qué no te quedas aquí un poco más? – dijo Carlitos.

– Gracias, hijo mío, pero debo irme.

– Al menos acepta una copa de vino – dijo Rita, tendiéndole la copa –. Brindemos juntos.

Recibió la copa, su corazón latía con fuerza. No podía apartar los ojos de Clara. Estaba más hermosa que cuando la conoció.

Más exquisita, más fina.

– A la felicidad de todos nosotros – dijo Rita.

Repitieron a coro, tocando ligeramente los vasos.

– ¿Cómo estuvo la fiesta? – Preguntó Clara, tratando de controlar su nerviosismo.

– ¡Fue maravillosa! – Dijo Marcos.

– Por supuesto. ¡En tan buena compañía! – comentó Carlitos sonriendo. Rita tomó un plato de bocadillos y se lo ofreció a Osvaldo:

– Prueba uno de estos. Deben tener hambre –. Osvaldo tomó uno y respondió:

– De hecho, los chicos tienen mucha hambre. Por eso me voy. No quiero retrasar más su cena.

- ¿Por qué no te quedas a cenar con nosotros? - Preguntó Carlitos.

- Gracias, hijo mío, pero la gente de la casa me espera.

Osvaldo colocó el vaso sobre la mesa y se despidió. Después que se fue, Carlitos dijo:

- Mamá, ¿por qué no le pediste que se quedara?

- Es verdad - dijo Marcos -. Si lo hubieras invitado, se habría quedado.

- Dijo claramente que no podía. Hay gente esperando en su casa - respondió Clara.

- ¡Rosa y José! Papá va a pasar la Nochebuena a solas con los empleados - dijo Carlitos.

- Tiene familia. Ciertamente estarán juntos.

- La abuela y el tío Antônio estaban en la finca. Estaban cansados y dijeron que se iban a dormir temprano - respondió Marcos.

- Basta de hablar. Vayan a darse una ducha rápida para reponerse del cansancio - pidió Clara.

Los dos subieron y Clara los siguió. Les había comprado ropa nueva para esa noche y quería que se la pusieran.

Los dos entraron al baño y Clara puso la ropa que iban a poner sobre la cama. Escuchó perfectamente cuando Marcos comentó:

- No creo que papá esté solo con los empleados.

- ¿Por qué dices eso?

- Escuché a Marta ponerse de acuerdo con Rosa para sorprenderlo.

- ¿Irá a su casa?

- Eso creo. Dijo que compró un regalo maravilloso. Comentó que no iba a permitir que papá estuviera solo.

- Te dije que está enamorada de él. Cualquiera puede notar eso. ¿Lo sabrá él?

– Por supuesto que no. Quería sorprenderlo, pero a él le gustará. Además, ¡qué sorpresa!

– Puede que Rosa le haya dicho. Verá que por eso no aceptó nuestra invitación.

Clara dejó de hacer lo que estaba hacindo y bajó las escaleras. De repente su entusiasmo desapareció, la depresión regresó. No tenía ninguna razón para preocuparse por Osvaldo. Para él era natural encontrar otra mujer y ser feliz.

Pero la sensación desagradable no pasó. Tomó otra copa de vino y se sentó pensativa.

Rita se acercó:

– No lo esperabas.

– En realidad no.

– ¿Es por eso que tienes esa cara?

– ¿Qué cara? Yo estoy muy bien. Los chicos me pusieron nerviosa por el retraso. Tengo hambre.

– Ya sé. ¿Te hubiera gustado que Osvaldo hubiera aceptado la invitación?

– Eso es irrelevante. Nos quitaría la privacidad. Me alegra que haya tenido el sentido común de negarse. Carlitos sigue siendo inconveniente.

– Bueno, me hubiera gustado que se quedara. Después de todo, la Navidad es una celebración familiar. Los chicos estarían felices.

– Han estado con él demasiado tiempo. Ahora es mi turno -. Rita sonrió. Los dos bajaron y Carlitos comentó:

– Salimos temprano de la finca porque papá quería que pasáramos por su casa para poder darnos nuestros regalos. Ni siquiera los hemos abierto aun. Me muero de curiosidad.

Clara estaba impaciente:

– Serviremos la cena. Es casi medianoche.

Osvaldo salió emocionado de la casa de los niños. Clara siempre había sido hermosa. Sin embargo, los años la habían convertido en una mujer elegante, muy atractiva.

Habría dado cualquier cosa por quedarse allí, pero ¿de qué serviría? Solo serviría para aumentar su sufrimiento. Verla de cerca sin poder tocarla, sentir su perfume, sin poder besarla, sería un tormento constante.

Perdido en sus pensamientos, no vio a Walter de pie al otro lado de la calle, siguiéndolo con la mirada.

Era indudable que Osvaldo volvía de estar junto a su familia. Había traído a sus hijos, entró a la casa. Quizás incluso estaban planeando la vida juntos. Necesitaba hacer algo. No podía esperar más.

Después que Osvaldo se subió al auto y se fue, Walter decidió buscar a dos conocidos en la periferia. Bertón, un ex policía, era su compañero de bar. Varias veces se había abierto a él contándole sus propios problemas.

Cuando Bertón fue destituido de la policía por tráfico de drogas, Walter declaró a su favor, diciendo que la droga era para el consumo de ambos.

Bertón fue exonerado, pero se libró de la cárcel. Después de eso, comenzó a brindar pequeños servicios a quienes pagaban. Lo encontró en el bar habitual, bebiendo. Se abrazaron, se quejaron de la vida, de la soledad, de la falta de dinero.

– ¿No apareció Neco hoy? – Preguntó Walter.

– No. No está abandonado como nosotros. Encontró una viuda que lo invitó a cenar. Pasará la noche allí.

– Sabes, Bertón, estoy decidido a arreglar mi vida. Basta de estar en segundo plano. Necesito que ustedes dos hagan un trabajo para mí.

– Lo haré. Necesito dinero, debo pagar mi alquiler que ya está vencido. Si no pago pronto, me desalojarán.

- Veré qué puedo arreglar. Sabes que actualmente estoy arruinado.

- Eres mi amigo. Si no estuviera en esta situación, ni siquiera hablaría de dinero. Pero, en las circunstancias actuales, solo puedo aceptar si me pagas.

- Pero serás recompensado.

- En ese caso, puedes contarme todo.

- Conoces mis problemas. La mujer que amo, por quien sacrifiqué todo en esta vida, no quiere tener nada que ver conmigo. El exmarido ha reaparecido rico y anda por ahí, y ella prefiere volver a vivir con él.

- ¡Qué ingratitud! Después de todo lo que has hecho por ella...

- Para que veas. Pero si él desaparece, ella acabará volviendo a mí. Clara me amaba. Engañó a su marido por mi culpa.

- ¿Quieres asustarlo?

- ¿Susto? Quiero que lo borres del mapa. Debe desaparecer para siempre.

- Eso es peligroso. No estoy dispuesto a correr riesgos.

- Sabes cómo hacer eso. Mira, el tipo es muy rico. Solo su carro de lujo vale un dólar. Puedes quedarte con todas las cosas. No quiero nada en absoluto, solo que se salga de mi camino de una vez por todas.

Bertón tomó unos sorbos, dio una calada a su cigarrillo y lanzó el humo al aire, luego respondió:

- Hablaré con Neco. Estudiaremos este caso.

- Te garantizo que no te arrepentirás. Pueden entrar a la casa y llevarse muchas cosas. Vive en una mansión, solo con algunos sirvientes. Les daré los datos, luego nos reunimos para programar la acción.

- Todavía no he dicho que aceptaremos.

- Estoy seguro que después de estudiar no te negarás, será pan comido.

Las campanas de la iglesia repicaron la medianoche celebrando la Navidad, pero los dos, inmersos en energías oscuras y viciosas, ni siquiera se dieron cuenta. Continuaron bebiendo y tejiendo sus nefastos planes para el futuro.

En los días siguientes, Osvaldo no pudo olvidar el rostro de Clara. Ella llenó sus pensamientos y él recurrió a la oración, suplicando a sus amigos espirituales que lo ayudaran a controlar ese amor que, después del reencuentro, se había encendido más que en su juventud.

Marta, al verlo callado y pensativo, hizo todo lo posible por animarlo y, a pesar de seguir siendo amable, trabajando como de costumbre, notó que había un brillo triste en sus ojos.

Había hablado con Rosa tratando de averiguar qué estaba pasando.

- ¿Sabes qué le pasa a Osvaldo? Camina en silencio, de manera diferente. Nuestro proyecto mejora cada día. Debería estar satisfecho.

Rosa miró a Marta con seriedad y respondió:

- No pasó nada. Él es así.

- No lo creo. Antes era más alegre, entusiasta. Ahora hay momentos en los que parece distante, no tiene ganas de hablar. Algo le está pasando.

- Quizás recordó cosas del pasado. Ha sufrido una decepción amorosa en el pasado. Pero ahora todo está bien.

Marta se quedó pensativa por unos momentos, luego consideró:

- No puede ser solo el pasado. Siento que está sufriendo, y es ahora. Él mismo dice que es necesario dejar atrás el pasado y vivir el presente.

Rosa, aunque se dio cuenta, se negó a comentar. Contestó:

- Olvídalo. No pasa nada.

Sabía que Osvaldo se había encontrado con Clara. Ella le había comentado a su esposo que se había vuelto más introvertido después de eso.

En Nochebuena, le dijo que había ido a hablar con Clara sobre el retraso de sus hijos. Rosa notó que los ojos de Osvaldo brillaron de emoción cuando mencionó esto. Poco después, Marta y unos amigos llegaron a saludarlo, como habían planeado.

Rosa notó que a Osvaldo le resultaba difícil mantener su atención en la conversación de sus amigos. Cuando se despidieron, una hora después, se sintió aliviado.

Ella habló con su esposo:

- Creo que Osvaldo todavía ama a Clara. ¿Notaste cómo llegó aquí hoy?

- Muy inquieto, distraído.

- Así es. Entró en su casa y conversaron. ¿Justino no dijo nada?

- No. Es un chofer muy discreto. Además, no sabe nada sobre el pasado. Marta vino a preguntarme si sabía lo que le estaba pasando. Ella también lo notó.

- Siempre estás imaginando cosas. Hay días en los que a la gente le gusta estar sola, descansar. Osvaldo está cansado. La fiesta en la finca fue mucho trabajo. Asistió a mucha gente.

- Bueno, creo que hay algo ahí. El futuro lo dirá.

Osvaldo había programado vacaciones para el trabajo en la finca. Estarían de regreso en febrero. Solo funcionaba el laboratorio. Quería dedicar más tiempo a la investigación que estaban haciendo bajo la guía de los espíritus.

Habían instalado un dispositivo que registraba los tipos de energías de las plantas y cada día que pasaba estaban más entusiasmados con los descubrimientos.

En los días que siguieron, Osvaldo se puso a trabajar, tratando de no pensar en Clara. Pero era difícil. Al darse cuenta que era inútil, decidió no luchar más contra sus sentimientos. Amaba a Clara. No tenía sentido huir. Aceptó esta verdad con resignación y así logró calmar un poco su ansiedad.

Sintió que así sería por el resto de su vida. No había nada que pudiera hacer para borrar ese sentimiento del corazón.

CAPÍTULO 27

Clara miró pensativa el calendario: el atelier estaría cerrado durante quince días. Le gustaría viajar con los chicos a descansar, disfrutando de las vacaciones escolares.

Desde el final de las clases, a finales de noviembre, apenas se quedaban en casa, pasando la mayor parte del tiempo con su padre y los fines de semana en la finca.

No era justo. Se quejó a Rita:

– Me están dejando a un lado. Viven más con su padre que aquí.

– No es nada de eso. Les gustan las actividades de Osvaldo. Hay un grupo de jóvenes con los que se han hecho amigos. Se sienten bien con ellos.

– También me gusta el trabajo espiritual. Me he sentido muy bien asistiendo al centro de doña Lídia. Cuando puedo, colaboro con la labor asistencial. Pero no estoy todos los días.

Rita sonrió y respondió:

– No te imaginas cómo es la finca. Si la vieras, estoy segura que lo entenderías. A Marcos le gusta una chica, siempre están juntos. Creo que ya están saliendo.

– No me gusta ver a mi hijo saliendo tan joven, especialmente con una chica que no conozco.

– Yo la conozco. Es muy guapa y educada, de buena familia. No tienes que preocuparte. Y Carlitos allí es como un rey. Vive mimado por todos.

- No sé si esto es bueno para él.

- Lleva alegría y música, donde quiera que vaya. A todo el mundo le gusta. Las chicas lo rodean, las madres le llevan comida deliciosa porque a Carlitos le gusta. Necesitas verlo.

- He estado mirando folletos de viajes. Hoy cuando vengan programaremos todo.

- Realmente necesitas salir un rato.

Después de la cena, los dos chicos se fueron a la habitación y Clara se quedó un rato más hablando con Rita. Cuando subió, vio que los dos se entretenían con la guitarra tarareando y hablando. Llegó diciendo:

- Es bueno verlos tan felices.

- Carlitos está componiendo una melodía y me pidió que escribiera la letra. Lo hice, pero no es fácil rimar y hacer que funcione en los compases de la melodía.

- No sabía que tenía dos hijos compositores.

- Lo estamos intentando - explicó Carlitos -. Marcos quiere que la música esté lista para el próximo fin de semana.

- Dijiste que podías hacer eso.

- ¿Por qué tanta urgencia? - Preguntó Clara. Carlitos hizo un amplio gesto y dijo con voz teatral:

- Porque tenemos que crear un momento romántico. Marcos intervino:

- No exageres. ¿Quieres hacer esta canción o no?

- Claro que quiero.

- Subí para conversar - dijo Clara, sentada en la cama -. Estamos de vacaciones. Tengo quince días. Pensé en aprovechar e ir a un lugar muy bonito, un hotel cinco estrellas, todo.

Los dos la miraron con sorpresa, se miraron y no respondieron de inmediato.

- ¿Qué pasa, no les gusta? -

- No es eso, mamá - comenzó Marcos -. No sabíamos e hicimos otros planes. Quedamos con unos amigos...

- Sí... -. reforzó Carlitos -. Me comprometí a tocar y la gente cuenta con ello. Ya programaron todo.

Clara se levantó irritada.

- Naturalmente, es en ese bendito lugar donde pasan cada fin de semana.

- ¿Por qué implicas tanto con la finca? - Pues te equivocas. No hay nada allí. Las actividades están suspendidas hasta febrero.

- Entonces no entiendo.

Marcos se puso de pie y la abrazó tratando de moverse.

- No nos dijiste nada, no lo sabíamos. Pero, si lo deseas tanto, veremos qué se puede hacer.

- Pero yo prefiero quedarme y hacer lo que prometí. Acordamos con varios amigos lo que haríamos en estas vacaciones. Vamos a reunirnos cada fin de semana en la casa de uno. Yo llevo la música y otras personas colaboran con la comida y la bebida. Si no voy, suspenderán todo.

- Veo que prefieres quedarte con amigos que viajar con tu madre. En ese caso, me rindo.

Clara salió de la habitación y Marcos consideró:

- Quizás podamos hacer lo que ella pide. Viajar con ella al menos una semana.

- Mamá necesita entender que tenemos nuestros compromisos. ¿No es ella la que siempre dice que tenemos que cumplir lo que prometemos?

- Me he dado cuenta que estás muy interesado en estas reuniones. ¿No será por esa rubita que ha estado pegada a ti los dos últimos fines de semana? ¿Cuál es su nombre?

- Liliana.

- Estás más contento cuando ella está cerca.

- ¿Qué pasa? ¿Crees que solo tú puedes tener una chica? - Marcos sonrió satisfecho.

- Se queda cerca porque le gusta la música. No te emociones demasiado. Eres tú el que se imagina. Ella realmente me está dando bola

- Y lo estás disfrutando.

- Claro. Ella no viajará estas vacaciones. Quiero estar con ella. Mamá podría viajar con Rita. Se divertirían más. Les gustan las mismas cosas.

- Si vamos a ir de mala gana es mejor no ir. Voy a hablar con mamá. Ella lo entenderá.

- No me culpes de todo. También quieres estar con Eunice. Quieres dedicarle esta canción.

Marcos encontró a su madre leyendo en la sala. Se sentó a su lado.

- Mamá, ¿estás molesta con nosotros?

Clara puso el marcador y cerró el libro:

- Estoy decepcionada. Pensé en darles una gran alegría con este viaje, pero me equivoqué.

- Me gustaría que entendieras que crecimos. Nos encanta estar contigo, pero es genial hacer amigos, salir con chicas y vivir nuestra juventud. Tú misma siempre dices que es el mejor momento de la vida. Al preferir estar con amigos, no te estamos dejando de lado, nadie ocupa tu lugar.

Clara miró a Marcos a los ojos y notó su sinceridad. Ella sonrió y respondió:

- Entiendo, hijo mío. No te preocupes. Tienes razón. Había olvidado cómo era en mi juventud. Pueden hacer lo que quieran.

- ¿Por qué no viajas con Rita? Sería buena compañía.

- Tiene la tienda. Pero lo pensaré.

Cuando él regresó a la habitación, Clara sintió que la sensación de vacío en su pecho regresaba. ¿Por qué? Sabía que algún día sus hijos se irían, se ocuparían de sus propias vidas.

Habían crecido muy rápido. Clara no quería convertirse en una madre quejosa como tantas que conocía, exigiendo a
   sus hijos la devolución del amor y la dedicación que les había brindado.

Pero ¿tenía la fuerza para dejarlos ir? Era difícil aceptar el amor que ellos sentían por su padre. ¿Cómo sería el día que decidieran casarse, asumir el amor por otra mujer?

Rita se acercó con una taza de té.

- Toma, Clara, es el que te gusta -. Ella tomó la taza.

- Gracias.

- Estabas tan emocionada con el viaje. ¿Qué pasó? ¿Por qué te ves así?

- Hoy descubrí que mis hijos crecieron. Programé el viaje con ellos sin consultarlos y no funcionó.

- Tenían otros planes.

- Sí. Lo que me sorprendió fue que se esforzaron por complacerme, pero odiaban la idea.

- No te enfades. Su reacción es natural. Están descubriendo la vida, el sexo opuesto, las amistades.

- Lo sé. Lo reconozco. Pero confieso que no me lo esperaba. Cualquier día como este querrán casarse, hacerse cargo de sus propias vidas y tendré que aceptarlo.

- Así es la vida, Clara. Pero debes viajar de todos modos. Haz una excursión. Siempre tendrás compañía. Yo me encargaré de todo.

- No. No sería lo mismo. Voy a descansar en casa -. Volvió a abrir el libro y reanudó la lectura.

Osvaldo llegó a casa el viernes por la tarde. Durante las vacaciones de las actividades en la finca, iba allí los lunes y trabajaba en el laboratorio hasta la madrugada del sábado, cuando regresaba a la ciudad.

Estaba satisfecho con la investigación, que se hacía cada día más específica y los resultados, mejores.

Los productos debidamente licenciados que había lanzado al mercado iban ganando aceptación y comenzaban a producir una ganancia razonable, que Osvaldo invirtió en la empresa, principalmente en el área de investigación.

Por supuesto, sus productos no eran como los del mercado. Venían acompañadas de un folleto con orientación metafísica para ciertos tipos de síntomas, dejando claro que la ayuda energética que contenían debía añadirse a un entorno especial que los pensamientos del paciente tendrían que crear para que el efecto fuera completo.

Debido a la gran demanda de personas interesadas en aprender más, Osvaldo estaba capacitando a un grupo de terapeutas sensibles a la mediumnidad para brindar atención.

Guiados por los espíritus, quienes consideraron la necesidad que la persona valorara la ayuda recibida, cobraban precios razonables por la asistencia.

Sentía nostalgia y llamó a los niños. Rita respondió y llamó a Carlitos. Después de saber cómo estaban, Osvaldo los invitó a cenar.

– ¿Sabes qué es, papá? Hoy nos vamos a reunir en la casa de Flávio. Hemos quedado en tocar.

– ¿A qué hora vas?

– Como a las dos.

– En ese caso, ven a almorzar conmigo y luego te llevaré.

Llegaron con la alegría habitual. El almuerzo fue relajado. Cuando eran quince para las dos, se fueron.

Osvaldo le había dado el día libre al chofer y los llevó personalmente. Salieron hablando animadamente y no notaron un automóvil estacionado frente a la casa.

Dentro estaban Walter y sus dos amigos.

– Mira, es él con sus hijos. Los seguiremos.

– No, ahora no – dijo Bertón –. Haré las cosas a mi manera. Acepté hacer lo que me pediste, pero no correré riesgos innecesarios.

– De acuerdo. Haz lo que quieras, pero acábalo.

– La casa es muy grande – dijo el otro.

– Sí, Neco. Pero entrar allí puede ser más riesgoso.

– La recompensa será mayor. Además, he observado. Los criados duermen en un apartamento fuera de la casa. Son viejos y no hay vigilante. Conozco la distribución de todas las habitaciones de la casa.

– ¿Viste todo esto en diez días, Neco?

– Me puse ese viejo uniforme de la compañía de gas y entré a la casa para hacer una inspección con el pretexto de una denuncia de fuga.

– ¿Qué? Osvaldo te podía ver – dijo Walter, sorprendido.

– Estaba viajando. Estuvo fuera toda la semana.

– Vive en la finca. Sería bueno encontrarlo en el camino. Está desierto.

– La idea es buena. Pero en ese caso no entraríamos a la casa – consideró Neco, que no quitaba los ojos de ella.

– Esperemos un poco más antes de decidir. Nada puede salir mal – dijo Bertón.

– Tenemos que solucionarlo pronto. Estoy cansado de esperar – se quejó Walter.

– Estudiemos esto – concluyó Bertón. Osvaldo detuvo el auto y los muchachos se apearon.

– Cuando quieras volver a casa, llama. El carro vendrá a recogerlos.

– No es necesario. No sabemos hasta qué hora estaremos – dijo rápidamente Marcos.

Él quería salir con Eunice. Carlitos le lanzó una mirada maliciosa y dijo:

- No te preocupes. Si se hace demasiado tarde, Flávio nos lleva en su carro.

Osvaldo llegó a casa pensando en descansar. Se recostó en el sofá, se quedó dormido y se despertó asustado, sintiendo una opresión en el pecho.

Se levantó de un salto y fue a la despensa por un vaso de agua.

- "Es mucha energía pesada", pensó, sintiendo escalofríos y un poco de malestar.

Fue al dormitorio, se sentó en la cama y se concentró, buscando ayuda espiritual. Sintió que estaba siendo difícil. Luchó por mentalizar la luz, llamando a los espíritus amigos.

Notó nubes de energía oscura a su alrededor. Trató de averiguar de dónde venían, pero su cabeza estaba aturdida y su rostro estaba cubierto de sudor.

- Es energía de un encarnado - pensó al fin -. ¿Pero de quién? - Inmediatamente, la imagen de Walter apareció frente a él.

Osvaldo se dio cuenta que las energías oscuras procedían de él. Sintió que estaba muy enojado.

Era mejor enfrentarlo. Entonces lo miró a los ojos, diciendo con voz firme:

- No acepto tus energías. Ahora mismo, lo que te pertenece volverá a ti y yo tomaré lo que es mío. No quiero nada de ti. No te cobro nada. Yo soy yo y tú eres tú. Me estoy desconectando de ti. Tú seguirás tu camino y yo el mío. No tenemos nada que ver el uno con el otro. Dios es testigo de esto.

Repitió estas palabras con tanta convicción y firmeza que de repente la visión desapareció y el malestar también. Respiró hondo, pensando en cómo las personas pueden hacerse daño entre sí desde la distancia.

Aliviado, dijo una oración agradeciendo la ayuda espiritual.

El domingo por la tarde, Carlitos llamó a su padre para decirle que le gustaría ir con él a pasar la semana en la finca. Liliana le había dicho que su madre había quedado con Marta para ir a trabajar allí como voluntaria la semana siguiente. Ella iría y quería saber si Carlitos estaría allí.

Por supuesto, dijo que sí y se puso de acuerdo con su padre, quien aclaró:

- Mañana me voy muy temprano. Será mejor que vengas a dormir aquí esta noche. Habla con tu madre. Enviaré el auto para que te recoja.

Clara estuvo de acuerdo. Estaba decidida a dejar que los niños eligieran cómo querían pasar las vacaciones. Hizo la maleta, tomó la guitarra y se fue a la casa de su padre.

Se retiraron temprano. Osvaldo tenía la intención de salir a las cuatro de la mañana. Así que a las dos de la mañana la casa estaba a oscuras. Todos durmieron.

Un automóvil con los faros apagados se detuvo en la puerta trasera y dos hombres encapuchados que portaban armas salieron mientras otro esperaba en el automóvil.

Habían calculado todo y decidieron no esperar más. Walter había convencido a Neco que no se llevara nada de la casa.

- Pidamos un buen rescate. Ese dinero será para ti. Solo quiero sacar a este tipo del camino. Estaré satisfecho con eso.

- Significa que, aunque paguen, no volverá a casa - dijo Bertón riendo.

- Por supuesto que no - confirmó Walter -. Pero el dinero será tuyo.

- Vamos - dijo Neco con impaciencia.

Saltaron la pared y se dirigieron a la puerta trasera. Neco empezó a trabajar en la cerradura y pronto se abrió la puerta.

Entraron los dos. Sabían cuál era la habitación de Osvaldo. Durante la guardia, Neco había observado todo. Podía entrar en la casa incluso en la oscuridad.

A los pocos minutos estaban en la habitación de Osvaldo, quien estaba durmiendo. Se acercaron a la cama y Bertón le puso la pistola en la cabeza diciendo:

- Despierta. ¡Esto es un robo!

Osvaldo abrió los ojos, todavía somnoliento, pero pronto vio el brillo del arma y la figura al lado de la cama.

- Levántate en silencio. Vas conmigo -. Osvaldo obedeció.

- ¿Qué quieres? - Preguntó.

- A ti, vístete rápido y vámonos -. Osvaldo intentó ganar tiempo.

- Está demasiado oscuro aquí. Encenderé la lámpara para poder vestirme.

- No encenderás nada - dijo Neco.

- No veo nada. La luz de la lámpara es tenue. No habrá peligro.

- Entonces enciende y vístete rápido. Tenemos prisa.

Osvaldo lo encendió y trató de vestirse despacio, pero lo amenazaron insistiendo:

- ¡Date prisa, date prisa, vamos! Busca la llave y los documentos de tu auto. Vamos a bajar. Si haces el menor ruido, dispararé - garantizó Bertón.

Osvaldo obedeció. Bajaron y fueron al garaje.

- Sube al auto, vamos - dijo Neco.

En ese momento, Carlitos apareció en la puerta llamando:

- Papá, ¿ya te vas? ¿Por qué no me llamaste?

- Vuelve a la habitación, hijo. No voy a ir a la finca ahora -. Carlitos entró en el garaje:

- ¿Qué está pasando? - Papá...

Los dos agarraron a Carlitos y Neco lo empujó al auto.

- Es un robo. Sube al carro y no hagas ruido si no quieres que te disparen.

Temblando, Carlitos se acurrucó en el asiento mientras obligaban a Osvaldo a entrar en el carro -. Por favor, - pidió, - deja ir a mi hijo. Iré contigo. Es solo un niño.

- No. Va con nosotros - dijo Bertón.

- Voy a hacer lo que quieras, pero déjalo ir - dijo Osvaldo, con nerviosismo.

- ¿Para que llame a la policía? ¿Crees que somos tontos? Vámonos.

Bertón se sentó adelante junto a Osvaldo y le dijo que sacara el auto y se fueron. Luego de cerrar la puerta del garaje para no despertar sospechas, Neco, pistola en mano, regresó al auto y se sentó junto a Carlitos.

- Adelante - ordenó Bertón.

Tras conducir un rato bajo la dirección de Bertón, se detuvieron en una calle desierta y el carro de Walter, que los había seguido, se detuvo detrás.

- Vigílalos mientras hablo -. Bertón bajó y fue a hablar con Walter.

- ¿Qué pasó? ¿Quién es la otra persona que atrapaste?

- Es su hijo. De repente apareció y no tuvimos más remedio que meterlo en el carro.

- ¡No es posible! ¿Cómo pudieron hacer eso? Obstaculizará todo. Tendremos que acabar con ambos.

- No puedo hacer eso. Si Clara se entera que matamos a su hijo, nunca me perdonará.

- Tonterías. Ella nunca lo sabrá. Podemos hacer el trabajo ahora y luego arrojar los cuerpos en la presa.

- No. Esperemos.

- Es peligroso. Esto no es lo que acordamos.

- Por supuesto que lo fue, ¿no te acuerdas?

Walter estaba asustado y trató de ganar tiempo:

- Puede que no reciba el dinero del rescate. Antes de pagar siempre exigen pruebas que la persona está viva.

- Eh... Eso no es lo que dijiste.

- Pero lo estoy diciendo ahora. Es mejor encerrarlos en algún lugar y hacer el trabajo solo después de recibir el dinero. No quiero que después me digan que recibiste el pago y sigas cobrándome.

- No estaba en nuestros planes. ¿A dónde los vamos a llevar?

- Tienes tantos escondites. Necesitamos un lugar del que nadie sospeche. Bertón pensó por unos momentos, luego dijo:

- Lo sé. Tengo uno en las afueras donde guardo algunas cosas. Podría ser allí. Pero luego tendré que buscar otro lugar para poner todo. No puedo facilitar.

- Con el dinero que ganarás, encontrarás otro fácil y mejor. Vamos, te seguiré.

Bertón volvió al carro. Hizo que Osvaldo y Carlitos salieran del auto y los metió en el maletero.

Apretados, sofocados y muy asustados, ambos sintieron que sus corazones latían con fuerza. Osvaldo luchó por recuperar la calma y le dijo a su hijo:

- Oremos, hijo mío. Dios nos ayudará. Tomó la mano temblorosa de Carlitos y continuó:

- Vamos a salir de esto, hijo. Somos buena gente. No nos pasará nada. El carro empezó a moverse y rezaban suavemente en la oscuridad del maletero.

Después de un rato, el carro se detuvo. Bajaron y Osvaldo notó que alguien más estaba con ellos. Contuvo la respiración, esforzándose por escuchar lo que decían:

- Abre la puerta quiero ver el lugar.

Osvaldo se estremeció. ¿Dónde había escuchado esa voz? Le parecía familiar, pero no pudo averiguarlo. Escuchó pasos, luego la misma voz dijo:

– Podría estar ahí. Voy yendo. No quiero verlos.

– Puedes irte. Nosotros nos encargamos de todo.

– Mañana acordamos el siguiente paso.

– No me gusta este cambio. Quería terminar todo hoy –. Osvaldo se estremeció. ¿Estaban tratando de matarlos?

– Tómalo con calma. Todo saldrá bien.

Escuchó el sonido de un carro. Entonces su carro avanzó unos metros y se detuvo. Abrieron el maletero y los obligaron a salir. Carlitos, que vestía pijama, temblaba de nerviosismo y frío.

– Vamos – dijo Neco, apartándolos.

Estaba oscuro y Osvaldo trató de mirar a su alrededor para ver dónde estaban, pero le dio un golpe y Neco gruñó:

– ¿Qué estás mirando? Vamos, sigue adelante. Entra ahí.

La puerta estaba abierta y obedecieron. La habitación estaba a oscuras. Los llevaron a otra habitación y la puerta se cerró por fuera.

Osvaldo abrazó a su hijo, tratando de consolarlo.

– Estás temblando.

Se quitó la chaqueta e hizo que Carlitos se la pusiera. Luego miró a su alrededor. La habitación era pequeña y sin ventanas, y olía a moho.

– Papá, ¿qué va a pasar ahora?

– No lo sé, hijo mío. Imagino que van a pedir dinero para liberarnos.

– Tengo miedo.

– Yo también lo tengo. Pero no podemos ceder al pesimismo. Debes tener fe. Dios puede hacer cualquier cosa y nos ayudará. Ya verás.

A pesar de intentar ser fuerte, Osvaldo estaba muy asustado por Carlitos. No podían ver casi nada. Osvaldo acercó a su hijo y se sentaron en el suelo abrazados.

- Oremos. Estamos en manos de Dios -. Abrazados, oraron pidiendo ayuda espiritual.

Bertón se tiró en el viejo sofá del salón y dijo:

- Voy a dormir un poco. Tú vigila. No quites los ojos de esa puerta.

- Yo también estoy cansado.

- Despiértame en una hora, y luego duermes y yo vigilo.

Sonó la alarma y José se levantó de un salto. Despertó a Rosa y se prepararon para el viaje. Entonces José fue a llamar a Osvaldo. La puerta del dormitorio estaba abierta. Entró, buscó, pero no lo encontró.

Quizás estaba en la habitación de Carlitos. La puerta estaba abierta. Llamó suavemente, pero nadie respondió. Entró y vio la ropa del chico en la silla, y no había ni rastro de ellos.

Fue donde Rosa.

- No sé qué pasó, pero parece que ya se han ido.

- ¿Cómo así? No puede ser. Osvaldo no se marcharía sin esperarnos.

- Ya los busqué, pero los dos no están. Veré si el auto está en el garaje -. Regresó unos segundos después, diciendo:

- El carro tampoco está.

- Debe haber pasado algo. Me estoy asustando.

- No. Tal vez fueron a la panadería a comprar algo.

- Lo dudo. Las bolsas están en la habitación y la ropa de Carlitos está en la silla. No saldría en pijama.

Bajaron de nuevo al garaje.

- La puerta está cerrada. Osvaldo nunca se habría ido y dejado la casa abierta. Fueron al patio trasero y José señaló la pared:

- Mira, Rosa, una marca de zapatillas en la pared. Alguien entró aquí.

- ¡Dios mío! Debe haber sido un ladrón. Llamemos a la policía.

- Llamemos primero al Dr. Felisberto -. El abogado se sorprendió y advirtió:

- Notificaré a la policía. No toquen nada. Pueden obstaculizar la investigación.

Rosa estaba pálida y temblorosa. José fue a la despensa y preparó agua azucarada para ambos.

- Bebe, Rosa. Necesitamos mantener la calma.

Felisberto llegó con unos policías, quienes interrogaron a los dos sirvientes, pero no habían visto ni escuchado nada. Recorrieron toda la casa en busca de rastros.

Advertido por Felisberto, Durval llegó enseguida.

- Había dos ladrones y saltaron la pared trasera. Las marcas son visibles - dijo uno de los policías.

Durval le preguntó a José:

- ¿Verificó si la caja fuerte estaba abierta? ¿Se perdió algo?

- A primera vista, no se llevaron nada. Veamos la caja fuerte.

El abogado, Durval y el policía acompañaron a José a la oficina. La caja fuerte no había sido forzada.

- Puede ser que hayan obligado al señor Osvaldo a abrirla - dijo el policía.

- Puede ser. Pero no tendrían cuidado de volver a cerrarlo o poner la pintura en su lugar - dijo Durval.

- Se llevaron solo a los dos, dijo Felisberto.

- Entonces no fue un robo, sino un secuestro. Notificaremos al grupo anti-secuestro y esperaremos a que los bandidos se comuniquen pidiendo el rescate - consideró el policía.

– Para mí, se trata de una venganza – dijo Durval –. En ese caso, sus vidas están en peligro. Esperar puede ser fatal. Tenemos que actuar con rapidez.

– ¿Basado en qué dices eso? – Preguntó el comisario, que se había acercado.

– Es una larga historia, doctor. Se lo diré.

Durval, en pocas palabras, contó lo que sabía. El comisario escuchó con atención.

– De hecho, es una hipótesis. Vamos a la comisaría para actuar. Dos hombres se quedarán aquí por si se comunican.

Felisberto y Durval siguieron la labor policial. Para el éxito de las investigaciones, el comisario pidió confidencialidad.

– Tenemos que hablar con la madre del muchacho – dijo Felisberto, preocupado.

– Será mejor que esperemos un poco más. No tomaremos ninguna medida antes de hablar con el jefe de la división especial.

Durval dio el nombre y la dirección de Walter.

– No lo arrestaré ahora. Lo vigilaremos. Si tiene algo que ver con el caso, nos dará la pista.

En el estrecho cuarto en el que estaban confinados, Osvaldo y Carlitos seguían sentados en el suelo, abrazados.

– Todavía está oscuro – dijo Carlitos.

– El día ya amaneció, pero no podemos ver desde aquí.

– Deben habernos echado de menos a estas alturas. ¿Qué sucederá?

– Quizás se lo hagan saber a Durval o al Dr. Felisberto. Sabrán qué hacer.

– Papá, tengo miedo.

– Seguiremos rezando, hijo mío. La fuerza del mal es menor que la del bien. Estamos en el lado más fuerte.

– Eso espero.

El tiempo pasaba. Uno de los secuestradores abrió la puerta, colocó un paquete en el suelo y una botella de agua. Volvió a cerrar la puerta sin decir nada.

Osvaldo recogió el paquete. Contenía una barra de pan.

- Debes estar hambriento.

- No, papá. Me duele el estómago. Este olor es horrible. Ese baño al lado apesta.

Osvaldo se levantó tanteando, tratando de descubrir los objetos que estaban allí. Recordó que tenía fósforos en el bolsillo. Encendió uno y miró a su alrededor. Había algunas cajas viejas, una mesa rústica en la esquina y mucho polvo.

Osvaldo tomó las cajas y las colocó frente al inodoro, tratando de aislarlo.

- Si tan solo tuviéramos una vela - dijo.

- ¡Este lugar es horrible!

Osvaldo volvió a sentarse junto a su hijo. Partió el pan por la mitad y se lo dio diciendo:

- Vamos a comer. Debemos conservar nuestra fuerza. Saldremos de aquí, ya verás -. Carlitos comió el pan de mala gana.

- Come, Carlitos. No está mal, está fresco.

Obedeció. Después de comer, las náuseas disminuyeron.

- Intentemos descansar, guardar nuestras fuerzas.

Se estiraron en el suelo. Osvaldo tomó la mano de su hijo para darle valor. No podían hacer nada más que esperar.

CAPÍTULO 28

Clara llegó a casa a última hora de la tarde. Poco después recibió la visita de Felisberto y Durval. Sorprendida, los hizo entrar. Una vez en la sala, Durval dijo con seriedad:

– Doña Clara, tenemos que hablar.

– ¿Pasó algo?

– Desafortunadamente sucedió – dijo Felisberto. Clara se puso de pie nerviosa:

– Mi hijo viajó con Osvaldo. ¿Ocurrió un accidente?

– No. Pero, la casa del señor Osvaldo fue asaltada y se llevaron a los dos – respondió el abogado.

– ¡Dios mío! ¿Cómo que se los llevaron? – Rita sujetó a Clara, que se tambaleó.

– Cálmate, Clara. Escuchémoslo.

– Por favor, dígame qué pasó.

Contaron todo, y Clara se derrumbó en el sofá consternada.

– Quiero ir a la policía, hablar con el comisario. Esto no les puede haber pasado.

– El comisario enviará un investigador aquí para hablar con todos en casa. Ellos quieren mantener el secreto por ahora para no obstaculizar las investigaciones. Hay reporteros en la comisaría.

Rita sospechaba de Walter, pero no quiso decir nada. Solo preguntó:

– ¿Los ladrones se llevaron mucho?

– Nada. Solo a ellos dos – dijo el detective –. Sospecho que Walter está involucrado en esto.

Clara dio un salto.

– No puede ser. ¡Él no haría eso! Si solo fuera Osvaldo, incluso podría creerlo. Pero llevar a Carlitos... no es eso.

– Sospechamos que se lo llevaron dadas las circunstancias. El niño se despertó, los vio y tuvieron miedo. Aparentemente, ni siquiera tuvo tiempo de vestirse. Su ropa estaba en la silla.

Clara, aterrorizada, miró a Rita.

– ¿Qué vamos a hacer? ¡Dios mío! Carlitos y Osvaldo en manos de bandidos.

– Pedirán dinero para liberarlos – dijo Felisberto tratando de calmarla –. Estamos atentos.

– Tenemos que estar preparados. Tendremos que conseguir el dinero – dijo Clara angustiada.

– No se preocupe, doña Clara. Yo puedo hacer eso – aclaró Felisberto.

– ¡Dios mío! ¿Qué haremos mientras tanto? Carlitos podría tener frío, hambre, terror.

– Oremos, Clara. Es todo lo que podemos hacer. Dios no nos va a abandonar.

– Un investigador se quedará aquí y yo también dejaré a uno de mis hombres – dijo Durval –. Tengo algunas sospechas e investigaré.

– Ten cuidado – dijo Felisberto –. La policía no quiere a nadie en el caso.

– Tengo mis sospechas y no esperaré. Sé cómo hacer las cosas. Ten la seguridad.

Durval salió con Felisberto, quien se dirigió a la casa de Osvaldo para consolar a Rosa y José y esperar noticias.

El terrible tiempo de espera había comenzado para ellos. Rita intentó llamar a Lídia en busca de ayuda espiritual. Clara caminaba inquieta. Marcos llegó a la hora del almuerzo y se unió a ellos nervioso.

Pasaron las horas y nada. No había llamadas telefónicas. Antônio no fue a la finca porque tenía trabajo que hacer en la ciudad. A última hora de la tarde, llamó a la finca. Necesitaba hablar con Osvaldo.

Marta respondió y le informó que aun no habían llegado.

– ¿Cómo que no llegó? Me dijo que se iba muy temprano.

– Pero no vino. Quizás decidió venir mañana.

Antônio colgó el teléfono preocupado. Llamó a la casa de Osvaldo y José le contó lo sucedido, pidiendo discreción.

Antônio fue allí y preguntó por los detalles. No se conformó. También esperó, pero no hubo ninguna noticia.

Eran más de las ocho cuando Antônio decidió volver a casa, después de pedir ser informado en cualquier momento, si tenían alguna noticia.

En casa, decidió no contarle a su madre lo que estaba pasando. Sería mejor esperar a la mañana siguiente. Al menos ella dormiría tranquila, ya que él no podría pegar un ojo.

Ante la insistencia de Rita e incluso de los dos investigadores, quienes prometieron avisarle de cualquier noticia, Clara se fue a su habitación, se echó en la cama, aunque estaba vestida, y Marcos se acostó a su lado.

– Madre, ¿qué les estará pasando?

– No lo sé. Esto me está matando.

– Carlitos quería ir con papá por Liliana. A él le gusta ella. Debe lamentar haber ido.

– Nadie podría haber predicho tal cosa. Debe estar aterrorizado.

– Papá es valiente. Debe estar ayudándolo –. Clara suspiró angustiada.

– ¡Dios mío! Nadie llama.

- Durval dijo que se toman el tiempo para dar noticias a propósito. Para que la familia pague lo que piden.

- No sé qué decir.

Marcos guardó silencio unos segundos y luego dijo:

- Si Carlitos no hubiera ido, solo papá habría sido secuestrado.

Clara no respondió. Pensó en Osvaldo, en los encuentros que había tenido con él, en la forma en que la miraba, lo guapo que era, lo elegante que estaba. Sus ojos se llenaron de lágrimas. No quería que le pasara nada malo.

- Mamá, Durval cree que podría ser cosa de Walter. ¿Qué crees? -Arrancada de sus ensoñaciones, Clara se estremeció.

- No sería capaz de hacer eso.

- Creo que sí lo sería. Odia a papá.

- Pero no tendría el valor de llevarse a Carlitos. Quiere conquistarme. Eso sería lo peor que podría hacer.

- Pero escuchaste a Durval. Carlitos se despertó, los sorprendió. Tuvieron que llevárselo también erminó teniendo que ser llevado con él.

- ¿De verdad lo crees?

- Si pudo apuntarte con un arma a ti, a quien dice amar, es posible que lo haya hecho. Ese tipo es capaz de cualquier cosa.

- Durval también lo cree.

- Si fue él, será peor. No lo haría por dinero. En ese caso, puedes intentar algo contra Osvaldo.

Clara se sentó en la cama con nerviosismo. Marcos lamentó haber comentado esto. Trató de disimularlo.

- Estas son suposiciones. Verás que no fue nada de eso. Pronto llamarán, les entregaremos el dinero y volverán.

- Si Dios quiere, hijo mío.

- Necesitas descansar. Acuéstate y trata de dormir un poco.

Clara se acostó y cerró los ojos. Sabía que no podía dormir. El rostro amado de Carlos no dejó su memoria. Su sonrisa, su alegría, su cariño... Su corazón se sentía apretado y el tiempo parecía no pasar.

Tumbados en el duro suelo, Osvaldo y Carlitos seguían encerrados en la habitación oscura. Osvaldo escuchó voces, pero el sonido era bajo y no entendía lo que decían. Había una pequeña luz por debajo de la puerta. Se levantó tratando de no hacer ruido, acercó la oreja a la puerta. Escuchó:

– No me gusta nada el cambio de planes.

– A mí tampoco.

– Walter se estaba contando los dedos por el chico. Su madre no necesita saber quién hizo el trabajo.

– Pero puede vengarse, denunciarnos.

– Solo si es demasiado estúpido. No olvides que fue idea suya.

– Bueno, eso sí.

– No creo que sea prudente esperar, quedarse aquí. Es posible que lo hayan denunciado a la policía. Está amaneciendo. Terminemos con ellos y eso es todo. Nadie verá.

Osvaldo retrocedió horrorizado. Necesitaba hacer algo. Encendió un fósforo y buscó algo con qué defenderse, pero no encontró nada.

Carlitos, vencido por el cansancio, se había quedado dormido. Lo despertó diciendo en voz baja:

– Levántate.

Se despertó y en ese instante Bertón abrió la puerta.

– Vamos a dar un paseo – dijo.

Mientras tanto, Neco sacó dos pañuelos oscuros, tapó los ojos de los presos y les ató las manos con una cuerda.

– Vamos – dijo Neco, llevándolos del brazo.

Abrió el maletero, pero lo cerró de inmediato cuando vio acercarse los faros de un automóvil.

Rápidamente empujaron a los dos prisioneros al interior de la casa.

Bertón se quedó afuera. El carro se detuvo frente a la puerta. Reconoció a Walter y fue a recibirlo.

– ¡Me diste un susto! ¿Qué haces aquí a estas estas horas?

– Debí venir antes, pero tenía miedo que me siguieran. Noté a un tipo sospechoso cerca de mi casa.

– No deberías haber venido. ¿Estás seguro que no te siguieron?

– Sí. Tuve mucho cuidado. ¿Qué hacías aquí?

– Tomando aire.

– Entremos.

Cuando entraron, Walter vio a los dos con los ojos vendados y sospechó. Dijo en voz baja:

– ¿Por qué no están amarrados?

– Por qué decidí hacerlo de otra manera. Estás poniendo en riesgo nuestras vidas y no puedo aceptarlo.

Puso la pistola contra el pecho de Walter y dijo:

– Vamos, entra ahí.

– No puedes hacerme esto. ¿No estuvimos de acuerdo en tomar el dinero?

– Siento que las cosas están mal paradas. No esperaré. Entrarás allí y refrescarás tu cabeza.

Osvaldo se movió y Neco le puso la pistola en la cabeza, diciendo:

– Si intentas algo, dispararé –. Carlitos intervino asustado:

– Papá, ten cuidado. ¡No hagas nada!

Osvaldo se detuvo. Encerraron a Walter en la pequeña habitación. Bertón ordenó:

- Vámonos rápido. Esto está tardando demasiado.

Los obligaron a entrar en el maletero. Neco conducía. Osvaldo escuchó a Bertón decir claramente:

- Vamos, tenemos un largo camino desde aquí.

- Papá, ¿a dónde nos llevan? ¿Qué van a hacer? - Preguntó Carlitos en voz baja. Osvaldo lo sabía, pero no tuvo el valor de decirlo.

- Oremos, hijo mío. Es hora de mantener la fe.

Osvaldo pensó en Alberto y pidió ayuda. Si iban a morir, quería estar apoyado por amigos espirituales.

- Si tan solo pudiera soltar mis manos - dijo Osvaldo.

Habían sido colocados en el maletero de modo que la cabeza de uno estuviera a los pies del otro. Carlitos preguntó:

- Estira los brazos lo más que puedas. Veré si puedo desatar tus nudos con los dientes.

Osvaldo obedeció y Carlitos se inclinó hasta llegar a las muñecas de su padre. Entonces empezó a intentar desatar el nudo con los dientes. El carro temblaba y no fue fácil. Le ardían los labios, pero continuó. Cuando logró desatar una parte, Osvaldo soltó sus manos.

- Ahora te soltaré.

Tuvieron éxito y se quitaron las vendas.

- Debemos estar preparados cuando abran el maletero - dijo Osvaldo -. Saldré primero.

- Cuídate, papá.

El carro se detuvo. Neco abrió el maletero. Osvaldo le dio un violento puñetazo en la mano y el arma se le cayó.

Bertón, que estaba mirando el lugar para ver si era adecuado, se volteó rápidamente:

- ¿Qué pasa?

Osvaldo, aprovechando que Neco estaba desarmado y sorprendido, le dio un fuerte puñetazo en la cara y cayó.

- Ve, Carlitos, corre al monte.

Bertón estaba frente a él con la pistola apuntada:

- No se va a ninguna parte. Obtendrás lo que te mereces.

Osvaldo, al darse cuenta que iba a disparar, saltó sobre él agarrándolo de la muñeca, tratando que soltara el arma.

- Ve, Carlitos, corre.

El chico obedeció. Vio la pistola de Neco en medio de la carretera y la pateó. Luego se internó en el monte, pero no quería ir demasiado lejos.

Escuchó dos disparos y se estremeció. Entonces la voz de Bertón gritando:

- Vamos a buscarlo. No debe estar lejos. No puede escapar.

Las lágrimas corrían por el rostro de Carlitos. Esos disparos le hicieron creer que su padre estaba muerto. Necesitaba escapar.

Comenzó a correr hacia el bosque en busca de ayuda. La noche estaba llena de luna, ya sea por el nerviosismo o el miedo, no podía distinguir el camino.

Se sintió mal. Pensó:

"Me voy a desmayar y me van a matar."

Trató de reaccionar, pero su visión se nubló y perdió el conocimiento, rodando por el barranco.

Cuando se despertó, poco después. Le dolía el cuerpo, le ardía la boca. Se sentó. ¿Qué había pasado?

Recordó todo. Tenía que buscar a su padre. Era posible que estuviera muerto.

La pendiente era empinada, pero Carlitos subió casi se arrastrándose, agarrándose a los arbustos. El día se aclaraba. Llegó a la carretera y no vio nada. ¿Se habían llevado a Osvaldo?

Empezó a buscar. Querían matarlo. No lo llevarían de regreso. Caminaba mirando las laderas. Finalmente vio a Osvaldo. Lo habían arrojado a un barranco y su cuerpo había quedado atrapado en un arbusto abajo.

Sollozando de desesperación, Carlitos se acercó a él y se inclinó sobre su cuerpo. Sintió que aun estaba respirando.

– ¡Está vivo!

La sangre empapó su camisa y Carlitos la abrió para ver de dónde venía. La herida estaba en la cintura. Se quitó la camisa y la ató con fuerza alrededor de la cintura de Osvaldo, tratando de detener la sangre.

Necesitaba buscar ayuda, pero no quería dejar solo a su padre. No tenía tiempo que perder. Salió a la carretera camino, rezando para que alguien apareciera.

En ese momento pensó en Alberto y pidió ayuda. Incluso caminando de un lado a otro de la carretera, hizo un llamado a los espíritus, angustiado. En ese momento apareció una camioneta. Carlitos hizo gestos desesperados y los detuvo.

– Por favor, nos asaltaron. Mi padre está herido en el barranco. ¡Ayúdenos, por el amor de Dios!

El hombre bajó rápidamente y Carlitos lo llevó a ver a Osvaldo.

– Está en mal estado. No creo que pueda soportar el viaje. Será mejor que llame una ambulancia.

– Por favor, no nos dejes.

– Cálmate. No los abandonaré. Voy a buscar ayuda. Mi camioneta está llena de mercadería. No estará bien acomodado con todas las cosa temblando adentro. Quédate aquí y espera. Pronto llegará la ayuda.

Con el corazón apretado, Carlitos lo vio alejarse. Osvaldo, pálido, respiraba con dificultad. Si no llegaban pronto, podría morir. Las lágrimas corrían por el rostro de Carlitos mientras iba y venía de la carretera al lugar donde estaba su padre, inquieto.

Finalmente llegó la ambulancia y un carro de policía con ella.

Osvaldo fue colocado en la camilla y recibió primeros auxilios. Carlitos no quería separarse de su padre, pero el policía no se lo permitió:

- Ven con nosotros, cuéntanos lo que pasó. Iremos juntos al hospital.

Sonó el teléfono en la casa de Clara y respondió el policía. Al mismo tiempo, Clara y Marcos se acercaron a su lado, ansiosos.

- Sí, ella está aquí. Habla con ella -. Y, volviéndose hacia Clara:

- Es su hijo.

Clara cogió el teléfono. Su voz tembló:

- Hijo. ¿Qué pasó?

- Mamá, estamos en el hospital. Papá está herido. Ven.

- Iré ahora. Dime la dirección.

Estaba tan nerviosa que no podía entender. El policía tomó el teléfono. Por otro lado, el asistente del hospital proporcionó la dirección, porque Carlitos apenas podía hablar.

- Vamos, los llevaré allí - dijo el policía.

Media hora después llegó Clara con Marcos y el policía. Los llevaron a la habitación donde estaba Carlitos. Al verlos, se arrojó a los brazos de su madre, sollozando.

- ¡Hijo, estás herido!

- Estoy bien. Papá está en muy mal estado. ¡Quiero estar con él! La enfermera explicó:

- Está siendo atendido por médicos. Tenemos que esperar.

- ¿Cómo le va? - Preguntó Clara.

- Aun no lo sabemos. Tenemos que esperar.

- Está mal, mamá. Perdió mucha sangre. Se arriesgó a salvarme -. Clara abrazó a Carlitos.

- Cálmate, hijo mío -. Está siendo atendido. Oremos para que mejore -. La enfermera se acercó.

- ¿Es la esposa del paciente? - Clara vaciló, pero respondió:

- Sí.

- Necesitas acompañarme para completar el formulario -. Clara estaba atónita.

- ¿Tiene que ser ahora?

- Es mejor -. Marcos intervino:

- Mi padre tiene un abogado que se encarga de todo. Le avisaré -. Marcos llamó a Felisberto, quien de inmediato fue al hospital.

Llegó con Durval. Mientras el abogado se ocupaba de la hospitalización, Durval fue a encontrarse con Carlitos en la otra habitación. Con voz temblorosa, el joven informó lo sucedido y concluyó:

- Necesitamos hablar con el médico. ¡Papá no puede morir! Esos hombres nos iban a matar. Si no fuera por su coraje, no estaría aquí.

Clara abrazó a Carlitos tratando de calmarlo, pero su corazón estaba abrumado.

- Fui a averiguar. Tu padre está en buenas manos. Los médicos aquí son excelentes - dijo Durval.

- ¿Cómo te va? ¿Sabes algo? - Preguntó Carlitos en apuros.

- Todavía no. Pero pensemos en lo mejor. ¿Conocías a esos hombres?

- No. Estaban encapuchados. Pero escuchamos a un tercero hablando con ellos. La voz era conocida. Papá comentó eso.

- ¿Crees que podría ser Walter?

- No estoy seguro. Pero trató de evitar que nos llevaran. Se pelearon y luego lo llevaron a la casa. Creo que lo dejaron atrapado allí.

- Déjame investigar.

Cuando Felisberto entró a la habitación, Durval lo llamó a un rincón y le dijo:

- Creo que mis sospechas eran ciertas. Había un tercer hombre cuya voz le era familiar a Osvaldo. Pelearon y lo encerraron en la casa donde se escondían. Todavía debe estar ahí. Veré si lo encuentro.

- ¿Vas ahora?

- Sí. Pensaron que Osvaldo estaba muerto y se fueron. Cuando sepan que estás vivo, se asustarán y querrán terminar el trabajo. Tenemos que evitar eso.

El médico apareció en la puerta y todos lo miraron con preocupación.

- Entonces, doctor, ¿cómo está mi padre? - Preguntó Carlitos.

- Hicimos nuestro mejor esfuerzo. Le dispararon dos veces. Uno en el muslo y otro en el páncreas. Fue necesaria una cirugía muy delicada. Está débil, ha perdido mucha sangre. Está recibiendo una transfusión.

- ¡Por favor, doctor, salve a mi padre! - Carlitos suplicó.

- Haga lo que sea necesario, pero sálvalo - pidió Marcos con los ojos llenos de lágrimas. Clara, pálida, no pudo decir nada. Ella parecía asustada, y finalmente, preguntó:

- ¿Se recuperará?

- Es demasiado pronto para decirlo. Por ahora tenemos que esperar.

- ¿Podemos verlo? - Preguntó Marcos.

- Está bajo anestesia. Mejor déjelo descansar. La enfermera lo está cuidando.

- Pero yo quiero verlo - insistió Carlitos -. No soporto esperar aquí.

- Está en la UCI. La enfermera debe vigilarlo. Es mejor estar sola con el paciente. ¿Por qué no descansan un poco? También lo necesitas después de lo que le pasaste.

- Hasta que mejore, no me iré. Me quedaré en la puerta de la UCI hasta que se despierte -. Rita apareció en el pasillo, asustada. Abrazó a Clara y le preguntó:

- ¿Cómo le va?

- Aun no lo sabemos. Fue operado, hay que esperar. Perdió mucha sangre y está débil. Felisberto consiguió una habitación privada, con dos camas, y los llevó allí.

- Carlitos necesita descansar. El médico que lo examinó le recetó un tranquilizante - le explicó discretamente a Clara.

La enfermera entró y le dijo a Carlitos que se duchara y se pusiera ropa limpia de hospital. Luego lo obligó a acostarse y le dio una pastilla.

- Me quedaré afuera. Intenta descansar. Si hay novedades, te lo haré saber.

Clara y Marcos se echaron en la otra cama. Rita se sentó junto a la cama de Carlitos y comenzó a esperar.

En el momento en que Bertón y Neco lo encerraron en el pequeño cuarto oscuro, Walter lamentó haber entrado en esa aventura.

Tenía que evitar a toda costa que mataran a Carlitos. Trató de derribar la puerta, pero falló. Se lastimó la mano con una astilla y maldijo con nerviosismo.

- Nunca debí haber confiado en Bertón. Simplemente hizo lo que quería, no escuchó a nadie. Y si no regresaran para liberarlo, ¿cómo saldría de allí?

Pasaron las horas y no aparecieron. Walter daría cualquier cosa por saber qué estaba pasando.

En ese momento, Bertón y Neco estaban lejos, rumbo al sur. Habían sacado el dinero del bolsillo de Osvaldo.

- ¿Estás seguro que estaba muerto? - Preguntó Bertón.

- Sí. Ese no molestará a nadie más.

– No sé cómo puedes ser tan blando. No les amarraste las manos correctamente y además perdiste tu arma.

– No esperaba ese ataque. El tipo tiene un pacto con el diablo. ¿Cómo se deshizo de esas cuerdas?

– Tú que no lo amarraste bien.

– Estoy pensando en el chico. No deberías darte por vencido.

– No me gusta correr riesgos. Ese auto pasó justo cuando arrojamos el cuerpo al barranco.

– No vieron nada, estoy seguro. Cuando pasaron, ya estábamos regresando.

– Por si acaso, era mejor irse. Tenemos que aprovecharlo hasta que descubran el cuerpo. Hoy llegaremos a Foz de Iguazú. Cruzamos el puente y listo. Vendemos el auto en Paraguay. Nos quedamos allí un rato. Asunción es una gran ciudad. Podemos organizar muchos trabajitos interesantes. Tengo unos amigos ahí.

– ¿Cuánto crees que obtendremos por este auto?

– Es nuevo y lujoso. Por supuesto, tendrá que ser menos de lo que vale. Pero así son las cosas. Al menos estamos libres y con dinero.

– Walter debe estar furioso.

– Nada. Hicimos lo que él quería. El camino ahora está despejado para él. Por eso no me gusta atarme a mujeres. El tipo deshizo la vida por ella.

– Bueno, a mí me gusta. Mi vieja me extrañará.

Los dos rieron contentos. Estaban acostumbrados a ganarse la vida. Era una aventura emocionante para ellos.

Durval había puesto a un hombre cerca de la casa de Walter a esperar y luego fue a la estación de policía. El comisario era amigo suyo y solían intercambiar ideas sobre los casos. Estaban hablando cuando sonó el teléfono y respondió un investigador.

Inmediatamente tomó notas y se dirigió al comisario.

- Alguien que no se ha identificado llamó para decir que un auto sospechoso está parado en la periferia, abierto. Parece un auto robado. Dio el número de placa.

Durval miró y reconoció:

- Es el auto de Walter, el sospechoso del que te hablé. Vamos para allá.

El vehículo policial partió y Durval los acompañó. El auto tenía las ventanillas abiertas, mal estacionado frente al muro de una casa abandonada. Registraron el auto y encontraron solo algunos periódicos.

Miraron a su alrededor. Durval llamó a la puerta y nadie respondió. Aparecieron algunos curiosos.

- No sirve de nada golpear. Nadie vive ahí. Es un depósito, no sé de qué. De vez en cuando aparece un hombre, pero no vive allí.

La puerta estaba asegurada solo con el pestillo. Un policía sacó el arma y entró, mientras que el otro se quedó afuera. Durval entró con él.

La habitación estaba vacía, pero había restos de comida. Alguien había estado allí recientemente. Había otra puerta cerrada, con la llave afuera. La abrieron y encontraron a Walter acurrucado en un rincón, tratando de esconderse.

- ¿Qué te pasó? ¿Por qué te encerraron aquí? - Preguntó el policía.

- Me asaltaron - mintió -. Los ladrones se llevaron todo mi dinero.

- ¿El carro de ahí es tuyo?

- Sí.

- Nos acompañarás a la comisaría.

- Pero no quiero presentar cargos. Tengo miedo a las represalias -. Habiendo reconocido a Durval, quiso escapar.

- Tendrás que venir con nosotros - dijo el policía.

Una vez en la comisaría, luego de ser registrado, lo llevaron a una habitación donde el propio comisario lo interrogó. Negó cualquier participación en el secuestro de Osvaldo.

Pero Durval, que observaba en silencio el interrogatorio, a una señal del comisario intervino:

– No tiene sentido negarlo, Walter. Te hemos estado siguiendo todos estos días y sabemos que los dos secuestradores son tus amigos. Si no das sus nombres, tú serás el único responsable de estos delitos.

– ¿Crímenes? No tengo nada que ver con la muerte de Carlitos u Osvaldo.

– ¿Cómo sabes que los dos estaban juntos?

Walter jadeó y se dio cuenta que no tenía forma de engañarlos. Asustado, comenzó a llorar, gritando:

– No quería que mataran a nadie. Pero Carlitos apareció. Solo fue para asustar a Osvaldo. No se suponía que lo matarían. Le dije a Bertón...

Después de la crisis de llanto y desesperación, Walter lo contó todo.

La policía inmediatamente levantó el expediente de los otros dos, que ya tenían algunos pasajes en la comisaría. Envió la foto a todos los distritos para iniciar la búsqueda.

En el hospital, Clara y sus hijos seguían esperando que Osvaldo mejorara. El médico le había dicho que no reaccionaba y que aun estaba inconsciente. El caso podría evolucionar hacia una cura o coma y muerte.

Clara, muy conmocionada, no contuvo las lágrimas. Rita hizo todo lo posible por consolarla a ella y también a los dos niños. Después del almuerzo, se fue a casa a buscar ropa para ellos.

Clara, recostada en la cama, esperó en silencio. Los dos muchachos fueron a dar un paseo por el jardín del hospital. Alguien llamó suavemente a la puerta y Clara pidió que entrara.

Antônio apareció en la puerta. Detrás de él vino Neusa. Clara se sentó en la cama asustada. No estaba de humor para escuchar insultos.

- Lo siento, Clara, no vinimos a molestarte, pero solo acabamos de enterarnos lo que pasó. ¿Carlitos está bien?

Neusa se acercó a ella llorando.

- Clara, ¿cómo pudo pasarle algo así? ¡Dios mío! Estoy en agonía. Justo ahora cuando todo iba tan bien...

A pesar de su disgusto por su suegra, Clara se quedó apenada. Ella también era madre y podía evaluar lo que estaba sintiendo Neusa.

- Carlitos está bien - respondió -. Tenemos que rezar para que Osvaldo mejore -. Neusa clavó sus ojos llenos de lágrimas en ella.

- Dijeron que está muy mal. Me gustaría rezar, pero mira... -. Le tendió las manos temblorosas -. Estoy temblando. Siento un dolor en mi pecho. Nunca pensé que esto pudiera pasar.

Clara le tomó las manos y la hizo sentarse a su lado en la cama.

- Esperemos lo mejor. Reaccionará, estará bien. Mantengamos la fe.

Antônio, pálido, de ojos rojos, parecía angustiado.

- Siéntate, Antônio.

- No puedo quedarme quieto.

- Tampoco los chicos. Fueron a dar un paseo por el jardín.

- Hablaré con ellos. ¿Puedo dejar a mi mamá contigo?

- Claro.

Clara puso agua azucarada en un vaso y se lo dio a Neusa.

- Beba, doña Neusa. Usted está pálida. Es mejor que se acueste en la cama.

Neusa miró a Clara con admiración. Parecía estar viendo a su nuera por primera vez. Su cabeza estaba aturdida y su pecho oprimido. Se estiró en la cama, suspirando:

– ¿Cómo pudo suceder algo así?

– Lo que importa ahora es que Osvaldo mejore.

De repente empezó a sollozar y Clara, preocupada, se sentó en el borde de la cama, diciendo:

– Sé que es difícil, pero la desesperación solo arruinará su salud. Trate de calmarse.

– Fui culpable de todo. Permití que ese sinvergüenza viniera a mi casa y deshonrara a nuestra familia.

Clara hizo una mueca. No quería hablar del pasado. Ella continuó:

– Nunca me sentí bien a su lado. Sentí que no era nada bueno. Pero era ambiciosa, egoísta. No creía que Antônio pudiera conseguir un buen trabajo y mantenernos. Walter le consiguió un trabajo, protegió a Antônio, cerré los ojos. Pero sentía que no servía. No me equivoqué con él, pero con Antônio sí: es capaz, trabajador, honesto. No necesitaba la protección de ese marginal. Hice infeliz a Osvaldo, se lo di a Esther para que lo criara y él sintió pena. Pero no sabía lo que sé ahora. Juro que si fuera hoy nunca lo hubiera hecho. Habría criado a mis dos hijos, porque mi amor me habría dado fuerzas. Habría echado a Walter de la casa y él nunca te habría engañado. Yo fui la culpable, Clara. Ahora estoy siendo castigada. Dios me ha permitido conocer la verdad, pero me está castigando al llevarse a mi hijo.

Clara, conmovida, la tomó de la mano y dijo:

– Eso no es cierto. Dios no castiga a nadie. No tiene la culpa de nada. Fui yo quien se engañó, me equivoqué, estoy pagando por mi error. La carga de la culpa es terrible. No puede llevar eso en su corazón.

– Es todo lo que pienso. Por eso tengo tanto miedo. Dios me castigará.

– No lo creo.

Alguien llamó levemente a la puerta y Clara fue a abrirla. Lídia la abrazó con cariño.

– ¡Me alegro que hayas venido!

– Rita me lo contó. ¿Cómo está?

– Por el momento igual.

– Confiemos, hija mía.

– Pasa, doña Lídia. Ven a conocer a la madre de Osvaldo.

Neusa trató de contener las lágrimas y se secó la cara con el borde de la sábana.

– Doña Lídia es una amiga muy querida. Vino a ayudarnos –. Lídia se acercó a la cama y tomó la mano de Neusa, sosteniéndola entre las suyas.

– Siempre quise conocerte. Osvaldo me habló muy bien de ti.

– Gracias. Lo siento, pero todavía estoy muy sorprendida por lo que pasó.

– Entiendo. Pero Dios nos está ayudando. Confiaremos –. Antônio y los chicos entraron en la habitación. Después de saludar a Lídia, Carlitos preguntó:

– Doña Lídia, usted que es tan buena, pida a Dios que salve a mi padre. Vivimos tanto tiempo separados. No queremos perderlo de nuevo.

– Oremos juntos.

Pidió a todos que se unieran y dijo una oración conmovida pidiendo calma y ayuda para todos. Cuando terminó, Clara exhaló un suspiro de alivio. Lídia los miró con ternura y dijo:

– Osvaldo necesita nuestra ayuda. Mantengamos todos nuestro optimismo. El miedo, la desesperación solo se interponen en el camino. Involucraremos a nuestro paciente con pensamientos de luz, de recuperación. Ahora es el momento de confiar, de tener fe, de esperar lo mejor.

— Doña Lídia tiene razón — dijo Marcos —. Papá siempre nos enseñó que el pensamiento positivo con fe obra milagros.

Después que Lídia se fue, Antônio continuó:

— Vámonos a casa, mamá. Necesitas descansar. Volveré y me quedaré aquí.

— De ninguna manera. No me voy de aquí.

— Pero Clara y los chicos necesitan descansar. La abuela puede quedarse — dijo Carlitos —. Marcos y yo dormimos en cualquier lugar.

Neusa intervino:

— Por la noche me voy a otro lado. Pero quiero quedarme en el hospital.

— Quédate aquí conmigo — dijo Clara con firmeza —. Es hora que estemos todos juntos.

Los dos muchachos intercambiaron miradas de admiración y Clara fingió no ver. Antônio sonrió levemente y respondió:

— También creo que tenemos que mantenernos unidos. Después de todo, somos una familia.

Cuando cayó la noche, Antônio y los dos muchachos fueron a comer a la cafetería. Neusa no quería ir, ni Clara tampoco. Les pidió que le trajeran un bocadillo.

Cuando se fueron, Neusa, todavía acostada en la cama, consideró:

— Debes estar muy enojada conmigo.

Tomada por sorpresa, Clara no respondió de inmediato, y continuó:

— Lo sé. Fui muy impertinente. No es que ahora me haya convertido en santa. A veces tengo ganas de pelear, meterme en los asuntos ajenos, pero trato de contenerme. Osvaldo me enseñó mucho. Ahora quiero ser amable, porque he descubierto que soy muy feliz cuando hago algo bueno por alguien.

— De hecho, la bondad trae alegría, felicidad.

- Sabes, Clara, fui muy quisquillosa contigo. Si fuera hoy, haría todo de otra manera. Por eso, me gustaría mucho que olvidaras las cosas que dije e hice. Sé que ya es tarde, que estás separada de Osvaldo, pero sigues siendo la madre de mis nietos.

Desearía que ya no estuvieras enojado conmigo por lo que pasó.

Clara la miró asombrada. Nunca imaginó que Neusa pudiera decirle eso.

- De hecho, reconozco que no nos llevábamos bien en el pasado. Pero me parece que ha cambiado. Yo también cambié. Mis hijos te quieren. Sería genial si pudiéramos vivir en paz.

- ¿Quieres decir que olvidarás lo que te hice?

- Sí. Lo que hizo no fue tan grave como lo que hice yo. Soy consciente de mi culpa. No le pediré que me perdone porque sé que es imposible. Pero acepto la paz que me ofrece.

- He estado pensando mucho en el pasado. Llegué a la conclusión que no puedo juzgar ni condenar a nadie. Me gustaría mucho si pudiéramos borrar lo sucedido y volver a ser una familia. Tú con Osvaldo y los chicos.

Clara se estremeció, guardó silencio unos segundos y luego respondió:

- A mí también me gustaría. Si pudiera volver, nunca hubiera hecho lo que hice. Pero ya es demasiado tarde. Osvaldo nunca me perdonará.

- No estés tan segura. Está muy cambiado. Pero incluso en los peores momentos nunca te condenó.

- Es muy generoso. Pero incluso si me perdona, nunca me perdonaré a mí misma - Neusa la miró sorprendida. No pensó que Clara lo lamentara tanto.

- El arrepentimiento duele mucho. Pero el pasado no vuelve. Me arrepiento de muchas cosas. Osvaldo me aconsejó que lo olvidara. Dijo que el arrepentimiento sirve para motivarnos a no repetir lo mismo.

– Tiene razón.

Las dos continuaron hablando. Por primera vez desde que se conocieron, hablaron con sinceridad sobre sus sentimientos. Entonces terminaron descubriendo que, a pesar de los viejos desacuerdos, tenían muchos puntos en común.

CAPÍTULO 29

Amanecía. Clara se había acostado vestida y, abrumada por el cansancio, se había quedado dormida. Soñó que estaba sentada en el jardín del hospital y vio acercarse a Osvaldo.

Se sentó junto a ella. Estaba muy abatido y había tanta tristeza en su rostro que Clara se asustó.

- ¡Osvaldo! ¡Aun no puedes levantarte!

Él no respondió. Sus ojos estaban apáticos, inmóviles. Clara continuó:

- Osvaldo, tienes que reaccionar. ¡No puedes quedarte así! Nuestros hijos están desesperados.

Él se estremeció. Un destello de emoción pasó por sus ojos.

- ¿De qué sirve vivir sin ti? ¿De qué sirve volver para sofocar este amor que nunca me abandonó? Es mejor que me vaya. Así, serás libre.

Clara sintió que las lágrimas corrían por sus mejillas.

- ¿Es posible que me sigas amando después de todo?

- Ese ha sido mi secreto. Pero estoy muy cansado. No tengo valor para volver.

- No digas eso. ¡Tienes que vivir!

Se levantó y se alejó. Clara lo llamó, pero él se desvaneció como el humo y se despertó llorando, sintiendo su pecho oprimido, su corazón acelerado.

Se levantó, tomó un poco de agua y respiró hondo.

- Fue solo un sueño - murmuró.

Pero la imagen de Osvaldo, sus palabras no abandonaron su mente. El médico había dicho que no despertaba. Podría despertar o entrar en coma y morir.

Ella se estremeció de horror. ¿Y si moría?

Sintió su pecho apretado mientras las lágrimas continuaban mojando su rostro. Clara entendió:

– ¡Todavía te amo! Si mueres nunca volveré a ser feliz. Esto no puede ocurrir. Salió del cuarto y se dirigió a la puerta de la UCI. Trató de entrar, pero la enfermera no se lo permitió.

– Por favor – pidió Clara –. Necesito verlo. ¡Es muy importante!

– Lo siento doña Clara, pero no puedo permitirlo. Está muy alterada – Dijo eso y cerró la puerta.

Clara se sentó en el banco de enfrente. El día estaba aclarando cuando llegó el médico. Ella se le acercó:

– Doctor, quiero entrar a ver a mi marido.

– No es conveniente. Necesita descansar.

– Me necesita. Puedo sentirlo. ¡Por favor! Le juro que no me interpondré. Pero tiene que saber que estoy aquí.

– Si prometes controlarte, te dejaré verlo y solo será por cinco minutos –. Clara vistió el delantal blanco, se puso una máscarilla y con el corazón acelerado, entró.

Osvaldo, pálido, con la respiración lenta, no parecía vivo.

Se sentó junto a la cama y tomó su mano fría. Emocionada, dijo una oración pidiendo a Dios que le salvara la vida.

Luego le acercó los labios al oído y dijo:

– Vuelve, Osvaldo. Te necesito. Nunca dejé de amarte. Quiero que vivas para mí, para nuestros hijos.

Repitió estas palabras una y otra vez.

– No tiene sentido decirle nada. Está inconsciente, no puede oír – dijo el médico.

- Me escuchará, doctor. Estoy segura. Su cuerpo puede estar enfermo, pero su espíritu está vivo. Regresará con su familia.

La enfermera iba a intervenir, pero a una señal del médico se detuvo.

- Me estás escuchando, ¿no, Osvaldo?

En ese momento Clara sintió que su mano apretaba la suya y exclamó feliz:

- Me está escuchando. Me estrechó la mano.

- Eso es suficiente. El paciente necesita descansar - dijo el médico. Clara no quería irse, pero él insistió y ella lo obedeció.

- Estoy seguro que me escuchó. Reaccionará y volverá. Ya verá.

- Será mejor que no se entusiasme.

Todos esperamos que reaccione, pero es común en estos estados que el paciente tenga un espasmo. No estrechó su mano conscientemente. Tuvo un espasmo.

Clara no respondió. Estaba segura que Osvaldo la había oído. Entró en la habitación y encontró a Neusa de pie.

- Te iba a buscar. Me desperté y no te vi. Me asusté. ¿Ha pasado algo?

- Sí. Logré ver a Osvaldo. Tengo la esperanza que reaccione.

- ¡Gracias a Dios! Estoy rezando por eso -. La enfermera trajo el café y Clara bebió:

- Vamos a comer, doña Neusa. Necesitamos gozar de buena salud para cuidar de Osvaldo cuando regrese.

Mientras tomaba café con leche, Clara, mirando a los ojos de su suegra, dijo seriamente:

- Esta noche tuve un sueño muy fuerte sobre Osvaldo.

- ¿Morirá?

En pocas palabras, Clara contó el sueño. Terminado:

- Sentí que, a pesar de todo, Osvaldo sigue amándome. Sentí que nunca amé a otro hombre, ¿qué piensa de eso?

- Siempre sospeché que todavía se querían. Nunca tuviste otro, ni él tuvo otra. Esto siempre me ha intrigado. Solo puede ser amor. Me gustaría mucho que volviéramos a ser una verdadera familia. Ahora tenemos más experiencia, estoy segura que viviríamos muy bien.

Clara se acercó a Neusa y le besó suavemente la mejilla. Rita, que estaba entrando, las miró con asombro. La escena era difícil de creer.

- Estás a tiempo, Rita. ¿Quieres un café? - Dijo Clara.

- Lo tomé en casa. ¿Cómo está Osvaldo?

Antes que Clara respondiera, la puerta se abrió y entró el médico, las tres miraron en su dirección esperando sus palabras.

- Su esposo se despertó. Llamó por usted. Será mejor que vaya -. Clara lo siguió con el corazón latiendo con fuerza.

- Le dije que me estaba escuchando, doctor -. El médico negó con la cabeza y dijo:

- Hay reacciones inexplicables. Podría ser una coincidencia.

Clara sonrió y no respondió. Se puso el delantal y la máscarilla y entró. Se sentó junto a la cama y tomó la mano de Osvaldo, quien gimió levemente, abrió los ojos y dijo en voz baja:

- ¿Estoy soñando o eres realmente tú?

- No estás soñando. Soy yo.

- ¿Y Carlitos?

- Está bien. Todos estamos aquí, orando por tu curación. Tu madre, tu hermano, todos estamos juntos.

Él sonrió levemente.

- Ten paciencia con ellos, Clara.

- No te preocupes. Todos nos estamos llevando bien, conociéndonos. Doña Neusa está conmigo desde que te hirieron.

- Es demasiado bueno para ser verdad -. Clara le pellizcó ligeramente el brazo.

- Es para que sientas que estás vivo y que estamos todos juntos. Es mejor descansar ahora. Todo está bien. No hay nada de qué preocuparse.

Se movió inquieto.

- ¿Quieres algo?

Respiró hondo y tomó:

- Sé que estás aquí, que están todos juntos, pero...

Él dudó. Clara esperó. Mientras estaba en silencio, ella dijo:

- Vamos, ¿qué ibas a decir?

- Estoy aturdido. Mezclando las cosas. No sé si soñé o si me dijiste algunas cosas...

- Dije que nunca dejé de amarte.

Cerró los ojos tratando de ocultar su emoción. Cuando logró hablar, dijo:

- Te compadeciste de mí. Pensaste que iba a morir.

- No. Te amo. No lo dudes nunca más. Si me lo permites, te cuidaré por el resto de mi vida. Ahora intenta descansar.

Apretó la mano que ella sostenía entre las suyas y no dijo nada. Su voz era temblorosa. Cuando se calmó, murmuró:

- Si esto es un sueño, no quiero despertar.

Llegó el médico, lo examinó y la enfermera le puso una inyección.

- Vamos, doña Clara. Su esposo ahora se va a dormir. Cuanto más descanse, más rápido será el proceso de recuperación.

Ella obedeció. Una vez fuera de la habitación, preguntó:

- ¿Está fuera de peligro?

- Está mejor, pero todavía no puedo decir eso. Esperaremos hasta mañana. Si la mejora continúa, irá a la habitación. Entonces podré saberlo.

– Su madre e hijos querrán verlo.

– Le permitiré visitar uno a la vez, pero deben estar en silencio. Está con un calmante. No deben despertarlo.

Clara regresó a la habitación emocionada. Neusa lo esperaba con ansias.

– Se despertó y está mejor – dijo Clara –. Preguntado por todos.

– ¿Se recuperará? – Preguntó Marcos.

– Si la mejora continua, mañana saldrá de la UCI –. Neusa quería ir a ver a su hijo y Antônio la acompañó.

Rita se sentó junto a Clara.

– Cuando entré, ¿le besabas la mejilla a doña Neusa o era un sueño?

– Vi que estabas asustada.

– Incluso pensé que Osvaldo había empeorado.

– Es solo que hemos estado hablando. Doña Neusa ha cambiado mucho.

– Me di cuenta, pero no pensé que fuera tanto.

– Pues sí. Incluso se declaró culpable de lo que hice.

– ¡No me digas!

Los dos chicos, que estaban leyendo una revista cada uno esperando ver a su padre, se acercaron con interés. Rita trató de ser discreta:

– Hablaremos más tarde.

– No, necesitan saber qué está pasando. No más malentendidos, cosas mal explicadas. Yo les diré.

La rodearon satisfechos y ella les contó todo en detalle. Concluyó:

– No sé qué va a pasar de ahora en adelante. Pero si Osvaldo me quiere, volveremos a vivir juntos.

Los dos muchachos la abrazaron efusivamente, besándola con alegría.

- Por supuesto que lo hará - dijo Carlitos -. Noté cómo se ponía cuando hablábamos de ti.

- Es una noticia maravillosa.

A última hora de la tarde apareció Durval.

- Traigo buenas noticias. Walter confesó todo. Logramos arrestar a los dos sinvergüenzas en el sur. Esta noche llegarán a la comisaría.

- ¿Son personas conocidas? - Preguntó Clara.

- Se trata de Bertón, un ex policía que se convirtió en un marginal, y Neco, un individuo con varios pasajes en la policía, especializado en robos.

Es difícil creer que Walter pudo unirse a los marginales e intentar matar a Osvaldo.

- Ese tipo nunca logró engañarme - dijo Marcos.

- ¿Y ahora? ¿Se quedará arrestado? Me temo que salga libre y vuelva por nosotros - añadió Carlitos.

- Lo que hizo fue muy serio. Estoy seguro que estará en prisión durante muchos años.

La mejoría de Osvaldo continuó y dos días después fue trasladado a otra habitación. Estaba pálido, abatido, pero, rodeado de su familia, se recuperó.

Clara fue incansable. Sus vacaciones estaban a punto de terminar y llamó a Domênico para informar de lo sucedido, pidiendo una licencia.

Después de eso, la habitación de Osvaldo siempre estuvo llena de visitantes. Primero Gino y Domênico, quienes demostraron lo mucho que apreciaban a Clara, teniendo solo palabras elogiosas. Luego, los mejores clientes del atelier, para abrazarla y desear que Osvaldo se recupere.

Cuando Osvaldo se fue a su habitación, Neusa dijo que se quedaría a dormir con su hijo y que Clara podría irse a casa a descansar. Pero ella no aceptó:

– No, doña Neusa. Necesita descansar. Mi lugar está aquí, al lado de Osvaldo.

Él las escuchó, tratando de ocultar su emoción. Estaba débil y frágil. Neusa accedió a dormir en casa, pero iría al hospital todos los días.

Así Neusa pudo ver cómo amaban y admiraban a su nuera. Se sintió orgullosa y satisfecha. Clara era digna y merecedora de su estima.

Una semana después, a última hora de la tarde, el médico examinó a Osvaldo y dijo con satisfacción:

– Mañana te daré de alta. Puedes prepararte para reanudar tu vida. Pero al principio no puedes esforzarte ni conducir, ¿de acuerdo?

Él estuvo de acuerdo. Una vez que el médico se fue, Clara cerró la cortina y se sentó de nuevo junto a la cama. Estaban solos.

– Me alegro que salgas del hospital – dijo alegremente.

– No sé si será bueno. Me quedaría aquí más tiempo –. Ella lo miró sorprendida.

– ¿Por qué dices eso? ¿Crees que todavía no estás bien?

– Estoy bien.

– Entonces...

– Cuando salgamos de aquí, irás a tu casa y estaré solo. Clara, te has dedicado a mí todos estos días. Me ha tratado con cariño. Necesito ser sincero. Tu presencia me devolvió a la vida. Dijiste que todavía me amabas. Me gustaría que fuera cierto. Pero tengo dudas. Dejaste de amarme hace muchos años. Ahora estás agradecida porque le salvé la vida a Carlitos, confundiendo gratitud con amor.

Ella trató de hablar, pero él la detuvo:

- No digas nada. Déjame terminar. Siempre te he amado. Este amor desesperado hirió mi corazón durante mucho tiempo, hasta que, cansado de luchar, me di cuenta que necesitaba aceptar esta verdad. Te amo y te amaré toda mi vida. Este amor es tan grande, tan verdadero, que no quisiera que te quedaras a mi lado por gratitud. Es noble de su parte, pero no lo acepto. No quiero que te arrepientas algún día.

- ¿Y me enamorare de otro? ¿Es eso a lo que le tienes miedo? Me amas, pero ya no confías en mí, en mi amor. La angustia del pasado todavía está viva dentro de ti.

- No es verdad. Yo te admiro. Sé que eres digna, fiel –. Los ojos de Clara se llenaron de lágrimas.

- Sabía que no aceptarías mi amor.

Había tanta tristeza en su voz que la abrazó con emoción.

- Clara, tu amor es lo que más quiero en el mundo.

La abrazó, la atrajo hacia sí y la besó apasionadamente. Ella correspondió, y la emoción reprimida de tantos años se apoderó de ellos. Continuaron besándose con pasión.

- Osvaldo, estoy contigo porque te quiero. Siempre te he amado. Siento que eres el amor de mi vida. No me eches de tu lado. No quiero vivir más sin ti.

Embriagado, escuchó, su corazón latía con fuerza, su emoción desbordaba.

- ¡Clara, cómo soñé con este momento! Cómo deseaba tenerte en mis brazos de nuevo como ahora.

- Di que me amas. Que volverás a mí. Que nunca más me dejarás.

- Te amo.

Abrazados, se entregaron al sentimiento que los unía. Cuando se calmaron, acostados uno al lado del otro, Osvaldo dijo:

- Me gustaría que se mudaran a mi casa mañana. Es una casa grande y buena, estaremos bien. A nuestros hijos les gusta estar allí.

- A mí también me gustaría. Pero necesito ordenar mis cosas.

- Quiero que vengas a mi casa a ver si te gusta.

- Dije que arreglaré mis cosas, pero no te dejaré ni un día. Ya hemos perdido demasiado tiempo.

Osvaldo la besó tiernamente en la mejilla.

Al día siguiente se fue a casa. Clara y sus hijos lo acompañaron. Los chicos se sintieron conmovidos por la reconciliación de sus padres.

En la tarde del mismo día, Marta fue a visitarlo. Cuando llegó, Osvaldo estaba en un sillón de la sala sosteniendo la mano de Clara, que estaba sentada a su lado.

Al verlos a los dos, Marta palideció. Osvaldo presentó a Clara con naturalidad:

- Esta es Clara, mi esposa.

La otra extendió su mano temblorosa y trató de ocultar su molestia. Clara miró a Marta con curiosidad. Era una mujer más joven que ella y muy hermosa. Miró a Osvaldo con un poco de celos.

Sin embargo, habló con naturalidad, informándole de sus proyectos. Marta dio toda la información, luego, sintiéndose más tranquila, dijo:

- Traté de ir al hospital a visitarlo, pero me dijeron que las visitas no estaban permitidas.

- Le pedí a José que dijera eso porque prefería recibir amigos aquí en casa. En el hospital siempre es desagradable. Pero eso no se aplicaba a ti.

- No me lo dijo. Por eso me presenté hoy. Pero todos rezamos mucho por su recuperación.

Siguieron hablando y, con el pretexto de arreglar algunas cosas con Rosa, se fue a la cocina:

– Nadie me dijo que su ex esposa vendría a visitarlo – se quejó.

– No pensé que te interesara saber – defendió Rosa –. Ellos no se hablaban. No pensé que iba a aparecer.

– No solo apareció, sino que volvieron para vivir juntos –. Marta hizo una mueca.

– ¿Regresaron?

– Mira Marta, sé que te gusta mucho Osvaldo y tenías la esperanza de conquistarlo. Pero, incluso lejos de ella, nunca dejó de amar a su esposa.

Nunca quiso tener otra mujer. Entonces, lo que tienes que hacer es olvidar y pensar en otro.

– Por supuesto. Pensé que estaba libre, pero ahora...

– No pierdas el tiempo alimentando esta ilusión. Por lo que he visto hasta ahora, esta vez es para siempre. Nunca volverán a separarse.

– Tienes razón. Lo sacaré de mi cabeza.

Cuando regresó a la sala, estaba más tranquila. Después que se fue, Clara habló con Osvaldo:

– He estado pensando... creo que dejaré de trabajar en el atelier todos los días. Participaré en desfiles, eventos e incluso como relaciones públicas, que es lo que he estado haciendo recientemente. Quiero tener tiempo para ayudarte con tu trabajo espiritual. Doña Lídia me lo contó y me entusiasmó.

Intervino Carlitos, que había entrado y escuchado estas palabras:

– Sé por qué lo pensaste ahora. Encontré a Marta que se iba...
– Clara no entendía:

– No sé a qué te refieres. Me gusta el trabajo espiritual. Frecuentaba a doña Lídia.

Osvaldo sonrió satisfecho. Los celos de Clara lo hacían feliz. El ambiente era agradable y todos estaban felices.

– Contar contigo será muy bueno – dijo.

En los días que siguieron, ganó fuerza rápidamente. Clara decidió que Rita seguiría viviendo en el mismo lugar y cuidando la tienda, lo que ella hacía muy bien.

Se mudó con sus hijos a la casa de Osvaldo. Quería que Clara renovara todo como quisiera, pero a ella le gustaba mucho la casa y no quería cambiar nada.

Rosa y José, que al principio estaban un poco preocupados por tenerla en casa, pronto se acostumbraron y les empezó a agradarles. Clara tenía clase, sabía respetar a los empleados y tratarlos bien.

Rosa pronto estaba haciendo dulces para ella y José, rodeándola de amabilidad.

Fueron a la finca y a Clara le encantó lo que vio. Inmediatamente se interesó en el trabajo e intentó aprenderlo todo. Allí permanecieron una semana recibiendo a los amigos que acudieron a abrazar a Osvaldo, felices con su recuperación.

Cuando regresaron a la capital, Osvaldo tuvo la idea de tener una reunión espiritual en su casa. Invitó a doña Lídia, diciéndole que podía llevar a algunos médiums. Quería agradecerle la ayuda que recibió y obtener orientación para el trabajo.

Estaba ansioso por volver a atender a la gente y necesitaba saber si ya estaba en condiciones.

Alrededor de la mesa cubierta con un hermoso mantel blanco bordado en el comedor, se sentaron Felisberto, Antônio, Neusa, Clara, Carlitos, Marcos, Lídia y otras dos señoras a las que había invitado. Sobre la mesa, unos libros y una bandeja con vasos y una jarra de agua.

Las luces se apagaron, y en la tenue luz de la habitación, iluminada solo por una lámpara, Osvaldo pronunció una sentida oración agradeciendo a Dios por la sanación y unión de su familia.

Estaba conmovido, sintió su cuerpo ligero y un calor suave en el pecho.

Al final, pidió orientación a los espíritus. Uno de los invitados de Lídia empezó a hablar:

– Es con alegría que vengo hoy a visitarlos y decirles que han completado otro ciclo en el camino de la evolución. Esto significa que a partir de ahora habrá una etapa de progreso y alegría.

A fines del siglo pasado, un noble muy rico vivía en Brasil, en la ciudad de Río de Janeiro. Guapo, solicitado por las mujeres por su dinero y su aspecto atractivo, Don Ricardo, como lo llamaban, vivía con su madre, una mujer arrogante y autoritaria, que controlaba con avaricia los gastos del señorío donde vivían, vigilando de cerca a los esclavos.

Ricardo vivió una intensa vida social, viajando por Europa, conquistando mujeres hermosas. En uno de estos viajes, conoció a Denise en París. Ella era una bailarina muy solicitada del *Moulin Rouge*. Hermosa, llena de vida, alegre, Ricardo se enamoró de ella. Se olvidó de todas las mujeres. La llevó al Brasil y se casó con ella, aunque su madre trató de impedírselo en todos los medios, porque se enteró de la vida que llevaba su nuera en París y se horrorizó. Por eso estaba vigilando a Denise, habiendo discutido muchas veces con su hijo.

A pesar de amar a su marido, Denise extrañaba el escenario, los aplausos, la alegría de su vida en París, teniendo a su suegra siempre desconfiada y enojada. Ricardo hizo todo lo posible por complacer a su esposa, brindándole una vida de lujo, llevándola a fiestas en la corte, donde ella siempre brilló.

Fue en una de estas fiestas que Denise conoció a André, un joven apuesto y fútil que la rodeó de atención. No tenía ingresos, pero conquistaba a mujeres ricas que terminaban apoyándolo.

Ricardo, cegado por la pasión, no notaba nada. Ofelia, su madre, trató de abrirle los ojos, pero estaba enojado, porque notó la implicación de su suegra con su nuera.

Denise comenzó a ceder al coqueteo de André más por diversión, pero terminó involucrándose. Algún tiempo después, tuvo la desagradable sorpresa de ser chantajeada por él. Dijo que su hermana había obtenido pruebas de su relación y para guardar silencio exigió joyas.

Lamentó su frivolidad, pero ya era demasiado tarde. Estaba en sus manos. Aterrorizada, rompió la relación, pero comenzó a regalarle algunas joyas.

Ofelia, quien notó que las joyas habían desaparecido, exigió que Ricardo encontrara al ladrón. No le gustaba preocuparse por los negocios y dejó todo a su madre. Le dio carta blanca para investigar.

Asustada, Denise intentó despistarla. Cogió el joyero de Ofelia y lo dejó fuera de la casa, entre las plantas del jardín. Estaba seguro que su suegra lo encontraría.

Ofelia notó la desaparición de la bolsa de joyas y estaba desesperada buscándola. La encontró y llamó a su hijo, acusando a uno de los esclavos que había visto pasar por el lugar momentos antes.

Jerônimo trabajaba en casa y era estimado por todos. Cuando se le pidió que tomara medidas, Ricardo, molesto, trató de resolver esa situación lo antes posible. No le gustaba enfrentarse a situaciones desagradables.

Jerônimo lloró, juró que no había hecho nada, pero Ofelia fue implacable: exigió que Ricardo lo castigara. Descontento, porque le agradaba el esclavo, ordenó al capataz que lo pusiera en el tronco, no queriendo enfrentarse a una pelea con su madre.

Asustada, Denise suplicó que no lo castigaran, pero Ofelia se mostró inflexible y Ricardo prefirió olvidar el asunto. Jerônimo, después de los cincuenta latigazos controlados por Ofelia, fue dejado en el tronco a pan y agua.

A la mañana siguiente, Jerônimo estaba muerto. Denise lloró mucho, se arrepintió, pero no tuvo el valor de decir nada. A partir de entonces cambió mucho. Sintiendo el peso de la culpa, tuvo pesadillas, dejó de asistir a la corte, vivió triste y deprimida.

Ricardo hizo todo lo posible para animarla, pero poco a poco se fue consumiendo. A los cuarenta, la neumonía la devolvió al mundo de los espíritus.

No tuvieron hijos. Ricardo nunca se volvió a casar. Vivió el resto de sus días triste y desinteresado por todas las cosas. Ofelia se encargó de todo y vivió más que Ricardo. Cuando regresó al mundo espiritual, emprendió una larga búsqueda de Denise. Finalmente, la encontró deambulando como una loca, con el esclavo a su lado, exigiendo justicia.

A Ricardo le tomó tiempo aceptar la verdad. Pero el amor que sentía por Denise todavía estaba en su corazón. Entonces, hizo todo lo posible para ayudarla. Con la ayuda de espíritus superiores, logró que ella se equilibrara.

Arrepentida, Denise pidió perdón. Ofelia, sabiendo que había castigado a un hombre inocente, se arrepintió. Descubrió que para deshacerse de la culpa y las perturbaciones que la atormentaban de vez en cuando, necesitaba hacer algo que le devolviera su dignidad.

Descubrieron que solo la reencarnación podría ayudarlos a lograr el equilibrio que tanto deseaban. Ofelia, sabiendo lo mucho que había salido mal como madre de Ricardo, pidió volver a intentarlo. Se le concedió recibirlo nuevamente como hijo, pero para que ella se encontrara bien, también era necesario recibir a Jerónimo. Ella estuvo de acuerdo.

Ricardo, ansioso por ayudar a Denise, pidió volver a casarse con ella. Se le advirtió que no necesitaba hacer esto, que se amaban, pero que ella necesitaba madurar. Podía permanecer en el astral y esperar hasta que ella regresara, para que estuvieran juntos.

Ricardo; sin embargo, prefirió reencarnarse, aunque sabía que André también se reencarnaría y volvería a encontrarse, decidió correr el riesgo.

– Mi amor es tan grande que la ayudará.

Entonces, comenzaron esta nueva vida. Ricardo como Osvaldo, Denise como Clara, Ofélia como Neusa y Jerônimo como Antônio. André renació como Walter.

En el mundo, los desafíos más difíciles son los del sentimiento, porque en medio de los problemas cotidianos, aunque hayamos olvidado lo sucedido en otras vidas, quedan temas sin resolver en el inconsciente, reflejados en el presente.

Solo la fe en la espiritualidad, la certeza que la vida continua después de la muerte del cuerpo ayuda a encontrar el mejor camino para lograr la victoria. La mediumnidad es una herramienta bendecida para abrir la conciencia y mostrar la verdad.

- Estamos felices que hayan vencido. Osvaldo aprendió a mirar a las personas con ojos de amor. Clara descubrió los verdaderos valores del alma. Neusa, en las dificultades y carencias, descubrió que la bondad trae felicidad. Antônio aprendió que la valorización no depende del color de la piel, se gana con la dignidad del trabajo y la honestidad.

Desafortunadamente, Walter falló. Pero la vida se hará cargo de él en el momento adecuado.

La verdad es que nunca más volverá a molestarte. Tu energía es diferente ahora y dejará de perseguirte.

Hizo una pausa y luego continuó:

- Puedes empezar de nuevo el trabajo espiritual, Osvaldo. Muchos amigos en el astral esperan participar. El mundo está perturbado. La violencia plantada indiscriminadamente por algunos polariza las disputas, y la vanidad, reina la lucha por el poder.

No te dejes abrumar por el pesimismo. La luz vence a las tinieblas y el futuro será de progreso y paz. La firmeza en la fe es necesaria, pero el discernimiento es el resultado del sentido común. Estoy seguro que sabrán hacer lo mejor que puedan. Que Dios los bendiga.

Ella guardó silencio y Osvaldo dio por terminada la reunión. El momento los conmovió. Cada uno tomó su vaso de agua. Hablaron un poco sobre la belleza de la vida espiritual y el consuelo que brinda.

Cuando todos se despidieron, Osvaldo tomó la mano de Clara, pasó por el cuarto de los chicos, que ya se habían acomodado.

Luego fueron al dormitorio. Osvaldo abrió la ventana y llamó a Clara.

– Ven a ver las estrellas.

Abrazados, miraron el cielo.

– ¿De dónde venimos? – Preguntó ella.

– No lo sé. Solo sé que estamos juntos, y esta vez nada ni nadie nos separará.

Clara lo abrazó y sus labios buscaron los de su marido. ¡Y la suave brisa que pasaba por la ventana los envolvía con cariño, como para decir que todo estaba en paz!

FIN

Grandes Éxitos de Zibia Gasparetto

Con más de 20 millones de títulos vendidos, la autora ha contribuido para el fortalecimiento de la literatura espiritualista en el mercado editorial y para la popularización de la espiritualidad. Conozca más éxitos de la escritora.

Romances Dictados por el Espíritu Lucius

La Fuerza de la Vida

La Verdad de cada uno

La vida sabe lo que hace

Ella confió en la vida

Entre el Amor y la Guerra

Esmeralda

Espinas del Tiempo

Lazos Eternos

Nada es por Casualidad

Nadie es de Nadie

El Abogado de Dios

El Mañana a Dios pertenece

El Amor Venció

Encuentro Inesperado

Al borde del destino

El Astuto

El Morro de las Ilusiones

¿Dónde está Teresa?

Por las puertas del Corazón

Cuando la Vida escoge

Cuando llega la Hora

Cuando es necesario volver

Abriéndose para la Vida
Sin miedo de vivir
Solo el amor lo consigue
Todos Somos Inocentes
Todo tiene su precio
Todo valió la pena
Un amor de verdad
Venciendo el pasado

Libros de Eliana Machado Coelho y Schellida

Corazones sin Destino
El Brillo de la Verdad
El Derecho de Ser Feliz
El Retorno
En el Silencio de las Pasiones
Fuerza para Recomenzar
La Certeza de la Victoria
La Conquista de la Paz
Lecciones que la Vida Ofrece
Más Fuerte que Nunca
Sin Reglas para Amar
Un Diario en el Tiempo
Un Motivo para Vivir

¡Eliana Machado Coelho y Schellida, Romances que cautivan, enseñan, conmueven y
pueden cambiar tu vida!

Romances de Arandi Gomes Texeira y el Conde J.W. Rochester

El Condado de Lancaster
El Poder del Amor
El Proceso
La Pulsera de Cleopatra
La Reencarnación de una Reina
Ustedes son dioses

Libros de Vera Kryzhanovskaia y JW Rochester

La Venganza del Judío

La Monja de los Casamientos

La Hija del Hechicero

La Flor del Pantano

La Ira Divina

La Leyenda del Castillo de Montignoso

La Muerte del Planeta

La Noche de San Bartolomé

La Venganza del Judío

Bienaventurados los pobres de espíritu

Cobra Capela

Dolores

Trilogía del Reino de las Sombras

De los Cielos a la Tierra

Episodios de la Vida de Tiberius

Hechizo Infernal

Herculanum

En la Frontera

Naema, la Bruja

En el Castillo de Escocia (Trilogia 2)

Nueva Era

El Elixir de la larga vida

El Faraón Mernephtah

Los Legisladores

Los Magos

El Terrible Fantasma
El Paraíso sin Adán
Romance de una Reina
Luminarias Checas
Narraciones Ocultas
La Monja de los Casamientos

Libros de Elisa Masselli

Siempre existe una razón
Nada queda sin respuesta
La vida está hecha de decisiones
La Misión de cada uno
Es necesario algo más
El Pasado no importa
El Destino en sus manos
Dios estaba con él
Cuando el pasado no pasa
Apenas comenzando

Libros de Vera Lúcia Marinzeck de Carvalho y Patricia

Violetas en la Ventana
Viviendo en el Mundo de los Espíritus
La Casa del Escritor
El Vuelo de la Gaviota

Vera Lúcia Marinzeck de Carvalho y Antônio Carlos

Amad a los Enemigos
Esclavo Bernardino
la Roca de los Amantes
Rosa, la tercera víctima fatal
Cautivos y Libertos

Libros de Mónica de Castro y Leonel

A Pesar de Todo

Con el Amor no se Juega

De Frente con la Verdad

De Todo mi Ser

Deseo

El Precio de Ser Diferente

Gemelas

Giselle, La Amante del Inquisidor

Greta

Hasta que la Vida los Separe

Impulsos del Corazón

Jurema de la Selva

La Actriz

La Fuerza del Destino

Recuerdos que el Viento Trae

Secretos del Alma

Sintiendo en la Propia Piel

World Spiritist Institute
https://iplogger.org/2R3gV6

www.ingramcontent.com/pod-product-compliance
Lightning Source LLC
LaVergne TN
LVHW091935070526
838200LV00069B/1305